谨以此书

致敬所有在客户关系管理领域不畏艰险的勇士

房地产升维：客户关系
向价值增长的跃迁

程自龙　著

中国城市出版社

图书在版编目（CIP）数据

房地产升维：客户关系向价值增长的跃迁 / 程自龙
著．一北京：中国城市出版社，2024.12. — ISBN
978-7-5074-3791-1

Ⅰ.F299.233.3

中国国家版本馆 CIP 数据核字第 2025NH5431 号

责任编辑：毕凤鸣
文字编辑：白天宁
责任校对：赵　力

房地产升维：客户关系向价值增长的跃迁

程自龙　著

*

中国城市出版社出版、发行（北京海淀三里河路 9 号）

各地新华书店、建筑书店经销

北京龙达新润科技有限公司制版

建工社（河北）印刷有限公司印刷

*

开本：787 毫米×1092 毫米　1/16　印张：18½　字数：356 千字

2025 年 3 月第一版　　2025 年 3 月第一次印刷

定价：**78.00** 元

ISBN 978-7-5074-3791-1

（904751）

序 一

有幸在付梓前读了《房地产升维：客户关系向价值增长的跃迁》一书。作者程自龙同志长期在房地产企业工作，对房地产企业的客户关系管理有深入的思考和理解。房地产企业与客户的关系主要是三个方面，销售、租赁与物业服务，该书主要阐述的是销售和租赁中的客户关系管理。

企业的客户关系管理本质上是由质量、服务、信誉支撑的。而房地产企业的客户关系管理有别于其他一般消费品生产企业，尤其是销售过程。一般消费品都是消费者长期、持续地消费，而房地产这一产品，大多数消费者一辈子最多就购置几次，就单件商品、单个消费的交易而言，消费者信赖似乎并不显得十分重要。房地产企业很长时期内不太重视客户关系管理，可能与交易的非持续性有关。但是，"口碑"会决定一个企业的信誉，会决定消费者群体的信赖度。房地产企业追求的客户关系管理，不仅仅是客户的"黏性"，而是客户的扩大，还有客户传导式的持续信赖。

企业与客户的关系，建立在尊重、平等、满足客户需求的基础上。那么，房地产企业根据自己的产品交易特点、服务特点，如何尊重客户、建立平等的交易关系、满足客户需求，是需要认真研究的。房地产的交易是非持续的，但其长期使用，对客户而言其价值会长期体现，故而客户获得房地产后的价值增长是更为重要的。房地产企业的客户关系管理要回答两个问题，一是客户为什么要购置或租赁特定企业的房屋？二是客户长期获得了什么？

程自龙同志的力作，从房地产供求关系发生的变化、从现代信息交互方式的变化、从客户价值的视角，探索了房地产企业客户关系管理转型，颇有新意，有助于推进房地产企业转型升级、满足人民群众更加美好的居住生活需求。

是为序。

冯俊
住房和城乡建设部原总经济师
中国房地产业协会原会长
住房和城乡建设部科技委　住房和房地产专委会主任
2025 年 2 月

序 二

　　程自龙先生在房地产客户关系管理领域深耕二十多年，本书有丰富的实战经验总结，也有房地产客户关系管理的理论创新。面向下半场，本书对房地产企业优化客户关系管理的职能定位，对房地产客服人员提升客户关系管理能力，都具有重要的参考价值。

　　不动产消费决策、消费预期、消费体验等方面的复杂性远高于普通商品。本书从经济学、行为金融学的角度剖析客户行为及客户与企业之间的互动关系，这是一个很新颖的角度，有利于行业人士对房地产客户关系场景及其原因追本溯源。

　　坚持以客户为本，因此获得更多客户投票与市场奖赏，将激励企业坚守初心，知行合一。本书非常务实地分析了如何运营客户资产，如何通过数智化来释放客户资产的价值。在存量竞争的房地产下半场，对房企而言，这是一条向管理要效益的关键路径。

颜建国

中国海外发展有限公司主席兼执行董事

2023 年 4 月

序 三

存量市场推动房地产发展新模式——以客户为导向的转型与创新

近年来，随着中国房地产市场逐渐从增量时代步入存量时代，住房和城乡建设部积极倡导新的发展模式，强调房企应更加注重建造高品质的房子，并切实实现以客户为导向的战略转型。在这一背景下，由前龙湖集团首席客户官程自龙先生精心撰写的《房地产升维：客户关系向价值增长的跃迁》（以下简称"《升维》"）一书应运而生，为行业提供了极具前瞻性和实践性的指导。

凭借作者多年一线实践经验，结合最新的学术研究成果，《升维》一书，深入剖析了房地产客户关系管理的本质及其在未来发展中的重要作用。书中提出，"升维"不仅是技术层面的升级，更是理念上的革新——即通过全方位提升客户体验、优化组织效能、强化风险控制等手段，实现从传统客户服务向更高层次的客户价值创造转变。具体而言，本书涵盖了以下几个方面的内容：

（1）客户需求导向的产品设计：强调理解并回应客户的实际需求，打造真正符合其生活方式和生活习惯的好房子。书中介绍如何利用大数据分析、人工智能等先进技术手段，精准把握市场趋势和消费者偏好，从而为客户提供个性化、定制化的解决方案。

（2）全流程服务体系的建立：阐述了从前端销售咨询到后端物业服务的全链条服务体系构建方法，确保每个环节都能提供专业高效的服务。书中分享了多个成功案例，展示了优秀企业在客户满意度提升方面的宝贵经验。

（3）数字化转型与智能化运营：讨论了信息技术在房地产行业的广泛应用前景，如智能社区建设、虚拟现实看房等创新应用。书中探讨了如何借助数字平台加强与客户的互动交流，形成良好的反馈机制，持续改进服务质量。

（4）风险管理与危机应对策略：分析了不同类型的风险因素对房地产企业的影响，并提出了相应的预防措施和应急预案。书中特别关注了群体投诉事件处理的重要性，提倡建立快速响应机制，维护企业形象和社会责任。

我长期关注住宅工程质量管理、房地产业发展与住房政策等人居环境领域问题。在我看来，当前房地产行业的转型升级不仅关乎企业的生存与发展，更直接影响广大居民的生活质量和社会稳定。因此，如何通过提升产品和服务质量来满足人民群众日益增长的美好居住需求，成为每一个从业者必须认真思考的问题。《升维》全面回应了上述问题，它不仅是一部理论与实践相结合的专业著作，更为整个行业指明了一条通向高质量发展的道路；它不仅能够帮助从业者更好地理解和掌握客户关系管理的核心要义，还为企业在存量市场的竞争中赢得先机提供了宝贵的参考。更重要的是，这本书体现了新发展理念，即坚持以人民为中心，努力构建和谐宜居的城市环境，让每一个家庭都能享受到更加美好的生活！

王宏新

全球共同发展研究院院长

北京师范大学社会学院教授

博士生导师

2024 年 12 月

序 四

在房地产行业从增量迈向存量的关键阶段，恰逢 AI 科技、新技术、新媒体不断涌现，房地产企业在新时代下该如何破局？程自龙先生的这本《房地产升维：客户关系向价值增长的跃迁》将有助于房地产企业重新审视自身发展路径。程先生从客户关系管理的内核和本质，深入浅出地为我们阐明了客户关系管理以及数字化客户运维转型升级，将有助于房地产企业在新时期找到破局的核心关键。

在新时代，面对熟悉了解新技术、新媒体的新客户群体，作者认为房地产企业应该充分利用新技术、新媒体来搭建新的客户服务平台。通过新平台为客户提供便捷的线上服务和会员服务，让客户真正享受各种便捷、高效、贴心的客户服务，从而实现口口相传的好口碑。新平台不仅可以聚合所有业态的新、老客户，还可以通过会员积分、会员商城盘活老客户，最后通过新老客户的社交裂变和社群营销实现反哺营销，甚至带动相关增值产品的营销。

本书不仅是一本关于房地产客户关系管理的书籍，更是行业发展的深度思考与实践指南。无论是房地产企业的管理者，还是从事客户关系管理的一线人员，都能从中获取新视野、先进管理理念与方法，在日益激烈的市场竞争中实现客户价值的最大化，推动企业的可持续发展。相信，这本书的问世，必将在房地产行业掀起新的思考与实践热潮，为行业的发展注入新的活力与动力。

姚武
明源云集团联席 CEO
明源地产研究院创始院长
2025 年 1 月

前　言

　　推动中国房地产市场发展过去有三大红利：一是刚需红利；二是土地红利；三是金融红利，而这三大红利正在消失。房地产行业"三道红线"出台以后，进入管理红利时代，这将是一场对全行业的洗礼和考验。随着高增长的光环逐步褪去，房地产行业将从投资驱动向价值驱动转变，从粗放式扩张向精细化运维转变，从客户关系管理向客户价值管理转变，核心是高质量的发展与持续稳健的增长。所以，小型房企靠客户服务，中型房企靠客户关系，大型房企靠客户价值。围绕客户这个中心，产品和服务才是硬道理。

　　房地产行业的客户关系管理从 20 世纪 80 年代开始探索，至今已 40 余年时间了。期间，我主导构建了以客户端风险管理为侧重点的标杆企业客户关系管理业务体系，在业界得到广泛应用，为行业高速增长阶段中的企业品牌保驾护航。如今，随着房地产市场由卖方市场演进到买方市场，更需要借鉴跨行业的经验，依托科技与数智化，将客户关系管理提升至客户体验管理，有效运维客户资产，为企业的持续增长开辟第二曲线。理性和建设性，是本书成文的基本态度；为什么这样做，如何做，帮助企业重构能力，以适应日益不确定的竞争环境，是撰写本书的初心。

　　本书通过心理学及人类学，即行为经济学和行为金融学的理论对房地产客户关系管理的既有业务作出阐释，力图让企业能够更好地洞察客户，知其然更知其所以然；同时，顺应经济发展、消费觉醒、科技化、数智化等趋势，跨界吸取客户体验、客户运维的方法论和实践经验，基于商业的本质，在存量市场的征途上，对客户价值呈现的方向进行探索并指出实施路径。

　　本书共分为 6 个篇章，其内容既有内在紧密联系，在阅读上又可以独立成篇。第 1 章介绍了房地产客户关系管理的发展历程、房企的战略支点和战略杠杆、客户关系管理体系的三个层级以及如何构建业务体系。第 2 章围绕风险思维和如何科学地作好客户端风险决策，对理论、工具，以及常见问题都作出详细阐述。第 3 章的核心是增长思维与客户运维，介绍了增长飞轮、客户关系、终身价值、客户运维、私域、会员等概念与实践。第4章阐述了房地产客户关系管理业务的数智化，重点是智能决策、私域运维、虚拟数字人、客户数据安全挑战及合规治理。第5章对房地产客户体验相关概念与指标作了说明。第6章谈群诉处理，包含情绪周期演变模型、AARRR模型以及偏好的四重模式，并通过各种心理效应对群诉群体作了深入浅出的分析。本书总结、提炼并刷新了房地产行业客户关系管理的理念，提供了全方位的业务指导和参考依据，是客户关系管理人员必备的工具书。由于客户的重要性，房地产全行业都可以根据本书的理念和实践刷新认知。产业链上下游的管理层人员都能从本书的客户战略、客户端风险决策、客户体验、客户资产运维的理念、思维模型、实操工具中得到启发。

谈谈本书的格式。脚注使用不多，某些次级的解释和评论已经纳入正文。在大多数情况下，文本的引文页码也做了省略，因为从作者或机构的名字查到相关资料是非常容易的。全书最后的附录版块，列出了本书写作过程中参考的相关文献。当提到的内容在本书的别处出现时，提供指向前文某一节的标题（例如，××内容在本书××节）。引用的案例也都出自公开资料，尽量标明出处，以便读者查询。

在本书的写作过程中，我有幸通过各种文献汲取了许多人士的智慧和见解。他们中有获得诺贝尔奖的经济学家、行为心理学家，也有许多来自卓越的市场研究机构或咨询机构的专业人士。篇幅所限，不能给出每一位引用对象的名字，对此我感到非常抱歉。他们的著作、文章或研究报告，为本书的内容提供了强有力的支持。

鸣谢

姓　名	单位
白　洁	重庆汇雅物业管理有限公司
蔡文静	
陈啸天	亿翰智库
陈贞贞	上海智休信息科技有限公司
邓　爽	天骄智慧服务集团股份有限公司
房　瑾	
韩陆燕	崇信置业
何　格	重庆道合景观规划设计有限公司(吉盛生态)
胡大勇	成都元禾叁壹建筑设计有限公司
胡剑峰	犁墨设计
黄琳霞	麓生活物业
黄胜山	唐硕体验创新
李德兵	重庆阅熙建筑装饰设计工程有限公司
李朋冲	大爱城
李巍巍	
李文磊	山东中博创智生活服务有限公司
梁小禾	
梁玉轩	

姓　名	单位
刘毅斐	京基集团/京基地产
鲁　妮	
罗　峻	龙睿地产顾问机构
倪春宇	长沙弋星芭莎文化艺术咨询服务有限公司
冉石益	重庆尚锋房地产营销策划代理有限公司
沈海浪	重庆上韬房地产顾问有限公司
施　薇	上海一翰商业管理有限公司创始人
孙会玲	金地商置
汤科正	旭辉集团股份有限公司
唐　亮	明源云
唐燕雯	新城控股山东区域
唐　莹	博众城市发展管理研究院特邀研究员
汪　波	亿翰智库
王春霞	润居臻选(上海)科技有限公司
王　琴	华宇集团
王文进	
吴黎明	
吴轶秦	
吴卓栋	北京赛惟咨询有限公司
伍　莲	重庆银钢科技集团有限公司
肖　勇	上海乐时代环境技术有限公司
谢鸶譞	金科集团
徐宗宣	德加百利(天津)科技发展有限公司
杨志才	上海润居技术服务有限公司

姓　名	单位
叶　茂	重庆易得票务有限公司
翟忠远	
张　伟	中国海外发展客户服务部
张　艳	成都滨江鼎信物业服务有限公司
张议涛	重庆上韬房地产顾问有限公司
张　宇	东原集团
赵　正	
钟登林	重庆夏雨装饰设计有限公司
周清河	深圳市明源云客电子商务有限公司
左茂荣	重庆同鑫源供应链科技有限公司
	金茂华南区域

（名单按照拼音排序）

目　录

第1章　理解房地产客户关系管理

1.1　缘起：中国房地产客户关系管理的由来 …………… 1

1.2　只有以客户为战略支点构筑战略杠杆，才能穿越周期 …………… 8

1.3　房地产客户关系管理到底是什么？其内在逻辑是怎样的？ …………… 11

1.4　房地产客户关系管理应该有怎样的世界观？ …………… 14

1.5　如何构建客户关系管理的业务模式？ …………… 15

1.6　为什么对企业而言，风险控制事关生死？ …………… 20

1.7　不同干系人在客户端风险决策时的视角差异是什么？ …………… 22

1.8　房企客户端风险控制的本质、原则和前提是什么？ …………… 28

第2章　风险思维与科学决策

2.1　为什么心理陷阱会导致决策失误？ …………… 31

2.2　个体有哪些行为特点和模式会对决策造成影响？ …………… 34

2.3　房企客户端风险决策的理论依据是什么？ …………… 38

2.4　怎样衡量决策是否理性？哪些系统性偏见会影响决策？ …………… 41

2.5　有什么简单有效的决策工具可供决策实践中使用呢？ …………… 46

2.6　如何对决策质量进行评估？ …………… 48

2.7　构建良好决策选择体系需要遵循什么原则和策略？ …………… 49

2.8　什么原因驱使决策者愿意铤而走险？ …………… 55

2.9　为什么客户端风险事件不是被忽视就是被过度重视？ …………… 57

2.10　为什么你提报的客户端风险总是不能引起足够的重视？ …………… 61

2.11　为什么人们在决策时常常会置自己的真实判断于不顾？ …………… 62

2.12　如何避免直觉思维系统出错？ …………… 63

2.13　决策者的身体状况为什么会严重影响决策质量？ ⋯⋯⋯⋯⋯⋯ 65

2.14　什么样的工具有助于评估与跟踪常见客户端风险？ ⋯⋯⋯⋯⋯⋯ 66

第3章　增长思维与客户运维

3.1　为什么向客户增长转型是客户关系管理的必由之路？ ⋯⋯⋯⋯⋯ 68

3.2　如何以客户为中心打造房企的增长飞轮？ ⋯⋯⋯⋯⋯⋯⋯⋯⋯⋯ 70

3.3　客户"关系"管理的理论基础是什么？如何判断客户与企业"关系"
的深浅？ ⋯⋯⋯⋯⋯⋯⋯⋯⋯⋯⋯⋯⋯⋯⋯⋯⋯⋯⋯⋯⋯⋯⋯ 73

3.4　如何用客户终身价值量化客户资产？ ⋯⋯⋯⋯⋯⋯⋯⋯⋯⋯⋯⋯ 77

3.5　为什么除了需要拓展新客源，更要重视老客户？ ⋯⋯⋯⋯⋯⋯⋯ 81

3.6　客户运维的本质是什么？ ⋯⋯⋯⋯⋯⋯⋯⋯⋯⋯⋯⋯⋯⋯⋯⋯ 83

3.7　互联网行业甚嚣尘上的"私域"和房地产客户关系管理有关
系吗？ ⋯⋯⋯⋯⋯⋯⋯⋯⋯⋯⋯⋯⋯⋯⋯⋯⋯⋯⋯⋯⋯⋯⋯⋯ 85

3.8　品牌私域营销渠道是如何发展的？ ⋯⋯⋯⋯⋯⋯⋯⋯⋯⋯⋯⋯ 89

3.9　私域运维的重点及步骤是什么？如何实现客户粉丝化？ ⋯⋯⋯⋯ 94

3.10　如何实现粉丝渠道化？ ⋯⋯⋯⋯⋯⋯⋯⋯⋯⋯⋯⋯⋯⋯⋯⋯ 104

3.11　如何实现渠道社群化？ ⋯⋯⋯⋯⋯⋯⋯⋯⋯⋯⋯⋯⋯⋯⋯⋯ 107

3.12　如何构建及运维社区？ ⋯⋯⋯⋯⋯⋯⋯⋯⋯⋯⋯⋯⋯⋯⋯⋯ 113

3.13　为什么会员制是DTC模式的最优解？ ⋯⋯⋯⋯⋯⋯⋯⋯⋯⋯ 121

3.14　关系运维如何通过指标来量化管理？ ⋯⋯⋯⋯⋯⋯⋯⋯⋯⋯ 127

3.15　会员体系应该如何设计与搭建？ ⋯⋯⋯⋯⋯⋯⋯⋯⋯⋯⋯⋯ 132

第4章　房地产客户关系管理业务的数智化

4.1　数智化转型背景下，头部房企在数智科技方面有哪些实践？ ⋯⋯⋯ 140

4.2　数智化转型的路径演变与成功的关键因素是什么？ ⋯⋯⋯⋯⋯⋯ 152

4.3　如何实现客户风险端决策的数智化？ ⋯⋯⋯⋯⋯⋯⋯⋯⋯⋯⋯ 159

4.4　如何实现客户运维的数智化？ ⋯⋯⋯⋯⋯⋯⋯⋯⋯⋯⋯⋯⋯⋯ 163

4.5　如何实现私域运维的数智化？ ⋯⋯⋯⋯⋯⋯⋯⋯⋯⋯⋯⋯⋯⋯ 170

4.6　虚拟数字人和客户关系管理业务有关系吗？ ⋯⋯⋯⋯⋯⋯⋯⋯⋯ 187

4.7　如何应对数据安全与合规的挑战？ ⋯⋯⋯⋯⋯⋯⋯⋯⋯⋯⋯⋯ 196

第 5 章　房地产客户体验管理

5.1　客户体验是什么？有什么价值？ ‥‥‥‥‥‥‥‥‥‥‥ 208

5.2　体验受什么效应的影响？可以用何种工具来洞察？ ‥‥‥‥ 214

5.3　如何构建客户体验管理体系？ ‥‥‥‥‥‥‥‥‥‥‥‥‥ 224

5.4　客户体验如何量化与测量？ ‥‥‥‥‥‥‥‥‥‥‥‥‥‥ 227

第 6 章　房地产客户群诉的分析与应对

6.1　群体与个体相比，有什么特别之处？ ‥‥‥‥‥‥‥‥‥‥ 234

6.2　为什么"断言"和"重复"能极大地影响群体的观点？ ‥‥‥ 239

6.3　群诉群体的情绪演变有无规律可循？ ‥‥‥‥‥‥‥‥‥‥ 241

6.4　群诉负面传播施压的常见套路是怎样的？如何应对？ ‥‥‥ 244

6.5　客户的诉求一定都是合理的吗？ ‥‥‥‥‥‥‥‥‥‥‥‥ 250

6.6　处理群诉为何要有好的沟通环境并营造好的氛围？ ‥‥‥‥ 252

6.7　如何降低群诉中偏激领导者的权威性和领导力 ‥‥‥‥‥‥ 257

6.8　为什么好事不出门，坏事传千里？ ‥‥‥‥‥‥‥‥‥‥‥ 258

6.9　为什么群诉事件要第一时间获取信息，研判后迅速响应？ ‥‥ 260

6.10　为什么在群诉处理过程中，一定要不断地面向公众作正向舆论
　　　引导？ ‥‥‥‥‥‥‥‥‥‥‥‥‥‥‥‥‥‥‥‥‥‥ 262

6.11　群诉领头人如何利用群体效应达成个人目的？ ‥‥‥‥‥‥ 263

6.12　为什么可以通过分化瓦解的策略来处理群诉？ ‥‥‥‥‥‥ 266

6.13　为什么群诉客户常常会坚持索赔的诉求？ ‥‥‥‥‥‥‥‥ 267

6.14　如何才能在索赔谈判中奠定先发优势？ ‥‥‥‥‥‥‥‥‥ 270

6.15　当群诉演变成诉讼，该如何应对？ ‥‥‥‥‥‥‥‥‥‥‥ 272

参考资料　　　　　　　　　　　　　　　　　　　　　　**275**

后记　　　　　　　　　　　　　　　　　　　　　　　　**277**

致谢　　　　　　　　　　　　　　　　　　　　　　　　**278**

第1章
理解房地产客户关系管理

1.1　缘起：中国房地产客户关系管理的由来

中国的房地产客户关系管理，从业务动作的点滴积累到成为一个相对完整的业务体系，不但来自标杆企业在波澜壮阔的时代背景下对经济周期的洞察和把握、对竞争环境的适应与博弈，而且来自迷茫中的努力探索、长期实践和创新进化，更来自对成功的借鉴、对失败的总结、对经验的固化。它脱胎于整个中国房地产行业的发展、市场的完善、主管部门的督导，离不开消费者意识觉醒之巨大力量的推动。说到中国的房地产行业，就不能不提及经济周期和改革开放的政策推动。通过中国房地产市场宏观的历史演变与标杆企业微观的应对、成长与发展之路，我们可以管中窥豹，对房地产客户关系管理的前世今生略作了解。

20 世纪 80 年代前，中国处于计划经济时期，那时候只有房地产开发而没有商品房市场，企事业单位造房子主要是用于内部职工的福利分配。那个时期的老百姓，包括笔者的父母辈，都是攒了多年的工龄，排队等着分房住，能分到就谢天谢地，可以在众多老邻居艳羡的目光中从"老""破""小"或者筒子楼换成楼房。那个时代的住户不大可能，更没有渠道对房子的优劣提意见，甚至偶尔申请维修还需要找人"说好话"。

1981 年，深圳和广州开始商品房开发试点。1992 年邓小平视察南方之后，国务院在同年 11 月 4 日发布《关于发展房地产业若干问题的通知》（国发〔1992〕61 号），明确指出：房地产业在我国是一个新兴产业，是第三产业的重要组成部分，随着城镇国有土地有偿使用和房屋商品化的推进，将成为国民经济发展的支柱

1

产业之一。在文件精神的刺激下，房地产行业得到迅猛发展，房地产开发投融资、土地批租量和开发量大幅增长，房地产开发公司的数量迅速增加，商品房销售面积和销售价格也持续上涨。自此，全国性的房地产开发行业成型，商品房市场建立。

1984年万科企业股份有限公司（以下简称"万科"）成立，1988年万科正式进入房地产业。之后，从贸易起步，由单一经营到多元化经营的万科正式确立了以房地产开发为核心业务的发展战略，走在了时代的风口。作为中国最具学习能力的房地产领军企业，万科在适应环境并持续增长的过程中，从不断的摸索和实践中一路走来，对中国房地产行业乃至房地产客户关系管理产生了巨大而深远的影响。万科成立初期主要从事电子器材贸易，与日本索尼公司有大量的产品代理合作，在涉足房地产后借鉴索尼的客户服务理念和售后服务模式，率先在国内房地产行业引入专业的售后服务模式——**物业管理，并于1992年成立了国内第一家专业的物业管理公司**——深圳市万科物业管理有限公司（以下简称"万科物业"）。万科物业凭借完善的流程、制度及服务的创新成为万科的名片，万科良好的服务和物业管理让其收获了最早的种子客户。国内物业管理行业的标杆就此树立，香港品质保证局的ISO9000与ISO14000认证自此在业内流行起来。

当时由于开发区热和房地产热，海南等地甚至出现了严重泡沫。1993年政府宏观调控，收缩银根，1993年下半年到1998年上半年房地产热迅速降温。1993年龙湖前身重庆佳辰经济文化促进有限公司在重庆成立，成立之初就将客户至上作为企业文化十大准则的第一条。即便多年后吴亚军重新修订企业文化，仍强调初心，从未改变过企业文化十大准则的排序。

1997年亚洲金融危机爆发，我国经济增速震荡回落，1998年7月国务院发布《关于进一步深化城镇住房制度改革加快住房建设的通知》（国发〔1998〕23号），宣布全国城镇从1998年下半年开始停止住房实物分配，逐步实行住房分配货币化，同时建立和完善以经济适用房为主的多层次城镇住房供应体系，发展住房金融，培养和规范住房交易市场。住房制度改革开启的住宅商品化历程，成为房地产市场发展的关键分水岭，中国房地产的黄金发展阶段启幕。我国房地产投资增速和经济增速随即逐步企稳回升，商品房销售面积增速和销售价格增速触底反弹。

万科在从多元化向专业化转移的过程中，基于以下三点原因，开始向全香港最优秀的发展商之一的新鸿基学习：其一是新鸿基是我国香港乃至东南亚的房企标杆；其二是风险与成本的控制能力；其三是对客户的经营理念。新鸿基为了更好地加强同业主及潜在业主的沟通与交流，第一个在香港成立为置业人士而设立的会员俱乐部——新地会[1]。1996年，王石提出"质量是万科的生命线"，想

---

[1] 邬琼. 万科的选择：从新鸿基到帕尔迪 [J/OL]. 观点，2008-08-24. https：//www.guandian.cn/article/20080824/75598.html.

通过学习新鸿基卓越的品质管理，在产品的设计、建筑、市场推广和物业管理等不同阶段满足客户的需求。**万科学习新鸿基，不仅是在项目开发流程设计上，还在公司的组织架构、企业文化上，最大的成果是效仿新鸿基地产的"新地会"，1998 年在国内房地产行业内首次创建了第一个维护客户关系、提供增值服务的"万客会"。**

1998—2003 年房地产市场快速恢复，随后 2004 年调控供给，2005 年调控需求，2006 年调控结构，2007 年继续调整，但房地产市场在长周期力量支撑下销量、价格、投资等持续保持高增长。

当时，互联网在国内兴起，中国有了第一批网民，BBS 和业主论坛大行其道。2000 年《万科》周刊论坛网站正式开张。这是一个公共性的网站，开设了**"投诉万科"论坛**。同年 8 月 11 日，《万科》周刊网站"与王石对话"论坛正式开通，后改名为"王石 online"，王石注重它所表达的平等、自由、开放和透明的观念。这一系列举措，在当时强调客户投诉"家丑不外扬"的业界，无异于掀起了轩然大波。

2000 年，龙湖地产实现了由单业态单项目串联开发到单业态多项目并联开发，将营销体系下客户关系管理岗位单列，并按照 ISO9000 的要求完成了工作界面的清理和岗位说明书的编制。龙湖地产首个开发项目重庆龙湖花园南苑"满意＋惊喜"的深度服务，在发源地重庆赢得广泛赞誉。

面对周期内行业的剧烈波动，如何实现穿越周期持续增长？2001 年，当时世界上最大的房地产公司美国帕尔迪成为万科的学习对象。美国房地产行业集中度高，市场波动非常大且竞争激烈，有着 50 多年发展史的帕尔迪，在当时已经历了 7 个完整的房地产市场周期并始终能够在市场中保持较高的份额。**帕尔迪始终坚持公司与客户双赢，市场份额、市场细分、人才发展和财务管控四大战略令其在市场上保持着卓越的竞争能力。**万科希望通过学习帕尔迪提高自身的管理和创新能力，刺激和推动万科战略的转型，让万科全体员工上下同欲，保持同样的激情和一致的思维方式。万科派出专人远赴美国登门求教，随后请来帕尔迪前任资深副总裁到万科授课。不仅从帕尔迪学到了通过经营将房地产行业的资金流动性最大化、流水化组织施工过程、在工厂流水线上生产住宅、紧密供应链组织，而且**从帕尔迪学到了"客户细分""城市地图""七对眼睛""客户服务七步法"等理论方法。**根据帕尔迪的"客户服务七步法"的方法论，在销售前、主体框架落成、质量检验、成品参观、一个月回访、三个月回访、十一个月回访这七个环节学习帕尔迪，梳理流程，积累经验，**万科推出了自己的客户服务"6＋2"步法，引起了客户关系管理同侪的争先效仿。**

2002 年，万科提出"建筑无限生活"的品牌概念，在内地房企中，万科**第一**

个将自己的品牌作为一整套体系进行宣传和推广。同年年底，万科物业与国际知名调查公司盖洛普合作，**对下属各服务小区业主满意度进行第三方的独立调查评价**，广泛收集并分析客户需求，以评估工作绩效，并据此完善各环节管理流程和制度，提升整体服务质量。这在当时的行业内属全国首创。时任深圳万科物业总经理喻斌说："客户满意度调查快速强化了万科物业'以客户为中心'的服务理念，极大地提升了各级员工的客户意识，在理念和机制两个方面升级和巩固了公司在业内的服务能力和口碑，直到今天，这些已内化成万科物业的文化基因。"时至今日，住宅业主满意度测评已经成为业内改进产品质量和提升服务水平的常用工具。深圳市住房和建设局 2020 年 6 月 15 日发布了《深圳市住宅小区业主满意度评价管理暂行办法》，在全市推行。

2004 年 4 月，武汉垃圾场群诉爆发，王石当时正好去武汉大学演讲。他积极主动地与业主见面，了解情况后心情沉重，并表态万科对此事有责任，应该与业主共同面对。当地万科团队也多方寻找共同解决方案。紧接着，万科接管垃圾场，买泥土做现场覆盖，同时给予拾荒者一定补偿。武汉垃圾场事件给万科带来了一个全新的文化和制度——红线外不利因素提示。在销售产品时，必须**向客户提示项目范围内所有不利因素，以及项目红线外一公里内所有不利因素**。从此，房地产行业销售阶段保护消费者对购买决策关键因素的知情权揭开了新的篇章，后来发展成为行业通行做法。

2006 年万科发布了自己的企业公民规划，该年度也成为万科企业公民元年，主题年口号"变革先锋，企业公民"。接下来的 2007 年，主题是"大道当然，精细致远"，发布了《万科企业社会责任绿皮书——暨 2007 年企业公民报告》，继续表达万科对自己企业公民的期许。绿皮书不仅是对万科过去践行社会责任的总结，还是未来的战略蓝图和行动纲领。万科从独善其身走向大道当然，从懵懂暗合走向系统实践，并希望接受利益相关群体与公众的监督。在笔者看来，这是中国房企最早的对 ESG（Environmental，Social and Governance，环境、社会和公司治理）的探索。

在此期间，龙湖地产经过持续的发展，在重庆赢得了良好的口碑，具有了跨地域的多业态多项目并联开发的能力，进入异地扩张的积累期。龙湖走出重庆，进入成都、西安、上海，空降北京，其客户关系管理业务一方面完成了业务标准和管理流程的复制；一方面对标学习万科，不断改进，强力保障了开疆拓土的各大异地首次交房战役的成功。当时龙湖客户关系团队最聚焦的工作目标就是深度了解各地差异化的房地产市场，了解客户，协助开盘并保障首次交付成功，力保品牌平稳落地。为此，通过交房前的工地开放督促工程进度和管控业主的预期，成为标准动作。

2007 年美国次贷危机爆发，2008 年国际金融危机爆发，我国也发生了 5·12

汶川地震，多重负面因素叠加导致经济增速大幅回落，房地产市场受到巨大冲击。但 2009 年降低首付比、利率等全面支持房地产的政策不断出台，商品房销售面积增速和销售价格增速迅速回升，房地产市场快速恢复，地产投资增速和经济增速快速回升并趋热。

2010 年宏观调控开始重新收紧，2010—2011 年房地产市场略有降温，2012—2013 年再度恢复。

在这一轮行业发展中，2009 年龙湖集团在全国化战略下，将总部由重庆搬至北京，并在集团公司品牌及营销部下成立了客户中心，稍晚成立了集团物业总部，开始了雄心勃勃的全国化进程，掀起了探索强项目管理、大运营体系建设和客户风控集成的浪潮。2009—2012 年，在矩阵制的管理架构下，集团运营部从只做计划管理到通过建立 PMO 系统提高全集团运营决策效率；通过项目计划管理体系和阶段性成果管理体系提高项目全过程运营效率与效果；通过知识管理和资源共享避免重复犯错，少走弯路。2012 年，为更好地践行客户导向，加强客户职能的引领和穿透，将集团客户中心从集团公司品牌及营销部调整到集团运营部，和集团运营管理中心与商业开发中心并列。在大运营的支持下，客户关系管理职能将项目后期才集中发力的组织工地开放、交房与客户投诉处理及客户活动等工作向项目启动阶段前置推进。根据多年累积的各类客户端案例库和对客户端风险的敏感嗅觉，龙湖建立了客户端风险前控的机制，并将之融入运营体系的项目计划节点管理中。具体体现在项目建设阶段性成果的锁定上，通过工作抽查来督导。这项业务创新彻底改变了客户关系管理职能"被动防守型"的定位，将绝大部分客户端风险前置到项目前期的决策阶段，对于避免项目走弯路，降低后续客户投诉处理成本，保障高客户满意度均具有重要意义。该业务创新重构了客户关系管理业务的定位，找到了切实提升业务价值的抓手，在行业内产生了深远的影响。

2014 年，我国经济进入新常态，经济增速逐年滑落，房地产投资长周期拐点出现。虽然"930""330"政策不断刺激，但房地产投资仍快速下降，并呈"总量放缓、区域分化"的后房地产时代新特点。2015—2016 年，在前期政策刺激作用下，商品房销售面积增速和销售价格增速大幅度回升，一、二线城市房价暴涨。2012 年，万科首次提出房地产行业从"黄金时代"进入"白银时代"的观点，并于 2014 年将该概念写入公司股东函，进一步强化这一说法。

自 2016 年 6 月，房价区域滚动上涨使得房地产行业重新步入负向调控周期，在"房住不炒、因城施策"的主基调下，该次房地产市场负向调控周期相较以往涉及城市更多、政策力度更强。在 2018 年，万科喊出"活下去"的口号。

随着竞争压力增大，政策的不确定性增强，在将"精益"作为探索方向的时候，数字化成为必然路径，科技发展的日新月异成为保障。2016 年万科开始实施

"沃土计划"，迈出了数字化转型的脚步。转型着眼于"强基固本"，从资金源头强化内部的管理，建立强大的管理会计体系，从而打造万科数字化基础信息平台，着力建设一个开放、共享和协作的行业平台，注重内部与外部互连，内部整合，外部链接，共创生态合作机制。产办科技平台是以管理会计为基础，利用数字管理链接内外部的助力业务高效运营平台。助力业务运营可以分为多种角色：前端经纪人渠道询盘系统连接中介公司、经纪人和潜在客户，把线索转化成商机，再转化成客户，最后转化成租户后，通过中端的 IBP 慧商平台（资管系统）管理租赁、收缴、催款以及财务做账，实现一键生成合同、一键出具缴款通知书、一键出具催款函和一键出具发票等便捷功能。

服务好客户是万科生存的根本，注重客户接触点自然成了核心，为此万科筛选出最具代表性的 16 个客户触点，为客户提供更有温度的体验，也让服务的品质、员工的服务能力得到持续提升。

2020 年 10 月 31 日，万科物业正式更名为"万物云空间科技服务股份有限公司"，并推出了名为"星尘"的操作系统。"星尘"操作系统可以看作一个连接平台，空间里的设施、设备、资产、人及商业活动等都能接入系统，其核心特征是开放，让空间融合基础设施。

整个"沃土计划"一方面通过数字化转型提高万科整个集团的数字化程度，另一方面开启在数字科技方面的探索，将空间里的设施、设备、资产、人及商业活动等通过技术进行连接，形成数字化闭环。2020 年，万科又启动"龙抬头计划"，持续强化科技对各业务的支撑。

再回过头来看龙湖的数字化之路。在 2017 年年末，时任董事会主席吴亚军就在年报董事会主席报告的末尾写道："利用大数据、新技术主动变革，不断刷新组织肌理，力争在房地产这样的传统行业，生长出未来企业的格局与能力，筑高竞争力门槛。"2018 年龙湖集团远赴海外，广纳贤才，成立了数字科技部（Digital Technology）。在传统地产领域中，龙湖通过算法和地理信息系统（GIS）帮助分析既往投资模型，形成基于地块条件、所在区域特征、政策导向等因素而形成决策建议的投资模型工具；BIM（Building Information Modeling）加 IPD（Integrated Product Development）带来智能建造的新模式。

在大运营体系里，基于智能建造，对投资、研发、供应链、工程、营销、运营管理与客户关系管理等一系列开发管理流程通过全景计划将各专项计划做网状勾稽进行数字化处理。使用成熟模板做风险筛查，使用神经网络技术将各职能无缝连接、密切耦合，通过全景计划打通各专项计划。在这个方向上，大运营体系彻底整合了研发、造采、工程、营销等各生产职能，风险案例库也实现了结构化与在线升级，数据的可视化极大地提高了管理效率。

在客户领域中，龙湖从各部门抽调精英组建创新部门——客户增长部，通过打通地产营销、物业服务、商业运营和长租公寓各航道的客户数据，建立数据湖，完成了客户描摹，实现了精准的客户分级，可在全生命周期的链路中与客户互动。在客户忠诚度与满意度调研方面，为了解决敏捷、成本和监管存在的问题，龙湖首创实时和客户的互动触点在线调研，对各航道绑定和推动闭环提高，以更好地践行客户导向，再一次走在了行业前列。完成了 400 呼叫中心的技术升级，与智能技术头部企业合作，使用自然语音处理技术，引进文字机器人和语音机器人，实现了全航道在线交互服务，在提升工作效率的同时对外承接业务。

为降低金融风险，2021 年 1 月 1 日起中国人民银行以及住房和城乡建设部全行业推行限制开发商融资的"三道红线"政策，正式开始了三十年未遇的房地产开发商去杠杆的强力管控。多家开发商面临债务暴雷，导致在建项目运转困难，引发了业内对现有高杠杆、高负债、高周转业务模式的深刻反思。

2021 年 3 月 31 日，时任万科董事长郁亮表示，"地产行业的下半场将正式迎来淘汰赛"，2022 年年会上，郁亮总结发言时提出，对于万科集团，2022 年是"黑铁时代"的开始。

2021 年 7 月，龙湖调整了最新的组织架构，将地产从集团总部中拆分出来并成立了地产航道，集团总部则更名为集团赋能平台，采取轻量化设置，聚焦于战略研究和平台赋能，集团总部的供应链管理部、空间智能研发中心、数字科技部、AIOT 人工智能引擎团队都成为数智化转型的关键引擎。建立各航道的大会员体系并通过"珑珠"作为内部支付的连接，为增长运维打下了坚实的基础。

2023 年 7 月 24 日，中共中央政治局召开会议，首次在最高层政策表述中出现"我国房地产市场供求关系发生重大变化"字样，为适应新形势，会议强调"适时调整优化房地产政策，因城施策用好政策工具箱，更好满足居民刚性和改善性住房需求"。住房和城乡建设部也表态，稳住建筑业和房地产业两根支柱，对推动经济回升向好具有重要作用。要以工业化、数字化、绿色化为方向，大力推动建筑业持续健康发展，充分发挥建筑业"促投资、稳增长、保就业"的积极作用。要继续巩固房地产市场企稳回升态势，大力支持刚性和改善性住房需求，继续做好保交楼工作，加快项目建设交付，切实保障人民群众的合法权益。

作为中国房地产行业的标杆企业，万科和龙湖是中国房地产客户关系管理业务的开创者和继承发展者。回顾 40 余年的中国客户关系管理业务的发展史，既是标杆企业结合企业战略，在行业竞争中与时俱进不断探索实践的过程，也是从迷茫摸索到对标学习，从理念刷新到科技赋能，一直螺旋上升的过程。标杆企业不但勇于探索，而且乐于分享，好的理念、好的方法与好的工具很快就在业内得到推广，为行业培养了一大批优秀的客户关系管理人才。在百年未有之大变局的环境下，我国日益强大，随着广大人民群众对美好生活的向往不断增强与科技的不断进步，房地产行业仍将不断持续发展，向运营和服务转型的新发展趋势持续得到加强。从业人员前仆后继，我国的房地产客户关系管理体系必定会持续发展，再创辉煌！

1.2 只有以客户为战略支点构筑战略杠杆，才能穿越周期

居者有其屋。从古至今，房产对于中国老百姓来说，都是最重要的资产，既具有金融属性，又具有消费属性，甚至关系身家性命（图1-1）。对房地产行业而言，面对的多数是节衣缩食拿出很大比例自有资金买房的客户，客户甚至为此负债几十年。对单个客户乃至单个家庭而言，在其生命周期中买房的频次也是有限的。截至目前，中国房地产行业已经发展了40余年，房地产市场已经逐步由卖方市场转向买方市场，随着经济的发展和社会的进步，消费者受教育程度逐步提高，眼界不断增长，品牌意识逐步增强，对房屋消费越来越理性，客户对于房屋的品质和服务的重视程度越来越高。

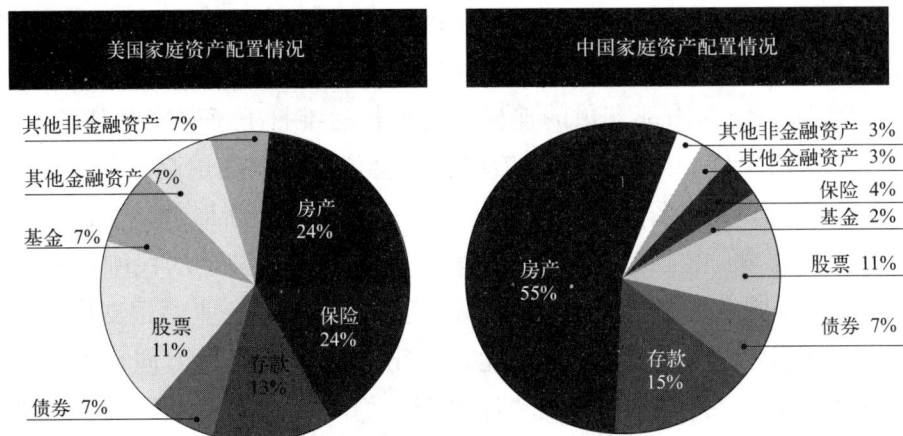

图1-1 中美家庭资产配置情况对比

从行业来看，推动中国房地产市场过去40余年发展有三大红利：一是人口红利；二是土地红利；三是金融红利，而这三大红利正在消失。房地产行业自"三道红线"的管理要求出台以后，由于杠杆的削弱，主流开发商的高周转模式因资金链紧张而运转不灵。当下，全行业进入管理红利时代，从粗放式扩张向精细化运维转变，从投资驱动向价值驱动转变。房地产行业相较其他多数行业具有超额利润的时代一去不返，未来的核心是高质量发展。管理红利时代并不像字面上那

么温情脉脉，反之，这是一场对全行业的洗礼和考验。房地产行业将回归成一个普普通通的行业，既要向制造业的精益制造学习，又要向消费与服务行业的客户至上学习。既不靠关系，也不靠杠杆，关键就一条：有好的产品和服务。

在当下充分竞争的环境下，一方面是市场端需求方的期望和标准越来越高；另一方面是监管越来越强，而资源越来越难以掌控，同业竞争也越来越激烈。经济、政策、环境、竞争、客户……各种变化让企业进退两难，但变化也意味着新机遇和新增长。还想有所作为的房地产开发企业，需要关注商业变化的本源，洞悉并抓住本质，方能应对万千变化。

首先，开发企业必须反思自己战略支点的根源性与有效性，即企业的战略支点是否适合当下的竞争环境并持续有效。

战略支点是企业的使命，是基石性的假设，是不变的东西。比如，阿里巴巴的"让天下没有难做的生意"；再比如，杰夫·贝索斯（Jeff Bezos）1995 年在亚马逊成立之初就定下的"成为全球最以客户为中心的公司，让客户能够寻找并发现他们可能需要在线购买的任何商品，致力于为客户提供尽可能最低的价格"的战略支点。

企业家都讲战略，战略最终会归结于价值观——为什么做一些事以及做这些事的终极目的是什么，而价值观最后都是落实在自身的战略支点上。任正非曾经表示，华为的核心价值观只有一个，那就是"以客户为中心"。他说："华为之所以崇尚'以客户为中心'的核心价值观，就是因为只有客户在养活华为，在为华为提供发展前进的基础，其他任何第三方都不可能为华为提供资金用于生存和发展。所以，只有服务好客户，让客户把兜里的钱心甘情愿拿给我们，华为才有可以发展下去的基础。华为的价值和存在的意义，就是以客户为中心，满足客户的需求。"毫不夸张地说，华为能够取得今天这样的成就，"以客户为中心"的服务导向发挥了莫大的作用。华为人始终坚信，时刻站在客户的角度上思考解决方案、满足客户的需求、赢得客户的认可，是实现高绩效、高增值的关键因素之一。

华为很清楚**自己到底要做什么，靠什么赚钱，赚什么样的钱。**很多企业家是把钱赚到手上再说，能上市就上市，市值越大越好，但走着走着，很多人就忘了最初创业的目的是什么，接下来必然就是经营动作变形，企业文化变质，产品服务变味，进而被市场抛弃。

基于基本的商业逻辑，**每个开发企业的战略支点都必须要从客户出发，根植于客户的需求，持续不断地满足日益增长的客户对美好生活的追求，**这才应该是开发企业从业的初心、坚守的使命和最底层最基本的假设。

其次，有了战略支点，还需要有战略杠杆。**战略杠杆就是在企业所处的可以发挥自由动作的竞争环境里，你和竞争对手的差异动作是什么。**在相关领域，通过企业长期不懈、持续正反馈地采取与同业有所差异的策略与行为，逐渐闪转腾挪出领先对手的身位优势，进而引发资源的正向连锁反应。中国的房地产开发企业在旧的商业模式下，核心能力是拿地的能力和融资的能力，其战略杠杆就是"高周转"+"高杠杆"，但是在相关能力受限的时候，就很难持续发展。在新形势下，旧飞轮已失速甚至失效，迫切需要在战略支点上构建新能力，构建新飞轮，以发挥战略杠杆效应。

最后，坚持长期主义。挣慢钱、稳钱、长钱，而不是快钱、急钱；做安全性高、确定性强的事情。存量市场的消费需求已经不再是解决"有没有"，而是解决"好不好"。房地产企业需要踏踏实实打磨产品和服务，没有丝毫捷径。毕竟，房屋是使用周期长达几十年的特殊耐用消费品，在房屋这个"空间"中，消费者还有持续的待满足的"服务"需求不断衍生。要知道，"慢"就是"快"。

杰夫·贝索斯于 1997 年致股东信的标题就是——一切都围绕长期价值展开（It's All About Long Term）。他在信中写道："我们坚信，衡量成功的一个关键维度就是我们为股东带来的'长期价值'。这个价值将会是我们巩固并扩张现有位置带来的直接结果。我们引领市场的能力越强，我们的商业模式就越有力。对市场的引导可以直接转化为更高的收入、更高的利润、更快的周转率以及相应更有回报的资本投资。"

"我们的决策一直以来都反映着这个重点。我们通过关键的指数确定了亚马逊在市场中的领导地位，其中包括客户和收入的增长情况、客户回头率，以及我们的品牌声量。我们一直以来倾注了大量资源，努力拓展客户根基、提升品牌形象和巩固基础架构，以期能够在市场中建立持续性的领先。这一点我们也会在未来坚持做下去。"

"由于对长期价值的关注，我们决策权衡的方式可能和其他公司不同。所以，我们想向股东朋友们分享我们的战略方向，并让你们确认这和我们的终极目标是一致的：我们会不遗余力地关注客户。"

"我们会继续面向长期作出决策，而不是短期的股票收益。"[1]

杰夫·贝索斯在 2008 年致股东信中再次强调了长线思维和客户至上。"在这个波谲云诡的全球经济市场里，我们最基本的应对方法从来都是不变的。踏踏实实关注长期和客户。长线思维撬动我们现有的能力，让我们能够做那些平时想不到的创新；长线思维帮我们走过创新所必须经历的失败和周期；长线思维解放了我们的思维，让我们杀进未知的领域做一个先行者。如果追求即时回报，你会发现眼前人山人海。长线思维和客户至上的思维很合拍，如果我们发现了一个客户

---

[1] 摘自得到 App：《张潇雨·商业经典案例课》，张潇雨，有删减。

需求，并且认为这是一个我们能够做出改善的长期存在的痛点，我们的方法论让我们能耐心地花上几年时间好好解决这个问题，然后交付给客户。从客户需求出发的'向后工作'（Working backwards）正好可以和'技术向前'（Skills forward）相对应。'技术向前'的意思就是，这项技术已经能用来解决 A 问题了，我们还能不能拿它解决别的问题呢？这是一个非常有用而且有红利的思考方法。可如果仅是作这样的思考，那么公司永远没法驱动自己去开发新技术，最终现成的技术会过时。从客户需求出发'向后工作'常常要求我们获取新的能力，锻炼新的肌肉，无论走出的第一步多么令人不适，我们都会坚持下去。"

综上：当下的房地产开发企业只有认清形势，基于长期主义，回顾自己战略支点的有效性并找到自己的战略杠杆，才能应对不确定的未来。

1.3　房地产客户关系管理到底是什么？其内在逻辑是怎样的？

房地产客户关系管理，顾名思义是在房地产行业中，根据政策导向，在处理好企业与市场的关系、处理好产品与消费者的关系的前提下，所开展的最终目的是实现企业持续增长的相关工作。具体是以客户至上作为战略支点，控制好客户端风险，整合资源以实现合约要求，保证所见即所得，并通过略超期望的创新体验和客户运维，以实现客户端高满意度、高忠诚度及高复购，最终反哺品牌并支撑企业的持续增长。

房地产客户关系管理的本质，既不是简单地处理好几个群诉，也不仅是做好新建项目前期的风险决策和过程中的风险管理——这都不全面——而是以客户至上的理念构建以客户驱动企业增长的商业模式，归根到底是和"人"打交道，是和人性密切相关的闭环增益的商业模式。

这是一个如同金字塔般的系统结构：第一层级是底层逻辑——通过心理学与人类学，即行为经济学和行为金融学来洞察人性，客户至上；第二层级是中间层级——基于防守的风险思维与基于进攻的增长思维，两种支柱型思维有守有攻；第三层级是通过以下三方面构建核心竞争力：通过强调数智化以提升效率、强调客户体验创新以提升满意度并增加黏性、强调客户运维以实现客户忠诚，最终都是为了促进增长（图 1-2）。

请注意，上述如同金字塔般的系统结构，每个层级均兼具对内和对外两个层面，这是该系统需要解决的核心问题。对内是企业或组织内部的价值观、理念、共识、视角的博弈，对外是客户的需求与企业供给能力的匹配与博弈。

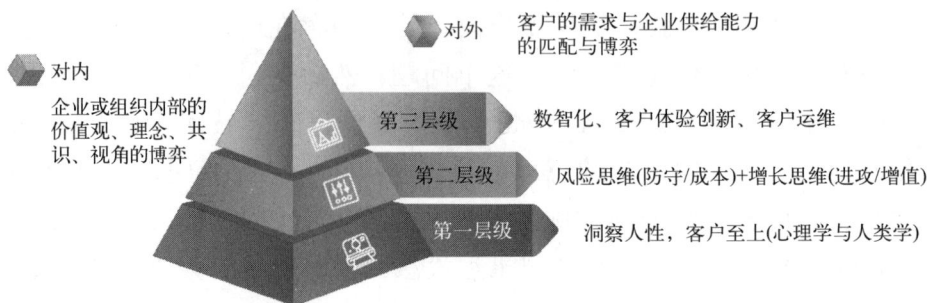

图 1-2　客户关系管理体系的三个层级

为了方便理解，我们可以打个形象的比喻。第一层级相当于武侠世界当中的内功心法。炼脑、炼心、炼气、炼意，心法是基础，是贯穿始终的，只有基础稳了，底子厚了，才能在日益激烈的竞争中打持久战。第二层级则类似武功秘籍，是谓炼招。招式是支柱，高招才能攻守兼备以制敌命门。第三层级是兵器，也就是工具。兵刃重在炼形。好工具才能更好地外化心法与招数，放大自身的竞争力并扩大杀伤力，以博取竞争优势，更好地克敌制胜。

如同漂浮在大海中的冰山，在客户关系管理业务体系的三个层级中，越基础的层级越简单，同时也越重要。冰山头部展露出的层级需要强大的中间层级和坚实的底层逻辑支撑，才有可能实现。越是底层的逻辑越是核心竞争力，越难以被竞争对手复制、模仿和跟随。

从客户驱动增长模式的经济性角度来审视，第一层级决定了我们能不能赚钱，第二层级决定了我们能不能安全、持久地赚钱，第三层级决定了我们能用什么工具，以何种效率赚多少钱。

从战略支点和战略杠杆的角度来解读，第一层级是客户关系管理的战略支点，是为"道"；第二层级是战略杠杆，是为"法"；第三层级是为"术"。

做人的生意，必然要在洞察客户的基础上顺势而为方能事半功倍。在商言商，房地产客户关系管理工作的底层逻辑是心理学和人类学，也就是行为经济学和行为金融学。在实践中，无论是客户投诉的处理，还是产品与服务中客户痛点的解决、客户体验中爽点的设计，无不和此有关。同样，在企业内部无论是客户至上理念的宣导还是客户端风险决策的共识达成，背后都脱离不了相应的规律。

客户端风险对于房地产行业而言，在表象上是各类风险的集中显化。无论是政策风险、企业内部的运营风险，还是一线的产品和服务的风险，最后都会传递到客户层面，通过不同的形式或早或晚地体现出来；作为上市公司，行业内或企业内的风吹草动都会被投资人或合作伙伴用放大镜来解读，最后还是会通过某种形式传导到客户端。所以，企业能做的就是在力所能及的范围内做到完美自控和稳健应对。

很庆幸，笔者在自身所供职 20 年的企业由一家原本虽地方性，但小而美且客户忠诚度位居全行业前列的明星企业走向全国化的过程中，带领团队依托大运营体系建立了客户端风控体系，有效地支撑了企业的规模化，并促进了品牌美誉度的提高。从客户端投诉的被动响应到涉及客户端风险前期决策阶段的主动干预，从个人工作笔记上的案例到构建企业的客户端风险案例库，有生命力的风控体系是不断迭代进化的。善败者不亡，这句话很重要，因为探索一定会遇到失败。掩耳盗铃、刻舟求剑是不可能进步的。

但是传统的客户关系管理工作不能仅是做客户端风险前控，因为即便风险思维发挥到极致，跨专业将大运营体系方方面面的各职能风险都考虑、推演得八八九九，但在组织内部不少人眼中也只是防御型的职能工作，因为这些工作量化出来基本都是成本。攻守协同才是王道，所以如果客户关系管理工作的另一支柱——增长思维不构建出实际业务落地变现，就如同人缺失了一条腿而无法走得稳，走得久。

企业的增长可由增长公式来概括：

企业增长区＝宏观经济增长红利＋产业增长红利＋模式增长红利＋运营增长红利

对于前两类"宏观经济增长红利"与"产业增长红利"，从企业的角度出发，如同水滴之于大海，同行获利的多寡由企业基于规模化的承接能力来决定，短期内很难主动获取更多；对于第三类"模式增长红利"，一旦企业经营模式确定后短期内也很难改变。龙湖坚持每年拿出利润的 10％投入到重资产的商业项目中，以赚取自持商业运营的租金收益。这个战略决定了龙湖在自有资金的运营效率方面弱于其他竞争对手，但这个模式的长期坚持和积累，使龙湖手持众多商业资源，在经济周期低谷阶段也能实实在在地用租金收益给予现金流极大的支持，对于企业有膘过冬、穿越周期，意义重大。

在边界宽窄和资源瓶颈的约束下，只有第四类"运营增长红利"可以从企业角度全力争取，以求最大化。

传统观念认为，运营增长红利是基于大运营体系，将生产职能与支持职能拉通，基于产品营造的逻辑，通过极致的降本提效与极致的周转获取运营增长红利。但在运营增长领域中，侧重运维好客户资产，推动企业的持续增长，这个观念需要并重。作为客户关系管理职能，应该将"流量思维"进化为"留量思维"。基于增长的逻辑，当下中国存量市场中的房地产企业，将客户业务这"第二条腿"，上升到企业第二曲线的高度来推动都丝毫不为过。

至于数智化、客户体验创新及客户运维，则是实现客户关系管理价值的实际抓手，后文会有专篇详述。

1.4 房地产客户关系管理应该有怎样的世界观?

在房地产行业中，传统的客户关系管理业务传递给主管部门、房地产从业者与房地产市场的感觉，以及展现出来的固有理念如下：

投诉客户是敌非友，投诉本身越少越好，平安无事就是福。

满意度差评纯属无理取闹，挑刺找茬对品牌是不利的。

优化产品? 提升质量? 还不如多招几个客服平事呢!

赔付越少越好，赔出去的钱都是利润，搞不定客户就是能力不行。

客户关系管理业务自打娘胎出来就是成本中心，只给各职能添乱，永无止境地提要求，没有存在感，永远都只能是附庸……

这些观念，不仅是主管部门、市场与消费者的感觉，甚至在一些客户关系管理的从业者自己头脑中也根深蒂固地存在着。

但这些观念，都是片面且错误的。

那么，客户关系管理立足点应该在客户还是在企业? 着力点应该保守还是进取? 侧重点应该是成本还是增收? 这些都需要一一澄清。

所以，我们需要重塑客户关系管理的世界观——是非观、平衡观、敌友观、成本观与大局观。

是非观：企业应该是向善的，企业应该赚取的是阳光下与客户共赢的利润，而不是靠隐瞒客户的知情、侵犯客户的权益、打压客户的心声获取企业的利润，所以客户至上的战略支点与大是大非的客户端风险管理是前提。

平衡观：客户利益、企业利益、社会利益与投资人利益多方兼顾。赚稳钱，赚长钱远比赚急钱、赚快钱安全，更具有确定性。因为复利最靠谱。

敌友观：客户投诉往往是因为某种需求未能得到满足或达到预期。客户对企业抱有期望，故而理所应当需要好的体验，企业未能满足的经全面评估与合理过滤的客户需求最可宝贵，所以客户是帮助企业完美的动力之源。兼听则明，偏信则暗，客户的监督能促使企业完美，进而不断走向卓越。

成本观：项目开发本身就应该预留一部分作为返修和处理客户诉求的后期成本。合理的赔付，以及对于产品和服务瑕疵的处置费用，本身就应该看作是企业项目开发成本的合理部分，本质上是对企业提供的产品和服务未能满足客户需求的预期差的填补，不能因为期房预售与诉求后置而视作是利润的损失。客户关系管理实际上是为企业节省钱，做得越极致，效果越好，上述产品和服务瑕疵的处置费用就越低，换个角度而言就是创收越多。加之能持续创收的客户运维工作，客户关系管理职能实际上不仅不是成本中心，而是利润高地。

大局观：对企业内部的各专业各职能而言，客户关系管理职能需要利用自己的专业、模式、影响力来帮助其他职能在客户端达到成功；对企业外部的客户与市场而言，帮助客户在漫长的生命周期内，在与企业互动的过程中得到最佳体验与需求的合理满足，这也是帮助客户在与企业的交易中获得成功。所以，客户关系管理职能有其他专业或职能所无法做到的战略定位差异，那就是"帮助内外客户成功"。

澄清了客户关系管理业务的世界观，有助于我们理解并构建客户关系管理业务模式。但是在深刻的客户洞察的基础上，要改变客户关系管理业务的世界观，需要从重塑客户关系管理业务模式的两大支柱——风险思维和增长思维开始。一个支柱是做好客户端风控，力保城门不失，这也是创收的暗线；另一个支柱是通过客户运维，推动企业持续增长。

1.5　如何构建客户关系管理的业务模式？

我们现在知道了房企为什么要在客户至上的理念下，构建以客户为导向的业务模式。**所谓业务模式，是局部性、单一性、在某一范围内对企业经营要素的分析，是一个或一组开展业务的方案，具体是指在某种问题环境中执行或应用以解决某种固定问题的通用方案。**

构建一个模式就是构建一个系统。**任何一个系统都包括三个构成要件：目标、要素和连接。**看上去一样的房地产项目，开发商的目标不同，核心要素就不同，采取不同的业务模式，最后呈现出的产品就不同，得到的结果也必然迥异。比如，秉持追求居住品质最大化而非利益最大化的出发点，项目最终建成的结果差异巨大。因为该项目总图设计在容积率、楼间距、绿化、配套等规划指标的把控层面上会作出不同的选择，如更低的容积率、更宽的楼间距、更大的绿化面积、更完善的配套等。

先谈"目标"和"要素"，为方便理解，特举例说明。

一家小而美的区域龙头型房企，团队稳定，能耐下心来打磨产品，提供精细化服务，多年深耕一省之地持续平稳发展，占据了大部分市场份额。该房企所开发的产品已经成为本地客群购房首选，其产品质量好、配置高、服务好，客户忠诚度全行业领先。该房企目标是通过所开发房屋的高品质来提升品牌，再通过品牌优势实现溢价以保持规模增长。该房企安排专业人员做好产品研发，整合供应链及优质总包，长期以来彼此视为同路人，结合物业多年如一日的高品质服务，夯实产品质量不是空话。其关键要素是：团队、供应链、质量与服务、客户忠诚度。该企业凭此业务模式穿越周期，平稳发展。

而另一家房企目标是迅速实现开发规模位于全行业前列，为此大举借债，四处举牌拿地，一款产品全国复制，压缩工期，拖延付款，资金链极致"走钢丝"，客户端口碑可想而知。实际上，通过高周转实现速度和规模，用资本杠杆撬动项目数，以规模优势再加大资本杠杆，这是这家房企的模式飞轮。基于此目标，关键要素动作是融资、拿地、收并购、运营、销售。该企业在"三道红线"的监管要求下资金链断裂，债务暴雷，不得已卖地卖项目，引入战略投资者出让股权，交付困难，群诉不断，大幅裁员，四面楚歌。

客户导向型的房企，其客户关系管理业务模式的构建，需要在洞察人性的基础上，基于风险思维构建客户端风险管控系统和基于增长思维构建客户运维系统。本章仅基于客户端风险管控系统的构建进行解析，其目标应是在多维约束下极致管控客户端风险，以保证品牌安全。要实现这个目标，则需要在项目前期基于大运营体系下各专业视角穷尽客户端风险，优化客户端风险决策，不能消除的需要推演处理预案并酌情预留处理成本，项目中期持续跟进回顾新旧风险点并修正应对措施，项目后期跟进完结关闭，做好复盘总结。关键要素则是多维信息的整合、客户端风险决策、督导检查、复盘总结。

让我们看看如下的场景：为保证容积率限制下销售面积最大化，某项目高层楼栋的一楼均未采用为方便进出且提升空间感的架空挑空之类的设计，虽然交通组织需要的通道无法拓宽，但还可以通过外置搭建的方式做单元门头，以提升门脸的档次并带给客户尊贵感。单元门头做还是不做？营销负责人坚持一定要做，这样一方面能保证一楼几个可售房源的面积和功能的完整；另一方面外置的大型单元门头面子十足。研发负责人认为一楼减少住宅面积，扩大通道宽度，甚至提升层高，做出大堂，是更使人愉悦舒适的解决之道。报建负责人持反对意见，认为总图追求可售价值最大化致使增加了额外的单元门头，十几栋楼几十个单元门头，实际建造面积超出容积率指标，规划验收面临极大风险。造价采购负责人认为增加几十个精装门头费用不菲。工程负责人认为验收后交付前增加门头的工作量较大，工地开放的节点无法保证甚至可能影响交房……

上述案例的问题在项目前期总图阶段只要各专业、各职能信息汇总，就会暴露出来。客户导向型房企会在一楼做单元大堂甚至架空层，必然会减少几套住宅的销售面积以保证更多数业主的舒适性、安全性与私密性。而激进型房企的选择会是销售面积最大化，对上述问题的决策将会是把一楼销售面积做足后加门头，至于进度及验收的问题留待以后由工程和报建人员慢慢解决，客户也不一定会表示不满和反对；一楼客户接房时发现门头对其采光通风私密性造成了不良影响，进而发现单元门头居然是违建，这一情况牵扯出前期的一系列问题，只能交由客户关系管理人员去解决，然而由此引发的客户层面的赔偿、监管方面的处罚与品牌形象方面的损失接踵而来。殊不知，各自为战的结果最后是风险叠加并放大企业的损失。

再来说"连接"。**连接有四种：因果链、增强回路、调节回路与滞后反馈。**

构建客户端风控系统，其因果链很简单，因为绝大多数客诉都源于前期的某次或某几次不合理的决策，该决策显性或隐性地与客户的利益密切相关，如果不在"合适的"或"恰当的"时机提出来加以审慎决策，则该决策的不利后果在后期是无法改变的，或者改变起来代价极大；所以为避免后期被动，或者从节约处理成本角度出发，甚至是仅为了避免被追责，都需要卷集相关干系人，构建客户端风控系统。对上面列举的案例进行分析，客户导向型房企的因果链是：平衡好一楼销售面积和公共面积——严格报规——进度保障——验收顺利——客户满意——品牌溢价——企业盈利；激进型房企的因果链是：高层一楼全销售——门头另加——工程进度受限——报规遇阻——客户投诉——企业损失。

增强回路是维持系统稳定运作的持续的动力。它意味着一旦构建成功平稳运转，就持续有内外正反馈，系统不断得到正能量的补给，从而增强因果联系。由于房地产行业项目开发周期较长，所以需要主动设计客户端风控系统的增强回路，保证在关键时刻（Moment of Truth，MOT）相关干系人如能在客户导向文化价值观的指引下持续优化决策并维持到实施完毕，就不断给予正面肯定或激励。这源于两个方面：一是项目层面，很多可以影响客户利益的决策在项目前期得以规避或优化，从而使得项目在建设期能够平稳运行，督导检查成绩优良，后期交付平稳，入住顺利，极大地降低了客户投诉的强度与频次，客户满意度高，复盘总结后评价优良；二是职能层面，本专业条线优秀的管控动作能得到职能层面的点赞或肯定，甚至激励，更有客户关系体系的"风控专家"和非客户关系体系的"最佳方案"等冠名的荣誉，都有极大的增强回路的作用。

但客户端风险毕竟存在不确定性，加之风险评判的标准往往源于过往的经验与案例，实践中环境的变化与条件的变化都会导致预见偏差。所以不能一味地只强调风险、放大概率，这会导致束手束脚，甚至产生损失。所以调节回路的存在就极其重要了。

如果说增强回路是不断获得能量补充，让系统动能越来越高，那么**调节回路就是让系统动能不断降低，而且调节回路永远存在**。正如我们滚动一个小球，由为摩擦及阻力，小球的动能得不到补充，终究会停下来。节能是生物的本能，追求利润最大化是企业的天性。一旦客户端风控系统与个人绩效最大化或其他非客户职能的专业标准不一致，就会产生摩擦甚至冲突，都会消耗动能，进而将"能使客户利益最大化的最安全最完美的决策"往相反方向——"企业利润最大化"——拉过去。

试想，如果一切涉及客户端风险的决策都从客户的角度去作，一方面需求林林总总无法统一，不可能让所有人都满意；另一方面企业必然陷入无限的成本投入中。没有盈利的企业是无法持续坚守初心、坚守自己的战略支点的，更无法为社会为业主长期提供好产品与好服务，从这个角度出发，反而是不负责任。所以即便是客户导向型企业构建客户端风控系统，也必须受到一定的限制（如盈利指标、非客户职能的专业意见、不同地域不同圈层客户的差异、不同的人对风险的认知等），最后代表不同内部职能或专业的决策者往往是通过相互"妥协"的方式达到"共赢"的结果。这个在综合评估中相互平衡的过程也就是调节回路发生作用的过程，即对增强回路消耗的过程。

最后谈谈"滞后反馈"。房地产项目的建设周期长，一个项目从拿地到交付短则两年长则三四年，有的大项目占地面积大故而分期开发，历时多年还在持续开发的情况也不鲜见。前文因果链要经过如此久的时间才能逐步地呈现出来，因此，当初预见的风险最后是发生还是不发生；如果发生，是以何种形式何种强度发生；结果是否会按照之前评估时推演的方式发展，均具有不确定性。但无论好坏，总归会有个结果。

设计模式不能只看因果链和增强回路，原因不仅是自我逻辑自洽后不断强化会导致片面（虽然从客户端出发，多数时候是合理的），更是调节回路和滞后反馈永远存在。

客户关系管理从业者永远都是一边在处理客户投诉，一边思考这种情况怎么才能不再发生。在没有体系的阶段，既要面对外部客户的巨大压力，又要面对企业内的各种不理解、不支持，只能靠初心、靠文化、靠自律、靠信念去PK、去坚持，这对客户关系管理从业者的心力耗费是巨大且长久的，甚至会影响身心健康。**心力就是心的力量、精神的能量、意志的力量，它是人的"精、气、神"；心力即愿力、专注力、创造力、洞察力。心力**是客户关系管理从业者最可宝贵的核心资源，一旦透支，心灰意冷则无法持续。绝不能只依赖意志力，因为节能是生物的本能，回避矛盾和冲突是人的本能，客户关系管理从业者要在客户和企业之间做好平衡，一家之言不如一众所向，只能靠模式，靠业务体系，把自身的关切上升到管理意志予以固化。**所以房地产客户关系管理要构建业务模式，一方面要解决业务问题；另一方面更要在控制好调节回路和滞后反馈的基础上，让核心资源——心力——得到不断的补充和增强。**

综上，业务模式是企业所采取的独特的、行之有效的产品或服务的提供方式，这种方式有效满足了特定客户的需求，构成了企业竞争优势的核心。在商业上取得成功的业务模式表面上是产品和服务满足了客户的需求，获得了良好的销售业绩，究其根本则是业务模式的运作符合某种经济规律或原理。

房企客户关系管理职能构建业务体系还需要注意什么？

第一，要对齐价值观。

一定是在客户导向型企业里面谈客户关系管理的当下和未来，要在一个以客户为中心的企业里面或者至少有客户导向基因的企业里面去展露拳脚。在非以客户为导向或者口头标榜客户导向但实际执行天差地远的企业中谈客户导向，注定困难重重，事倍功半。要么坚持初心但心力耗尽而退却，要么放弃立场随波逐流，是好是坏无所谓，划得一程算一程，何必四处树敌，反正都是老板的事业不是个人的事业。

第二，要运营生态位。

生态学中的生态位理论揭示：**每个生物物种在长期的生存竞争中都拥有一个最适合自身生存的时空位置**——即生态位。回顾人类的心理和行为，必然要提到一个重要的进化理论，即生态位构建理论：生物是主动地改造生态环境，而不是被动地待于其中。

同理，在房地产行业中，每一个房地产企业都有自己的位置。有的是头部企业，有的是腰部企业，更多的是尾部企业，大家都在这个房地产行业的生态系统里面生存。企业的生态位，决定了企业资源的多寡和竞争的态势，也就从根本上决定了企业的生死进退。

注意观察，在每个公司里，能长期待下去的人，都有他自己的一个生态位，系统需要他，所以系统也会保护他。同样地，房地产客户关系管理职能在企业中的生态位如何，也就决定了客户关系管理业务开展的高度、难易程度、实施效果如何。

那么，采取什么策略在一个企业的组织系统中构建客户关系管理职能的生态位呢？有引领和依附两种策略。

所谓引领，顾名思义就是举旗立山头，由客户关系管理职能带领其他职能向着目标前进；所谓依附，简而言之就是找到企业中的强势职能做靠山，依托其管理体系植入客户关系管理的业务逻辑，可迅速有效地推进落地。

具体采用哪种策略在企业的组织中构建生态位，需要根据企业在行业中的生态位、价值观、客户业务成熟程度、各职能客户导向的强度等多方面综合评估。想清楚自己的客户关系管理职能今后在组织中是要做旁观者、参与者，还是牵头者，在可能涉及给客户带来不利后果的信息流转和决策流程中卡位，在企业的生态系统里面构建，因为这决定了你的高度和你所带领的业务的生死。最关键的——是老板的认可程度与支持力度。龙湖的客户端风控业务就是在大运营体系下逐步建立、成长和壮大的。有了"客户至上"企业文化的保障，在大运营体系倡导的"各职能各专业信息全面交圈"和"集团向地区公司大运营体系深刻穿透"下，龙湖的客户端风控业务向上撬动，横向协调，向下推动，不但开展得风风火火，声势浩大，而且正循环反哺增强，持续迭代，不断创新。在深入人心的同时，进一步加强了龙湖的客户导向。

1.6 为什么对企业而言，风险控制事关生死？

著名作家斯蒂芬·茨威格（Stefan Zweig）的传记《人类群星闪耀时》与南极点探险亲历者阿普斯利·彻里-加勒德的回忆录都记录了100多年前挪威的阿蒙森团队和英国的斯科特团队南极点之争的悲壮故事。这场著名的时间竞速的结果是：阿蒙森团队作为人类历史上第一个到达南极点的团队永载史册并平安返回，获得所有的荣誉；而斯科特团队虽然经历了同样的艰难险阻，但晚到南极点一个多月，而且在返程路上无人生还。是什么造成两队极点之争不仅是成功与失败的区别，而且是生与死的较量呢？

阿蒙森团队的成功绝非偶然。对两队成败原因的研究从目标到准备，从计划到执行，从决断到运气，林林总总有很多。我们重点从对风险的提前预判、对计划的坚定执行以及关键时刻的正确决断来略作对比（表1-1）。

阿蒙森探险队与斯科特探险队对比表　　　　　　　　　表 1-1

对比项	阿蒙森探险队(挪威)	斯科特探险队(英国)
探险目的	阿蒙森原计划去北极点，但在1909年美国人皮尔里提前宣布到达北极点，令其成为"北极点第一人"的梦想破灭，从而改去征服南极点	斯科特率先发现世界上最后一个未知角落南极，得到职位升迁和名誉升增。计划探索南极，进行科学考察，宣扬英国大国国威，成为极点第一人
过往经验	阿蒙森是位彪悍勇猛的航海家，并被称为第一个专业的极地职业探险家。1903—1906年，曾带领仅6人团队，驾着47吨、13马力的单桅小船"佳阿号"率先打通西北航线。阿蒙森作为常年与严寒作斗争的北欧人，更懂得如何应对极地的恶劣气候和环境。他曾在南极地区越冬，也曾领导过三次探险队深入北极地区。他研究了北极因纽特人的文化，学习他们旅行和穿衣技巧。为了极地探险，阿蒙森曾经和因纽特人生活了一年多，就为了学习如何在冰天雪地里生活、求生	斯科特是英国海军军官，1901年担任南极探险计划"发现号"的船长，探索新大陆，并进行科学研究。斯科特和其原下属，前"发现号"队员沙克尔顿有嫌隙。沙克尔顿曾独自探险南极，回国后封为爵士，被视作英雄。斯科特临行前，沙克尔顿曾主动想给斯科特交底自己的南极探险经历但被斯科特拒绝。新大陆探险的不悦经历使斯科特不信任狗
团队组成	有目的地招聘了最有经验的探险队员、最优秀的狗及滑雪者和驯狗员	主要选择海军军人加入探险队，而不是有南极探险经验的人
出发人数	5人	5人
安全返回人数	5人	0人(归途中在距离下一个物资仓库只有18英里的时候，斯科特和威尔逊、鲍尔斯三人悲壮地遇难)
主要装备	4架雪橇；97条训练有素的格陵兰爱斯基摩犬，吃苦耐劳，鞠躬尽瘁；4个月给养；带着一种新设计的保温瓶；燃油加热器	3架新式的摩托雪橇；34条爱斯基摩犬；19匹西伯利亚矮种马

续表

对比项	阿蒙森探险队(挪威)	斯科特探险队(英国)
装备实际优劣对比	爱斯基摩犬的毛长而且密,在-50℃的风雪极寒天气里,仍可行动自如,即便是被大雪埋住了,只要露出脑袋,依然能够酣然入睡。它是食肉动物,不需要从外地运去草料。 严格遵守启程前的规则,在无从选择的情况下,牺牲体弱的爱斯基摩犬,用以维持探险队员和其他狗的热量补给。 在每天启程前进早餐时,可把热饭菜装在保温瓶里。这样一来,午餐可以在任何时间吃,既节约燃料,又节省了时间。 营地使用燃油加热器保持20℃,开关方便,安全可靠,不用专人值班	三架新式雪地摩托在到达南极大陆卸船的时候掉海里一辆,另一辆油箱被冻住,第三辆坏了,无法修理,只能靠人力拖装备。 没有熟练掌握驾驶雪橇的技术,甚至出现人拉雪橇、狗坐在雪橇上的情况。 爱斯基摩犬极其饥饿的时候攻击了马匹,导致有些马逃跑。 在南极一切食物都必须靠外面供给,因而马存在着致命的弱点:马不像狗,不能和探险队员吃同样的食物。矮种马不适应极冷环境,深陷雪中陆续冻饿而死。斯科特拒绝用马来补充食物。 人拉雪橇导致体力消耗巨大,队员疲惫、生病、不良于行。 斯科特的探险队为了吃顿午餐,要搭帐篷要生炉火,每次至少花费一个半小时才能填饱肚子。 必须要安排专人值班,以防止由燃煤引起火灾
计划执行关键里程碑	阿蒙森建造了冬季住宿设施,先后3次启动运输队,每架雪橇配置6条狗、一人押送,把3吨食物(包括大量的海豹肉和企鹅肉)、燃料先后存储到南纬80°、南纬81°、南纬82°的补给点,并沿途投放干鱼做路标,在3个补给点东西方向6.44千米处各插上界桩,**这些兵马未动粮草先行的部署,成为冲刺南极点的生命线**。既为返程提供食物和燃料,也减少了出发时所携带的装备数量。 不管环境好坏,不管容易与否,坚持每天前进30千米,不管是到达南极点还是从南极点顺利返回均如此。 阿蒙森的队员时常坐在雪橇上,一边欣赏雪地的奇异风光,一边嚼着暖瓶里的热饭,而且还有休假,行进5天休息一天。休息日天气哪怕再适于行路,阿蒙森也不曾改变习惯	斯科特计划在南纬80°设立最大的"一吨营"。不料气候异常恶劣,马队几近崩溃,因不忍心看着马匹累死,决定将"一吨营"改建在南纬79°29′,和南纬80°目标相差56千米,就此种下祸根。 计划不周,以致补给站设置的方向不对,几乎不在征服南极点的路线上。 当斯科特探险队距离目标只有240千米时,最后冲刺阶段时要带上四个人,而不是原计划中的三个人,**各种按建制准备的资源都需要重新分配**,导致返程食物和燃料明显不足。 斯科特同意威尔逊博士花一个下午收集岩石样本带回去进行科学研究,不仅占用了时间和精力,而且增加了探险队需要承担的重量
抵达用时	1个月25天	2个月18天
最终成果	极点之行轰动世界。 美国把1957年建在南极点的科学考察站命名为**"阿蒙森—斯科特站"**。 月球南极的一个比较大的环形山也命名为阿蒙森环形山。 阿蒙森把11条与他共患难的"南极老狗"送回挪威家里,安享天年	人类历史上第二个抵达南极极点的探险队,可惜未能安全返程。 收集到4万多个不同的标本外加三个帝企鹅蛋,其研究形成了15卷装订成册的报告。探险的日记、照片,也都是南极科学研究的宝贵史料,至今仍完好地保存着。 当救援人员找到他们的尸体时,发现斯科特的旁边是个罐头盒,里面有一根用鞋带做成的灯芯,他用这根灯芯燃尽了最后一滴煤油,以记他的日记。在另一边放着一只大袋子,里面是企图运回基地的15公斤重的岩石标本

阿蒙森团队于1912年1月25日全部安全返回营地。这个日子和他3年前计划的归程一天不差,是巧合也是奇迹。后来有人评价阿蒙森的成功是因为好运,

他的回答是："最重要的因素是探险的准备如何，你必须要预见可能出现的困难，遇到了该如何处理或者如何避免。成功等待那些井井有条的人——人们管这个叫作好运气。对于那些不能预见困难并做出及时应对的人来说，失败是难以避免的——人们称这个为坏运气。"

阿蒙森的话概括了南极点之争取得成功并安全返回的关键因素，排首位的当然就是风险控制。另外，目标专一，万全的准备，向专家学习，坚持日拱一卒、稳扎稳打地执行计划，准确的决断等也都是成功要素。

同理，房企经营首要的就是控制风险，客户关系管理业务模式的首要支柱就是客户端风险管控，不仅事关增长，更是关乎生死，务必重视。

1.7 不同干系人在客户端风险决策时的视角差异是什么？

要构建房地产客户关系管理业务中的客户端风控体系，需要有"内外客户成功"的视角，必须知晓对企业经营及客户端风险决策真正能够施加影响的是哪些人？他们是怎么想的？他们是怎么干预相关决策的？只有理解这些干系人的立场，才能更好地构建相关业务体系。下面分类予以说明。

1. 投资人

企业的投资人一般分一级市场投资人和二级市场投资人。

一级市场是资本需求者将证券首次出售给公众时形成的市场，主要是由投资银行、经纪人和证券自营商组成。在我国，一级市场作为发行市场是一个比较抽象的市场，发行市场是一次性买卖，投资者都是按照统一的价格进行购买的。一级市场相当于已上市或者未上市公司的长期股东，享受股价波动变化和每年的获利分红。一级市场投资者多为机构，核心赚取的就是企业盈利增长的钱，赚的是长钱和稳钱。

对于房地产企业而言，此类投资者的身影往往出现在诸如引入战略投资、IPO和项目收并购等关键活动中。所以，环境、周期及市场前景等宏观方面及资产配置是首要影响因素，另外，投资企业管理团队的价值观、能力及日常经营中的关键决策是持续关注项。

从投资的"不可能三角"理论来看，任何投资品种最基本的三个指标——高收益、高流动性、低风险不可能同时满足（图1-3）。

所以，机构投资人通常会基于以下几点评估资产的风险：

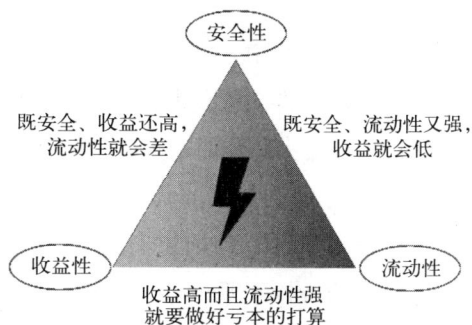

图 1-3　投资不可能三角定律

（1）在投资者的预期中，该资产的价值会出现怎样的变化，以及在正常的环境和极端的经济、金融条件下，它会有怎样的表现？

（2）该资产相关的各种形式的风险和损失概率是怎样的？

（3）该资产对整个投资组合的风险和回报，以及对其他资产的影响是怎样的？同时，投资组合中的其他资产对它的影响又是怎样的？

（4）什么时候、在什么样的情况下该资产会出现不正常的表现？

二级市场，通俗地讲就是流通市场，也就是股票交易市场，会随着市场波动变化买卖股票，对于个人投资者而言，一般不会像一级市场一样长期持有，多是带有投机性质的短期持有。个人投资者相对短视，更容易被消息影响，一旦听说不利于企业的负面舆情，就会抛售离场。

在沃伦·巴菲特（Warren E. Buffett）几十年的投资和商业生涯中，他明确表达了自己的资产配置战略原则。他的许多原则的明晰度、实用性和有效性是值得我们思索的，其中最有代表性的一条就是，"当评估一项权益投资的潜力时，投资者应该以买入一家私人公司的态度来交易。关键的评估标准包括：①该企业的经济前景；②负责这家企业的人；③需要支付的价格"。在他的投资生涯中，当该权益投资的标的公司经营不善影响其收益时，直接下场参与经营也是常事。1973 年，巴菲特以每股 12.5 美元的价格买入《华盛顿邮报》公司的股票，成为该公司最大的股东。随后，他亲自下场参与管理，并推动了一系列改革措施，例如削减开支、改进印刷技术等。在他的领导下，该公司逐渐走出困境，成为媒体行业的佼佼者。巴菲特在 2013 年将其所持有的《华盛顿邮报》公司的股份捐赠给了慈善机构。

在"三道红线"的要求下，2021—2022 年多家房企暴雷，甚至导致项目无法交付。股价持续下跌，出现企业债或理财产品无法兑付，进入漫长的断尾求生、债务展期、引入战略投资等债务处理之中。由于很多自有员工乃至上下游合作单位购买了暴雷企业的理财产品，引发了群体事件，严重影响企业经营。企业品牌信誉受损，进入恶性循环，融资环境进一步恶化，最严重者甚至从交易所退市，投资者损失惨重。

对企业而言，尽管基本无法对宏观的经济环境和行业的景气程度产生影响，但是管理理念、管理团队及对关键事件的处理仍至关重要，因为企业的稳健经营和持续增长，是实现投资人成功的最大保障。正如"蝴蝶效应"，对客户端有影响的决策或多或少地都会影响企业的经营结果。

一旦企业经营不顺导致投资人权益受损，有控股权的投资人可能短期离场止损，更可能干预经营甚至接管日常管理，以改善营收保证最终收益。在最不利情况下，企业破产清算，可能涉及项目公司的股权层面。可以想见，此时的很多措施对客户端都必然会产生或多或少的影响，即便我国的法律优先保护购房者。

2. 各专业职能

企业内部的各专业职能对客户端风险决策都有着或多或少的直接或间接影响。例如，营销善造梦重溢价、设计重效果重创新、工程重进度重质量、造价采购重支付重成本、财务重回款重融资等，这和自身专业的追求和各职能自身的管理目标是一致的，形成了客户端风控业务之"连接"中的"调节回路"。从财务角度进行风险决策的评审，可由财务逻辑的决策对照内省，如资产负债表因素、损益表因素等，特别是合作项目，更要从财务投资安全性的角度评估风险决策的有效性。这些专业职能层面的评估结果对客户端决策都会产生直接影响。

3. 客户

市场与客户短期看似对企业之前的客户端风险决策没有影响，但实质上却是印证前期决策结果的"滞后反馈"。市场与客户对企业某方面可能侵犯其权益的前期决策是否敏感，反应如何，决定了企业决策的成本，而且这并不是一成不变的。随着我国房地产市场由卖方市场走向买方市场，以及社会的不断进步、消费者意识的不断觉醒和专业化程度等方面的逐步提高，容忍度越来越低，敏感度越来越高是趋势。

实践中，客户端风险最后呈现出来的结果多种多样，但实质上有规律可循并能归入一些大类中。例如，营销方面客户端高发风险就有销售资质类、广告物料类、销讲话术类、契约合同类等。

实际上，上述三种能影响客户端风险决策的关键干系人背后有一条共性的暗线——资本流（资金流）。

全国化房企在多地多项目并联开发时，其集团级资本投资重在**集中头寸的安**全，其评估涵盖全面性、安全性、开发节奏的持续性与地域布局的完整性；区域公司级或者地区公司级重在把握**流动性**；项目级管控从日常操盘到竣备结利的实现，侧重**操作性**。一旦投资启动，就是通过运营和营销两条线贯穿始终，一条主生产，一条主回款，形成闭环，以兑现对资本的承诺。

特别是在合并、收购、IPO 和再融资活动期间，许多拥有集中头寸的投资者都会遇到资产范畴之间惯常的、特别的资本流模式。图 1-4 简单概括了资产范畴间的代表性资本流——风险决策中的权重流，以运营为主线——通常的方向和相对的重要性高低。

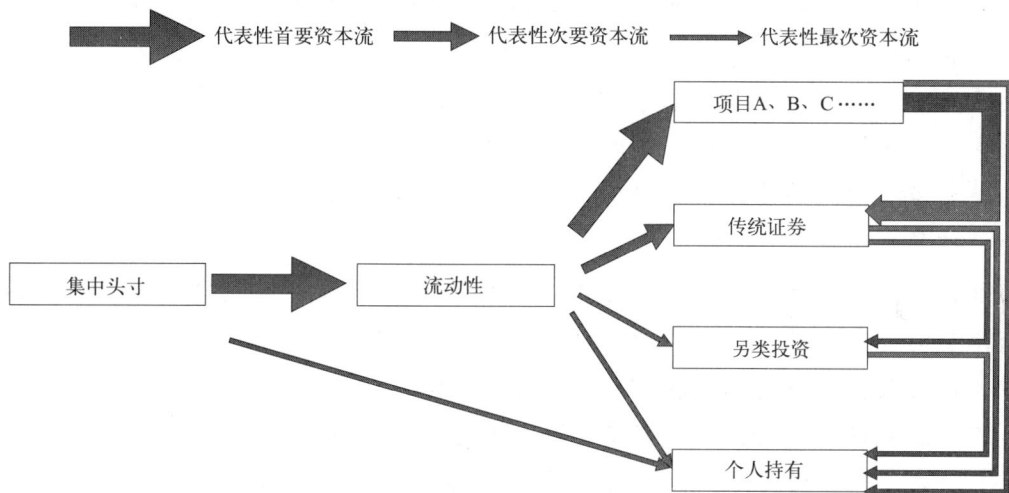

图 1-4　资产范畴间的代表性资本流（以集中头寸为起始时的情况）

（资料来源：《资产配置的艺术》）

所以，客户端风险决策的权重流也就呼之欲出了。投资量级越大，越应得到更多的重视，投资量级越小，关注度自然降低。

案例：万亿市值腰斩！跌落神坛的中国平安，竟是隐形地产大佬（节选）[1]

随着中国平安股价腰斩，网上开始流传一个笑话。

专家：请珍惜 90 元的中国平安，也许以后再也看不到这个价了！请珍惜 80 元的中国平安，千金难买牛回头！请珍惜 70 元的中国平安，倒在黎明前是最可悲的！请珍惜……

散户：打住，打住，不要再洗脑了！自从我珍惜了中国平安后，宝马换成了宝来，宝来又换成了爱玛，爱玛又换成了永久，现在就剩下一个碗了！

2020 年下半年，保险版块迎来高光时刻，中国平安市值站上 1.7 万亿元的巅

---

[1]　财通社 . 万亿市值腰斩！跌落神坛的中国平安，竟是隐形地产大佬 [N/OL]. 新浪财经，2022-08-10. https://cj.sina.com.cn/articles/view/1704103183/65928d0f02002wynt.

峰。彼时谁能想到，不到 2 年时间里，这家金融巨头市值腰斩。截至 2022 年 8 月 10 日，中国平安 A 股股价险守 40 元关口，创近 5 年新低，总市值快要被中国人寿反超了。

中国平安跌落神坛，连续两年净利润下滑，到底发生了什么？

受伤的地产大佬

提起中国平安，很多人都知道是做保险的。实际上，除了寿险及健康险业务、财产保险业务外，这家金融巨头还有银行业务，包括信托、证券、其他资产管理在内的资管业务，近年来借助智能化、数字化转型，金融科技业务和医疗科技业务也发展迅猛。

平安依靠"综合金融＋医疗健康"的发展战略，通过差异化的打法，一度把保险同行远远甩开了一大截，成为资本市场宠儿。

但万万没想到的是，中国平安还是一个隐形的地产大佬，极速狂奔中，也因为地产"马失前蹄"。

2021 年年报显示，中国平安直接控股的房地产投资平台有深圳市平安置业投资有限公司、成都平安置业投资有限公司、安邦汇投有限公司、海逸有限公司，此外，还控股了众多的物业租赁和物业管理公司。

而通过联营和合营方式直接参股的房企至少有 9 家，如持有华夏幸福 25.02％股份，持有中国金茂 14.02％股份，持有上海怡滨置业有限公司 41.8％股份，持有旭辉控股 7.91％股份。

根据此前媒体报道，平安集团重仓 13 家房企，与 20 家房企有关联。如果把这些股份对应的营业额以及市值加起来，平安是全中国最大的地产巨鳄，没有之一！

平安对于不动产的筹谋，最早可以追溯至 20 世纪，其前身——深圳市平安物业投资管理公司于 1995 年成立。但由于当时的政策限制，平安的地产路直接停滞在"起跑线"上。

2010 年，中国保监会发布了《保险资金投资不动产暂行办法》，开始放开对于险资投资不动产的禁锢。发令枪打响，中国平安终于不安于现状，动起来了。平安的地产版图见表 1-2。

这些年来，但凡稍有名气的房企或项目，几乎都与平安打过交道。而这些被平安"看中"的房企，多数是龙头房企。

2015 年，平安看上了潜力股碧桂园，以 2.82 港元/股价格购入碧桂园 22.36 亿股股份，成为碧桂园第二大股东。随着碧桂园的销售一路上升，平安此前账面收益盆满钵满。

平安的地产版图　　　　　　　　　　　　表 1-2

时间	事件
2007 年 1 月	平安信托 20 亿元收购深圳首个购物中心——中信城市广场
2007 年 5 月	平安保险 40 亿元拿下北京美邦国际中心发展项目
2009 年	华南第一高楼深圳平安国际金融中心项目启动
2011 年	深圳市平安物业投资管理有限公司正式更名为平安不动产
2013 年年底	平安信托间接持有金科股份(000656)5.93% 股份
2014 年	平安信托以约 13 亿元收购上海虹桥协信中心南地块的 5 栋独栋写字楼
2015 年 1 月	平安不动产宣布注册资金从 20 亿元增至 100 亿元
2015 年 4 月 1 日	中国平安附属公司平安人寿认购碧桂园(02007 HK)9.9% 的股权,成为碧桂园的第二大股东
2015 年 11 月 5 日	平安不动产全资附属公司富吉投资管理公司认购朗诗地产(00106HK)9.9% 股权
2017 年 4 月 8 日	融创中国(01918.HK)发布 2016 年年报,年报显示平安银行持有其 41.2% 的股权
2017 年 8 月	平安人寿增持旭辉控股集团(00884.HK)7.4% 股权,持股比例上升至 10.12%,成为其第二大股东
2018 年	平安资产管理公司认购华夏幸福(600340)19.7% 股权,成为华夏幸福的第二大股东
2019 年 2 月	平安人寿再认购华夏幸福(600340)5.69% 股权,持股比例增至 25.25%
2019 年 7 月	平安人寿认购中国金茂(00817.HK)17.87 亿股,以 15.2% 的持股量位列第二大股东
2020 年年底	平安人寿以 37 亿元收购北京丰科中心
2021 年 6 月 28 日	平安人寿出资 69.41 亿元投资北京丽泽商务区 D-03、D-04 两个不动产项目
2021 年 6 月 28 日	凯德集团与平安人寿签署合作协议,向其出售国内 6 个来福士项目部分股权。总资产价值为 467 亿元,平安人寿本次收购投资金额不超过 330 亿元

(资料来源:摩斯地产整理)

直到 2021 年,平安依旧在地产领域大手笔开疆扩土,其中斥资 330 亿元购入凯德集团旗下中国来福士资产组合的部分股权,成为当年房地产界发生的最大一笔收购。

始料不及的是,平安维持多年的地产"投资神话",却折在了华夏幸福上。

华夏幸福曾是平安"长期股权投资"的重点项目,其曾于 2018 年、2019 年两次合计注资 179.47 亿元,持股至 25.25%,成为该公司第二大股东。2021 年上半年,华夏幸福主动承认"暴雷",亏损约 94.8 亿元,股价仅剩下一个零头。

中国平安在 2021 年年报中坦承深受华夏幸福拖累,致使全年归母净利润同比下降 29.0%,至 1016.18 亿元,相比 2020 年,下滑幅度相当大。具体来看,平安对华夏幸福相关投资资产进行减值计提、估值调整及权益法损益调整金额合计为 432 亿元,其中股权类 159 亿元,债权类 273 亿元,对归母净利润的影响金额高达 243 亿元。

更令人担忧的是,这并不是平安地产投资暴雷的终结,看看相关地产股的走势,下一个又会是谁?

1.8 房企客户端风险控制的本质、原则和前提是什么？

房地产行业的未来在于将"空间"和"行为"实现有机集合，具体表现为人们在物理空间内的体验以及这些空间对周边社区乃至世界产生的影响。**房地产客户关系角度的风控，其本质就是寻求满足经济效益最大化而客户端风险最小化条件下的产品与服务适配的最优解。**所谓产品与服务适配需求的最优解，是"空间"与"行为"结合的最优解，即通过客户端视角的风险预控与决策干预，使企业所开发产品的"空间"与特定的使用人群之"行为"的和谐。其中，法律底线是保障，行业规范是基础，行为心理学是准绳。

心理学家保罗·斯洛维克（Paul Slovic）认为风险及其测量都是主观的，风险评估依赖测试方法的选择，这种选择极有可能是在人们心中期望得到这样或那样结果的情况下作出的。而美国最知名的法学家之一卡斯·桑斯坦（Cass R. Sunstein）则认为：为降低风险而采取的风险监管和政府干预手段，应该以成本和利益间的理性权衡为指导，这些都可以客观测量。其实，无论是从政府治理和监管的角度还是在商言商地来谈房地产行业都是一样的。不以增长为目的的房地产客户端风控是毫无意义的。

站在房地产客户端风控的角度，为降低风险而采取的风险管控措施，必须要以成本和利益间的理性权衡为指导原则。当然，ESG层面的企业道德也不可摒弃。**对具体情况谨慎客观地分析，其底线是客户的生命安全，中线是政府监管要求与行业规范，高线是客户忠诚与品牌声誉。**在企业内部，这一切都应是在企业增长逻辑及客户导向文化下，沿着最小阻力顺理成章地推进。管控不力会造成生命的伤害和金钱的损失，两者都可以进行客观测量。

客户端风险管控体系的构建需要两个重要前提：

（1）客户导向的企业文化；

（2）复盘文化——从小概率事件吸取教训并采取对策予以规避的文化。

没有企业不犯错，很多决策从结果来看都不是完美的，要想进步就必须总结、提炼、固化，形成组织记忆，才能不断提高。并不仅是因为存在这样那样的问题才需要复盘，成功之处、精彩亮点、好的经验也需要通过复盘提炼出来。如果不复盘，因为人员更迭和时间流逝，很多有价值的经验教训就如过眼云烟消失不见，非常可惜。比如群诉复盘和项目复盘就非常有价值。有复盘文化的企业，不但对于业务亮点能迅速复制、迭代标准，而且对于跌坑爬坑的组织记忆能产生反应。既能提高后续决策效率，减少决策成本，又能较好地容错，敦促团队自省，帮助员工成长。

在美国互联网历史中，2000 年是一个非常特殊的时刻，是互联网泡沫（dot-com bubble）彻底破灭的至暗时刻。互联网泡沫破灭之后，美国纳斯达克指数从 2000 年的历史最高点 5048 一路跌到 2002 年的 1114，整个股市市值蒸发了三分之二。不少明星公司市值断崖式下跌甚至关门歇业，一大批程序员失业转行，只有不到一半的互联网公司苟延残喘活到了 2004 年。2000 年杰夫·贝索斯致股东信能让我们看到亚马逊面临互联网泡沫破裂的危机是怎么复盘和思考的。

致我们的股东：

……今年对于很多股民尤其是 Amazon. com 的股东们是极为惨淡的一年……我们的股票和去年同期相比缩水了 80%……但是，不论从什么指标来看，Amazon. com 都处在比以往任何时候更强势的位置。

＊我们在 2000 年服务了 2000 万客户，比 1999 年提高了 140 万；

＊销售额从 16.4 亿美元增至 27.6 亿美元；

＊经营亏损从 1999 年 Q4 的 26% 降至 2000 年同期的 6%；

＊美国的经营亏损从 1999 年 Q4 的 24% 降至 2000 年同期的 2%；

＊2000 年平均每个客户消费的金额是 134 美元，增长了 19%；

＊毛利润从 2.91 亿美元增至 6.56 亿美元，涨了 125%；

＊在 2000 年 Q4 约 36% 的美国客户曾在我们的"非图书音乐视频"专区（non-BMV stores）购物，比如电子、工具和厨具；

＊全球营业额从 1.68 亿美元增至 3.81 亿美元；

＊我们在 Q4 帮助我们的合作伙伴"玩具反斗城"卖了超过 1.25 亿美元的玩具和电子游戏；

＊我们在年末拥有 11 亿美元现金保障，而去年是 7.06 亿美元。这主要归功于 2000 年年初的融资；

＊以及，最重要的是我们埋头服务客户使得我们在全美消费者满意指数中获得了 84 的高分。这个成绩在任何领域都算是前无来者，一骑绝尘。

所以，既然公司明明比去年状况更好了，为什么股价还在缩水呢？正如著名投资专家本杰明·格雷厄姆所说："短期来看，股票市场就是个投票机；但长期来看，它是个体重计。"显然，在 1999 年股价的飙升中，我们被大量"投票"而不是"称重"。我们是一个希望上秤的公司，而我也相信，从长期来看，所有公司都和我们想法一样。而与此同时，我们埋头工作，为的就是让我们的公司变得更胖、更重、更结实。

让我们来展望一下未来，为什么你依然要对电子商务和 Amazon. com 保持信心？

产业发展和新客户的加入将会促使未来网购行业客户体验的野蛮提升。这种提升和创新是受技术发展所驱动的，尤其是可用带宽的提高、硬盘空间和处理器性能的提升，并且这些技术发展显现出速度越来越快，成本越来越低的趋势。

相同价格衡量下的处理器性能大约每18个月翻一番（摩尔定律），而对于存储器是12个月，对于带宽来说是9个月。即使基于翻番最慢的带宽，每五年Amazon.com客户的可用带宽将会提升60倍，而且还是在不增加任何额外投入的情况下（译者注：这就是赤裸裸的技术红利）。同理，硬盘存储和处理器性能的提升也能为我们赋能，比如说，我们或许能为客户实时提供更好的个性化网页。

在现实世界中，传统零售业者确实会不断利用技术来降低成本，但是他们不可能像我们这样颠覆客户体验。我们同样利用新技术来降低成本，但是技术的作用于我们而言更多的是驱动客户量和收入的提升。我们依旧坚信大约15%的零售商业应该会被永远移上网了。

虽然这些还不是既成事实，有很多还需要我们来向大家证明，但Amazon.com是一个独一无二的企业。我们有品牌，有和客户紧密的联系，有技术，有基础设施，有金融资本，有人力资源，最重要的是我们有决心继续扩展我们在这个新兴市场的领军地位，并且建立一家能够跨越周期、经久不衰的伟大公司——一切的一切，如我们反复强调，都会是"客户优先"。

贝索斯2000年这封致股东信中的复盘非常经典，一方面展现了企业经营业绩翻倍的增长；另一方面引导投资人着眼企业的长期投资价值，并对未来技术红利持乐观态度，最关键的是强调了在"客户优先"导向下，亚马逊护城河的强大及行业领导地位。同时贝索斯坚信亚马逊可以跨越周期，经久不衰。然而，在2020—2022年国内房地产行业在"三道红线"去杠杆的背景下，房企经营业绩大幅下滑，市值缩水严重，试问有多少房企能如贝索斯一样在2000年互联网泡沫破灭期间那样高屋建瓴地复盘？

第 2 章
风险思维与科学决策

2.1 为什么心理陷阱会导致决策失误?

本书讨论的客户端风险决策,实际上就是作出当下符合条件之最优解的选择。当然,这是房企产品和服务是否影响到客户权益的选择。

经济学就是关于选择的科学。它告诉我们关于选择的原则和思维方式,甚至帮助我们在人生道路上作出最优选择。但实际上,在现实中想要做到最优选择非常困难。

自从亚当·斯密(Adam Smith)提出"经济人"理论以来,理性、自利、信息完全、效用最大化及偏好一致的"经济人假设"一直是传统经济学的核心假设和理论基础,它认为人的行为准则是一贯理性的,人们有进行理性思考并作出最优选择的能力,只要保证他们的自由,就能作出最符合自身利益的选择。人们不动感情地追逐自我利益,而人的情感的、非理性的、观念引导的选择都被排除在经济学分析之外。

而行为经济学作为经济学的年轻分支,其研究重点是人们的经济行为。借助可控实验、调查等自然科学和社会学研究的方法以及心理学的分析方法为理性的经济分析提供忽视已久的心理基石,还原人性的非理性本质,以更准确地把握经济现象。

被认为是"现代行为经济学和行为金融学领域的先锋经济学家"的理查德·塞勒(Richard H. Thaler),从心理分析的角度指出,人并不是"经济人",而是"社会人",人们有智慧但却并非完全理性。人有两套认知系统,一套是出于本能和经验的"快思维系统"，即"直觉思维系统"，另一套是处于理性思维的"慢思维系统"，即"理性思维系统"。经济学家认为人是可以以更具计划性和自觉性的"理性思维系统"作出选择的，但现实中，人们往往是用直觉控制的"直觉思维系统"作出选择，因为这套思维系统的反应更快、更直接，类似于一种本能反应。这种认知方法以锚定法则、可得性法则和代表性法则为基础，会导致人们得出错误的认知（详见本书第 2.4 节）。而且，人们对于由这种认知方法得出的结论往往过于乐观自信，进而引发大量错误的选择。

导致决策失误的原因有很多，但其中最关键的并不是专业知识，而是心理陷阱。心理陷阱为什么会导致决策失误呢？之所以有心理陷阱的存在，与三个关键词有关：杏仁体、前额叶皮层、多巴胺。根据心理学和脑科学的研究，人的大脑在对外界作出反应的时候，主要是受到三个部分的控制，即大脑中的杏仁体、前额叶皮层和上述两个系统——"快思维系统"与"慢思维系统"。

杏仁体和"快思维"是什么关系呢？顾名思义，**"快思维"反应非常灵敏，我们通常叫作本能反应或者下意识反应，它是由人的大脑杏仁体所控制的。杏仁体主要控制人的情感，这是帮助人类在思维上作出判断的一个关键**。比如说有一张照片，在你面前出现了 0.1 秒、0.5 秒，这时你自己可能都还没有意识到这张照片上的内容，但是你的杏仁体已经有反应了，尤其是引起你恐惧或者愤怒情绪的照片。

前额叶皮层和"慢思维"又是什么关系呢？"慢思维"由大脑的前额叶皮层所控制，相较于杏仁体，前额叶皮层是较晚进化出来的，负责我们的理性逻辑思维，它的反应比杏仁体慢，通俗来讲就是"做事要过脑"。但是用这个部分来思考比较费劲，更消耗能量。实验发现，越是群居的动物，前额叶皮层就越大，如果受到损伤，人们就很难去做长远的计划，容易失去动力。

在物质文明高度发达的今天，我们可能无法想象这点能量的意义，但是对于远古的人类祖先而言，这一点点生理机能的差异很可能就决定着生死。在种植农业和动物驯养实现之前，原始人类的生存主要是依靠狩猎和采集，这就导致食物来源存在着巨大的不确定性，原始人类一直处于吃了上顿没下顿的状态，在这种生存环境下，**生物本能是尽量节约能量，因此杏仁体的进化和发育优先于前额叶皮层，优先使用快思维是最符合自然选择规律的最优生存策略**（与遇到危险先行闪避一样，身体可以不假思索地产生行动，也是杏仁体的作用使然）。更重要的是，在远古时期社会环境比较简单，很多时候用杏仁体反应不会导致你犯太多错误，即便犯了错误，成本也不会太高，因此在经过几百万年的进化之后，现在的人类在思考上也是优先调用杏仁体所控制的快思维，而错误也就因此诞生了。因为，**快思维讲究直觉，慢思维讲究逻辑**。随着人类社会的高度发展，需要处理的事务越来越复杂，快思维与慢思维的错配问题也就越发凸显。客户端风险决策就是一个高度复杂的事务，决策人在这个过程中过度依赖快思维就会走进行为误区，从而导致决策失误。

2002 年，诺贝尔经济学奖授予了两位行为经济学的代表人物——美国普林斯顿大学的丹尼尔·卡尼曼（Daniel Kahneman）教授和乔治梅森大学的弗农·史密斯（Vernon Smith）教授。两位教授因"把心理学研究和经济学研究有效地结合，从而解释了在不确定条件下如何决策"以及"发展了一整套实验研究方法，尤其是在实验室研究市场机制的选择性方面"而获此殊荣。在丹尼尔·卡尼曼的著作《思考，快与慢》中，将直觉和自动的"快思维系统"，即"直觉思维系统"称作"系统 1"，将思考和理性的"慢思维系统"，即"理性思维系统"称作"系统 2"（表 2-1）。

两套认知系统——直觉思维系统与理性思维系统 表 2-1

系统 1 快思维直觉思维系统	系统 2 慢思维理性思维系统
速度快	速度慢
无意识	有意识
熟练	依照规则
不受控	受控
不费力	费力
联想	演绎

直觉思维系统靠的是直觉，反应迅速，它和我们平常意义上所讲的"思考"似乎不沾边。与直觉思维系统相比，理性思维系统更具有计划性和自觉性。直觉思维系统来自人们的情感反应，理性思维系统来自人们有意识的思维。这两种思维系统能否转化呢？答案是肯定的。经过一段时间练习后，人们会逐渐摆脱理性思维系统，转而依赖直觉思维系统。直觉思维系统可以通过大量的重复得到锻炼，但是这需要努力并耗费大量的时间。高水平的棋类职业选手具备神奇的直觉，他们的直觉思维系统能够使其迅速对复杂的情况作出判断，并同样迅速地作出精确的反应。"卖油翁"和"庖丁解牛"的故事也都说明了经刻意练习后，理性思维向直觉思维转化，能够形成肌肉记忆。篮球赛场上的球手都知道想太多的坏处，拿球后只要感觉舒服，不需要停顿瞄准就可以投出，而且大概率能进球，也是这个道理。为什么一定要干预群诉领导者——那个小小团队的组成人员？力推多血质的业主代表进入群诉领导小组里面，就是基于这个原因。毕竟不理性的维权，对于处置者而言，总是好的。

其实除了杏仁体与前额叶皮层，我们大脑中还有一个奖赏中心，它会分泌一种叫作多巴胺的物质，是人类的快乐之源，但是其实多巴胺并不会直接引发愉悦感，而是让人对奖赏产生一种预期，这种预期在人类的进化当中起到了非常重要的作用，是我们努力工作的动力源泉。

不知你是否有这种体会：你计划出去旅游，要做各种攻略，在网上看各种照片，找酒店，订机票，过程让我们很开心、很快乐，尽管还没有到达目的地。当中重要的原因就是我们对旅游有了预期，触发大脑分泌多巴胺，给我们带来快乐的感觉。这种情况在股市中也很明显，比如，当你发现一只好股票，或者你从别人那里打听到一只据说会大涨的股票，你会很兴奋，甚至在买入之前就开始想如何大赚一把，这其实也是多巴胺给你的奖励预期：多巴胺分泌得越多，我们就越开心，我们对将来奖赏的预期就越高。当一个投资机会让我们分泌的多巴胺越多，我们就越喜欢它，也就越容易去投资它。如果多巴胺和杏仁体一起发挥作用，会怎样呢？我们会有一个即将发财的预期，你会觉得非常兴奋，杏仁体所控制的快思维让我们迅速采取行动去捕获这个猎物，防止错失机会，于是我们迅速买入，甚至全仓买入，这就是投资冲动的源头。

总结一下，我们的大脑结构千万年以来形成了行动优先的快思维模式，在多巴胺的刺激下，人的冲动被激发，从而容易贸然行事，这就是大脑出现思维错配的原因，是决策当中心理陷阱发生的根源。了解了其中的原理，就可以帮助我们避开这种陷阱。

2.2　个体有哪些行为特点和模式会对决策造成影响？

前文论述了生而为人，在决策方面容易受到多方面的影响，从而导致决策结果不佳。个人决策者的行为特点和模式会涉及决策者的见解、行动和思考三方面，这也是给这些行为特点和模式进行分类的依据。[1]

1. 与见解相关的行为特点和模式

决策者会以一系列自觉或不自觉的判断、信仰和偏见来处理信息，下面描述了一些与见解相关的喜好、厌恶、倾向及先入之见。

（1）过度自信：很多决策者倾向于过高地评价自己的智慧、预测准确率和概率，以及未来结果的可能价值及决策的可靠性和价值。

（2）逞强：决策者过高估计自己的技能，倾向于记住、关注既往成功的决策，把成功的原因归结于自己，同时把失败归咎于他人或运气。又称自我归因偏误（self-attribution bias）。

---

[1]　戴维・达斯特 . 资产配置的艺术［M］. 北京：中国人民大学出版社，2009.

（3）乐观主义：相当一部分决策者会乐观看待市场，不相称地放大自己的能力，放大积极结果的可能性，以及对收益的掌控程度。同时，他们又会低估不成功的概率以及机会对决策结果的影响程度。

（4）控制错觉：在面对市场时，决策者常常有一种错觉，以为自己可以对事情的发展有很好的控制；某种程度上这种控制错觉会使得决策者担负起他们原本不愿意承担的风险。

（5）狭窄性取景：有时，市场环境出现了一个狭窄的问题（如一项政策），或一个额外的变化，但决策者却让它们对自己决策思维的整体架构产生了过大的影响。

（6）锚定效应：人类在进行决策时，会过度偏重先前取得的资讯（这称为锚点），即使这个资讯与这项决定无关。决策时人类倾向于利用此片段资讯（锚点），快速作出决定。在接下来的决定中，再以第一个决定为基准，逐步修正。但是人类容易过度利用锚点对其他资讯与决定做出诠释，当锚点与实际上的事实之间有很大出入时，就会出现当局者迷的情况。

（7）归类：受习惯驱使，或是因急躁、图方便，又或是出于惰性，决策者常常会很快地（有时候是错误地）把相关信息归入他们熟悉的类别里。

（8）模式化：决策者对某些方面存在高度简化、趋势化、标准化和过于积极或消极的看法。

（9）代表性：有的决策者会很快地得出关于某项待决策事项的结论，认为它们与自己熟悉的其他决策事项是类似的，或者在其中具有代表性。

（10）外推法：在市场历史不同阶段，决策者一直倾向于将趋势外推到未来。

（11）心理账户：小到个体、家庭，大到企业集团，都有或明确或潜在的心理账户系统。在作经济决策时，这种心理账户系统常常遵循一种与经济学的运算规律相矛盾的潜在心理运算规则，其心理记账方式与经济学和数学的运算方式都不相同。因此经常以非预期的方式影响决策，使个体的决策违背最简单的理性经济法则。

（12）对近期事件的过于看重：与更早的经历相比，决策者常常更看重刚刚发生的事件和市场波动，从某种程度来讲，这是因为人的记忆在不断褪去，不断模糊。

（13）错误的因果关系：有时，决策者会认为或推断特定的事件或情况与预期的某种结果之间存在因果关系。实际上这个结果是随机事件。

（14）保守主义：面对一些情况作出决定后，决策者很多都倾向于拒绝改变自己的观点，即使面对与自己判断相矛盾的事实时。

（15）障眼物：决策者可能会严格地遵循一种不够灵活的推理途径或行为，甚至对很多关键信息或基本因素视而不见。

（16）对机会和风险的感知：许多决策者更喜欢那些能带来超额溢价但同时伴随博弈风险的决策，甚至甘愿为此降低更高潜在回报的代价。比如用总图设计方面的擦边球博弈规划审查的松紧程度与个人对专业强条的理解程度；还有的决策者把机会中的风险程度看作独立存在，而没有考虑未来的机会模式中风险与回报的关系。

（17）风险补偿：当决策者将高风险的决策看得不那么危险时，他们可能会有意无意地允许自己的行为承担更多的风险，这实际上是提高而不是降低了整体的风险水平。风险补偿的另外一种形式是，决策者可能进行高风险投资，以弥补前期的损失。比如，在竞地价、竞业态指标的场景下拿了高价地，但是市场行情并不足以支撑如此投入，于是便采用总图极致化挖掘、增加赠送面积、提高产品配置等手段。

（18）模糊厌恶：决策者有时会避开模糊、高度不确定的选择，而更倾向选择那些让他们感到更熟悉、更清楚、更确定的选择。猜测、担忧和弥补会带来无法量化但实际上相当高昂的成本。

（19）极端主义：许多决策者超出了适度和合理判断的界限，认为有可能性但概率不大的结果是不可能出现的，同时把概率很大但不一定会发生的结果看作是必然的。这里的极端主义即本书第 2.3 节提到的确定性效应。

（20）心理定格：一个人在认知和思考问题时，受既有的经验、信念、态度等因素的影响，其对问题的看法和判断会产生固定化的倾向。也就是说，一个人的心理定格会影响他们对事物的看法和判断，使得他们更倾向于接受符合自己心理定格的观点，而忽略或排斥不符合自己心理定格的观点。

2. 与行动相关的行为特点和模式

决策者在日常经营管理中采取多种战术和策略，在这个过程中，他们可能会表现出一些可辨别但难以发现的决策行为模式，以下几点对它们作了简要的描述。

（1）群居本能：很多决策者喜欢按照大众的观点和一致意见进行决策，因为这会给他们带来舒适感。这样的群居表现会在决策成功时坚定他们的看法，而当决策结果不成功时，也可以为他们带来一定程度的安慰。

（2）损失趋避：对决策者而言，损失的痛苦要比收益的快乐更加深刻，因此，他们会本能地避免面对或遭受损失。这使得许多决策者会把更多的精力投入规避风险，而不是获得收益上。

（3）逃避：决策者有时会错误地选择推迟或延误行动，其原因有很多，包括惰性、犹豫，以及无法或不愿坚定地面对事实。

（4）理想化：房地产行业的产业周期很长，在上升的景气阶段，市场环境较好，政策环境相对轻松，容易导致决策者在各个方面都产生过高的信念。

（5）非线性概率权重：与之前描述过的极端主义相反，很多决策者会高估低概率事件的可能性，或者低估高概率事件的可能性。

（6）处置效应：处置效应是指投资人在处置股票时，倾向卖出赚钱的股票、继续持有赔钱的股票，也就是所谓的"出赢保亏"效应。这意味着当投资者处于盈利状态时是风险回避者，而处于亏损状态时是风险偏好者。房地产行业的决策者同样如此，市场不佳、行业不景气的时候，容易把好卖的项目、房型迅速去化，留下一堆不好卖的房源和资产，比如偏远项目的空置房、背街商铺或者入住率低的项目的车位。或者在市场好、回款容易的时候较少做增值溢价的产品上的所谓创新，客观而言风险较小；但在市场低谷期为促进销售而采取了很多此类措施，殊不知增加很多风险。比如为了底跃户型的去化在车库找赠送面积、以低于前期销售价的价格引进中介包销，等等。

（7）私房钱效应：相较于赚来的钱，我们会更轻率地使用赢来、捡到、继承来的钱。经济学家泰勒将此称为"私房钱效应"，指人们更敢将投机赢来的获利花在高风险的地方。换句话说，如果决策者可以告诉自己和别人，他所决策的项目仍有盈利，那么他们更容易接受损失，因为这样的损失实际上是从之前的获利中拿出一部分，与最初的成本相比，决策者仍然是有利润的。但如果这个账不是"后见之明"，而是能够提前测算，那么很可能之前的决策会发生改变。

3. 与思考相关的行为特点和模式

在回头看决策行为的结果和影响时，决策者可能会经历从得意到沮丧的情绪波动。下面列举了一些影响决策者心理（担忧或喜悦）的因素。

（1）悔恨：决策者可能会后悔自己采取了导致不利结果的行为，或被称为"过失懊悔"；类似的，他们也会后悔自己错过了本可以带来有利结果的行为，或被称为"疏失懊悔"。在许多场景下，相比疏失懊悔（错过），决策者可能会对过失懊悔（做错）的感受更为深刻。

（2）否定：因为决策者不喜欢承认和面对错误，所以，如果有信息提醒他们犯过的错误，他们便会对其否认，或者拒绝接受。

（3）后视偏差：就像看后视镜一样，很多决策者会夸大或粉饰自己的预测能力，在他们的记忆中，他们会认为某一确切发生的结果在他们当初预测之中有很高的概率，或者某一没有发生的结果在他们当初的预测之中有很低的概率。

（4）理性化：有的决策者不从自己的行为中寻找根本的原因，而是试图为自己导致不利结果的行为寻找貌似合理的借口。

（5）选择性记忆：有的决策者倾向于只记得之前条件、事件和环境中的积极或消极的部分，因为这些部分与他们目前对过去的理解是一致的。

（6）责备投射：不管决策者自己是否有错，他们都会把错误归咎于其他人。

（7）分化或撤出：不利的结果可能引起决策者的分化或戒断反应，他们会下定决心再也不采取导致这种结果的行为。

知道了这些与见解、行动和思考有关的行为特点和模式之后，决策者可以留意在企业日常经营和决策过程中潜在的偏误、倾向和人的短处。

同时，决策者还必须意识到以下几点：

（1）决策常常充满不确定性和不成功的结果；

（2）特别是对不熟练的决策者而言，评估概率、预知结果并精确预测这些结果的影响是非常困难的；

（3）从性质上讲，行为错误是难以避免的。

有了上述认知，强大的自我意识和扎实、灵活、广泛的知识体系是两个强大的工具，它们可以在方向选择中为决策者提供指导，能够让我们提高决策成功率，但并不追求绝对。

2.3　房企客户端风险决策的理论依据是什么？

我们已经知道，人的本能和反射会使决策者作出错误、矛盾甚至非理性的行为。需要采用心理学改进决策，包括系统性偏误、决策过程、情感情绪的影响，以及明白这些力量如何影响决策者的行为和市场。

通过接触行为金融学的假设和思想，决策者可以知道：①人在处理信息时易犯错误的特点，以及个人对直觉的依赖程度；②认识并预判个人失误的原因和影响，并能通过一些方法或工具避免代价高昂的决策失误。

图 2-1 把行为金融学和行为经济学的研究放到了一起。该图显示，行为金融学和行为经济学的研究是经济学和金融学同心理学和人类学的结合。中间部分显示按照经济学和金融学理论作出的决策会受到以下两个理论的影响：①合理预期（rational expectation）；②预期效用最大值（expected utility maximization）。合理预期理论是由 1995 年诺贝尔经济学奖得主罗伯特·卢卡斯（Robert Lucas）提出的。该理论认为，经济行为主体会按照最符合自身利益的方式行事，他们会尽可能将重要信息考虑在内，如主管部门发布的行业政策。诺贝尔奖获得者、行为科学家加里·贝克尔（Gary Becker）认为，"人类所有的行为都可以被看作根据一系列稳定性的偏好、最大限度地收集有利信息并从各种来源获得数据，从而使自

己的效用最大化"，这就是预期效用最大值理论。上述理论基础，不仅是研究及优化决策的理论基础，更是房地产客户关系管理从业者从事客户端风险控制的理论基础，只有了解并掌握相关原理，才能更好地洞察客户，优化决策，构建以客户导向为中心的业务模式。

按照心理学和人类学的理论作决策，也即行为经济学和行为金融学，会受到诸多因素的影响，如认知、信仰、本能、情感、喜好、概率、直觉、判断、不确定性以及个人的心理状态和心理活动等。

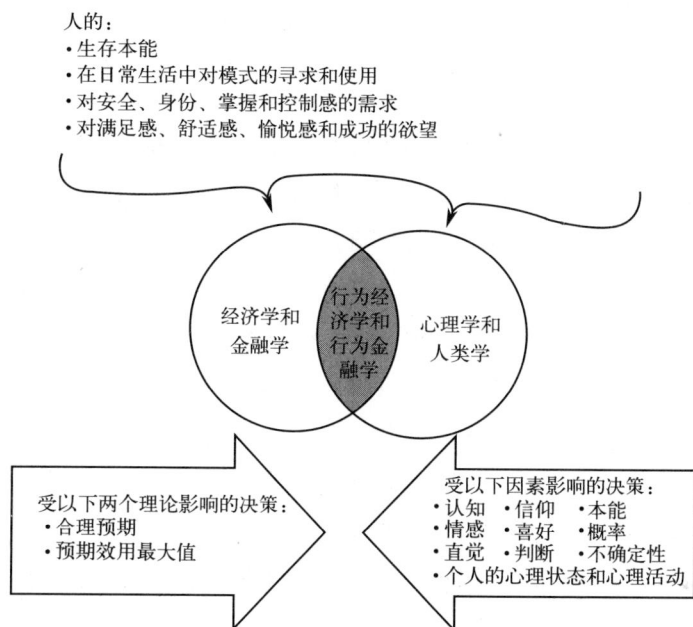

图 2-1　影响人类决策的行为因素、理论基础与底层逻辑

尽管所有的决策者大多时候都会以理性的可以合理预测的方式行动，但是，在更为完整思考决策者的整体情况时，我们还需要把决策者潜在的偏见和非理性的倾向考虑在内。因为性格上的很多缺点不易察觉、不被承认甚至违反直觉，有的决策者可能会比其他人更倾向于以错误的模式思考和行动。即便是意识到自己无意中的错误，还是有决策者会坚持沿着错误的路线继续下去。在一定程度上，这受到了决策者本人作为或者不作为的深层次倾向的驱动，或者是受到了一种根深蒂固的悲观或乐观的驱动。在一个更为深刻的层面上，这些特点可能是一种返祖现象，返回人类的生存本能，返回在日常生活中对模式的寻求和使用，返回对安全、身份、掌握和控制感的需求，返回他们对满足感、舒适感、愉悦感和成功的欲望。

另外，行为因素对个人决策者的影响程度会随市场环境被感知到的复杂程度的提高而提高，是正相关的关系，如图 2-2 所示。

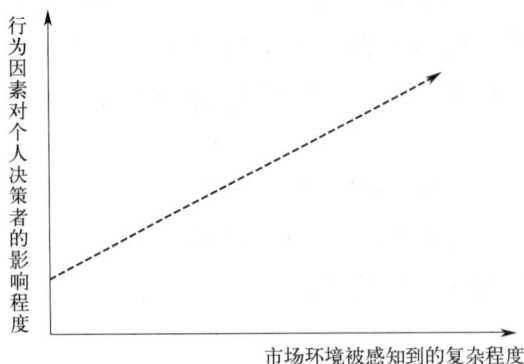

图 2-2　市场环境复杂程度与行为因素对决策者影响程度的关系

具体到房地产行业之客户端风险决策的实践中，也需要**以上述的"合理预期"理论与"预期效用最大值"理论作为基础**。但操作中还时常会**受到"预期理论"与"可能性效应"和"确定性效应"影响。**

对于相同大小的所得和所失，我们对所得看得更重，这一事实叫作**预期理论**。这个理论最早由丹尼尔·卡尼曼和阿莫斯·特维斯基（Amos Tversky）于 1979 年提出。预期原理通过可能性来判定价值，这是一种不可取的心理，这与损失厌恶的结论是相悖的。

可能性与确定性在损失研究方面具有同样强大的效应。

可能性效应是指我们高估那些出现可能性极低的结果的发生频率。新冠病毒流行期间，房企通常对受新冠病毒影响导致工程进度延误，进而无法按时交房的情况非常紧张，但实际上宏观经济下行叠加房地产行业去杠杆的深度调整，使消费者普遍信心不足，对于因不可抗力导致的广泛停工能够理解，对于开发商准时交付的预期实际上降到冰点，能够顺利交付基本属于超出预期。所以现在来看，品质房企一方面做好合同上承担延期交付责任的准备，另一方面多方组织资源全力以赴去实现合同约定，担心因延期交付爆发群诉危机的可能性效应实际可能是被高估了（当然，实际上也有个别爆雷房企即便在主管部门支持下保交付也有发生群诉的情况）。由于可能性效应，使我们过于乐观，往往看重轻风险，更愿意花比预期价值更多的钱将其排除掉。

确定性效应是指那些几乎可以确定会出现的结果受到的重视程度要低于其理应受到的重视程度，即风险被漠视。房地产行业的建筑质量通病往往就是出现在这种情况下。比如传统水泥砂浆抹灰工艺易导致墙面空鼓开裂，从技术层面来看是普遍现象，无法根治，故而被业界认为是质量通病。但甲方的确定性并不是乙方在客户认知中的合理性，甚至有客户认为是房屋结构安全有问题。实际上此类认知偏差导致的客户投诉为数不少。

与预期理论相反，人们对结果的重视程度和对结果可能性的重视程度不同。可能性效应会重视不大可能的结果，而几乎肯定的结果相对于确定的结果来说，受到的重视程度要小。

在可能性效应下，我们的预期更容易看重轻风险，但实际确定性效应下，中风险和重风险会带来更多损失，更应该做好应对准备。

在土地成本高企且规划限制条件下，很多项目开发商会采用"高低配"的方式来做总图设计。所谓"高低配"就是在一个项目中为实现最大溢价，并非采用统一业态进行全区设计，而是将高业态和低业态搭配在一起。比如，"别墅＋洋房"或者"洋房＋高层"，甚至"别墅＋高层"。此类业态组合可以在高业态实现高溢价，但通常带来的弊端也很明显，即表面上是配置差异、景观差异，实际上是园区资源分配不均的底层逻辑带来的"均贫富"的诉求无法满足。此类高低配项目必然带来的问题基本都被决策者忽视，但一旦发生客户投诉则基本无解。

为提升溢价，促进去化，曾经有过"商改住"的做法，也就是把商业性质用地改建住宅，在验收阶段面临极大风险。北京、南京等地就曾出台限制或约束商改住设计、验收及交付标准等方面的政策。某项目不仅面临因既有商改住导致的报规和验收类风险，还存在溢价销售所带来的营销类风险，以及诸如大堂面积、层高、商水商电无燃气之类的设计缺陷与交付标准之类的风险。所谓"债多不愁""虱子多了不痒"，对商改住这一根本上的最大风险不予重视，即决策者对规划与营销风险视而不见、听而不闻而去纠缠其他细节，就不可取了。我们都需要注意在客户端风险评估阶段，特别要对"房间里的大象"提高重视。

2.4　怎样衡量决策是否理性？哪些系统性偏见会影响决策？

在房地产业务之客户端风控的实践中，干预甚至改变后期可能影响客户权益的前期决策，是至关重要的一步。

决策是特定情境中的一种反应，它由三部分组成：

（1）有不止一个行动方案可供选择；

（2）决策者对每一个行动方案所带来的结果和未来事件会形成一定的预期，预期多会以信心程度或者概率的形式呈现；

（3）与可能的结果相联系的后果可以连续得到评估，而这一评估所依据的是当前的目标和个人价值观。

决策的这三部分定义，核心是"至少两个行动方案""影响结果和事件的不确定性""不同事件所带来的积极或消极的后果"。我们对客观事件会有一定的信念，同时，我们对这些事件又有一个主观评估，而上述两个过程的整合正是决策的精髓所在。

通常，我们会根据决策的结果、结果的概率以及结果在决策当下对决策者的价值来判断某一决策明智与否。

既然决策如此复杂，**什么样的决策才是好的决策**呢？

所谓好的决策是指在某一情境中选择可行的途径达到决策者的目标。

那么，好的决策如何才能理性地获得呢？

一个理性（rationality）的决策，需要满足四个标准：

（1）基于决策者目前的资产。这里的"资产"是广义的概念，不仅指金钱，还应包括生理状态、心理能力、社会关系和感觉。

（2）基于选择的可能结果。作为决策者，我们会谨慎地权衡不同行为后果再从中挑选。

（3）当选择结果不确定时，可用概率论的基本原理去评价结果的可能性。

（4）在与每一个选择的可能结果相联系的概率、价值和满意度约束之下，理性的选择应具有适应性。

难道我们不是按照上述标准来作决策吗？当然不是！

如：作决策时，我们不仅会受当前状态的影响，还会受习惯的影响；过去的事情已经过去且不可改变，但是我们对未来的决策常会不理性地受其影响。另外，我们不仅对实际决策后果敏感，而且还会关注用于描述后果的框架；我们还常采用启发式来判断未来的可能性，但这些启发式常系统性地违背概率论；还有，选择大多数人会选的选项，或模仿自己所钦佩的人所做的选择，这种一致性明显不合理；另外，宗教或文化也会导致对同一问题的决策不同。这些林林总总的情况违反了上述四个标准的一条或多条，且往往都是隐性且不理性的。

理性的四条标准有其哲学根源，如果违反了任何一条标准，那么决策者就会得到矛盾的结论，尽管这些结论基于相同的偏好和知识。具体而言，如果我们违反了这些标准，那么可能发现某一行为既是可取的又是不可取的；或者选项 A 比选项 B 更有优势，同时选项 B 也比选项 A 更具优势。由于事实并不矛盾，对事实的判断不能既对又错，所以矛盾思维是一种非理性思维。

例如：赠送面积一旦得以顺利实施，就可以实现高溢价；但是一旦验收不过或被定性为违建则不但无法实现溢价，反而会大败亏输。这个判断如果根据以往当地市场上，政府监管较松、是卖方市场且有过成功先例的习惯思维来做，而不是根据概率规则进行概率推理，那就很有可能认为赠送面积这个事情必然可做。但是实际上该城市新近出台限制措施，顶风作案则风险极大，不做赠送才是安全的。如此则会呈现可做和不可做两种并存的矛盾情况。

那么，凭经验来作决策是否就靠谱了呢？

实际上，尽管经验法则十分有用，但它可能导致系统偏见。这一观点最先出自两名以色列心理学家丹尼尔·卡尼曼和阿莫斯·特沃斯基于 1974 年提出的三项存在着相互联系的经验法则——**锚定法则、可得性法则和代表性法则**，这些启发和偏见来自直觉思维系统和理性思维系统的相互作用。这三项经验法则改变了心理学家对人类思维认识的方式，后来甚至改变了经济学家在这一问题上的认识。

以锚定法则、可得性法则和代表性法则为基础的认知方法，会导致我们得出错误的认知。而且，我们对于由这种认知方法得出的结论往往过于乐观自信，继而可能引发大量错误的决策。

1. 锚定法则

锚定或称锚，是行为经济学范畴术语，指人们趋向于把对将来的估计和过去已有的估计相联系。例如：人们在遇到一个产品时，所接受的第一眼看到的价格。从心理学的角度来定义，指对某一主题不相关的信息对该人的信念及判断产生影响，即心理污染的一个范畴。例如：人们在对某一事物进行估算（估计）时，常会由于外界原因锚定一个参考起点，并在此基础上开始随意移动，直到找到他们想要的答案为止。这也是所谓的"锚定与调整"现象。这看上去并没有什么错，然而，我们之所以会出现偏见，是因为我们做出的调整往往是不够的。

有一年笔者去某寺庙旅游，就落入了锚定效应的陷阱。在拜舍利之前，按照庙里安排的既定动线，游客们十人一组被带到左边厢房。一通念经祈福之后，我们一个一个依次被领到一个桌子前，桌上有个捐款簿，要我们自己每人填写捐多少钱，金额不限。我一看，前面已经填写的捐款人及捐款信息里面，最少的都是 200 元，其他多是 500 元、800 元、1000 元甚至更多。200 元似乎成了最低标准，不填 200 元好像都过不去这个坎了，在那个鸦雀无声、庄严肃穆、香烟袅袅的场景下，不认捐必然是心不诚，怎么好意思出去许愿呢？交了钱领了一个手串，才被领着绕出去跪拜佛祖舍利。出了大殿，又按照专人指引去了右边厢房，游客可以用毛笔宣纸抄写经文。放心，这次是免费的。但是尚未抄完，就有和尚来介绍说可以把自己抄写的经书交给他们收藏起来，每天诵经祈福，抄写者会得到极大的愿力，费用不高，随喜就好云云。这次我没有回应。事后回想，上述经过专门设计的流程和氛围，加强了锚定效应对游客的影响。那捐款簿上填写的最少 200 元实际上就形成了"锚"，它的确影响并改变了我本不打算捐款的初衷。据观察，基本上所有游客都捐了不少于 200 元的钱，甚至为了把自己抄的几页经文放到书架上，又捐出了好几百元。出寺以后很多人面面相觑，后悔不已。

锚定法则不仅可以影响我们的判断，甚至影响你对生活的认知。该法则在房产预售阶段做定价方案时常被用到，在索赔谈判过程中也不断发挥着威力。

那么，在实践中作客户端风险决策时，你是否也可以用锚定效应影响相关决策人呢？我们当然可以在思想中施加一个巧妙的起点，从而影响人们在特殊情况下的决策。将客户端风险决策的不利后果量化，以具象化可感知的方式为决策者提供便利的方便决策的信息，即巧妙利用锚定法则推动相关决策者在潜移默化中接受你的决策意见。

2. 可得性法则

一种人们根据某种信息容易在心里想起来的程度进行判断的方法。那些很容易就能回忆起来的信息被认为比那些不太容易回忆起来的信息更平常，这种认知策略就是可得性启发，又称获得性启发（availability heuristic）。

人们会根据相关例子获得的难易程度对发生风险的可能性作出判断。如果能够轻而易举地回忆起有关的例子，人们便会对这种风险更为在意。人们会认为一种令人记忆犹新的风险的严重程度会比一种人们不熟悉的风险更大。可得性和突出性在人们作出判断时能够起到非常大的作用。最近发生的事件或者比较早发生的事件会对我们的行为造成更大的影响。有了所有这些高可得性的例子，直觉思维系统会敏锐（也许有些过于敏锐）地感觉到风险的存在，而不会参考任何使人感到枯燥不已的相关统计数字。

"可得性偏见"能够提高我们对高风险行为的认知，包括采取预防措施的决定。人们是否会购买房屋灾害险在很大程度上取决于最近的经验。所以物业为提成增收，针对性地给确实有财产损失的业主推荐财产险，成功率是最高的，因为对自己才经历的如渗漏倒灌等财损记忆犹新、印象深刻。毕竟一朝被蛇咬，十年怕井绳。但如果这段时间没有发生过类似的财损，那么业主很少会去购买有关的保险，基本上都不会关注。

同理，客户端风险案例库的重要性，就毋庸置疑了。每次作客户端风险决策之前，就准备好相应的案例——最好是新鲜热辣劲爆生猛的——在决策时"抖"给相关决策人，往往能唤起他们的直觉思维系统工作，潜移默化地使他们的决策更偏向谨慎。故一定要建立风险案例库，务必保持刷新，确保决策者知晓，且采取多种方式（如培训、在线推送等）告知团队，特别是执行层、操作层员工，落地性执行效果会更好。

无论决策者是政府部门、企业还是个人，只要作出判断的时候能够尊重真实的可能性，就可以对抗"可得性偏见"，其决策水平都会得到提高。要加大人们对某项糟糕结果的恐惧程度，最好的办法莫过于使他们回忆起最近某次因此而发生的糟糕事故；相反，如果要提高人们的信心，最好的办法是使他们回忆起最近在类似情况下发生的结果不错的事情。一个普遍的问题在于，越容易回忆起来的事件其实越容易夸大人们对可能性的判断；相反，对于很少在记忆中保留下来的事情，人们便会认为它们发生的可能性很小。比如，在川航 U8633 航班挡风玻璃破碎事件发生后，人们就会减少飞机出行，会认为近期飞机不安全。在东航 MU5735 坠毁事件发生后，人们会下意识地决定飞机能不坐就不坐了，即便统计表明，飞机的安全性远比汽车、火车等其他交通工具要高。

3. 代表性法则

指人们在不确定性的情况下，会抓住问题的某个特征直接推断结果，而不考虑这种特征出现的真实概率以及与特征有关的其他原因。在很多情况下，代表性法则是一种非常有效的方法，能帮助人们迅速地抓住问题的本质推断出结果，但有时也会造成严重的偏差，特别是会忽视事件的基本要素（base rate neglect），即无条件概率和样本大小。罗宾·道斯称这种用小样本特征反映母体特征的信念为"小数定理"。

人们在不确定的情况下，会关注一个事物与另一个事物的相似性，以推断第一个事物与第二个事物的类似之处，人们假定将来的模式会与过去相似并寻求熟悉的模式来作判断，并且不考虑这种模式产生的原因或重复的概率，即人们倾向于根据样本是否代表（或类似）总体来判断其出现的概率，认知心理学将这种推理过程称之为代表性启发法。

代表性法则，也可以将其理解为一种相似性启发。即当有人问你 A 属于 B 的可能性有多大时，你（或者说你的直觉思维系统）会首先问自己 A 与 B 有多少相似性（即 A 能在多大程度上"代表"B）。

代表性法则可能会导致人们对日常生活中的许多事情产生严重的误解。

当相似性和出现频率发生分歧时，人们往往会产生偏见。

山城重庆也被称作"火炉"，长江和嘉陵江两江环伺产生的热岛效应让重庆的夏天非常难受。但是外地人来了重庆会发现大量行道树是银杏，连躲太阳的阴凉树荫都不好找。为什么会这样呢？西南地区难道缺少冠幅大的常绿树吗？不可否认，银杏本是名贵的观赏树种，高大细长叶片少，枝型优雅，最适合做景点树。银杏林在深秋时的那一片金黄，令人惊艳。但是银杏作为行道树确实是不合适的。秋冬落叶后只有枝干，光秃秃的，哪里能遮风避雨挡太阳呢？难道真的是重庆人想要的吗？

知晓了决策的关键三部分，以及理性决策的标准，再对导致系统性偏见的法则予以规避，我们就有了作好客户端风控决策的基础。

2.5 有什么简单有效的决策工具可供决策实践中使用呢？

决策看似复杂，但其实我们可以运用"决策树"这样的图解形式来描绘决策情景。"决策树"的主要作用就是对决策情景中的一些要素进行提炼总结，以便于将科学决策理论涉及的一些原理加以运用，从而选择最佳行动方案。

一个假设的房地产客户端风险决策的情境：

我们用一张布满决策点和结果的假想地图表示情境，这些选择点和结果会导致相应的后果，就像道路上表示岔路口的路标以及沿路的各种事物。譬如，我们下面将对一个待上市的新项目是否赠送报规外的额外面积，以促进销售提高溢价的情境进行描述，如图 2-3 所示：最左侧是一个选择点，用方框表示。"选择点"表示决策者要选择一个行动方案。线表示不同的行动方案将会导致不同的结果。以上述决策情境为例，我们可以设想两种可能的行动方案：赠送面积和不赠送面积。我们用圆圈来表示决策者无法控制的因素，它们表示一些不确定的结果。我们既不能确定又无法控制从这些圆圈出发将会走哪条路径。

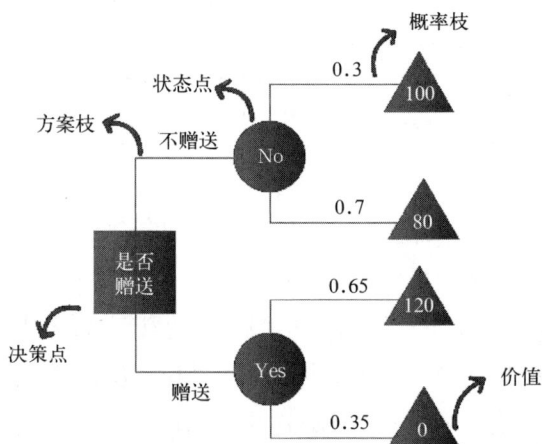

图 2-3　决策树状图示例：是否需要通过赠送面积来促进销售

在上述决策赠送面积与否的情境中，上端的路径（"不赠送面积"）会导致两种可能结果：对销售没有影响或者影响溢价和去化速度。下端的路径（"赠送面积"）会面临两种可能的结果：赠送得以成功实现，不仅促进去化，而且实现了溢价；验收遇阻受罚，赠送无法实现影响交付，进而导致巨额赔偿。

在图 2-3 的最右边，我们列出了可能的后果，这些后果都是和决策树中的选择点以及相应事件相联系的。我们将会用一些数字来概括对于相关结果的评估（它们在传统意义上被称为"效用"，但我们更愿意称之为"价值"）。有时候，决策问题会运用数字进行阐释，而这些数字和相应的后果相联系（例如，有金钱收益的赌博、与生死相关的医疗集采、与房地产行业命运息息相关的土地政策和限购限贷政策问题等）。对于这类问题，我们在陈述时可能会运用数字对相应的后果进行概括。对于那些没有用数量化进行界定的后果，为简便起见，我们按照惯例用"0"（最差）到"＋100"（最好）进行描述。我们把所能预见的最坏结果在决策树当中赋值为"0"，并把最好的结果赋值为"＋100"。上述决策情景中，最坏的结果是"规划验收遇阻，影响交付，不仅没能实现溢价，反而导致整改成本和赔付成本（0）"；而最好的结果是"赠送面积顺利实施，提高去化速度并提高了溢价，安全交付（120）"。

决策者在对可能的结果进行判断时，往往具有一定的不确定性，对于这种不确定性程度，我们用另外一种方式——概率——来表示。我们用概率（在 0～1 的范围内）代表判断某件事将要发生的可能性。通常情况下，我们所指的概率是人们对某些事情的主观信念。我们会用数字的形式将这些结果的发生概率标在事件节点上〔从 0.00 即不可能发生，到 1.00 即肯定会发生；尽管我们谈论概率时经常会用到其他形式的表示法（比如：报规没有包封阳台，则有 90% 的可能性验收不过），但是运用 0.00～1.00 的分值确保计算的准确性是非常重要的。因为，除了方便计算与评估，将感性或理性量化也是为决策数字化打下基础〕。

决策树状图提醒我们，在理解任何决策时，至关重要的第一步就是描述决策发生的情景。 这一步骤看起来似乎没有什么意义，但我们想构建一个概括性图解的话，就必须面对这样两个问题：情境中包含什么？哪些要排除在外？而后者比前者更难回答。接下来，我们将面临另一个有挑战性的问题：将决策中的不确定因素和价值予以量化。在心理学研究或者应用性的决策分析领域中，还有另外一个问题，即推断一个人将如何评估决策情景，而解决这类问题通常是最为困难的。如果我们确信已经获得了决策者在决策树状图中面对的决策情境，那么计算哪些能带来最高预期结果的决策就变得相对容易了。

作决策的能力，来自两个关键因素——信息环境和决策模型。信息环境很好理解，有了决策树状图这一简单却有力的工具，我们就可以统一认识，将客户端风险决策中很多感性的、模糊的、不确定的"拍脑袋"决策理性化、确定化、量化。决策质量也有了优劣对比的可能，复盘改进的时候也有了更明确的指向。

2.6 如何对决策质量进行评估？

一旦我们确信已经获得了决策者在决策树状图中面临的决策情境，那么计算哪些能带来最高预期结果的决策就变得相对容易。这一过程可以通过运用决策理论中的理性预期原则（rational expectations principle）来实现，它通常可以用一个方程式概括：

$$效用=\sum(概率\ i \times 价值\ j)$$

这个方程的意思是：对于考量中的每一个备选行动方案，即决策树中每一个主要的分支，我们都需要以发生的概率，为其潜在后果赋予一个权重，然后把所有组成成分相加，从而产生一个概括性的评估，我们称之为每一备选行动方案（最左侧的每一个分支）的期望效用。

在第2.5节决策是否赠送面积的案例中，根据上述计算方法，我们可以得出"赠送面积"的期望效用为+78[（120×0.65）+（0×0.35）]，而"不赠送面积"的期望效用为+86[（100×0.3）+（80×0.7）]，也就是说，理性的决策应该是不做赠送。

当然，这是在仅考虑预期价值的情况下。

需要注意的是，这样的计算方法有一个假设前提：我们能够采用以数值来表示概率和价值描绘决策的过程，而且算术运算（加法，乘法）能够体现决策者的思维过程。这样的计算方法还假设：决策者充分考虑了决策树模型情境中所有的（也仅考虑了）备选项、伴随发生的其他状况以及相应的后果。正如我们将要看到的，日常生活中，大多数的决策并不一定符合理性预期的原则，我们对备选项的考虑不一定那么充分，但是用决策树的表现形式和计算方法构建描述决策思维过程的模型，虽不一定在所有细节上都那么精确，但仍然不失为一个有用的模型以分析和改善我们的决策过程。

决策树的表现形式看似简单，却体现了一种充分且前后一致的思考。然而有趣的是，在日常生活中，人们在作这种类型的决策时通常不会这般思考，即使他们的决定将会导致非常严重的后果时也是如此。在我们给出的例子中，决策树非常简单，只有四个节点，然而即便如此，人们似乎也并没有对每一个备选方案进行"充分的思考"，而且也没有对每一个相应后果进行评估和赋予权重。事实上，人们通常只是聚焦在一两个节点上，并对其进行广泛的推论，而对整个"树"的推论是不完整的。有些选项从一开始就被认为是最具吸引力的，通常情况下，人们会关注与这些选项相联系的收益和损失，而忽略其他备选方案的收益，特别是损失。所以，人们通常只会评估那些与自己预期相符的相应后果。

决策理论和决策树向我们展现了一种非常系统化的推理方式，然而这种方式不是人们经常采用的。关于决策树的分析看似简单，但却高度抽象、凝练并量化了决策理论的规则，这些"树"比我们通常的想法更加复杂、更加均衡且更加科学。我们的目标是准确描述、科学预测并大幅提升我们的决策行为，所以决策树是有效的决策工具，我们应该熟悉并应用，特别是在客户端风险决策情境中。

从描述性角度和心理学角度来看，在为未来作决策的时候，我们有一个过分关注既往损失和代价的习惯（这个惯性会给房地产客户端风控业务的**创造性执行**带来巨大的挑战），虽然在考虑一些未来后果时，对沉没成本的关注有一定的合理性，然而，即便如此，我们在许多实际的决策中把沉没成本看得太重了，从而可能导致错失机会。

理性的决策建立在对未来可能性及后果进行透彻评估的基础上。过去为未来可能发生的事件提供了信息，也仅是在这种情况下，过去才是相关的。所以，理性的决策需要放弃沉没成本，除非这一放弃带来新的问题，而且所带来的问题超出了其带来的利益。

什么因素使得一个决策成为好决策？如果一个决策能够遵循逻辑学以及概率论的规则，那么它就是好决策。

什么因素使决策变得困难？这个问题更具有心理性，在行为研究领域也少有一致性的结论。有诸多智力方面的因素使得决策变得困难：备选方案的个数、糟糕的决策带来的潜在损失，以及作出不同选择所带来的结果的不确定性程度。还有一点尤其重要，即必须从众多备选方案中选出一个人们需要权衡的数量和困难程度。情绪方面的因素就更多了：备选方案在多大程度上包含甚至威胁到了自己所看重的价值观？与决策过程相联系的情绪强度如何？或者评估备选方案的可能后果时所唤起的情绪强度，以及时间压力或其他威胁因素的存在对决策过程顺畅性的影响。

2.7　构建良好决策选择体系需要遵循什么原则和策略？

构建良好的客户端风险评估决策体系，需要专门的设计。这个体系如何去设计，理查德·塞勒在《助推》一书中告诉我们，需要遵循以下六个原则——

（1）动机（incentives）；

（2）理解权衡（understand mappings）；

（3）默认选项（default）；

（4）反馈（give feedback）；

（5）预计错误（expect error）；

（6）结构性复合选择（structure complex choices）。

从这六个词语中各取一个字母，恰好是"助推"（nudges）。用这六个原则的助推，以实现客户端风险决策的最佳效果，我们作为决策选择设计者，能够提高系统使用人的满意度。

第一，动机。

就客户端风险评估决策选择体系而言，企业一方在客户至上的文化价值观的前提和约束下开展决策评估，但客户一方呢？所以，在决策时需要回答下面五个问题：面对这个决策实施后的产品，①谁作出了购买决策？②谁支付了款项？③谁是最终使用人？④谁是受益人？⑤谁是权益被影响者？

只有明确了所决策产品的这些关键干系人，决策者才能注意到自己所要面临的动机，才能有的放矢地权衡和评估。

比如，某高层项目决策赠送给一楼客户每家一块大小不一但不低于 50 平方米的私家花园，客观而言侵犯了其他所有非一楼客户对绿地这种公共空间的共享权益，对这些客户而言，都可以对这个权益进行主张。

从标准的动机分析来讲，最需要进行改善的是其突出性。突出性是可以人为控制的，好的选择控制者可以通过某些措施将人们的注意力转移到动机上面。

在房地产行业客户端风险决策的动机体系中，从内部来看，以下四类人需要予以关注：①集团与地区公司大运营条线的关键岗位都是这个动机体系的使用者；②项目总经理、运营总经理、总经理等综合管理岗位是决策者；③公司营销、财务往往更关注经济性指标的达成；④项目团队中造价、客服与物业往往是反对意见的提出者。

将潜在后果量化，将损失成本显性化，就是提高其突出性。如：某项目是做完全合乎规划要求的产品，还是通过改造赠送的策略博取高额收益？拿地"拍脑袋"作决策时，算的账是如果做了改造赠送可以增加多少溢价收入，却没有计算一旦发生群诉、赔付、主管部门行政处罚，甚至影响工期与交付，损失会有多少。所以项目前期决策时还需要扣除改造不能兑现时的溢价损失，扣除工程造价被折腾的建安成本，再扣除督导整改期间的延期交付成本。两相对比，再根据当地此类政策紧张程度与同行的被处罚成本估计一个负向概率，这样才算是全面地、完整地、明确地做综合决策。如果溢价扣除各种机会成本为正，作决策赠送改造就好。

第二，理解权衡。

假设你患上了某种肿瘤，必须要在手术治疗、放射治疗和不治疗、保守观察四种选项中作出选择。这些选项每一项都会产生一系列可能的后果，比如治疗的副作用、术后对生活和寿命的影响等。这个决策很难作，一是作为病患并不专业，不知道该如何权衡，二是没经历过，想象不出生活被影响以后是什么状态。而且医生基于免责会把每种选项的不利后果摆出一大堆结果的概率，然后两手一摊，让你签署知情同意书，客观地增加了病患的恐慌和决策选择的难度。医生应该做到让病人了解目前疾病的状态和治疗的利弊，支持病人作出理性决策。

一个好的决策选择体系能够使决策者改善自己的权衡能力，从而作出最优解。一种好的做法是使待决策信息更容易理解，比如前文已经表述过的使用模型、使用量化数据等将感性信息转化为理性信息等。

比如，手机的话费与网络的使用费用历来都是让人捉摸不清的一个东西。主管部门不应该限制移动运营商对服务项目进行收费，而应规定其信息公开方式。这一做法的主要目的在于使运营商将各类现有资费收取方式告知消费者。运营商要做的不是打印出一长串令人眼花缭乱的单子，而是应当将收费依据（包括有关的计算公式）以某种特定方式公之于众。如果你在国外旅游或打国际长途；如果你用手机追剧或开会；如果你参加了忠诚计划、免费送机、每月固定存缴，不同场景下需要自己出多少钱呢？客户可以根据计费规则作出清晰的、对自己最优的场景消费选择。实际上，在数字化的当下，在线报告不会给运营商增加太多费用，但这一报告对那些想对同样提供此类服务的各大运营商的资费标准进行比较的客户却非常有用。很高兴地看到主流移动通信运营商都在向这个方面作出改进，但还可以做得更好，比如套餐与套餐之间的比较等。

但是我们也能看到，在很多其他的领域中都还存在上述问题，令客户感到困惑且无法作出选择。比如你知道自己使用信用卡的成本吗？你需要缴纳的费用包括：①使用信用卡的年费；②借款利率；③延迟付款费用；④当月购物利息（如果你当月还清，便不会产生利息，如果当月未能还清，信用卡会从下月第一天开始计息）；⑤以非本币购买商品所产生的费用。同样地，购房抵押贷款也是如此，即便是专业的置业顾问也很难帮客户算清楚"等额本息"与"等额本金"两种算法对客户的优劣，很难说清楚银行贷款利率发生变化会对客户带来什么影响等。至于医疗领域则更是如此，绝大多数人对出院时医院打印出来的长长的费用清单并不清楚。

所以，提高透明度，适当的信息公开能大大提高人们作出满意决策的能力，要使客户清楚地知道他们所享用服务的数量以及他们需要为此项服务所支付的费用。

第三，默认选项。

安装软件就是使用默认选项的典型情境。当安装某种软件时，你会面临各种选择。大部分客户在"定制安装"模式下有困难，软件厂商通常会协助客户将"常规安装"设定为默认选项，相应的选择在选项前厂商已经预先做好了勾选，客户只需要下拉到页面最后点击确认，即可完成操作。大部分软件客户都不会为确定选择使用哪个设置而去阅读艰涩难懂的说明书。所以选择默认选项成了安装软件时最不犯错的、最普适化的所谓标准操作。

面对决策和选择时，人类总是倾向于那些最不费力又最直接简便的方案，基于前面讨论过的低能耗的惰性、现状偏见以及"是这样但又如何呢"的心态。如此种种，都意味着人们在面对决策和选择时，内心都会有一个默认方案，那便是不需要决策者作出任何努力的选项，它应该是自然而然、轻松自如的。绝大多数人最终选择了默认选项，而不管它是否真正带来了好处。如果这一默认选项被人们有意或无意地认为能够代表正常人的做法，甚至是推荐实施的做法，那么人们这种不愿付出任何努力、不想做更多理性思考就选择的倾向就更加明显。

在某些情况下，决策机制设计者可以强迫决策者作出自己的选择，我们将这一方法称为"必要的选择"或者"强制的选择"。在我们所举的软件的例子中，对于必要的选择，选项前面的选框都空着，以供人们自由选择自己需要的选项。但在诸如高考志愿填报、求职、征兵时，我们都可以想象在这些场景中，个人信息填报都必不可少，都需要填写相关表格。这些情况都会给人一种特别的压力，信息翔实完善且必须真实有效。因为在某些严肃的场合下，人们不愿意将自己归入不合群的一类。

可以想象，5分制的满意度调研问卷的默认选项分别设置在0分、3分、5分时将会导致调研结果的巨大差异，也就意味着，默认0分、3分或5分的设定，结果必然迥异。这与10分制的满意度调研的默认选择设置在0分、5分、10分一样。作为问卷设计者的你想要什么结果？你又该怎么做呢？

既然这样，作为客户端风控决策体系设计者的我们，有必要利用这一点，以便达成更好的能平衡好企业利益和客户利益的决策选项。怎么做合适呢？决策中需要特别加以重视的关键点可以通过固化成模板的方式引导默认选择。

第四，反馈。

帮助人们改变行为的最好的方式就是提供反馈。种下什么因，得到什么果。作出任何决策，如果能很快地看到该决策实施后的结果，则对评估决策的合理性有极大的好处。所以，设计精妙的反馈系统非常必要。

手机电量用尽之前会提醒我们及时充电，门没关严实电子锁会发出警示音提醒关门。我们开车时经常要用到转向灯，当转向灯开启之后，仪表盘里面就会发出"嗒嗒嗒"的响声，对驾驶员有一种提醒、警示的作用，对驾驶安全是有利的。公交车、校车等倒退或转弯时还会有外放的扩音器提醒路人注意安全。由此可见，反馈是多么重要。

在客户端风险决策的场景中，我们可以使用"即将出错提醒"的方式来做反馈。比如，如果不这样决策，作出了其他不好的选择，会导致出现什么恶劣后果——也就是案例。切记，"狼来了"的情况必须避免，也就是报警系统必须避免出现报警无法引起注意的情况，毕竟过犹不及。案例，可以是负面的，也可以是正面的，用在此处做反馈提醒，无非是通过将一时无法呈现的决策结果予以具象化给予决策者某种暗示，更是表明了某种倾向。

第五，预计错误。

是人就会犯错误，容错很重要。我们设计的客户端风险决策评估系统需要允许使用者出错，并给予最大限度的宽容。决策关键点用案例反馈的方式呈现，但是实施过程中如何避免遗漏出错？

实践中是可以通过检查表的方式筛查、纠偏的。比如项目启动会阶段的客户端风险评估决策上会之前，通过这种细密网眼式的、地毯式的筛查，辅以经验丰富和责任心强的专家，基本能避免遗漏，还可以避免操作层员工因经验不足导致对一些客户端风险的不敏感。

第六，结构性复合选择。

人们作出最佳决策的概率基本上取决于决策项的复杂性。

当面对少量容易理解的决策项时，我们倾向于对所有决策项的性质进行分析，然后在某些决策项中进行权衡。但是，当选择范围扩大时，我们必须更换策略，否则就会使我们作为决策者陷入困境。具体有哪些策略可以使用呢？

为了便于理解，分享一个发生在笔者身上真实的租房案例。

多年前笔者从重庆调到北京工作，由于长期出差，每月 30 天大概有 10 多天在北京住，因此需要长期租房。基于以下需求到处找合适的房子：①距离公司近，需要步行可达，因为适当步行可以锻炼身体；②工作繁忙自己平时不开火做饭，故而需要有餐饮配套；③安全卫生，邻里人群单一可靠；④户型面积适合单身居住，不考虑合租；⑤价格合适。人生地不熟，朋友带我一番了解后，面临三种选择：①酒店的长租套房；②住宅小区的小户型；③酒店式商务公寓。

（1）用"补偿策略"甄选最佳租赁房源。

租住酒店如果不能月租、年租，则只能每次出差前退房，每次出差后开房，姑且不论红眼航班回来是否有房，更主要的是行李箱里面得装着一个家，总感觉不对头，经济性也存疑。周边小区住宅老社区居多，往往户型偏大，一个人住稍显浪费。

通过现场观察，对到达公司距离长短、户型面积朝向优劣、安全卫生及管理状况、相邻住户群体调性、周边配套、租金高低等因素做了多方比较，通过"补偿性策略"选择了方案 3，即链家下属的自如寓，是有统一管理的集中式公寓。因为其特性的优势（集中管理，安全卫生有保障，客群集中，调性一致，出行方便，周边有餐饮等生活配套，每月还组织一些小活动），本方案的优势，可以补偿其劣势（每年递增的租金偏高、景观较差）。

（2）用"逐步简化策略"甄选最佳租赁房源。

社会科学研究发现，随着选择范围的扩大，人们越来越倾向于使用美国行为科学家阿莫斯·特沃斯基所称的"逐步简化策略"。

上述案例中，笔者需要根据事先确定好属性（即筛查条件）的重要度排序，逐个评估后排除不合适的候选房源。具体方法如下：确定第一重要的属性，即步行可达公司，则距离过远的候选项被排除；第二重要的属性是不合租，则面积过大的房源被排除；第三重要的属性是集中管理能提供有标准的服务，则脏乱差的散乱房源被排除……这样按照属性的重要性递减的梯度，不断筛选，直到最终作出一个选择，或者说通过选择范围的不断缩小实现最终选择。

在使用此类简化策略时，可选方案如果不能达到最低要求就要被淘汰，不管它们在某些方面有多优秀。因此另一处公寓尽管有更低的租金、更好的环境、更高频的租户活动，但因距离上班地点有35分钟车程，无法通过步行到达公司，最终也被淘汰。

对于哈根达斯冰激凌店，如果只提供两三种口味的冰激凌，其商品目录表不会对顾客造成什么影响，因为谁都知道自己喜欢什么。但随着可选范围的增加，客户无论咨询或是选择的时间都会增长，交易难度大大增加，推荐高毛利的款型需要专门的培训才能支持。随着可选范围的增加，好的选择体系更加需要提供科学的结构，而这种结构将会影响最终结果。好利来的糕点、星巴克的咖啡也是如此。

同理，在买房这个场景内的购买决策中，对于置业顾问，很重要的能力就是根据客户显性及隐性的需求，在该项目针对性地推荐合适的房源给客户以促成交易。但是客户买房往往不够专业，不具备自主决策的能力，那么"逐步简化策略"将是有力的工具。

（3）用"合作性筛选策略"甄选最佳租赁房源。

我们可以通过参考与笔者有类似品味的人的判断，在茫茫的房源中搜寻中意的房源，从而大大提高找到自己心仪目标的成功率。"合作性筛选"很好地解决了决策体系甄选决策项过于复杂的问题。如果你知道像自己一样的人喜欢什么，那么即使你在决策时选择自己不熟悉的产品时，也不会那么担心了，因为像你一样的人也会喜欢这些产品。对很多人来说，"合作性筛选"能够使艰难的选择简单化。

美国奈飞公司（Netflix）如此成功的一个原因就是它有着极为有效的帮助客户的选择体系，客户能够通过演员、导演、流派及其他关键词找到自己希望欣赏的影视作品。如果客户对自己看过的电影进行归纳整理，那么他们可以从其他拥有相似品位的影视爱好者那里得到一些好的建议和推荐。

对租房而言，可以去了解一下公司其他和笔者类似的调动员工通常会住在公司周围哪些地方，作为参考去实地看看，很快就能敲定自己的选择。这个方法笔者后来推荐给其他外调同事，非常管用，极大地提高了找房的效率，而且满意度都还可以。

在客户端风险评估决策的体系建设中，用好六原则，并设计好完美"助推"，可以更好地达成目标。随着决策项目越来越多、越来越复杂，我们作为客户端风险决策机制设计者，有了更多思考和行动的余地，采用合适的策略，能更多地影响决策者的选择（不管是正面影响还是负面影响）。

2.8　什么原因驱使决策者愿意铤而走险？

笔者在标杆房企的集团总部工作多年，每周都参加地区公司上报的新项目的启动会评审，其中重要版块就是客户端风险评估。很多时候都能感受到，地区公司特别是项目团队对一些客户端风险有着盲目的、莫名的乐观，而且这种感觉非常强烈，往往是笔者从集团的角度不断地给地区公司泼冷水，给项目踩刹车。经常否定掉一些不好的决策，坚持固化一些必要的应对方案。如某项目洋房屋顶要做搭建赠送给顶楼，临街商业用房要做成商墅销售，某项目下沉小院面积要计入绿地率才能满足规划要求等。

根据 2002 年诺贝尔经济学奖得主丹尼尔·卡尼曼的研究，决策者在决策时愿意铤而走险的原因主要有两个，他将之称为"规划谬误"和"乐观主义"。

所谓"规划谬误"是指计划和预测不切实际地接近理想状况，计划和预测的准确性可通过参考类似案例的数据得到提高。为避免与房地产开发相关的"规划"一词冲突，我们其实可以用"预期谬误"来替代，意思是一样的。

草拟方案和制定计划的人都希望自己的方案或计划能得到上级和客户的认可。通常也正是这种愿望的驱使，才导致他们制定出了不切实际的方案和计划。他们这样做还因为仅超支或超时不太可能导致项目被中途叫停，房地产开发项目尤其如此。房子都预售了，即便延迟交付，也得交付。这么大的投资毕竟已经投下去了，不验收交付无法结利，更无法向投资人交代。所以，沉没成本再大，也只能打落牙齿和血吞。在此类例子中，避免预期谬误的最大责任就落在了批准计划的决策者身上，因为他们把守着项目实施前的最后一关，这投资变现前的惊险一跳将由他们来完成，而不仅只是用财务模型算账而已。因此必须通过沙盘推演并对市场和客户的反应作出精准预判——对人性作出预判并作出恰当的应对。

假设你除了知道某个特定的案件是针对某项目烂尾的停贷纠纷以外，其他什么也不了解，你的基准预测会是怎样的呢？舆论的导向是怎样的？主管部门的倾向性如何？银行的态度如何？法庭上原告胜诉的判例有多少？有多少同类案件是已经结案的？这类案件的总数是多少？我们正在讨论的本案和其他类似的案件相比是更严重还是更轻微？这些相关问题想来是不是很头大？

决策者们在预测项目的客户端风险的结果时，在预期谬误的支配下，他们往往根据脱离现实的乐观心态来作决策，而不是利用决策树状图这个工具，根据对利益得失以及概率的理性分析来作决策。也就是决策者们高估了利益，低估了损失。决策者们设想了成功的场景，却忽略了失败和误算的可能性。

如何通过改进的方法提高预测的准确性？至关重要且唯一的一条建议是尊重并采纳"外部意见"，这是避免预期谬误的有效方法。如果这些决策者没有意识到外部意见的必要性，就会犯下预期谬误的错误。

所以，作为决策者和团队领导人，与自身努力后得到不好的结果相比，外部意见更容易被我们忽略。我们应该尝试制定理性规划，明智地养成寻求外部意见的习惯。

"乐观主义"导致的偏差是人们愿意承担风险的另一个重要原因。在经济学标准的理性模式下，人们愿意冒险是因为胜算大——之所以现在能承受有代价的失败，是因为他们相信最终成功的概率很大。这也是一种替代。

由此看来，人们之所以经常（但不总是）承担风险项目，是因为他们对成功率过于乐观。

预期谬误只是普遍存在的乐观偏见的一种表现形式。

乐观心态大多是遗传下来的，是人类普遍存在的一种性情，偏向于看到事物积极的一面。

只有那些带有轻微偏见并且能在不脱离实际的前提下"强调积极因素"的人才能享受乐观主义带来的益处。

乐观主义者多是企业家、发明家、政治和军事领导人。他们寻求挑战，承担风险，并最终获得成功。他们有天赋，也一直很幸运，几乎可以肯定地说他们比自己认为的还要幸运。他们很可能天生就是乐天派。一项对小型企业创始人的调查显示，企业家对待事物的态度普遍比中层主管乐观，因为他们成功的经历印证了对自己的判断和掌控能力的信心，他们的自信因别人的崇拜而增强。

性情乐观的一个好处是它使我们在困难面前坚持不懈，但是这种坚持可能需要付出很高昂的代价。乐观主义是普遍、执拗且代价昂贵的。

对决策的高度乐观带来的影响是好坏参半的，但乐观对顺利进行的影响肯定是积极的。乐观的主要益处是使人有了从受挫中复原的能力。正像积极心理学创始人马丁·塞利格曼（Martin Seligman）认为的那样，"乐观的解释风格"通过捍卫自我形象使人产生了复原力。从本质上来说，乐观风格包括对成功进行嘉奖和对失败少加责备。

但是，我们很难通过训练克服过度自信的乐观偏见。在决策者作判断的时候，鼓励他们考虑相互竞争的假设，可以降低（但不会消除）决策者过度自信的程度。然而，过度自信是直觉思维系统（系统 1）特性的直接结果，可被驯服但不能被彻底改变。

问题的主要障碍在于，我们会依赖大脑呈现的信息并构建一个使预测合理的、具有逻辑的解释。也就是说，过度自信是由人们头脑中构建的连贯的故事，而不是由支持它的信息的质量和数量决定的，而这恰恰是我们决策时切实需要重视的。

组织也许比个人更能抑制乐观主义情绪，抑制这一情绪的最佳方法是由美国心理学家加里·克莱恩（Gary Klein）提出的，他将自己的提议称为"**事前验尸**"。流程十分简单：当一个机构即将作出一个重要决策但还没有正式下达决议时，克莱恩提议召集对这个决策有所了解的人开一次简短的会议。会议之前有个简短的演说："设想我们在一年后的今天已经实施了所有计划，但结果惨败。请用 5～10 分钟简短写下这次惨败的缘由。"

"事前验尸"这个控制乐观主义的策略主要有两个优点：①决策快要制定好时，许多团队成员会受到集体思考的影响，而事前验尸则扼制住了这种影响；②它激发了那些见多识广的或者经验丰富的个人的想象力，并将他们的想法引导到决策时最需要的方向。

当一个团队将注意力集中在决策上，特别是当领导宣布他的意图时，人们对计划好的步骤的可行性的疑虑就会渐渐减弱。到最后，这样的怀疑还会被认为是对团队和领导的不忠诚。如果某个团队中只有支持决策的人才有发言权，那么对于怀疑的抑制就会造成这个团队的过度自信。"事前验尸"的主要优点是它引发了怀疑。另外，它还主张支持决策的人探寻他们没有考虑但却可能存在的威胁。"事前验尸"并不是灵丹妙药，也不能提供完整措施使我们避免恼人的意外，但该方法在一定程度上可以减少计划的损失。而这些损失一般都是因眼见为实的偏差以及盲目的乐观主义导致的。

不同于"事后鞭尸"的追责，某种意义上来说，"事前验尸"即是用"头脑风暴"的方式穷尽决策事项的风险，经论证后再次形成共识，客观地形成了"决策的决策"，其中隐含了沙盘推演等各种工具，是和绝大多数企业的"事后鞭尸"截然不同的做法。"事前验尸"既强化了组织的风险意识，又避免了一言堂的乐观偏见、短视和专断，更具有经济性。

2.9 为什么客户端风险事件不是被忽视就是被过度重视？

实践中我们都不希望出现群诉等客户端风险事件，因为此类事件往往会给企业品牌造成负面影响甚至经济损失。但此类事件为什么在决策中常常会被忽视呢？

对客户端风险事件的决策权重较低，有一个简单且绝对主要的原因：相关决策者从未参与过或者没有经历过此类风险事件爆发后的处置，甚至没有听闻过，因为这些内幕一般都是保密的，参与者通常都很低调。

企业的专业分工和不同的岗位职责决定了客户端风险事件多是客户条线、职能条线与公司的管理层才能知晓，这种情况对于复盘改进相当不利。因为多数导致后期恶劣结果的客户端风险事件的起因是前期的客户端风险决策不当，而前期业务层面的风险决策者多不是上述风险爆发后参与处置的人员。解决之道就是前期决策阶段加强重视，增加风险事件决策权重，并系统化、量化、固化后端损失到前端决策阶段。理想状况是能有丰富风险事件处置经验的人员参与前期决策。

那么，罕见的客户端风险事件为什么又会被过度重视走向另一个极端呢？——因为情感和生动性会影响顺畅性、预期以及对概率的判断。

比如，我们感觉，严重的建筑工程质量事故很少见，其实不然。基础或结构开裂、护坡垮塌、基坑坍塌、顶板凹陷沉降甚至垮塌、楼栋整体倾斜甚至发生位移等在建筑行业相当常见，有的是毫无征兆地突然发生，有的则是早有征兆渐变加重。此类事件，网上一搜一大把。但从工程角度而言，大不了推倒重来，关键是处理好不留隐患，无非是代价多寡。

2018年某公司开发的某商业项目突发基坑支护坍塌事件，当时的媒体报道是这样的：

突发！××××一工地发生大面积坍塌，初步调查事故原因为天气造成——2018年1月14日凌晨4时30分左右，位于××××附近的一在建工地发生大面积坍塌。因为事故发生时无人施工，坍塌未造成人员伤亡，一些施工设备陷进大坑里面。

据悉，事故坍塌面积大约100平方米，施工现场附近的360号楼房居民约180人已经全部撤离，并妥善安置食宿，无人员伤亡。居民们说事发时他们听到了巨大的声响，房子也有所震动。

因为担心房屋受损产生安全隐患，上午8时25分左右，第三方监测单位进行现场安全监测，监测数据显示360号楼房楼体未发现异常。

相关部门公布初步调查结果：坍塌部位为基坑支护体，长度为40米，宽度15米左右。坍塌的原因与近期雨水以及周边地形情况复杂有关，不是施工不当造成的。

监测数据显示，附近居民楼楼体未发现异常。目前，工程已经停止所有施工，正组织人员开展消险工作。

事故发生后，该公司公开发布的情况说明是这样的（图2-4）。

在本章提到这个事件，并不是为了探讨事件的成因，也不是为了表述该公司

关于G23商业地块E区南侧基坑 局部支护桩发生坍塌事件的说明

2018年1月14日凌晨5时左右，我司在建项目G23商业地块E区南侧基坑局部支护桩发生坍塌，事件发生后，我司第一时间向政府相关部门通报情况，并成立专项工作组，赶赴现场开展调查处理工作，经初步调查，该事件未造成人员伤亡。

上午8时25分，第三方监测单位进行施工现场安全监测，监测数据显示，施工现场附近的360号楼房楼体未发现异常。但本着对居民安全负责的原则，我司配合相关部门紧急安排该楼房居民。

××省施工图审查中心有关专家经现场查勘，并查阅相关工程资料和图纸后，对抢险及应急措施给予了专业指导意见。目前，我司已全面停止该项目工程所有施工，正积极组织人员、物资和专业设备按照专家意见开展消险工作。我司专项工作组将全力配合相关部门对坍塌具体原因进行调查，并对抢险及消险工作进行进一步查勘论证，直至所有险情完全排除。消险期间，将持续加强对周边房屋开展安全监测，确保周边居民与施工人员安全。

在此对于受此事件影响的所有居民 表示真诚的歉意！

××××××有限公司

图 2-4 案例：基坑局部支护坍塌公告

处理该突发事件如何迅捷得体，公关如何专业，客户关系管理人员如何能干等，而是为了表明，这个偶发的风险事件为什么以及如何在不小的范围内受到高度关注的。

上述基坑支护坍塌的案例虽然最终证明非施工不当原因导致，周边受到影响的老居民楼也在加固处理完毕之后从临时安置的酒店回迁，整个项目整改完成检测通过后重新复工，项目至今已经建设完毕并投入正常使用。但该案例仍充分展现了受这个事件直接影响的周边老房子住户们在事件过程中由恐惧不安到愤怒讨说法，再到理性对待合理索赔的心态变化。

当事件发生时，惊恐和担忧的情绪在基坑坍塌时惊心动魄的恐怖画面、巨响的视频，以及附近老居民楼周边地面深深开裂、户内隔墙不规则出现裂缝等场景因媒体的报道以及周边人们不专业的高频沟通中不断加强，特别是当身处当时的实际情境时尤其如此。在检测结果尚未公布期间，人们只要一看到相关报道就非常关注，甚至不断打电话到建设单位或主管部门咨询，担心该项目的其他相邻基坑继续坍塌，担心工地周边老居民楼受到影响持续开裂甚至坍塌，不知道自己被紧急转移出来到临时居住的酒店要待多久，不知道自己的老房子是不是可以因此拆迁，不知道万一拆迁了自己能去哪里，能得到多少拆迁款……此类情绪一触即发，快速蔓延，在局中身不由己且无法自制。在建设单位牵头与街道居委协助下，迅速将受灾群众转移出去妥善安置之后，他们的恐慌和焦虑方才开始得到缓解。

在天气好转，地质条件恶劣导致土层失稳的情况缓解，不会再对周边已建成的老楼栋有大的负面影响后，受灾的群众仍保持怀疑态度。人们的理性思维系统（系统2）虽然"知道"发生危险的概率很小，但一想到那些恐怖场景，内心的不安和避险的冲动就油然而生并且不断加强。因而在检测、鉴定与评估过程中不断拉帮结派，提出各种诉求，拆迁补偿之类不一而足。在这个阶段中受灾群众的心理则完全发生了变化。实际上，即便老楼因地质情况导致一些轻微开裂，也仅属于修复或者加固范畴，远远到不了某些别有用心的"顺应民意，拆掉重建，外迁群众，拆迁补偿"的境况，但有人振臂一呼，就会有人应声而起，甚至后来出现了不拆迁重建是否有猫腻的阴谋论。

在建设单位工作人员和街道居委的持续不断地努力工作、不断地反复沟通下，最终直到鉴定结果出来后方才稳定了大局。

以上是从基坑坍塌的项目直接影响到的周围楼栋的居民的角度出发，事实上对参与处理该次事件的建设单位与当地各级主管部门而言，也承担了巨大的压力，甚至报备到了住房和城乡建设部。专项小组驻场沟通、安抚、转移；专家组检测、分析、定性；项目部基坑整改加固、回填，楼栋整改加固。在历时数月，付出了相当大的代价后，专项小组组织回迁完毕。

在事件的处治过程中，不少该项目预售的业主，甚至同一公司开发、同一施工单位承建的本地其他项目业主，都开始担忧自己所购在建工程的质量。演变到后来，异地的同公司开发，同施工单位承建的项目业主也开始怀疑自家项目施工管理是否出了问题，担心房屋也有类似的质量隐患。事实证明这是一个孤立的偶发事件，而非因共性问题引发的系列事件，这些业主过于杞人忧天了。当然，别有用心者除外。

对开发商而言，公司的这一事件导致其集团工程体系全面回顾在建项目的基坑支护的建设情况，集团层面每月与分公司开展一次专题会议商讨并跟进后续处理事宜。当然，对建设单位而言，再怎么重视都不为过，毕竟对此类安全风险事件是"零容忍"。在客户、业主、各级主管部门与各级媒体都如此重视的情况下，开发企业没有理由不重视。建设系统主管部门也必然会有其层层管控加强的相关措施。

上述案例从未坍塌前被各方忽视，未纳入各方视野，到事件发生后被各方过度重视，充分说明了"风险事件不是被忽视就是被过度重视"。

情感和生动性会影响顺畅性、预期以及对概率的判断——因此解释了人们为什么过分关注那些没有被自己忽略掉的风险事件。

尽管过高估计和过高权衡是两个不同的现象，但却有着同样的心理机制。即集中注意力、证实性偏差以及认知放松。当某件事的其他可能不太明确的时候，罕见事件的概率就很容易被高估。

所以说，推动企业的客户导向，很重要的就是在客户端风险评估时需要客观看待，既不能忽视导致损失扩大或事态更严重，又不能过于重视导致不值得的资源耗费。故需要有专业的评估模式与科学的方法、工具，将之控制在一定范围内。客户关系管理人员做好平衡、把握好度非常重要。

2.10　为什么你提报的客户端风险总是不能引起足够的重视？

在客户端风险决策的过程中，提报者一定要仔细斟酌其表述，也就是说，措辞效果对决策者影响极大，这一点至关重要，务必把握好。

比如，新冠病毒的出现，让"免疫力"这个概念深入人心。提升免疫力、保持健康状态作为一条重要的健康理念已经深入人心。让我们来看看下面两条健康宣传语：第一，如果你采取免疫力提升措施，你的健康将会为你每年节约 5000 元；第二，如果你不采取免疫力提升措施，你将会每年浪费 5000 元甚至更多。结果证明，第二项宣传语取得的效果远远好于第一条，原因是它是以损失为基本出发点的（本书第 2.2 节谈到了个体决策者与行动相关的行为特点和模式之一是倾向于损失规避）。营养过剩但饮食结构失衡的当下，政府要建设一个全民健康的社会，那么第二种说法将会达到一个不错的助推效果。

再比如，如何才能让业主更多地关注因房屋渗漏、水管跑水，但苦于没有提前办理财产险导致意外损失？一种话术是"一顿饭钱让你一年对渗漏跑水高枕无忧"或者"每年只花三百元，渗漏跑水保障送到家"，这是一种纯粹支出的语境，给人的印象就是为那莫须有的跑冒滴漏增加负担，绝对的套路。另一种话术是"七大类三十一项房屋风险全面保障，三百元就能让你避免百倍万元级损失"，辅以理赔案例，再加上管家可以线上一站式办理甚至上门服务。明显后者更打动人。

措辞策略之所以会有效，是因为人们在作出决策时通常会怀有一种盲目和被动的心态，他们的理性思维系统往往懒得将看到的信息变换一种说法，看看是否会得出一个不同的结论。他们之所以不去这么做是因为他们不知道如何去推翻这种矛盾（从生物学角度出发，懒得思考也是节约能量的表现）。这足以看出措辞的助推力有多么大，所以我们在选择用语时一定要倍加小心。

我们需要对人性中的不可靠因素有大体的认识，人们自以为是的经验法则有时候会使他们误入歧途，由于太忙以至于无暇对自己的选择进行深入思考，因此他们宁愿接受既有的现实，也不去设法判断在不同情况下是否会有不同的结果。

另外，研究表明，流畅性、生动性及想象的轻松程度等因素会影响决策权重。所以，客户端风险决策之提案呈现，需要达成上述效果。

如果你看到"采用水泥砂浆抹灰的工艺粘结的高层建筑的外墙砖有 0.1％ 的可能性脱落"这样的说法时，会觉得这个风险看似很小。现在，请考虑用另外的方式来描述这一风险："千户规模的高层住宅小区，其外墙砖的脱落可能会导致至少一人伤亡"。这种说法会使你产生第一种说法不会引起的想法：它唤起了听众脑海中浮现出某人无辜地从楼下走过但是很不幸被脱落的外墙砖砸了头导致意外伤害的血腥场面；而另外 900 余户安全的人员则被完全忽略了。如果你附上一段相应的视频，或外墙砖脱落伤人的报道，效果会更好。

这种情况，被心理学家保罗·斯洛维克（Paul Slovic）命名为"分母忽视"。"分母忽视"有助于解释为什么不同的客户端风险表达方式所造成的效果会有如此巨大的差异。

正如"分母忽视"原则预测的那样，与抽象术语相比，例如"风险""概率（多大可能）"，用相对频率（有多少）来描绘会使小概率事件得到更大的关注，即权重。因为系统 1 更善于处理独立事件，而不是整个范畴的事件。

所以作客户端风险决策时，要想引起更多的关注，推动自己的风控预案能顺利通过，准备好案例和数据，把推演做好，把故事讲好，把机会成本和应得收益量化对比，对于提高决策者关注并向你预期的决策方向倾斜是非常重要的。但作为客户端风控的推动者，你要明白忽视分母可能带来的过度重视，注意把握好分寸。

2.11 为什么人们在决策时常常会置自己的真实判断于不顾？

很奇怪，有时候自己明明想的是东，但是因自己都没察觉的影响甚至不知名的原因，结果却选择了西。这是为什么呢？

众所周知，人类之所以和动物不同，就在于我们人类具有社会属性。人的社会属性导致人容易受到周边他人言行的左右。

社会影响主要分三种。

第一种是信息。如果你身边的每个人都同意某种观点或者持有某种态度，做同一件事情，那么你也会把自己归属进去，认为他们的观点和做法也是最适合自己的——甚至就是自己的想法。在一个群体中，与他人格格不入，被人当作异类，无法融入，是非常不舒适的状态（这一点在后文有关群诉之源"群体"的讨论中会重点提及）。

第二种是同侪压力。如果你非常在意别人对你的看法（也许你会错误地感觉到别人总在注意你，特别是人际敏感度高的人），那么你很可能会选择随大流，隐藏自己的真实想法。你不愿意给出与众不同的答案或选择，从而避免别人对你的非议。这样，大家就会相互认为彼此都是对的。正如众口铄金，积毁销骨，童话故事《皇帝的新装》里的人们对没穿衣服的皇帝称赞不已，其实就是这个原因导致的。客户关系管理人员在客户端风险方面很大的挑战正基于此。因为，客户视角的评估往往和所谓本位的各专业视角的评估具有差异大，甚至是冲突的特点，这些差异点内部 PK 的时候，你需要扛住同侪压力。

第三种是上一节所讨论的"措辞"。

如何才能避免因上述原因导致的决策时置自己的真实判断于不顾呢？

"匿名表达""领导最后表态"及"真正的客户导向"有助于作客户端风险决策时真实地表达自己的倾向性选择。如果匿名，答案的一致性就会降低，多样性就会呈现。如果人们知道别人知道自己说了什么，那么他们便会使自己的观点更加倾向于与别人一致。职级最高的领导先表态的话，与会者往往就会附和或者保持沉默（这也是组织头脑风暴研讨的关键点）。如果你所从事客户工作的公司没有客户导向，你的客户视角和你的价值观、决策与行动都会在这个群体中格格不入，寸步难行。所以，营造好的客户导向文化，对于客户关系管理岗位的生存与发展、客户相关业务的推进均有至关重要的意义。

2.12　如何避免直觉思维系统出错？

由于有直觉思维系统和理性思维系统的存在，我们的决策会受到不同思维系统的影响而导致结果的大相径庭。那么，如何才能有效避免直觉思维系统的不利影响呢？

直觉思维系统（系统 1）的运行特征，包括眼见为实、强度匹配和联想一致性等，会产生可预测的偏见与认知错觉，比如锚定效应、回归平均值的预测、过度自信，以及许多其他错觉。避免直觉思维系统（系统 1）出错的方法从原则上来讲是很简单的，那就是认识到你正处于的认知领域，放缓并要求理性思维系统（系统 2）加以强化。

首先，如果我们有意识地经过训练，掌握了基本的决策能力并反复练习形成决策技能，就能提高直觉思维系统的决策质量。技能的习得要求有固定的环境、练习的机会，以及对自己想法和做法快速且明确的反馈。当这些条件都满足时，就能掌握技能了。且此后快速闪现在大脑中的直觉性判断和选择都会是正确的。这些都是直觉思维系统完成的，也就是说这些是快速且自主发生的。有技能的行为是能快速有效地处理大量信息的能力。若挑战碰上了有技能的应对方法，这个应对方法就能被唤起。如果没有技能，理性思维系统显然要介入。

其次，就是提升理性思维系统（系统 2）的决策质量。

具体而言：

1. 纳谏

当我们面临巨大的决策压力时，质疑并改变自己的直觉会让自己感到不适，此时，如果有人提醒，将是很好的一件事。旁观者清，相比自己犯错，你在观察别人是否要犯错时，更容易辨认出对方正在犯错误。观察者没有决策压力，能更放松、更能接收广泛的不同角度的信息，以辅助决策。

2. 集体决策

相信团队的力量。个人相对集体，更容易犯决策错误。集体的人多，思考和决策相对缓慢，也更容易、更应该按照规则行事。

在房地产企业中，在前期决策阶段做特别的项目实施的沙盘推演与风险评估是有效的手段。评估人员可以分两级，一级是专业条线的专家级，另一级是职能条线的管理级，他们都在项目团队人员的工作成果基础上开展工作。龙湖地产首创的项目启动会就承担了上述机制的集团级决策。

3. 检查

可以制定和有效使用检查表，还可以深入开展比如参考类别的预测以及"事前验尸"练习。详见本书第 2.11 节。

4. 决策阶段的设计与检讨

如同工厂生产产品，每个工厂都应该有保障其产品在最初设计、装配及最后检查时质量的方法。决策产生的相关阶段包括解决框架问题、收集引导决策的相关信息、反馈以及检查。想要提高决策质量的机构应该经常在每一个阶段里搜寻可提高决策效率和提高决策质量的环节。这个运作的概念是有规律的。持续的质量控制通常是在危机产生后所采取的对过程的全面回顾。同理，出现严重后果后溯源回顾决策的机制与流程、质量，是必由之路。

笔者在龙湖客户关系管理体系建设中提出的"缺陷反馈""倒逼改进"的机制，同样适用于改进决策流程与提高决策质量。

5. 文化

鼓励其成员形成一种在靠近决策雷区时互相留意和提醒的文化，而这种文化的形成一部分是通过为其成员提供一些独特的词汇。基本上，更为丰富的语言对于建设性的批评是必不可少的技能。"锚定效应""窄框架""过度一致性"等也能使我们想到关于某个偏见的所有信息，包括原因、影响以及我们能对其做些什么。

2.13　决策者的身体状况为什么会严重影响决策质量?

心理学家罗伊·鲍迈斯特（Roy Baumeister）及其同事惊人地发现，用他自己的话来说，就是"大脑能量"这一概念不仅是个比喻。神经系统消耗的葡萄糖比身体其他部位消耗得要多，而且需要付出脑力活动的成本显然比体力活动高。在积极进行复杂的认知推理或者忙于要求自我控制的任务时，人的血糖就会下降。所以，人类的生物性决定了理性思维系统比直觉思维系统更多地消耗生理能量。

《美国科学院院报》报道了损耗对判决的影响这一问题的研究情况。在这项研究中，8 位不知情的受试者全部是以色列的保释官。他们每天都要审阅保释申请，而且不是按照这些保释申请的时间顺序审阅的，这些保释官在每份申请上所用的时间很少，平均只有 6 分钟（弃权相当于拒绝保释，只有 35％的申请能获准通过。这些保释官作出每个决定所用的时间都有精确的记录，而且他们一日三餐的餐歇时间也有记录，分别是早餐时间、午餐时间和午间休息时间）。这次研究的设计者对两次餐歇间所能获得批准的申请数量进行了预测，结果发现每次用餐过后，获得批准的申请数量都会增加，有约 65％的申请得到了批准。在保释官下一次用餐前的约两个小时内，批准率开始稳步下降，在用餐之前刚好达到零。这种结果令人难以接受，但研究的设计者已经认真审核并排除了很多其他的原因，对这个数据最合理的解释却带来了负面信息：又累又饿的保释官容易否定保释申请。疲劳和饥饿都有可能影响他们的决定。

笔者在标杆企业的集团工作，最频繁的工作方式就是开会。项目会或者飞检往往是红眼航班飞到项目所在地，两小时走现场，再闭门会议。新冠病毒流行期间很多工作搬到线上，往往从早上八点半到中午十二点，下午一点到六点，晚上七点到十点、十一点都是常事，周六、周日至少有一天持续工作状态。如此大的工作量是很难保证休息和较好的能量摄入血糖补充的。集团的会基本都是决策会，新冠病毒流行期间会议的主要议题是评估在建项目交房风险、决策停工项目是否延期交付等。如此强度，决策质量其实很难保证。

所以，吃饱、睡足、状态好，保证身体的能量供应，是保障决策质量的前提。决策者创造好的条件，保持好的状态，才能保证决策质量。

2.14 什么样的工具有助于评估与跟踪常见客户端风险？

房地产客户关系管理人员在日常的工作中，常常需要对可能导致客户端风险的项目运营甚至公司运营作出以下方面坦诚、彻底的评估：

（1）政策风险与市场前景风险；

（2）与投资人相关的风险；

（3）与项目建设相关的风险；

（4）客户数据安全风险；

（5）ESG 风险等。

在以往很长时间，与项目建设相关的风险占据绝大部分，即拆迁拿地、研发设计、工程进度、销售回款、施工质量、验收交付，等等。但在"三道红线"之后，对政策风险、与投资人相关的风险重视被提升到前所未有的程度。随着碳中和的要求逐渐增强，绿色、节能、降耗又会成为关注的侧重点。随着 ESG 的兴起，传统的房地产开发企业也越来越多地开始关注环境、社会与治理。社区和谐、公平正义与生态可持续性也陆续成为客户端风控考量的内容。

企业自身的运营动作会映射到项目层面进而影响市场和客户。所以，房地产客户关系管理人员不能狭隘地只关注项目技术层面的客户端风险，还需要与时俱进、开放包容。简单地讲，应从更高、更广的老板的角度看待企业运营方方面面可能引致的客户端风险。

为了帮助从业人员理解常见的客户端风险，笔者给出一个风险降低矩阵（表 2-2）。

风险降低矩阵

表 2-2

风险类型	风险子项	风险的简单描述	代表性风险降低方式（里程碑）	风险的可降低程度	风险的实际降低程度
政策风险与市场前景风险	政策风险	限购、限贷等			
	市场风险	经济下滑、通货膨胀、消费者购房意愿下降，导致去化困难	中介合作拓客源、成本控制、合理盈利空间与价格策略、老带新激励，提高来访成交率		
与投资人相关的风险	信用风险	评级机构对本项目信托的金融评级下降	评级回升		

风险类型	风险子项	风险的简单描述	代表性风险降低方式（里程碑）	风险的可降低程度	风险的实际降低程度
与项目建设相关的风险	土地拆迁风险	不能按计划完成拆迁，未拿到土地证	拿到土地证		
	研发设计风险	赠送改建与当地规划、与验收要求相悖	通过验收		
	营销承诺风险	沙盘、体验区、销售讲解与实际不符	工地开放获得好评		
	工程进度与质量风险	进度滞后或质量问题影响交付	通过验收		
客户数据安全风险	客户数据外泄	客户购房后不断被商家骚扰引发投诉	不再投诉		
ESG 风险	环境、社会及公司治理	项目碳排放超标、污染环境、商业道德瑕疵	达标并符合公德良知		

表 2-2 简单描述了风险类型和降低该类风险的代表性方式或里程碑。表格右侧相应风险可降低的程度，可以用 1～3 来表示。如，1 表示该风险的可降低程度和（或）实际降低程度较高，2 表示中等，3 表示较低。若需要增加颗粒度，则可以用数字 1～5 甚至 1～10 表示相应的程度。

因为项目开发并非一蹴而就，所以实践中还可以加入时间维度，定期回顾已知风险的变化情况与新风险的增减情况，同时回顾风险解决方案的执行情况，以完成闭环。

表 2-2 所示的风险降低矩阵的主要目的包括以下四个方面：

（1）提醒客户关系管理从业者关注各种类型的风险，从大类着手以避免遗漏；

（2）帮助客户关系管理从业者认识到不同风险之间的相互作用；

（3）感受多重风险叠加的可能影响；

（4）隐含"集团级""公司级""项目级"等高低不同、权重不同的管理层级及"时间轴"两条暗线逻辑。

因为这些风险最终将会概率性地在客户端呈现，所以才纳入管控视野。无论是风险类型还是代表性的解决方法，风险降低矩阵都不能涵盖所有方面，也不可能穷尽，只能提供一般指导。实际业务场景中不能机械照搬，需要因地制宜，与时俱进。

在风险降低矩阵的帮助下，可以通过在以下四者之间作出区分和回应，以认识并降低风险：

（1）可预测且可控的风险；

（2）可预测但不可控的风险；

（3）可控但不可预测的风险；

（4）不可预测且不可控的风险。

做到心中有数之后，方能有所为而有所不为，有所不为而后可以有为。

第 3 章
增长思维与客户运维

3.1 为什么向客户增长转型是客户关系管理的必由之路？

传统的房地产行业的客户关系管理，侧重点一方面是客户端风险前控，以规避或减少后期不可逆的客诉；另一方面组织工地开放、做好房屋交付，处理好客诉，维持较高的客户满意度以支撑品牌。但是在企业的各职能中，客户职能似乎天生就是一个成本中心，每年的预算也只有支出而没有收入。在严苛的竞争环境下，不能为客户创造价值，并将这种价值体现在产品或服务的回款上，反而只是不断地向内部提要求，"内耗""添乱"的职能即便有老板的支持也很难做得长久。这种情况应该改变，也必须改变。改变的着力点是"客户价值"，落脚点是"企业价值"。

20 世纪 60—80 年代，以迈克尔·波特（Michael E·Porter）为代表的"定位学派"认为外部环境决定了企业的盈利性。90 年代开始，能力学派的杰恩·巴尼〔Jay Barney，是现代企业资源观（RBV）之父〕认为，企业的内生能力才是取得竞争优势的关键。

中国的房地产行业完美地演绎了上述理论的变化。房地产开发历来是资金密集型行业，在卖方市场上，是否能拿到土地资源，能否融到"便宜"的钱成为企业成败的关键，所以房企中历来和资源禀赋相关的职能与回款变现的职能是最受关注的职能，比如投资发展、财务管理、营销管理等。但是随着居民人均居住面积的提升，以及人口增长率的降低、"房住不炒"政策下资金杠杆的降低，新建商品房的开发规模逐步呈下降趋势，房地产行业的卖方市场正逐步转化为买方市场。

消费者逐步觉醒，从"抢房"到"挑房"，买方单纯考虑的区位、面积、总价逻辑变成产品、服务、配套、品牌的综合考量逻辑。那么，对客户诉求响应，对客户需求敏感并能迅速迎合的房企势必能取得竞争优势。

"三道红线"之下，不少头部房企陷入财务危机甚至破产重组，粗放式增长、高周转模式受到严重挑战，除了外部因素，很重要的一个原因就是企业的决策者对增长的理解出现了偏差，缺乏系统性思考。在制定发展规划时，将营收和资产规模作为主要奋斗目标，追求持续高速增长，追求营收规模为核心指标，而忽略了其他增长要素，特别是忽略了客户的增长和口碑的增长。这种与增长要素不匹配的增长实际上是低效增长，甚至是高风险的增长。一旦拿地和融资受阻，则竞争优势将会缺失，失去竞争力。

从"黄金时代""白银时代"到"黑铁时代"，经济环境和行业背景决定了房地产行业从资源与金融的竞争逐渐过渡到业务模式、组织能力和客户价值的竞争。房地产开发企业必然由以自我为中心，走向市场导向、竞争导向、客户导向，找到最佳的变现逻辑才是长久成功之道。

顶级企业家，都具有问题导向的思维。对他们而言，他们需要解决的企业问题，大多数归根到底都是增长的问题。如今全球进入低增长时代，企业的内生增长能力强弱，成为伟大企业和平庸公司的分水岭和断层线，它能推导出浪潮过后谁在裸泳。

当我们把视野从资源放到增长，尤其放到企业的内生增长的维度之时，对于定义什么是真正的增长，区分好增长和坏增长就尤为重要。

企业增长源于宏观经济增长红利、产业增长红利、模式增长红利、运营增长红利的叠加。前两者更多地受制于宏观，后两者则更自主可控。

在前两者受限的前提下，只能向模式和运营要增长红利。

在业务模式难以调整，运营项目"高周转"难以为继的当下，如何破局？势必要在业务模式中增加客户这一重要选项，势必转向对客户的运维，以维持竞争力，继续保持增长。

所以，房地产开发企业需要回顾或构建更好、更安全的增长结构。增长结构指的是企业业务增长中微观要素组合所形成的趋向增长的必然解。

增长结构的起始结构是业务结构，指的是企业业务布局的结构，核心是剖析企业业务如何进行最佳组合。

第二个结构则是客户结构。房地产企业规模的扩张，背后必然有客户结构作为支撑，它包括客户需求、客户组合和客户资产。客户结构指的是如何进行上述三要素的有效组合，从而为企业提供增长潜能。

当我们把视野放在客户结构的时候，必然会面临竞争，与竞争对手进行同一客户群的争夺，这就需要我们关注第三个结构——竞争结构。

竞争结构指的是如何有效建立自身在行业生态中的定价权能力和壁垒高度。

最后，第四个结构——价值结构将成为增长所指向的最终标准。价值结构指的是驱动公司增长的价值层级组合，包括客户价值、财务价值、公司价值。

回到我们讨论的原点：房企只有通过实现客户价值，才能实现财务价值，最终实现公司价值。

房企客户关系管理职能需要在传统的防御型定位基础上实现进攻型转型，即客户端风险类的"防守"与通过客户运维实现增长的"进攻"并重。

3.2 如何以客户为中心打造房企的增长飞轮？

房企客户关系管理职能如何才能实现由客户端风险类的防御型定位向客户增长的进攻型定位转型呢？

要有好的增长，必须有客户至上的价值观来统一认识和行动，必须有以客户驱动增长的业务模式。借助"飞轮效应"这个商业理念，聚焦企业增长的战略点，用客户至上的理念和价值观，打造以客户作为底层逻辑的增长飞轮。所谓"飞轮效应"，指的是一个公司的各个业务模块之间，会有机地相互推动，就像咬合的齿轮一样互相带动。一开始从静止到转动需要花比较大的力气，但每一圈的努力都不会白费，一旦转动起来，齿轮就会转得越来越快（图 3-1）。

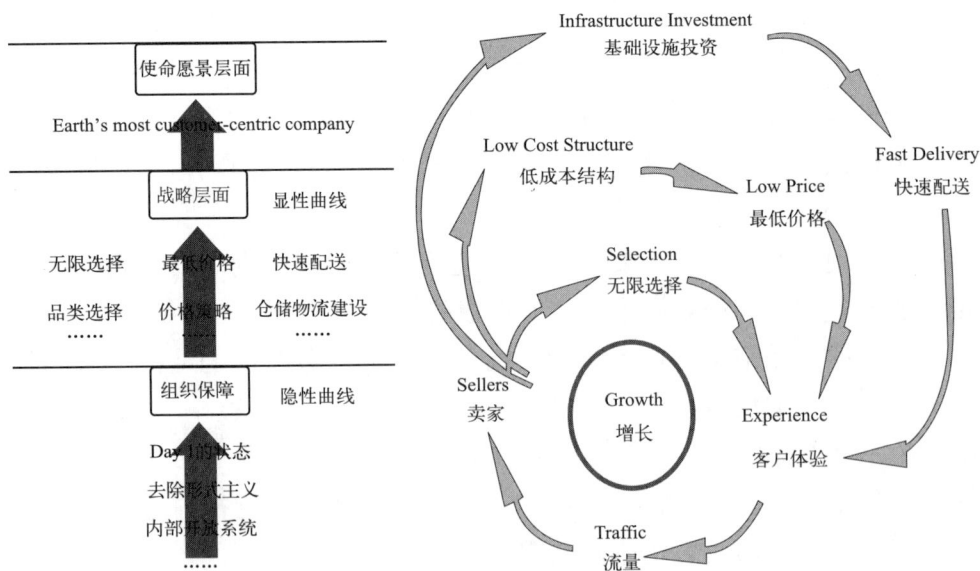

图 3-1 亚马逊的成长飞轮

70

杰夫·贝索斯打造的世界上首屈一指的互联网巨头亚马逊从建立之初就一直围绕客户，所做的一切都以客户为中心，而并不是追求市值。但是紧紧围绕客户价值的提升，却成功实现了市值提升，也就是为股东带来了长期价值（详见本书第 1.2 节）。贝索斯在致股东信里面强调的长期价值就是客户价值。亚马逊理念的关键动作都是围绕成长飞轮中的"低成本"—"低价格"—"高体验"。

在贝索斯于 2016 年致股东信"客户至上"中有如下的表述：一个业务可以有很多种中心，可以是竞争对手至上，可以是产品至上，可以是技术至上，也可以是商业模式至上，还有很多其他的种种。但是在我心中，客户至上是保有 Day1 活力最有效的举措。

为什么？以客户为中心有太多好处了，但这是最大的一个好处：客户永远不满足（customers are always beautifully, wonderfully dissatisfied），即便在他们说，他们很高兴，你们做得真棒的时候，甚至在他们自己都不知道的情况下，仍始终需要更好的服务，并希望以取悦客户为己任的你会站在他们的角度创新。没有任何客户告诉亚马逊他们需要"客户至上"，但是有了之后发现这正是他们需要的，这种例子不胜枚举。

待在 Day1 要求你耐心尝试、接受失败、种下种子、保护小苗，然后在获得客户的正反馈之后持续投入。一个客户至上的文化能够提供让以上事情发生的最好土壤。

作为互联网平台企业，其客户增长是至关重要的，无论是 C 端客户还是 B 端客户。马云打造的互联网巨头阿里，为了实现"让天下没有难做的生意"，也是在价值观维度上就作了根本性的强调（图 3-2）。

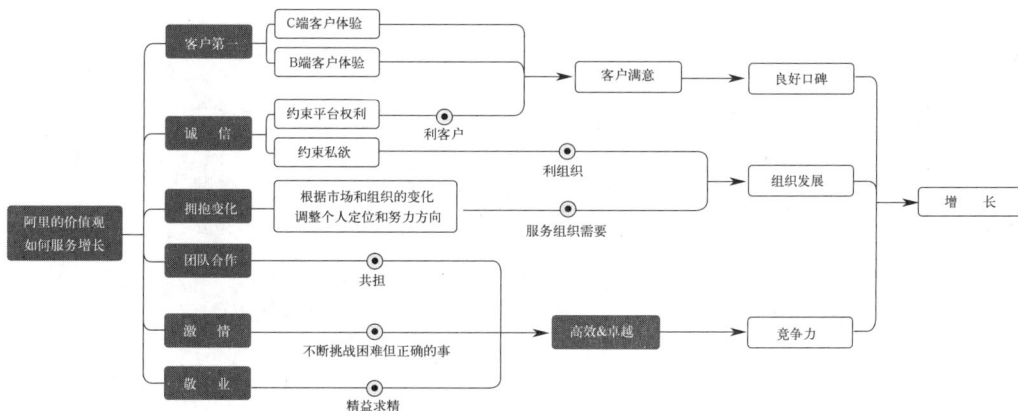

图 3-2　阿里服务增长的价值观

在汽车销售领域中，汽车经销商的第一曲线是新车销售、财务管理、售后服务等，盈利增长的第二曲线则是汽车金融、二手车、数字消费、车生活等。

汽车经销商盈利增长的传统动能包括新车销售、财务管理、售后服务等。过去，这些是拉动经销商盈利增长的主要动能，而随着汽车行业变局深化，传统业务正步入发展瓶颈期，短期来看仍尤为重要，但长期而言缺少爆发式增长的市场基础。

汽车经销商未来盈利增长的新动能则包括汽车金融、二手车、数字消费及车生活等。当前，中国汽车市场存量特征愈发明显，新能源汽车正进入高成长阶段，客户运维空间广阔。通过深度挖掘客户价值，上述业务有望成为汽车经销商盈利增长的新动能（图 3-3）。

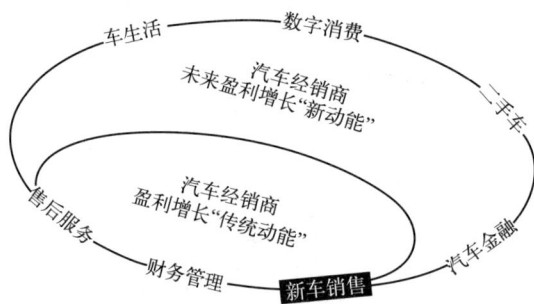

图 3-3　某汽车经销商的增长飞轮

那么，基于本书的逻辑，传统的房地产开发企业应该构建如图 3-4 所示的增长飞轮。

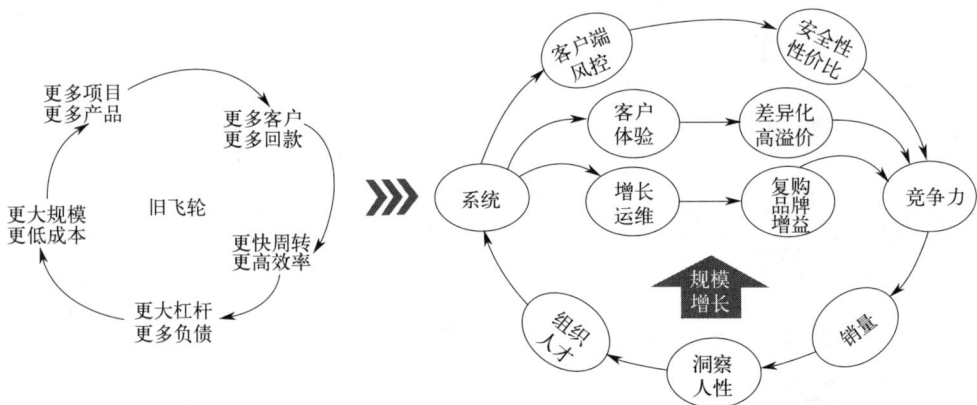

图 3-4　房企应摒弃旧飞轮，真正以客户为中心打造新的增长飞轮

房地产客户关系管理工作，首先是基于风险思维做好客户端风控，也就是防守，以此来实现品牌的安全、运营的安全；其次，基于增长思维做好客户的增长运维工

作，通过复购实现增长；最后，实现的方式或者工具是客户体验，以此实现差异化竞争及高溢价（这需要打造新的竞争力，后文详述）。

通过对人性的洞察，把握好底层的逻辑；在组织和人才的保障下，从上述三方面构建以客户为中心的业务模式，打造全新的竞争力，从而实现品牌增益和企业增长。

3.3　客户"关系"管理的理论基础是什么？如何判断客户与企业"关系"的深浅？

老生常谈的房地产客户关系管理之"关系"指的是房地产开发企业与客户之间的"关系"。探讨这个"关系"，不可避免地要从马斯洛的需求层次理论说起，因为谈到关系，就势必谈到需求和满足。

马斯洛的需求层次结构是心理学中的激励理论，包括人类需求的五级模型，通常被描绘成金字塔内的等级。从层次结构的底部向上，需求分别为：生理需求（食物和衣服）、安全需求（工作保障）、爱与归属（友谊）、尊重需求和自我实现。这种五阶段模式可分为不足需求和增长需求。前两个级别通常称为缺失性需求，后三个级别称为成长性需求（图 3-5、图 3-6）。

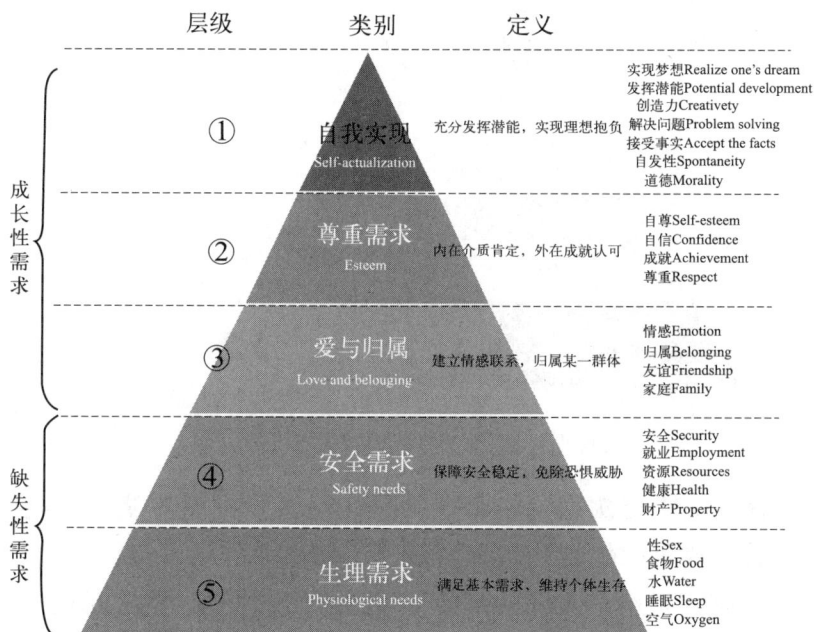

图 3-5　马斯洛的需求层次模型

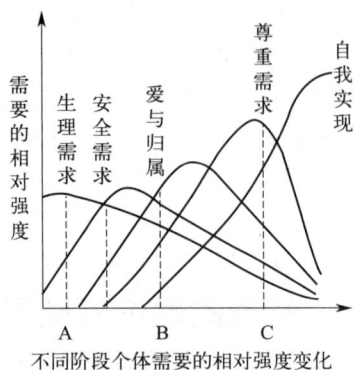

图 3-6 需求的相对强度与不同阶段个体需要的相对强度变化

根据马斯洛的激励理论，对于企业而言，与个体客户的"关系"势必要能够对应地解决其内在的需求，才可能持续地维系和发展。换个角度来讲，怎样才能让你的企业成为一个持续运营的企业？那就需要更有深度的和客户之间的关系。对应马斯洛需求层次模型中由"缺失性需求"到"成长性需求"的不同阶段，不同需求的相对强度不同，企业与客户之间的关系又有哪些不同的深度呢？——从浅到深，有流量、客户、会员、共同体，相对应的是流量要资源与交换、客户要体验与感受、会员要认同与归属、共同体要使命愿景与责任荣誉——这就是企业和客户之间的关系深度的四层递进关系（图 3-7）。

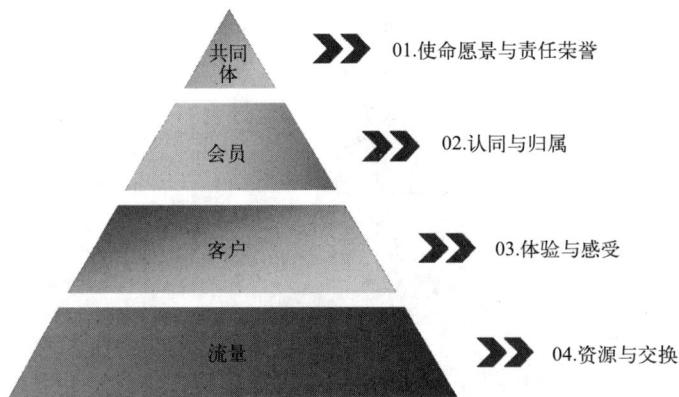

图 3-7 企业与客户的四层递进关系

如同马斯洛的需求层次理论，企业除了满足客户的基本需求，还要满足更高层次的需求，就是尊重、优越和自我实现。一切商业的出发点就是让消费者获益。人性的弱点是商业的爽点，人性的痒点是商业的机会点。要从商业的底层逻辑出发，不断满足客户端需求，才可能构建和维系持续的、良好的客户与企业的关系。

最早从淘宝购物开始，使用支付宝的客户成为流量；该部分流量随着对淘宝的深度使用变成了客户；后来支付宝推出了会员，有普通、黄金、铂金、白金会员。为了那一点点优越感，会员为了保级都会不自觉地多使用支付宝。更厉害的是支付宝之后推出了蚂蚁森林、蚂蚁庄园、捐步数，可以用支付宝做公益，支付行为变成了种树、捐赠公益基金。到此，这种支付行为反而转化成了客户和支付宝之间的联系，形成了共同责任，成为共同体。

案例：利益共同体的众筹模式成就亚朵酒店[1]

这几年很火的亚朵酒店是直营和加盟管理模式相结合的中高端酒店管理公司。亚朵酒店采取互联网盈利模式中的众筹模式并大获成功。亚朵的招股书显示，加盟酒店是其主要收入来源。截至 2022 年 9 月 30 日，亚朵的加盟酒店数量达到 847 家，占其酒店总数的 96.3％，直营酒店有 33 家，客房数量超过 10 万间。招股书显示，亚朵在过去三年均实现盈利。2019—2021 年营收分别为 15.67 亿元、15.67 亿元和 21.48 亿元；净利润为 0.61 亿元、0.38 亿元和 1.40 亿元。2022 年前 9 个月，营收 16.37 亿元，较上年同期增长 5.23％；净利润达 1.79 亿元，同比增长 58.42％。2019—2021 年，亚朵经营活动现金流分别为 2.24 亿元、1.19 亿元、4.18 亿元。截至 2022 年 6 月底，亚朵的现金及现金等价物达 12.62 亿元。**投资人青睐亚朵可持续的业务模式，看重其收入规模和盈利能力。**

虽然是 2013 年创立的一个新酒店品牌，但是从入市以来，亚朵在全国市场的覆盖率逐年提升，其住户好评率一直排在同类型酒店前列。这些都与其酒店运营是分不开的，除了流量、转化率、前端体验、营收保障等有赖于酒店的专业管理得以实现之外，亚朵之所以能开得这么快，是亚朵酒店管理公司与当地一个个房东一起合能的结果。合能就是把能力合起来，彼此赋能。房东的核心能力就是落地的能力，找到地段好、租金合适的房子，而且能够处理所有属于当地的消防、招聘员工等问题。

有亚朵的加盟商透露，投资亚朵比投资其他同类中端酒店，在装修上大概每间房要多花 1 万元。除了装修成本，加盟商需要一次性支付品牌一笔加盟费，通常按每间房 4000～6000 元不等，此外，酒店收入中大约 9％～10％也要上缴品牌方。亚朵招股书显示，加盟商的回收期一般在 3～5 年之间。相比其他连锁品牌酒店，亚朵给加盟商的发挥空间更大一些，做标准化的同时还能有一点个性化的设计。

除了定位和运营，亚朵酒店众筹是独具特色的。历次亚朵酒店发起众筹时，最热烈的支持者首先是亚朵酒店的客户和忠诚会员。

以亚朵开新店的众筹活动为例：1 万元起投，10 万元封顶。为吸引人来投资

---

[1] 摘自得到 App：《产品思维 30 讲》之 25 讲"从新要素到新物种"，梁宁，有删减。

作股东，给到投资人的权益非常诱人：

（1）投资 10 万元，亚朵酒店提供保底承诺，每年至少 8% 年利；

（2）给投资人 10 万元消费卡，可以到酒店任意消费（投资人会想，即便失败也有 10 万元消费）；

（3）提供该酒店前三年利润分配的 50% 给到微股东（也许会超过 10 万元的投资）。

亚朵通过普通版众筹方案完美地解决了客源的问题。

亚朵设计了低门槛的众筹方案：2 元起投，3 万封顶，权益诱人。

（1）众筹 499 元，获得 650 元豪华套房一晚，享受双人早餐、赠送价值 200 元记忆棉抱枕一个；

（2）众筹 4999 元，获得价值 5000 元充值卡一张，价值 8000 元床垫一张；

（3）投资 30000 元，获得项目落地之后的全额本金返还，价值 5000 元充值卡一张，7888 元床垫一张，最高回报 12888 元。

如果你是经常出差的人，肯定会对亚朵的投资方案动心。亚朵的方案，本质上是在招募既投资又消费的客户。

以小白楼项目为例，其预约的投资人 65% 以上都是亚朵消费者或会员。他们是亚朵产品的体验者、消费者，现在经由众筹升格为投资者。

所以，亚朵的投资者也都成为高忠诚度、高黏性的消费者，最早参与亚朵众筹的 7500 位会员，每人每年平均在亚朵住宿 15 间夜（酒店行业统计所有房间出租天数的单位）以上，这些人累计贡献间夜量就达 15 万。

他们不仅是消费者，更是"投消者"。亚朵在授权一些特许业主投资的时候，这些人就会积极响应众筹，同时他们是亚朵最忠诚的消费者。这种"投消者"模式成了亚朵品牌扩张中最重要的盟友。

这种融钱、融人、融资源的互联网盈利思维中的众筹模式打造的利益共同体的关系，是否相当高级？

对中国人而言，房子是生命中不可承受之重。从大学毕业初入社会，和父母住或者租房。存点钱以后买个一室一厅或者单间配套的公寓，独自生活。遇到意中人，成为二人世界后，会换成二室一厅共同生活。有了孩子，换成三室一厅居住。如果有老人来带孩子或者和父母一起住，还会升级更大的房子，作为三代居共同生活。在漫长的生命周期中，家庭人口的变迁，无论居家生活还是生老病死，中国人一直在和房地产开发商打交道，不离不弃，形成事实上的无法割舍。但这并不意味着客户就和你这家开发企业绑定在了一起，产品体验、服务体验与品牌黏性，仍然会让消费者用脚投票，作出其他的选择。从国内大多数开发商与客户的"关系"出发，往往都是最低层级的一锤子买卖。换言之，房地产行业的客户关系管理大有可为，特别是在中国当下消费者不断追求美好生活的买方市场上。距离共同体，还有遥远的距离。

3.4　如何用客户终身价值量化客户资产？

笔者当年在重庆做置业顾问的时候，有一位别墅业主在重庆多个项目上复购，后来跟随企业品牌的全国化发展，又到成都、上海、北京等地多次复购，而且都是购买别墅项目的样板房。这位铁杆粉丝还常带着自己的闺蜜团炫耀自己的各处房产，广为传播，很多朋友跟着买了房，住在一起。这还仅是购房，还没有计算各处房产多年的物业费，以及和闺蜜团在龙湖开发的商业项目的长期生活消费。

结合约瑟夫·吉拉德（Joseph Girardi）的"250 定律"（即每一位客户身后，大体有 250 名亲朋好友。如果品牌赢得了一位客户好感，就意味着可能赢得 250个人的好感；反之，如果品牌得罪了一位客户，也就意味着可能得罪 250 位客户）。理想状态下，假设这位业主可以将身边 250 个人发展为像她一样的忠实客户，那么她的客户终身价值也将增加 250 倍。约瑟夫·吉拉德总结这个"250 定律"时，还没有移动互联网和社交媒体，如果你在互联网上得罪一个人，可能会导致你得罪一亿人。也就是说，"客户的终身价值"在如今已经发生指数级的变化。说"成也客户，败也客户"丝毫不为过。

在商言商，客户与企业之间的"关系"需要能够量度才便于更好地理解和应用。如何才能量化呢？需要我们明确客户的终身价值到底是什么。

丁丁在《深度粉销 2.0》中对客户终身价值（Customer Lifetime Value，CLV）作了定义，就是每个客户在未来可能为企业带来的收益总和，即一辈子能为一个品牌贡献的价值总和。

丁丁对客户价值的界定，源于日常消费品的消费者逻辑。通常，影响客户终身价值的主要因素有以下六个方面：客户初始购买的收益流；所有与客户购买相关的直接可变成本；客户购买的频率；客户购买的时间长度；客户购买其他产品的偏好及其收益流；客户向好友、同事及其他人推荐的可能、适当的贴现率。所以，客户的终身价值可以用下面的公式来表述：

$$客户终身价值（CLV）=消费频次×购买数量×价格×消费时长×分享频次×$$
$$影响力指数×分销数量$$

这个定义的启发是：对客户进行识别和分级，不能简单根据消费频次或单次消费金额进行判断，而应该根据每位客户在全生命周期中的累计消费金额及其终身价值作为参考依据。当下绝大多数房企对客户分级的判断依据往往只是购房金额和次数，殊不知这个价值判断背后就是一锤子买卖的逻辑而非增长逻辑。

对豪华汽车品牌而言，经销商实现了客户全生命周期价值的64.8%，如图3-8深色所示。其中新车销售环节占经销商已实现价值的90%，浅色是经销商未实现的价值，如售后维修、二手车和汽车金融稍有覆盖，数字化消费和移动出行是经销商完全没有涉及的领域。

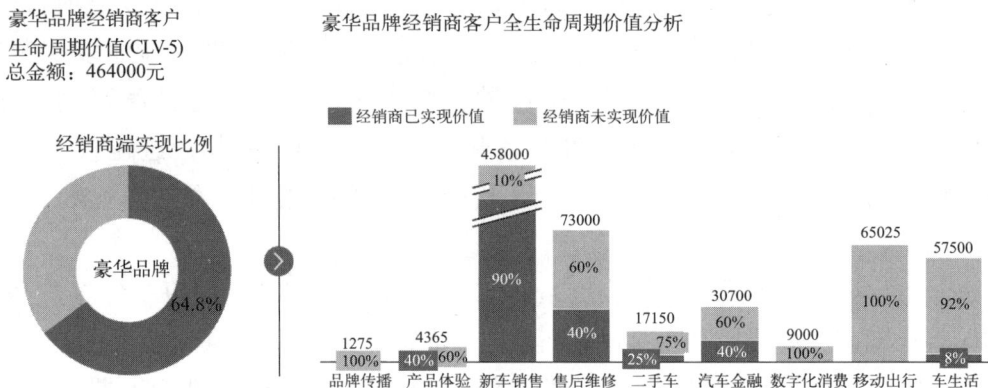

图 3-8　从汽车豪华品牌经销商的角度来审视客户的终身价值

抖音电商"FACT＋"全域经营方法论将"5A人群资产"特别予以提出。依据客户与品牌间的行为数据，可甄别客户对品牌的认知程度和购买意愿，并按照A1（了解）、A2（吸引）、A3（问询）、A4（行动）、A5（拥护）五个层级进行人群分层。"5A"构成了商家在抖音电商的人群资产分层体系。商家需要关注人群资产的整体数量及结构，掌握人群流转效率，以诊断生意健康度，并制定相应的人群运营策略。品牌可以通过运营人群资产，实现客户的"兴趣种草""拉新转化""提升复购"等层级跃迁，提升消费者生命周期价值，带来可量化、可沉淀、可优化的科学增长。

房地产行业的营销漏斗模型和上述"5A人群资产"从客户行为角度出发是类似的。但房地产行业的客户与一般消费领域的客户在以下几点有所不同：

（1）购买之前是分散的，地理位置、从事行业、生活背景等均存在较大差异；

（2）客户对房屋的选择面较窄，议价能力弱，购买决策复杂；

（3）某种程度上，客户对房屋价格的敏感度相对较低；

（4）更重要的是，客户转换成本较高。

所以，房地产行业的客户，购房后成为业主。由于所购买标的物房屋的特殊性——存在价值高、消费频次低、使用周期长等特点，需要对客户用更长的时间期量、更低的购买频率、更少的分销数量（老带新）来考量。

所以，房地产客户关系管理职能需要针对行业客户的特性，从客户运维角度，建立竞争优势，构筑竞争壁垒。

丁丁在《深度粉销》里面根据客户对企业的累计贡献值，由低到高可以将其分为四类（图 3-9），分别为触达客户、尝鲜客户、稳定客户、铁杆客户。

其中，第一级的触达客户最多，是品牌营销覆盖过的，对企业品牌有基本认知的客户。触达客户在总客户中占比最高，达 50% 左右。

第二级的尝鲜客户，即与品牌初步接触，初次购买和使用品牌产品的客户，这部分客户通常占全部客户的 30% 左右。

第三级是占全部客户 15%～18% 的稳定客户，他们都有过一次以上甚至更多的消费，消费频次和消费金额对企业的贡献大增。

第四级的铁杆客户占比最少，仅占全部客户的 2%～5%，但他们对企业品牌的忠诚度最高。

很显然，这是一个金字塔形的客户分级模型，这个模型可以与第 3.3 节图 3-7 逻辑一致，相互呼应。"流量"对应"触达客户"，"客户"对应"尝鲜客户"，"会员"对应"稳定客户"，"共同体"对应"铁杆客户"。具体到房地产行业来说，尝鲜客户就是首购业主，稳定客户就是复购业主。

按照经典的"二八法则"，铁杆客户与稳定客户虽然在总客户中仅占 20%，但几乎贡献了一个企业超过 80% 的利润，或者其口碑增益对企业的品牌贡献高达 80%，他们也是为企业提供更高终身价值的人。尝鲜客户和触达客户合计贡献了约 20% 的利润，其中触达客户的贡献几乎可以忽略不计，因为从房地产行业的流量漏斗来评估，触达到首购的比率非常之低。很显然，位于金字塔上层的铁杆客户和稳定客户才是值得企业提供高级别服务的人群（图 3-9）。

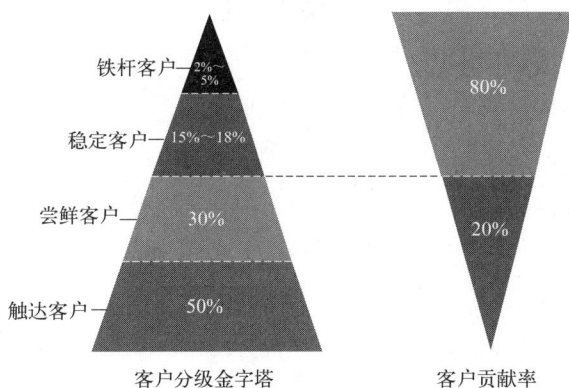

铁杆客户—2%～5%
稳定客户—15%～18%
尝鲜客户—30%
触达客户—50%
客户分级金字塔

80%
20%
客户贡献率

图 3-9　客户分级金字塔及客户贡献率

由于企业的市场导向由客户导向和竞争导向组成，所以，房地产客户关系管理从业者可以利用客户分级金字塔这个有力的工具，以客户导向满足客户需求，以竞争导向形成差异化优势，通过长期的客户运维，获取客户的终身价值。这和目前传统的房企销售主导去化，营销高成本拓新客，中介尾大不掉占据渠道资源，利用客户资源"绑架"房企的逻辑是完全不同的。一源外在，一自内生，二者并行不悖。

在房地产行业的客户结构中，客户需求、客户组合和客户资产是关键三要素。

客户解决自身痛点或痒点的欲望，加上适配的购买力就构成了客户的需求。不断满足日益增长的客户需求，以更敏捷地适应市场竞争的变化，是企业得以永续经营的前提。

贝索斯在2012年致股东信中这样表述——更根本地说，我认为长线思维形成了闭环：亚马逊的动力来自不断取悦客户而不是打败对手。主动取悦客户赢得信任，信任带来更多重复博弈，还能引来新的客户，甚至在全新的领域。长远来看，股东的利益和客户的利益是一致的。——贝索斯实际上强调的就是不断满足客户需求，无论是显性的还是隐性的。甚至在成本允许的前提下略微超前地引导需求，也是必要的。

完整的市场导向既包括客户导向，又包括竞争导向。以客户导向满足客户需求，以竞争导向形成差异化优势。通过满意度调研，拥有客户对产品与服务体验的反馈和日常交互中客户对产品和服务的投诉信息，客户关系管理职能天生就是最敏捷的客户点赞挖掘者、客户需求捕捉者和客户抱怨的提炼者，顺理成章地推进企业不断满足客户需求以提升竞争力、不断地自我修正以驱动创新，进而扮演好促进企业自身更完美的市场端和客户端的敦促者与监督者的角色。

在房地产行业的业务结构中，客户关系管理职能需要运维的客户资产是由客户池和会员组成的。客户池就是第一级触达客户，实现首次购买后就可以成为会员。稳定客户和铁杆客户是更高级的会员。

基于以上对客户分析的逻辑，我们可以得出最重要的企业的客户资产的量化公式：

客户资产＝客户数量×单个客户终身价值×关系杠杆×变现模式

所以，房地产开发企业的客户关系管理职能客户运维工作"三步曲"就呼之欲出了。

1. 前期工作

识别客户、做好客户画像、分析客户需求、厘清客户资产。

2. 围绕客户资产不断做功，长期不懈地促进客户资产的增长，推升企业的增长

不断增加客户数量、提升单个客户的终身价值、通过客户运维不断推进企业和客户的关系向深入发展、不断通过产品创新和服务体验的改善实现客户价值的变现。

3. 建立护城河，夯实竞争结构

严格控制产品和服务的高品质低成本；不断提升产品与服务对解决客户痛点痒点的适配度；降低客户全生命周期中对产品和服务的价格敏感度；不断提升企业的溢价与议价能力；提高客户放弃与转换的成本。通过正向口碑、品牌美誉度及 ESG 的不断夯实提升企业无形资产；用好网络的倍乘效应。

3.5　为什么除了需要拓展新客源，更要重视老客户？

电影《大话西游》里周星驰有这么一段经典的台词："曾经有一份真挚的感情摆在我的面前我没有珍惜，等我失去的时候才追悔莫及，人间最痛苦的事莫过于此，你的剑在我的咽喉上刺下去吧，不用再犹豫了！如果上天能给我再来一次的机会，我会对那个女孩说三个字：我爱你，如果非要在这份爱上加一个期限，我希望是一万年！"这段台词说明了，人们失去自己拥有东西的痛苦远大于得到这件东西时所拥有的快感。其实除开感情的悲欢离合，运用到经济领域，这个规律叫作"禀赋效应"。

禀赋效应是指当个人一旦拥有某项物品，那么他对该物品价值的评价要远远高于拥有之前。它是由理查德·塞勒（Richard Thaler）于 1980 年提出的。这一现象可以用行为金融学中的"损失厌恶"理论来解释，该理论认为一定量的损失给人们带来的效用降低要多过相同的收益给人们带来的效用增加。因此人们在决策过程中对利害的权衡是不均衡的，对"避害"的考虑远大于对"趋利"的考虑。出于对损失的畏惧，人们在出卖商品时往往索要过高的价格。

拆迁中，拆迁户往往会觉得政府提供的补偿太少，而与政府发生补偿价格上的争执，这就是禀赋效应的体现。居民失去自己的房屋，会要求比购买同样的房屋愿意支付的价格更多的赔偿才会觉得满意。当年西城天街土石方阶段，有一户因补偿问题迟迟不愿配合拆迁，在周围都被挖成大坑断水断电后仍不搬走，小房子和自己那点夯土基础悬在半空犹如一朵蘑菇，后来还沸沸扬扬地闹上了港媒，就是一个因禀赋效应导致的典型案例。

同样，由于非常害怕损失，房产的拥有者在承受房价下跌时往往会变成风险偏好。为了避免损失而愿意冒价格进一步下跌的风险而惜售，希望有朝一日房价能重新上涨。从而产生一种奇怪的现象：房产的价格越低，其成交量越低。这与传统的经济学的需求曲线是相悖的。另一种解释是人们在房价下跌时会预期价格的进一步下跌，从而不愿意购买。这都是从人们心理的角度作出的解释，损失厌恶理论又进一步阐明了这种心理产生的原因。

基于禀赋效应，房地产行业的客户一旦完成首次购买，由触达客户变成尝鲜客户，自然就升级为会员，因为他们天然就对企业和产品有了正向评价。

这也就是房地产行业老业主很重要，"老业主复购"与"老带新"是重要销售渠道的原因。在可接受的范围内，老业主往往会容忍企业所提供的产品和服务的瑕疵。他们一方面不提或者仅仅只是背地里私下给开发企业的员工吐槽；另一方面对外放大好的感受并加倍正向传播给自己周边的亲朋好友。

由于禀赋效应，人们要避免失去所拥有的东西，容易产生"安于现状情结"。一旦发生群诉，最坚定地站在企业这边的往往是长期以来最认可企业的老业主。这个群体在客户分级上至少是稳定客户，他们会在很大程度上维护项目、维护品牌、维护企业；但是，他们的容忍即便超出首购客户很多但也是有限度的。一旦负面被证实，超出忍受范围，则会更加痛心疾首，会更加具有破坏力及影响力地"与企业对着干"，这正是俗话所说的"爱之深、责之切"！所以，客户关系管理人员除了平日维系好与此类客户的关系之外，一旦发生客户投诉，需要尽快解决或者至少要有合理的解释给到这些业主，以最大限度地争取到他们的理解和支持，对于事件的解决事半功倍，否则，事倍功半。

禀赋效应显示了人们的心理规律，企业运用好此规律，有利于客户忠诚度。

美国哲学家、哈佛大学教授乔西亚·罗杰斯认为忠诚是有原则的，正是出于对原则的忠诚，人们才决定是否停止对一个人或一个团队的效忠。利用禀赋效应提升客户忠诚度的重点关键在于提升客户的"黏性"。黏性越高，离开成本就越高，离开意愿就越低。所谓"欲取之，必先予之"，所以企业对客户不断做正向互动与情感投入，以使客户在满意的基础上产生意外获得的喜悦，满意加惊喜甚至会让客户某种程度上产生报恩心理，就会在适当的时候演变成口碑而显性化出来。当然除了这些显性禀赋外，也包括一些隐性禀赋，例如给予信任、良好的互动氛围、企业与客户间的心理契约等，运用得当，都能够很好地调动客户的热情和积极性，从而起到激发、激励、保留的作用。比如，对于老业主复购给予房价特别折扣或者选房优先的待遇，对于"老带新"的客户给予物业费减免等。不但给予老业主带来的新业主以相当的实惠，而且能给带人来的老业主极大的面子，双方都能获益。

龙湖首个开发的项目龙湖南苑有个著名的老太太，慈眉善目，成天乐呵呵的，是个活动积极分子，员工们都称呼她"大姨妈"。老两口买了个小房子，退休后住到当时配套尚不方便的龙湖南苑来度晚年，和龙湖地产及龙湖物业的员工关系都非常好，将我们这些初入职场的小年轻视为己出，逢年过节还给我们包饺子煮汤圆。老两口走到哪里都说龙湖好。为响应龙湖丰富社区文化生活的号召，老太太作为龙湖艺术团的团长，热心操持艺术团的演练，每逢大型业主活动都奉献节目。老太太因病去世后，董事长吴亚军还曾撰文回忆她，很是让人唏嘘。当时小区小户型很少，很多人来看过她的房子想买，她都不答应。她说她如果失去这个房子，就失去了我们这些朋友和她所享受的生活。"大姨妈"就是典型的忠诚客户，她的行为逻辑背后就有着禀赋效应的支持。

营销界流传着一个"2-20-80"法则，说的是每个品牌都有 2% 的铁杆客户，他们自身就能为品牌贡献 20% 的整体销量。与此同时，他们还会利用自己的影响力去影响身边的亲朋好友，通过对客户的终身价值的深挖，最终共同为品牌带来约 80% 的整体销量。这与之前客户分级金字塔中讲到的一致——品牌 2%～5% 的铁杆客户和 15%～18% 的稳定客户合计为品牌贡献了 80% 的利润。

所以，忠告房地产行业客户关系管理从业者，全身心地去热爱你的业主吧，无论他们出于什么原因选择了你的企业、你的品牌、你的产品、你的服务，你都需要提供高于行业平均水平的产品和服务，你的业主们会在增长方面给你意想不到的反馈！

3.6　客户运维的本质是什么？

当人类社会从原始社会、封建社会、农业社会、工业社会发展到信息社会后，当今世界的发展速度已经是过去的数倍，摩尔定律昭示着每一次颠覆性技术革命都给这个世界带来深刻的变化。

随着我们进入 VUCA 时代，面临着越来越多的挑战：信息爆炸、突发事件频发、地缘战争、资源短缺、员工忠诚度降低……

VUCA 源于军事用语，是 Volatility（易变性）、Uncertainty（不确定性）、Complexity（复杂性）、Ambiguity（模糊性）的缩写。现在，VUCA 被商业领域用来描述已成为"新常态"的混乱的和快速变化的商业环境。

其中 Volatility（易变性）是变化的本质和动力，表现出来的特征是挑战与维持的时间长短是未知且不稳定的；Uncertainty（不确定性）指的是缺乏对意外的预期和对事物的理解，表现出来的特征是具备变革的可能性但不一定成功；Complexity（复杂性）指企业被各种力量影响，被各种问题困扰；Ambiguity（模糊性）是对现实的模糊，表现出来的特征是因果关系不清晰。

具体到房地产行业，推动房地产市场过去 30 年发展的有三大红利，一是人口刚需红利，二是土地化红利，三是金融红利，而这三大红利已逐步消失。房地产行业"三条红线"出来以后，行业进入向管理要红利的时代，从粗放式扩张向精细化运维转变，从投资驱动向价值驱动转变——未来的核心是高质量发展。

在充满不确定性的 VUCA 时代，只有客户是确定的。不仅要做好产品，还要从客户出发做好服务，并充分利用各种技术与工具以适应时代，提高效率。时代变了，打法也要变，回归客户才是终极之道。

以往传统房企只需要拿到好地段的地，把产品做好就行了，销售去化就是做广告吸引客户，做体验区样板房打动客户，集中开盘造人气，压迫式逼单促成交。这就是传统房企"流量思维"的体现，其营销重点是拓新客，其主要分两步走，第一步是拉新，第二步是成交。

从本质出发，传统的流量型房企走的是一条需要大量重复投入的非闭环路径，即在公域流量中拉新，并从中实现成交，后续则不断重复拉新，成交的步骤是不可循环的。在广告效果越来越差，房产中介把控大量客源，拉新成本越来越高，去化越来越难的当下，路子势必越走越窄，难以为继。

丁丁在《深度粉销》一书中强调"留量思维"才是客户思维。"留量思维"与"流量思维"不同，其"四步曲"：第一步是拉新，第二步是成交与客户沉淀，第三步是客户运维，第四步是社交裂变；其核心是复购。对于房企，即便因为商品特性，客户全生命周期中复购频次不会太多，且客户基数将极大地影响复购率，但至少重视起来，先作为有益的补充，"留量思维"和"流量思维"并重，是很有必要的。通过拉新与成交，房企可以从流量客户中获得客户留量；通过客户运维和社交裂变，又从留量客户中获得新的客户流量，流量与留量相互增益，从而实现循环往复。

"从流量思维向留量思维过渡，即向忠诚客户思维过渡"意味着回归客户的终身价值，也就是回归客户思维。

对应客户分级金字塔模型，我们可以看到不同类型的客户对企业有不同的贡献度，体现不同的价值。在一视同仁势必不能让所有客户满意的情况下，资源受限的企业需要努力为所有客户提供优质服务，同时为忠诚客户提供更高级别、差异化的服务。

有目的性地区别对待客户才是对企业更有价值的服务原则。因为每一个客户都想要自己被区别对待，对他们来说，这是值得告诉别人的社交货币。而客户的每一次主动传播都可能为企业带来新客户。潜移默化地引导客户去影响客户是塑造信任感最强、最有效、阻力最小的"病毒式"传播方式——留量思维，让客户影响客户，这是客户运维的根本逻辑——而信任链加推荐链则成为这个时代十分高效的商业价值变现路径。忠诚的客户将成为企业的核心资产和变现基础。

由于行业的特殊性，房企往往通过中介完成所开发项目的销售。在这种传统的房企营销模式下，房企与客户没有直接联系，互动很少，后期也只是物业与客户业务层面的互动，房企对客户了解极少。这种情况下，如何才能通过信任链和推荐链实现复购变现呢？

对房企而言，应该越过销售代理商，建立 DTC（Direct To Customer，直接面对客户）模式。所谓 DTC 模式，指的是品牌直接触达终端客户，专注客户体验，建立精准、定制化的客户关系的营销模式。该模式的优势在于，企业和品牌可以直接与客户互动，通过 CRM（Customer Relationship Management，客户关系管理）系统更好地发掘客户对产品和服务的反馈，研究和分析客户需求、行为习惯，将客户数据转化为房企的数字资产，帮助房企在产品研发、建筑施工、渠道选择、营销方式、后期服务等各方面作出精准决策。只有通过 DTC 模式，运用数智化工具建立私域流量体系，才能实现与客户千人千面的一对一沟通。

DTC 模式如何运作？

笔者反复强调，回到最底层逻辑，客户运维的目的只有一个：挖掘客户终身价值。房企必须坚持以客户为中心，树立"留量思维"。移动互联时代，企业需要在公域流量中拉新，依靠产品和服务促成交易；依靠数智化技术与工具实现用户在线化，搭建私域流量体系；再通过客户识别、客户画像、客户分级，为忠诚客户提供差异化服务，建立科学有效的会员系统，并通过设置不同等级的会员权益进行精细化运维，实现会员的留存和转化；同时将客户口碑通过社交媒体扩散到公域流量中，实现影响力、知名度、美誉度的不断提升，借此实现新一轮的拉升。

请注意，这里笔者提的是"客户"而不是互联网行业常用的"用户"，是"私域运维"而不是"私域运营"，互联网行业的"用户"强调的是使用人。但是房地产行业提供的是空间产品。与普通消费品不同的是，购房是一项高价值、高风险、高体验度的交易。因其购买决策非常复杂，很多时候购买决策人、付款者、产权人、使用人等诸多角色并不完全重叠在一个人身上，这就决定了房企要对诸多相关干系人提供服务。所以，笔者强调的是"客户"一词而不是"用户"，以彰显其广泛的外延，这更符合实际。

"私域运营"这个词强调的是"运营私域"；而"私域运维"落脚点不光是运营，还有维护保养。"运维"意味着既要"运营"又要"维护"，不能只索取而不付出，不能只透支而不温养，一锤子买卖要转变成一辈子买卖。

3.7　互联网行业甚嚣尘上的"私域"和房地产客户关系管理有关系吗？

"私域"一词这几年很是火热，源于互联网的应用。随着互联网流量红利逐渐触顶，获客成本不断攀升，企业品牌逐渐将目光转移至挖掘存量客户群体的价值上。随着 App、小程序、企业微信等技术与工具的日渐成熟，私域为数字化会员体系的搭建提供了契机，并成为众多企业不可避免的重要课题。同时，新冠病毒的冲击，企业主动应变或被动地适应的结果是品牌线上销售渠道的比重迅速上升，通过缩短与消费者之间的触达链路解锁新业态和新消费场景，私域生态成为品牌走向消费人群的"最后一公里"。

那么，究竟什么是"私域"呢？具体而言，私域是指企业或品牌直接拥有的，可重复的、低成本甚至免费触达的场域，它和公域相对。私域流量是能够被内容创作者主动掌控的流量，及通过个人或企业的品牌、影响力带来的流量。私域流量具有为己所用、无偿免费、反复触达等特点。

公域平台能带来巨额流量，其中最典型的就是公域流量巨头 BAT（百度、阿里巴巴、腾讯）以及美团、拼多多、字节跳动、抖音等带来的流量。公域流量具有人人可用、有一定成本、不一定可持续的特点。

公私域关键区别在于：企业和客户群体连接关系的强弱，企业或商家是否拥有客户人群这一特殊资产，能否对客户群体进行重复触达，以及触达已有的客户群体需要付出多大的代价。

房地产行业可以说是在众多传统行业中被互联网影响最迟缓的行业之一，但迟缓并不是不到。房地产行业不可能脱离社会发展的影响，还是会逐渐地被信息化、数字化的滚滚洪流裹挟向前，不可避免地打上时代的烙印。私域，注定将是浓墨重彩的一笔。

私域的迅猛发展，源于两个重要因素：人口红利逐渐消失与获客成本日益提升。

人口红利消失指出生率下降，且在经过纯线下和平台电商的流量红利两个阶段之后，线上线下渗透逐渐饱和，红利消失。企业如果触网早（如快消品行业），充分利用平台电商的公域流量，则可以在中国互联网人群历经多年发展渗透率触顶，互联网网民总体规模和网民网络购物人群占比增速放缓，增长空间趋于饱和之前，得到快速发展。品牌依靠平台流量红利带动自身流量起量将不再是可取的策略。

获客成本提升是指公域获客竞争激烈，单次获客成本不断高涨。进入"存量"时代，运营品牌已有的客户之重要性日益凸显。

如今消费者获取信息的渠道日益复杂而多元，信息碎片化更是导致吸引并维持消费者的注意力越发困难；与此同时消费者的消费需求日益细化，不断升级，购买决策链路更加复杂，对营销信息的敏感程度降低，需要企业品牌反复触达以增强效果，进一步拉升了获客成本。

　　而房企尤其可怜，因商品房的特殊性导致多年来网购一直打不开局面，这波互联网公域红利基本没吃到，甚至没尝过鲜；同时找房平台的话语权日益强大，房企越来越多地受制于此，导致营销成本高企，夜夜嗟叹平台猛于虎。

　　但是，商业地产在私域方面已经开始了有效探索。据观点指数不完全统计（图 3-10），部分开发企业的线上商城平台已经获得了较大的"私域流量"。以天虹股份 2022 年中报数据为例，企业线上商品销售及数字化服务收入 GMV（Gross Merchandise Volume，商品交易总额）约 29 亿元；近 1.7 亿人次通过天虹 App 和小程序交互获取信息或消费。整体数字化会员人数逾 3900 万，App 和小程序月活会员逾 426 万；购物中心在公／私域联合推出餐饮代金券、套餐优惠、外卖等组合促销与服务，餐饮线上销售额环比提升 119%。

　　无独有偶，珠海万达商管招股书中披露，2021 年微信小程序访问量达到 12.7 亿人次，新增注册会员数超过 1760 万，导流至店铺消费约 750 万人次，并帮助商户于年内实现线上交易约 14 亿元。

　　宝龙推进智慧商业也表现出较强的进取心，基于 2021 年度已经完成的各项产品研发，2022 年上半年通过加强应用，使得线上业务获得显著提升，会员总数约达 560 万，较 2021 年底约提升 31%；全国会员消费占比超 17%，个别标杆项目会员消费占比超 25%。

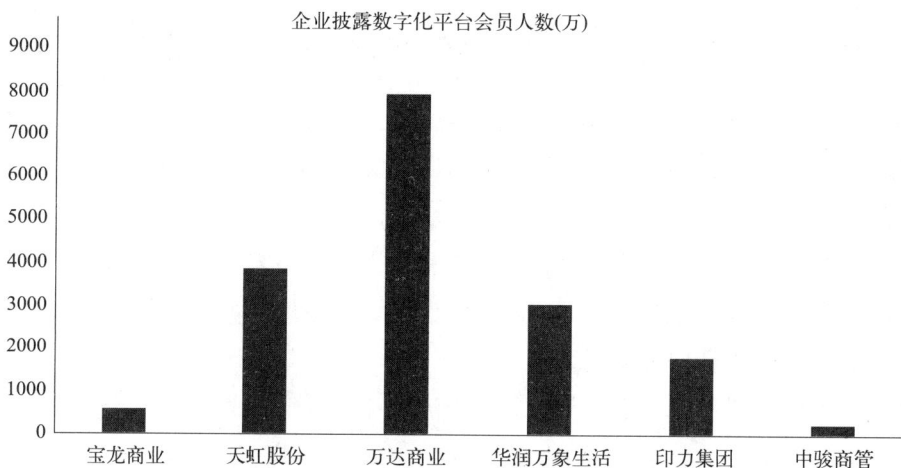

图 3-10　2022 年部分房企会员人数

（数据来源：观点指数）

基于此，私域业务的核心优势越发凸显，表现有三：

1. 降本增效，多维提升销量

　　除了通过公域流量积累的客户池，还可以通过对老客户的持续关怀，借助社交力量带来增量消费群，提升客户池总量。

建立私域客户池可提供多个触点，为品牌提供多触点反复触达的互动方式，进而形成专属营销渠道，加深客户对产品的熟悉程度，最终提高转化率。

通过持续运维私域，使品牌拥有了解客户、洞察客户消费行为模式的能力，归纳、整理、提炼客户标签，以便研发高匹配度的产品策略、服务策略及营销策略，使"定向""定制"、极致体验的差异化竞争成为可能，这也是客单价提升之高溢价策略的基础。

私域营销延长了客户消费体验的链路，延续了公域门店、线下售楼处、品牌自有小程序/App 产生的消费，深化产品使用体验、品牌氛围、人际及与企业的黏性，及时唤醒激活老客户以拉升复购率。

2. 全周期客户人群服务，建立长期信任

品牌自建的私域客户池是品牌与客户群体之间互动和关系的培育沃土，核心在于对客户全生命周期价值的持续挖掘。

品牌通过连接不同沟通深度的私域触点，从单向通知、双向沟通到一对一专属服务，构建有深度层次的私域运维梯次，赢取并深化客户对品牌的信任，以良好的服务体验驱动品牌美誉度的建立，加深对企业的信任，加深对品牌的认同感和归属感，帮助品牌建立多维度客户人群画像。

3. 实现品牌与客户直连，沉淀和积累客户资产，使企业、品牌、服务变更好

私域客户都是企业产品的购买者、使用者和体验者，其反馈对于企业提供的产品与服务均有完善缺陷、提升品质的作用；对于企业如同镜子一般，能促使其修复、提升。

私域客户池能帮助企业品牌自主沉淀和积累客户资产，深入洞察消费行为和动因，并分析潜在需求，反哺产品研发和设计，可以通过与客户直连进行新品多轮迭代试错以提升新品研发效率。

私域客户池有利于模式创新，对生产流程和生产模式进行升级改造，实现产品、服务与业务模式的创新，同时成本更低、效率更高。

那么，上述是否就是私域的全部呢？当然不。私域还有广阔的外延。关于私域的外延，应包括全渠道、全生命周期和全价值链。

全渠道：狭义的私域运维主要是针对可免费使用和自由支配的一方渠道进行运维，但是由于地产行业存在多航道的大量的"人""货""场"数据，线上线下融合，公私域数据与标签的打通将进一步赋能业务的提升与创新。

全生命周期：以客户生命周期、房屋空间的生命周期及两生命周期交集内的生活需求周期的不同状态，重新定义客户的生命周期和客户旅程，包括以触达和

营销为目的的场景化旅程构建，以及以全生命周期忠诚度提升为目的的长期旅程规划。

全价值链：把私域定位为企业研究和洞察消费者的重要阵地，通过消费者行为全链路洞察，利用数据优化品牌端到端价值链的业务，进行全业务的数字化转型。

我们只有深刻地认识私域，才能更好地掌控私域，为增厚关系和促进增长所用。

3.8　品牌私域营销渠道是如何发展的?

我们先来了解一下中国品牌营销模式的发展进程，再看看当下的房企在什么位置，客户关系管理职能该在什么点去发力。

自 20 世纪 90 年代起，随着改革开放的深入和众多国际品牌进入中国市场，中国的消费市场开始蓬勃发展。30 多年的发展过程中品牌营销模式也随着市场的成熟和消费者的变化而不断革新，私域就是在行业营销模式的变革中应运而生。中国品牌行业营销模式的变革可以总结为以下三个阶段（图 3-11）。

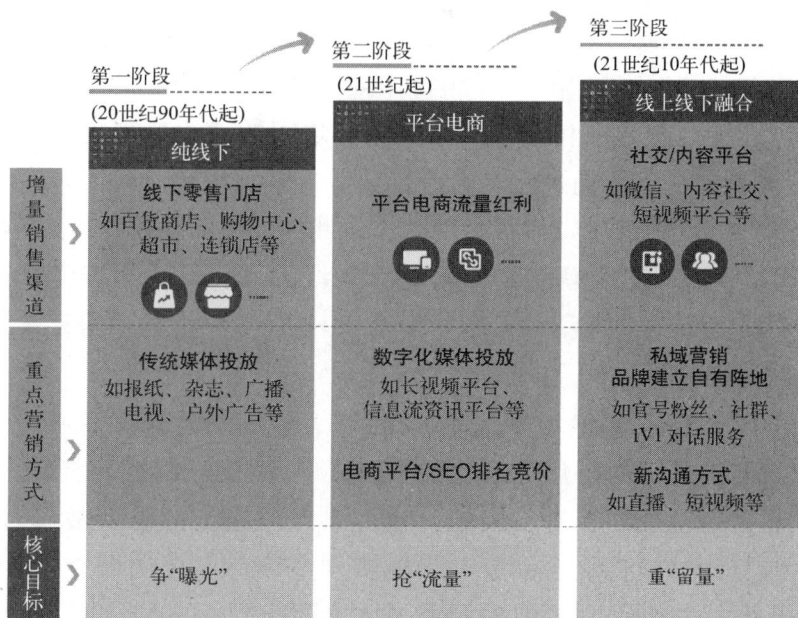

图 3-11　品牌营销模式发展进程

1. 第一阶段：纯线下，争"曝光"

自 20 世纪 90 年代起，众多国际品牌进入中国市场的同时，恰逢本土品牌蓬勃发展，经市场引导，消费者需求不断滋生，掀起第一波商业热潮。此时间段品牌的主要增量销售渠道为线下零售门店，各类品牌进驻百货商店、购物中心、超市、连锁店，开设品牌专柜。此阶段，品牌偏好以高声量曝光的方式打造品牌知名度（比如央视黄金时段电视广告标王的竞拍），大多通过渠道店面线下推广和明星代言背书，营销风格保守传统。这个阶段品牌尚未拥有私域建设意识，重点营销方式是传统媒体投放，如电视、广播、报纸、广告牌以及实体空间等。

对 20 世纪 90 年代的房企而言，建立售楼处、参加房交会、刊登报纸杂志广告、布置户外广告牌、投放电视广播广告等是常见的公域营销渠道。同时，通过公关事件、活动策划等方式触达每一处角落都可能存在的意向客户。代理销售方兴未艾，主要是通过门店和地推的方式拓客。

2. 第二阶段：平台电商，抢"流量"

到了 21 世纪，中国进入互联网时代，互联网普及率和网民规模不断攀升，B2C、C2C 电商平台迅速成熟，品牌得以拓展销售渠道。借助平台流量红利的东风，品牌触达广泛人群，逐渐下沉到二线以下城市，通过提供消费者自选式购物体验实现销售增量的迅速拉升。平台电商的迅猛发展在带来曝光激增的同时增加了消费者主动搜寻信息的便利性，同品类产品之间的对比变得更加直观，因此品牌通过 SEO 竞价投放、电商平台广告位投放等方式争取更多曝光，达到抢占消费者心智的目的，辅以数字化媒体投放（如长视频平台、信息流资讯平台等）深度介绍产品内容，突出差异化优势特点，这个阶段的品牌开始逐步尝试通过设置电商平台专属客服等方式进行私域运营，开始关注消费者关怀和留存，但仍未具备系统性的私域运维流程。

随着传统广告媒体走向衰落，传统渠道的广告投放效果江河日下，流量向线上迁移和分散。互联网时代的房企营销也顺应潮流，使用声光电手段的体验区、原样复制提前呈现样板房、集中开盘、事件营销、价格策略成为有效抓手，但多只是在原有营销模式上的创新，未能实现变革。房企虽努力拓展公域营销，但效果差强人意，房企得到的似乎只是通过网络增加了曝光的机会。好事不出门，坏事传千里，与此同时，网络极大地促进了负面舆情的扩散。在该时期，搜房网的各地论坛往往是房企负面舆情发酵的管控重点。房企也自建官网，组建类似 BBS 留言板的在线社区方便业主灌水，家丑不用外扬，投诉论坛成为创新之举。

可消费者庞大的购房需求客观存在，卖方市场下消费者处于信息不对称的弱势。有需求就有供给，搜房网之类门户网站开始大行其道。但对这个阶段的房企而言，因商品房与生俱来的价值高、产品信息量大、购买决策复杂等特性，加之网络通信的质量和信息安全等不利因素，通过互联网买房迟迟未能得到推广。

房企对私域的探索往往仅限于组建自有的呼叫中心。个别房企成立客户俱乐部，做有限的业主维系，但侧重点是文化和口碑，而不是复购和变现。

3. 第三阶段：线上线下融合，重"留量"

从 21 世纪 10 年代开始，品牌一边不断升级线下门店形象，通过艺术装置、产品陈设、沉浸式体验等创意手段深化消费者感知；另一边注重打造线上社交内容平台的话题性和曝光度，强调线上线下融合的销售渠道实现销量的双驱动，通过延长客户群体旅程，多次反复触达来持续推动增量。紧跟新兴营销风潮，品牌开始不断探索直播、短视频等新型沟通方式，以新奇体验丰富化、立体化渲染产品使用情景，增强了与消费者的互动性。技术的发展、平台的布局等多重因素作用下，公域直播带货成为潮流，企业和品牌逐渐摸索到了打通公域和私域的方法，逐渐找到了公域粉丝转化成私域可触达的目标客户的方式。

此时建设私域生态成为品牌的营销重点，品牌开始逐步打造私域引流渠道、搭建私域运营团队。品牌通过建设官方账号、官方群、1V1 客服等方式布置多种私域生态的触点，实现客户人群的情感化、精细化触达，创造良好服务体验以提高客户人群的留存率。

房企继续与时俱进，在五个版块以推进公域拉新：

（1）电商平台，如 BAT、京东、淘宝、拼多多等；

（2）内容聚合型平台，如今日头条、腾讯新闻等；

（3）社区平台，如贴吧、微博、知乎等；

（4）搜索平台，如百度搜索等；

（5）视频内容型平台，这类平台既包括爱奇艺、腾讯视频等综合性长视频平台，又包括抖音、快手等短视频平台。

但公域流量越来越贵，玩法简单粗暴，流动性大、稳定性差等弊端日益凸显。

在房企利用各种新工具开展上述营销动作的时候，看准契机的中介代理类机构在此期间开始信息化，链家、贝壳等平台的客户流量开始显示威力，逐渐壮大，成为可以制约行业的力量。

品牌私域营销渠道发展趋势：

品牌私域营销渠道主要有三类，通过以下三类渠道，品牌方可重复多次、低成本地触达客户群体，其分别为基于微信生态建立的营销渠道（微信群、企业微信群、公众号等）、通过品牌官网或自建 App 中获得的消费者授权的可以与之直接联系的方式、品牌方在部分公域平台建立的粉丝群或会员群，其中基于微信生态建立的私域营销渠道成为企业布局的重点。该私域营销渠道主要有三种形式，分别为品牌官方私域、导购个人私域、微商个人私域。随着私域流量价值日益凸显，企业品牌方更有意愿搭建由其主导的、可以掌控私域流量的营销渠道，因此未来自主可控的品牌官方私域将成为发展主流（图 3-12）。

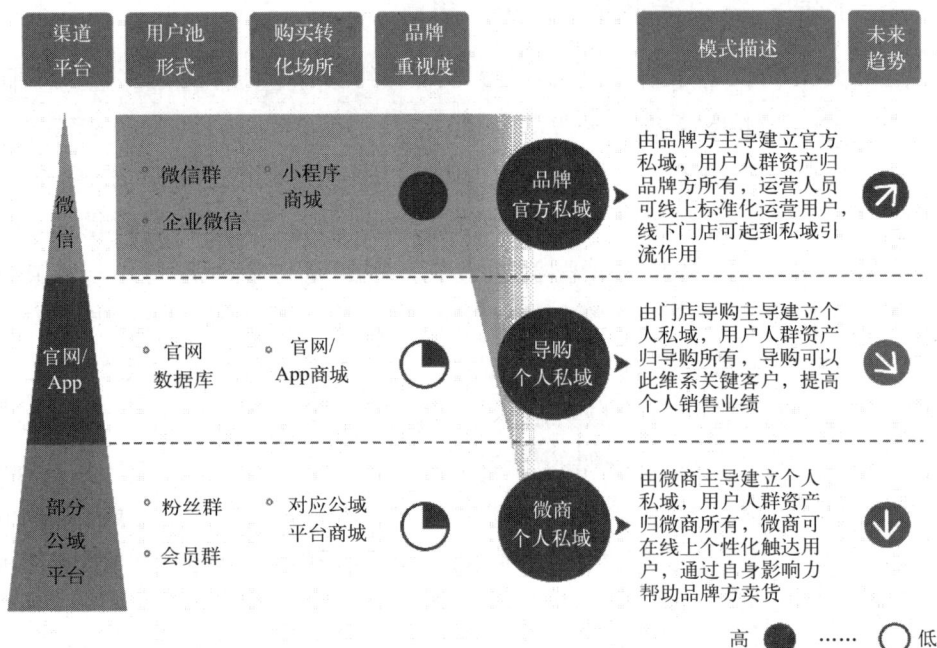

图 3-12　品牌私域营销渠道发展趋势

大部分品牌方都由单方面向消费人群输出信息流的微信私域平台（微信小程序商城、公众号及视频号等）出发，逐步向品牌方与消费人群双向交流的私域（企业微信、微信群、直播等）拓展。

那么在买方市场下，房企该如何顺应时代，搭建自己的品牌私域营销渠道呢？

腾讯同时作为私域技术平台和私域运维工具的提供方，从第三方供应商的角度提出了"私域增长四力模型"。借鉴这个模型，我们会发现，品牌方在初期搭建私域业务的时候，会把重心放在"商品力"和"产品力"，随着对私域业务认知的成熟和完善，会更加注重对于"运营力"和"组织力"的发展（图 3-13）。

在这个模型中，作为平台供应商，从腾讯的角度，品牌在私域业务初期，

图 3-13 腾讯私域增长四力模型

"商品力"的建设旨在确定私域渠道商品策略，找到与其他渠道相区别并符合私域客户人群期待的商品（此处的商品指的就是各家房企开发的产品）。同时，为顺利搭建并运营私域业务，从品牌方初期搭建单方向信息流的私域平台（微信小程序商城、公众号以及视频号等）到发展为与消费人群双向交流的私域平台（企业微信、微信群、直播等），都需要过硬的私域基础建设。此时，腾讯就需要用自己的"产品力"为品牌方解决私域平台功能和交互设计的问题（此处的产品力指的是腾讯提供的各种在线工具与客户的互动呈现的效果强大与否）。随着私域业务的发展，私域用户量快速增长，"运营力"的重要性逐渐凸显，其帮助品牌方更高效地运营维护客户并促成销售转化和复购，打通私域 GMV 增长路径，而"运营力"发展的背后是"组织力"的支撑，"组织力"可以帮助品牌方高效运转并系统性地优化私域业务，为私域业务提供强有力的组织架构支撑和协同作战能力，所以品牌方应把目光聚焦在私域业务团队的设置和组织架构的搭建上。

在众多先行者不断探索的基础上，站在互联网巨人经验得失的肩膀上，房企站在甲方的角度，对照着也需要从以下四个方面着力，构建自己的私域业务：第一，提供好的产品和好的服务，展现"商品力"和"产品力"；第二，找到好的供应商，利用好的工具，以实现品牌与客户之间更好的线上线下的体验；第三，有能力专业地运维客户池，增进黏性并实现复购变现，并将客户池不断做大；第四，留量思维，强化客户导向，组建专业运维团队，打破职能界面并提供组织保障，以便能长久对品牌私域进行运维。

同样的，笔者再次强调，对于房企私域中的客户，不仅只是"运营"，更要"维护"，是为"运维"。

正如"物业管理"一词逐渐被"物业服务"所替代，"客户资源管理"一词落脚点在"管理"，我们越来越注重"客户资源运维"的力量，强调"运维力"。客户至上的今天，权威已经被平等所替代，自由自主的个人意识使客户和品牌的关系已经由品牌主导转为平等共生。企业若用"管理"去控制客户只会令人反感，只有精准的客户运维才能加强客户和品牌的连接。

运维力正在成为衡量企业竞争力的重要依据，它涵盖客户运维力和渠道运维力两方面。所谓客户运维力，是企业对客户的精细化运营及维护的能力，使对的产品在对的场景、对的时间，找到有需求、有支付能力的对的消费群体实现对的交易。所谓渠道运维力，是社交媒体崛起后的必然产物，在"人人即终端"的时代，"信任链＋推荐链"是高效的商业价值变现的途径，粉丝渠道化，充分发挥其口碑作用，实现品牌变现。

3.9 私域运维的重点及步骤是什么？如何实现客户粉丝化？

从消费者的全生命周期出发，品牌从一开始借助传统公域和线下营销行为获取曝光流量，向市场输出产品优势完成产品种草的动作。在客户人群完成第一次购买后，将其流量引流至私域。通过私域运维完善消费者的感知，提供售后、解答、交互、购买决策肯定、二次种草、客户群体唤醒等服务以达到保存流量资产并不断深挖客户群体的生命周期价值的目的，并且通过激励粉丝的分享，可以进行低成本甚至无成本的粉丝增长，进一步反哺公域和线下客户池。在这个视角下，我们不难发现传统营销的核心诉求在于获取品牌曝光、提高品牌声量、吸引有效流量和完成销售转化。相比较而言，私域的核心诉求是通过加深触达程度和管理与客户人群的关系以激发起转化、复购和分享（图3-14）。

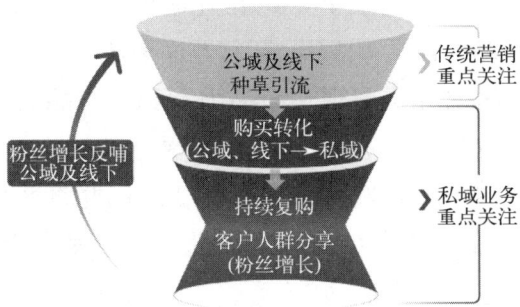

图3-14 私域业务关注重点

由此可见，私域业务的战略意义不仅只停留在销量转化方面，更是延展到品牌发展的方方面面，其价值诉求涵盖市场营销、品质提升、销售转化与客户关系管理。数字化客户人群资产的沉淀将助力品牌不断拟合精细化目标消费群体的画像，持续优化迭代产品组合和运维方针，多样创意的私域服务体验将触发客户群体进行自发口碑传播，不断拓宽客群边界。

私域生态赋能的反复高频触达客户人群唤醒行为以及闭环转化链路也将夯实维稳复购率，增强客户人群的黏性。私域运维提供了消费者和品牌可以自由沟通互动的平台，加深了双方彼此相互了解的渠道，而这些来自于真实客户人群反馈的洞察助力品牌建设核心，进而敦促企业的自我完善和提升。

根据以上私域业务的关注重点，丁丁在《深度粉销 2.0》一书中提炼出私域运维打通全域营销（客户运维与渠道运维）路径的"三步曲"：

第一步：客户粉丝化，即将客户从公域平台吸引沉淀到私域流量池中，通过客户运维不断提高他们的忠诚度，把普通客户转变为忠诚客户。

第二步：粉丝渠道化，在客户粉丝化的基础上，对忠诚客户进行筛选、分级，并对其中有能力的客户进行渠道化的引领，让他们成为企业的新渠道，这也是打通全域营销路径中最核心的一环。

第三步：渠道社群化，是通过跨界合作、KOL（Key Opinion Leader）的影响力等，帮助已经渠道化的忠诚客户进行社群化运维。

房企只有做好这三步，才能形成从客户到忠诚客户，从忠诚客户到渠道推广的营销通路，激活企业全新的渠道价值。目前国内的头部房企也只是在第一步徘徊，更遑论粉丝渠道化和渠道社群化了（图 3-15）。

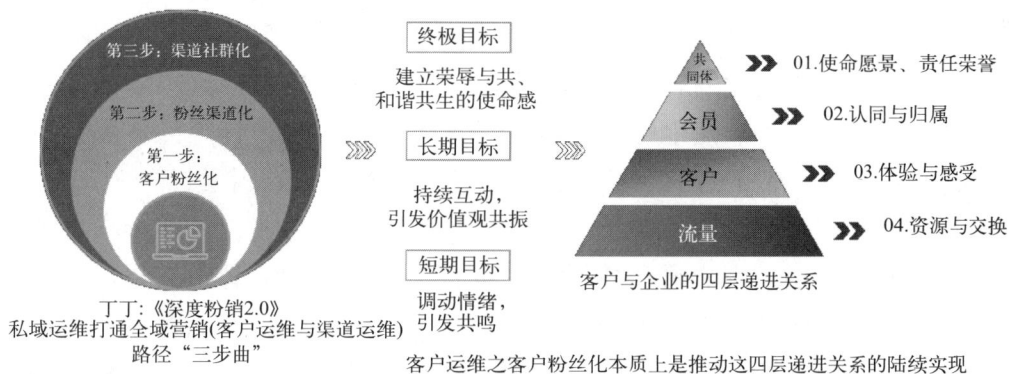

图 3-15 私域运维打通全域营销（客户运维与渠道运维）路径的"三步曲"

结合图 3-7，流量—客户—会员—共同体，客户运维之客户粉丝化本质上是推动这四层递进关系的陆续实现。客户运维的短期目标是调动情绪，引发情感共鸣；长期目标是在持续的情感互动中，形成能引发客户广泛共鸣的价值观；终极目标是建立荣辱与共、和谐共生的使命感。

彼得·德鲁克（Peter F. Drucker）强调：商业的本质，也是企业核心竞争力所在——你的企业能为社会和客户提供什么样的价值。只有以客户为中心，回归客户需求，不断为客户提供独特价值，获得客户的认可和支持，将客户转变为忠诚客户，让忠诚客户成为企业的新渠道力量，并赋能已经渠道化的忠诚客户进行社群化运维，才能帮助企业穿越周期，拥有"反脆弱"的能力。

"三道红线"下，很多房企资金链断裂爆雷，很多业主、员工等购买了企业债的投资人纷纷要求提前兑现相关理财产品并进行声势浩大的维权。试想，这些业主、员工不仅买了房，甚至还就职于相关房企，如果这些客户和企业的关系切实达到了共同体的层级，是否一定会"用脚投离开票"呢？不但不会，甚至集资发债帮助企业渡过难关也说不定。纯以利诱，必难长久。

如何才能做到客户粉丝化呢？

圈层化、情感化、参与感——这不仅是高转化、高复购的三大黄金法则，而且是客户运维中的万能公式，是实现客户粉丝化的关键所在。

共同富裕分先后，所以不可否认，国人是分圈层的。要做客户运维，找到核心的目标客户群体很关键，因为不可能让所有客户都成为忠诚客户。就算企业不计成本地对所有客户做功，但最终的结果仍然是无法讨好所有客户。一个上规模的住宅小区，满意度忠诚度再高，也难免会有一两个长期投诉的客户，永远不要奢求 100% 的客户满意。房地产行业传统的客户细分源于购买留资，如性别、年龄、职业、付款方式等，最多增加一两个像关系户、投诉客户之类的标签，这使得客户运维很难找到着力点。移动互联时代的流行扩张方式从小众到大众再回归到了小众，信息不对称逐渐被打破，但不同群体的认知和观念的不对称越发严重。故而，圈层这一带人格化的客户细分聚类的方式凸显而出并得到了好的应用。购房这一复杂的消费行为天然地把房企的客户做了分层，客户资产的多寡、所购业态的高低、出行和生活的方式、社会化的角色等都是考量的因素。

客户的圈层根据与企业的关系深浅、与品牌黏性的强弱、对外影响之动能的高低可以分为核心层、影响层和外围层。核心层是产品和品牌的拥趸，有着和企业最深的信任和最强的黏性；影响层是有影响力，愿意发声、愿意分享、愿意监督的 KOL，他们是增压阀，他们是放大器；外围层是能够被企业、被核心层、被影响层影响到的更大范围的客户群体。核心层、影响层、外围层三者之间是相互包含的关系，即影响层包含核心层，外围层包含影响层。品牌有三度，即忠诚度、美誉度和知名度。核心层对应的是忠诚度，影响层对应的是美誉度，外围层对应的则是知名度（图 3-16）。

房企历来都将客户满意度甚至忠诚度视作重要的 KPI 指标之一，其改进动作往往是被动的响应，如后见之明般地处理好房屋的质量问题，处理好客户对品质和服务的投诉，维护好投诉客户的感觉。客户圈层的概念，其实给了我们提升客户满意度和忠诚度的新策略。即通过在夯实产品与服务品质基础上，通过客户运维，上中下三路出击。客户运维的侧重点跃然纸上，那就是向外围层要知名度，向影响层要美誉度，向核心层要忠诚度。

图 3-16 客户圈层与品牌三度关系图

案例：从圈层化、情感化、参与感解码阿那亚成功的客户运维[1]

阿那亚这个项目位于秦皇岛的北戴河新区，占地 3300 亩，拥有美丽的海滩，但没有任何市政配套。作为度假项目，阿那亚紧临的渤海是距离北京最近的海，其 2012 年面世时的定位是"北中国一线私人海湾秘境"，距北京仅三个小时的车程，但导流异常困难，销售陷入困境。

2013 年马寅和合伙人贷款收购了后来这个叫"阿那亚"的项目，10 亿元的贷款，15％的利息，本想 3 个月到半年左右把它卖掉，差价有 5 亿元。即使还银行 1 亿元的利息，那还有 4 亿元的利润。但是当年市场突变，项目卖不掉了。银行的利息继续滚着，一年 1.5 亿元的利息要还。折腾一年才卖出 4000 万元，压力巨大。被逼无奈，只能天天琢磨如何让自己活下来，如何解决最重要的"没人买"的问题。旅游地产项目最大的痛点就是没有几个人可以真正过上所谓的"度假生活"。结合旅游地产项目的痛点，马寅深知，旅游房地产项目光靠卖房子是卖不掉的，必须得卖服务、卖内容。马寅于是被逼着认真思考买房子的人的真实需求是什么。

马寅认为，灯红酒绿、穷奢极欲的生活需要返璞归真。需要重新唤起舒缓而

[1] 摘自长江商学院. 凭借"孤独"成功出圈的阿那亚，创始人的秘密都在这里［N/OL］. 政务：长江商务院，2020-12-04. https://m.thepaper.cn/baijiabao_10278772. 有删改。

平静的勇气面对自己内心最真实的需要其实才更重要。生活本应是博大精深的，它是一叠积木，要不断向上累加，能具备足够的空间保存过去，展望未来。而不是日复一日，使它累赘与烦琐。从富贵逼人到回归人文、追求本心，是阿那亚的价值观基础。超越创富，回归本我，打造心灵的第一居所才是阿那亚应该做的。要在北戴河这个地方建一处房子，过喜欢的生活，把工作和生活统一起来。

马寅接手阿那亚后，做了一件其他开发商当时都不敢做的事——只打击精准的客户群体。他并不像当时其他地产商走皇家贵胄套路，而是按照"一个40岁男人的标准"打造整个阿那亚的气质，只选择具有相同价值观的客户。这个群体被缩到很小、很精准：35～45岁，以北京为大本营，职场上的中坚力量，工作繁忙、家庭收入稳定的专业人士，典型的中产。这样的人都拥有一个共同特征，工作相对自由，不太受时间和空间上的约束，他们已经脱离了对生活和工作本身的挣扎，需要的是更有质感的生活和更具有创造性的工作。

马寅把阿那亚定义为这群人"心灵的第一居所"。所谓"心灵的第一居所"是真正将生活作为第一位，把生活作为居住的中心，而非居住迁就生活。他给热爱生活的人们提供了一个海边的"第一居所"。这种定义也已经打破了"度假地产"的概念，他希望人们不仅仅把这里当成一个单纯的度假地，而是成为这里的业主，把它作为自己在海边的另一个家。到此，"回归家庭，回归自然，回归传统，回归一种有灵性的本真生活"，阿那亚有了一个精准的价值观定位。阿那亚也据此成功地找到了匹配自己价值观定位的第一批客户，这批客户最后成为阿那亚的核心层客户。

阿那亚聚合了一群志同道合的业主：精神层面，提倡回归人文、追求本心——从而实现了客户运维的第一步也是第一大黄金法则：圈层化；找到核心的目标客户群体以后，第二步，用情感共鸣打动他们是重中之重。

马寅提出"去地产化"的概念后，于2019年曾说："六年前诞生之时，阿那亚就是个完全反逻辑的产品，大家都在卖房子，我们却在做服务；人人拼命赚快钱，阿那亚却愿意慢下来。"从小配套食堂做起，让业主吃得好，儿童农庄、骑行营地、儿童高球俱乐部、马术俱乐部，包括儿童之家用来留住孩子。特别是，整个项目团队都在业主群里24小时提供在线服务，解决客户的问题，响应客户的需求。更重要的是，马寅针对北京的新中产高工作强度和竞争压力下"逃离北上广"的心理特别有针对性地考虑了如何安顿人的精神。现在这个时代，安静是奢侈体验，放空更是奢侈体验。马寅们觉得，精神的享受才是真正的享受。

从2013年开始，他们相继做出了孤独图书馆、阿那亚礼堂、阿那亚美术馆，作为安顿精神的场域空间，阿那亚建筑的人文底蕴体现了：有品质的简朴，有节制的丰盛。这些后来用2.5千米海岸线串联起来的诗意建筑，配搭一些精心设计的、符合业主需求的活动，一起构成了阿那亚独有的精神空间。它们不仅是社区空间、网红打卡地，更是阿那亚安静之道的最好诠释，是所有阿那亚业主们的精神家园。

博尔赫斯曾这样说："如果有天堂，天堂应该是图书馆的模样。"这句话对应到北戴河海岸的这座"孤独图书馆"真是再恰当不过（图 3-17）。

图 3-17　孤独图书馆

"孤独图书馆"出名之后，马寅更坚定地认为阿那亚未来所有建筑皆应如此，它们应该是"诗意的建筑"：诗意所表达的高贵特质超越了物质，直达情感以及精神需要，更趋向于艺术范畴，与传统房地产开发工业化的设计产品有本质区别。

"当一个建筑的功能性需求远远小于精神需求的时候，就叫诗意的建筑。"

从那之后，马寅陆续在海边建造了美术馆、艺术中心、礼堂、音乐厅等一系列精神地标，并用一条海边的慢跑道把它们串在一起，形成了一条海边的精神主轴（图 3-18～图 3-21）。

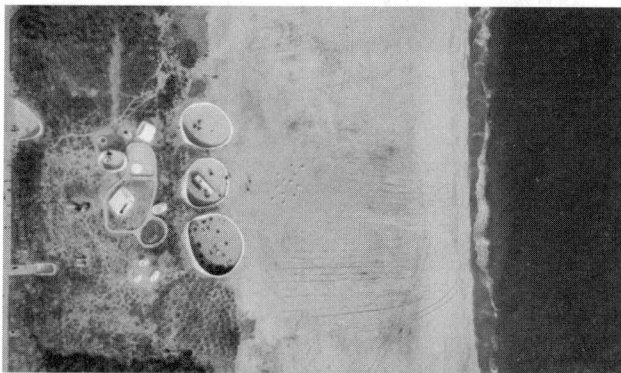

图 3-18　UCCA 沙丘美术馆

阿那亚不仅给自己的目标客户提供了旅游度假的产品，更提供了安放灵魂、寄托情感之所。阿那亚最早的客户有 90% 的业主来自北京，他们牢牢地抓住了这

图 3-19 阿那亚艺术中心

图 3-20 阿那亚礼堂

图 3-21 阿那亚音乐厅

批核心层客户，用家人的温度和人情味做深度服务，赢得了口碑。

"诗意的建筑"成为阿那亚"有品质的简朴，有节制的丰盛"观念的审美体现。

生活层面，建造"诗意的建筑"。

与其说阿那亚在打造旅游度假产品，不如说他们在围绕核心客户的深层需求打造一种文化和生活方式，打出了独特的竞争力，在过程中实现了口碑和去化。

至此，阿那亚完成了客户运维的第二步即第二大黄金法则——情感化。

客户粉丝化的第三步，也是第三大黄金法则是参与感，让客户参与关键节点的产品讨论和品牌建设，共建共创能够极大地激发客户的参与热情，在互动过程中更加深了了解、信任与依赖。在地产领域，甚至可以让客户参与到单次社区活动甚至日常的社区运维里面来，阿那亚在社群参与感方面，也因地制宜地做出了诸多探索。

马寅从小时候在天津胡同里路不拾遗吃百家饭的邻里关系得到启发，希望能够建立亲密和谐的社区文化，重建熟人社会的温情，令建筑承载人文关怀，想把人与人之间的情感关系、小时候的那种邻里之间的美好关系在阿那亚进行恢复。

最初 2014 年交的百户房子因赶工活做得粗糙，客户意见很大，因为怕客户退房，马寅把自己的邮箱公开，欢迎所有人给他写信提意见。

对于社群，马寅当初没有主动想过做一个温馨温暖社群的打算，具体到怎么做社群、做什么样的社群，纯属意外，仅是为了活下来。因为业主问题多，为了第一时间了解业主的需求，解决业主的问题，才被动做了投诉群安抚，后来演变成运维型社群。

在阿那亚，业主们亲切地称马寅为"马村长"。因为"马村长"还带头运营维护着 8 个业主群，不仅是房屋质量问题，社区里所有公共生活的问题都参与讨论。

马寅要求员工进入群组之后，不许反驳客户提的任何问题，所有问题都必须解决。员工面对业主提出的问题必须 5 分钟内回复、30 分钟内出解决方案。有一个业主最多提了 500 个问题，马寅让管家每天跟客户汇报今天解决了 50 个问题，明天要解决哪些问题，大概需要多长时间把后面的问题解决好。这个过程相当痛苦，但是磨炼了团队，修复了关系，建立了信任，换取了美好。

阿那亚通过社群组织业主做了大量线下活动，通过聚会、吃饭等让大家尽快认识、熟悉起来。线下的业主重回线上的社群里，人们之间的沟通与交流就更加亲近，成为朋友就会更加熟稔并有了信任的基础。而后阿那亚努力营造社群温馨温暖的氛围，如家人一般的感觉。有了越来越好的温馨温暖的氛围，客户就不走了，带来的结果就是这个社群也越做越好。客户不仅没有退房，而且会自发地经营好社群（图 3-22）。

图 3-22 阿那亚业主食堂

此外阿那亚还有100多个兴趣社区，包括诗歌、戏剧、音乐、马拉松等，社群运营从线下延伸到线上，除了组织活动，还会不定期地组织业主去北京的剧场演出，去国外参加马拉松赛事等（图 3-23）。

图 3-23 阿那亚社区家庭活动

阿那亚用社群解决了归属感和参与感两个问题，让每个业主都能当家作主，甚至参与制定规则，这是在其他地方买房所没有的体验。

水上运动中心是一个业主把它活跃起来的，该业主原来是中关村的高管，因为喜欢这里的海上运动，成了这里的业主，后来他用了大概两三年的时间，把一大批业主拖下了水，教邻居们玩水上风筝冲浪、玩帆板，等等。除了原有的集装箱的水上运动中心，阿那亚做了更大的水上运动空间，以支持水上俱乐部的运营。

最后项目正式接管水上运动中心，开始进行正式的商业经营。

除了配套之外，阿那亚所谓有温度的地方，也更多地体现在了阿那亚工作人员的身上。

阿那亚没有请国际一线的酒店服务团队，目前的经营场所都是自持经营，工作人员也都是招聘的本地人，从零开始培养，业主喜欢的就是他们的单纯质朴热情，反而是这些东西让阿那亚收到了很多意外的效果，才真正有了家人的温度，有了人情味的体现。

另外阿那亚还有不少员工是自己的业主，这在其他房地产项目是很少见的。图书馆孟馆长的应聘非常有趣，阿那亚当时发了一条微信"招聘全世界最美的工作——海边图书馆管理员"，这条微信被女儿转给了他。女儿说这份图书馆的工作不就是你的愿望吗？孟老本就是北大的图书管理系毕业，对他来说工资和职位并不重要，他觉得幸福的事情就是有这样的一个图书馆，退休之后能够发挥它的价值。孟老自己对图书馆有一个主人的感觉，会发自内心地愿意为图书馆琢磨很多事情，用他的所学管理好图书馆。

阿那亚这样的人其实特别多，包括很多基层人员也有类似的经历。阿那亚工作人员的状态和他们对于工作的热爱，恰恰体现了阿那亚的温度。

更进一步，阿那亚整个业主群里面，还出现了很多关联的合作关系，不少业主甚至将阿那亚视作实现梦想的平台。比如 Club Med 需要投资，业主群里起意："不如一起干吧！"开个酒吧，搞个项目，业主常常在群里自发地嚷嚷："不如我们干这个？"要知道，那个时候还没有众筹的概念。

后来马寅建立了一个规则：阿那亚所有的产品采购，无论是机电设备，还是装修、家居，业主如果是一个供应商，可以优先！实际上阿那亚二期的马桶、水龙头，包括它的精装修、家具很多都是业主的企业在提供。所以业主在阿那亚不仅获得了美丽的房子，收获了一群志同道合的朋友成为亲密的邻居，而且还得到了一个事业平台。

社群运营的创新一开始也许是被迫做出来的，但最初为了"活下来"才做的各种"群"，后来却成了阿那亚的一张名片。业主、员工、合作伙伴三位一体，一起创造美好人生，是阿那亚最独特的风景。

以"回归家庭，回归自然，回归传统，回归一种有灵性的本真生活"作为精神追求，主张"有品质的简朴，有节制的丰盛"，打造 IP 建筑和丰富的艺术活动、精神产品，把服务和社群运营作为核心武器积极重建人与人之间的温暖关系，一切都是为了"人生可以更美"。在中国经济增速放缓、房地产行业挤泡沫之际，在头部房企和物业企业竞相向资本妥协，初心不张、服务水准缓降、给业主的价值让渡越来越少的时候，阿那亚的成功特别值得珍惜，值得借鉴学习。

每次复盘阿那亚的案例都有发自内心的感动让笔者热泪盈眶。它不但充分印证了实现客户粉丝化的三大黄金法则——圈层化、情感化、参与感可以带来高口碑和高复购，更证明了只要方法正确，坚持初心，就可以带来超值的商业回报；要知道，慢就是快。

愿阿那亚成为孤独社会中一个特别的存在，让生活可以更美好。

3.10　如何实现粉丝渠道化？

随着技术的高速发展，社交媒体实现了"人人即终端"，粉丝渠道化的底层逻辑是 BC 一体化（B 即 B 端，指商业端、批发端；C 即 C 端，指顾客端）。由于私域流量能够有机会转化成品牌的忠实客户，而客户粉丝化只能把客户沉淀在私域流量池中，无法保持活跃，沉睡的私域流量最终的结果就是枯竭和流失，这是巨大的浪费；我们要想改变客户终身价值只是单次消费价值的错误认知（客户的终身价值是客户历史、当下及未来价值总和，包括消费价值、口碑价值、渠道价值和封测价值等多维价值），就应该搭建私域流量体系，让流量为我所用。

将客户分层后，激发核心客户共创优质内容，进而把内容转化成为生产力。让客户成为推广者，自主为品牌传播口碑，且实现变现的核心客户能通过合适的分润机制得到切实的好处，从而建立起品牌和粉丝的深度利益捆绑关系，实现私域流量由鱼池到鱼塘的自循环自增长。这一切，都有赖于粉丝渠道化。

网上流传着一个有趣的吊打同业的拉新案例。话说一个美女新开一家面馆，开业首日拉出条幅，上面写着"开业当天，一元吃面"。当下轰动全城，吸引了大量客户慕名而来。但是当大量客户蜂拥而至，却发现小面店仅仅只有 10 张桌子，根本坐不下，还要排长队。这时候，美女对排队的人说，店里实在是坐不下了，要么我退你一元钱。这个时候，如果客户不走还要排队，就会让路过的人知道这家新开的面馆生意火爆。如果客户不想退这 1 元钱，也不想排队，美女就给这个客户 50 元钱吃面券和 10 瓶饮料，此时大部分客户会选择 50 元吃面券和 10 瓶饮料，因为觉得太划算也不耽误时间。此时有人问，那不亏钱吗？其实并不会。美女将 50 元吃面券分成 5 元一张，每次吃面抵扣一张，还可以凭这张券拿一瓶饮料。这一招就锁定了客户的 10 次回头消费。另外，美女在吃面券上印了几句话：如果一个人来吃面，可以拿上一瓶饮料；如果两个人来吃面，可以每人加一根烤肠；如果三个人来吃面，可以每人加一个卤蛋；如果四个人来吃面，可以每人加一个狮子头；如果全家一起来吃面，可以送三份小菜。

对房企而言，长久以来开新盘都是以拓新客为主。即便有老带新的促销，也仅是私域变现的雏形，是点状的不是面状的，是偶发的不是常态的，是单次的不是长效的，因此很难保证对品牌的持续发力。完整的"推荐链＋信任链＋购买链"是全新的建立在口碑分享与人际关系网络上的售卖体系，可以有效解决上述问题。

粉丝的群聚力量是巨大的，企业品牌需要提供好的内容、产品、服务吸引并强化核心客户，再通过理念、文化、激励、分润等手段实现客户的 C 端裂变与变现，进而实现私域流量的价值最大化。

案例：　69%的客户自发为之拉新的蔚来汽车

2020 年，前 5 个月蔚来的销量达到 10429 辆，势头大好，蔚来创始人、CEO 李斌在第一季度财报电话会议中坦言，第二季度销量有望破万。4 月 18 日，李斌在新款 ES8 交付现场说："疫情期间，69%的订单是老客户推荐的。"如此高的客户推荐率，在同业中处于绝对的领先地位，这一惊人的数字令人叹为观止，引起行业的广泛关注[1]。

蔚来汽车是 2014 年由腾讯、高瓴资本、顺为资本与李斌、刘强东、李想等深刻理解客户的顶尖互联网企业与企业家联合创立的，生来便具有移动互联网的基因。在新能源汽车赛道的激烈竞争中，虽然成长过程几经坎坷，但以惊人的速度成为中国赴美上市的首家新能源车新势力。蔚来成立伊始便以打造"客户企业"为己任，即为蔚来车主创造不止于车的愉悦生活方式，打造超越传统车主俱乐部的更加快乐、共同成长的车主社区。蔚来秉承的是从客户视角出发，通过服务与数字体验的加持，构建强情感体验的生活方式品牌。蔚来汽车相关负责人曾说："当你购买一辆传统豪车时，你和汽车品牌的关系通常终止于交钥匙的那一刻。当你购买蔚来汽车时，你和它的关系在交钥匙的那一刻却才刚刚开始。"

蔚来是第一家从创始人到每一位员工都与客户在第一线沟通的车企，蔚来与客户关系的成长与进阶基本经历了三个阶段——初始阶段、早期阶段和发展阶段。在初始阶段，车还没有批量交付客户、基数不大时，创始人每逢车展都会亲自做线下演讲；无论是创始人还是普通员工每天都在 App 上与客户大量高频互动。当时几千个客户，每一个人都和蔚来像朋友一样，几乎每一个蔚来的人都能叫出客户中某些人的名字，少则几十个，多则几百上千个，很多都是 App 上面的昵称。蔚来最早和这批车友通过线上线下如老朋友般互动的方式建立起一个很好的连接。在这个阶段，蔚来完成了核心层客户的构建。蔚来后来的最早一批车主就从核心层客户中来，他们向亲朋好友推荐蔚来的产品。

蔚来早期阶段是邀请客户参加活动，后来客户越来越主动地参与蔚来的活动。

---

[1] 王玉琴 . 蔚来的用户运营体系是怎样建成的［N/OL］. 第一电动汽车网，2020-06-19. https：//auto. ifeng. com/c/7xQytN4isdl.

2018年第一届 NIO Day 有了蔚来车主志愿者，他们主动在蔚来的大型活动中给蔚来站台，从分发门票引导秩序到接送机。近6000名蔚来车主志愿者活跃在蔚来的各种线下活动和场景中，他们不仅是参与者，更是组织者和主导者。

2019年，超过1500名车主自发利用休息时间到蔚来的线下门店 NIO House（蔚来中心）或 NIO Space 做志愿者，帮助蔚来卖车。他们给新客户推荐车，讲述他们自己的用车体会，好的和不好的体验都会讲，这可比蔚来自己员工销讲更真实可信。有一位北京的车主是一个上市公司的老板，身价过亿，在展厅连续站了20多天。有的车主甚至个人举办了几十场试乘试驾活动；还有的车主推荐了身边十几位亲朋好友购买蔚来汽车。

2019年电池事件是蔚来最艰难的一段时期。2019年10月底某夜，蔚来的广告出现在上海12000辆出租车的广告屏幕上，但后来曝出这次营销背后的策划者和出资者并不是蔚来公司，而是一名蔚来车主，他是一名车载显示屏广告的从业者。按照当时的市场行情来算，这次广告的投放成本至少200万～300万元。

再后来是发展阶段，部分客户开始把蔚来当作自己的公司，推荐车是一个很自然发生的事，一些比较熟悉的客户会跟蔚来的工作人员开玩笑说："我这个月的任务没完成，只给你们推荐了两三台车，我保证下半年会努力的。"

蔚来内部把这种拓客方式叫作"涟漪模式"，就像把一颗石子扔到池塘里面，泛起水波一样。蔚来砸下去的石子以及第一圈的水波被称作蔚来的核心客户圈层。他们是从第一个产品就开始追随蔚来的老客户以及铁杆粉丝，是蔚来坚强的拥护者。有了他们，第二圈、第三圈的涟漪就来了（图3-24）。

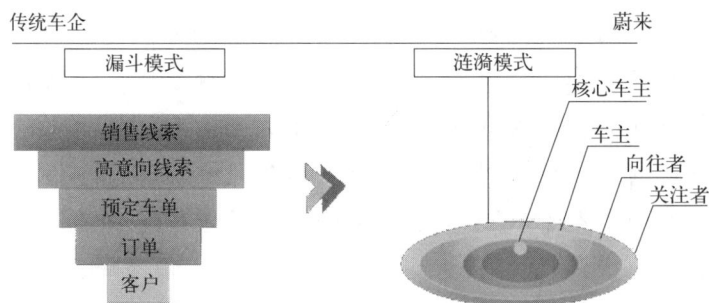

图 3-24　蔚来汽车客户运营策略：涟漪模式

李斌和秦力洪多次在蔚来内部讲，作为一个客户企业，终极目标是客户真正意义上把这个企业当作自己的企业，成为这家企业的主人，企业盈亏会觉得和自己有关系的。这就是为什么这么多客户提意见，并认为蔚来产品和服务的好坏，是关乎自己切身利益的，因此才会向别人推荐。

那些长期追随蔚来的车主，那些老客户与铁杆粉丝们，实际上已经在蔚来塑造的"信任链＋推荐链"中最大限度地成为驱动蔚来品牌营销的主力；蔚来的客户资产成为最有效的营销渠道，他们完美帮助企业实现了变现。蔚来的车主们不仅在每一次的新品销售上不遗余力地在朋友圈推荐以支持销售，而且在每次线上线下的活动和传播中积极参与，成为编外员工；甚至在蔚来危机的时刻有钱出钱、有力出力，提供资源帮助蔚来渡过难关，成为蔚来品牌的护城河。

李斌曾说："最值钱的商业模式是不断用创新技术改善人的情感体验。"从和客户交朋友，到客户发展为志愿者成为编外员工，进而客户把蔚来的经营当成自己家的事，主动承担义务。蔚来坚持自己的理念和文化，坚持自己客户至上的价值观，从上到下坚定不移地推进服务至上，把客户当朋友，最终完美地实现了企业品牌和客户关系模型中从流量、客户、会员到共同体的进阶。蔚来的铁粉如同小米的客户。2024年3月小米电动车SU7发布，24小时大定突破88898台，再次证明米粉们不仅是品牌的消费者，更是品牌的忠实粉丝，是品牌的传播者和捍卫者，对品牌有强烈的感情。这些忠诚的客户才是企业最宝贵的资产。

3.11　如何实现渠道社群化?

施炜在《连接》里曾提出"认知即交易、交易即关系、认知即关系"的营销法则，刘春雄把它提炼为三位一体。施炜是深度分销的参与者、倡导者、总结者。**其理论核心就是把区域市场化小、把渠道扁平**，由品牌商控制垂直渠道、终端和**货物销售。在改革开放的几十年中，深度分销这套战法和体系是中国当下竞争环境中最有效果的营销战法和策略的提炼和总结，具有很强的现实意义和指导意义。**

如何理解认知、交易、关系三位一体呢?

消费者要去交易，是用自身的资源去交换，以满足各种自身无法满足的需求。这个交换的前提是消费者自己清楚自身的需求，知道什么时候、在哪里、采用什么渠道能够使交易达成，这一切均源于消费者的认知。

企业和品牌要去和消费者连接、交往，目的是什么?

其一是让消费者认知。即商品信息的传播、沟通，这是让消费者购买的前提。

其二是与消费者交易，即销售变现。

其三是和消费者建立长期的关系，通过关系营销，获取客户的终身价值。

认知即交易、交易即关系、认知即关系，合起来就是三位一体的含义。

何为**认知即交易呢？认知和交易在时间、空间和平台三个角度的一体化，就是认知即交易。**首先是**时间的一体化**，也就是说消费者随时看见了，随时就可以买；其次是**空间的一体化**，最后是**平台的一体化**。

传统对销售的理解是交易发生完毕则关系结束。而在互联网时代，交易发生仅意味着关系刚刚开始。当消费者在电商、社群甚至便利店产生购买行为后，购买信息就全被记录下来了。无论是线上、社群还是线下，这些信息和数据都是关系营销的条件，企业也都是基于这些信息和消费者发展关系。所以交易的同时，即是关系的开始而非结束。

认知是交易的底层逻辑，所有的交易都是认知的结果；关系则能促使商业形成循环。信息时代，认知、交易、关系都可以在现场、网络、社群三度空间内完成，可以实现自由转换（图 3-25）。

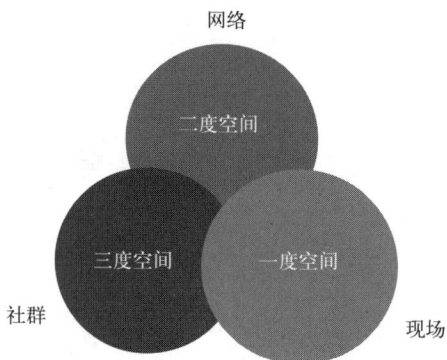

图 3-25　认知交易关系的三位一体与三度空间

互联网时代来临之后，一个巨大的变化就是消费者不全在线下了，即现在的消费者生存空间变了，由一度空间变成了三度空间。一部分还在**线下**，也就是现场，不仅是零售终端，也包括消费者线下所存在的各个物理空间，可以用地网来形象类比，即一度空间；一部分活跃在互联网的**线上**，比如网站、微博、贴吧、社区等，可以用天网来形象类比，即二度空间；一部分在社群，包括微信社群、会员制俱乐部、线下社群等，可以用人网来形象类比，即三度空间。

三度空间的特点是什么？一度空间是开放的，最大的好处是能让消费者深切感知，比较利于销售；二度空间的互联网线上空间流量是最大的，无边无际，传播效率高，但黏性较差；三度空间的社群与线上空间最大的区别在于：**互联网空间是开放的，社群空间是封闭的**。社群中的人群有边界，社群的管理者能够操控这个边界。

渠道社群化的底层逻辑是——未来所有生意都是三度空间的生意，而社群则是链接一度和二度空间的"放大器"和"路由器"，能打通线上线下。社群的好处是能够多次重复地进行交往，传播的深度最深，有利于深化双方的关系。三度空间实际上是深度分销的互联网化。

在以前，一个萝卜一个坑的分销渠道，其地域性高于一切，企业和品牌受限于此，选择渠道的时候重点考虑的是地域属性和经销商的人脉资源。现在，分销渠道的物理性被打破，地域性被削弱，客户在线，传统渠道的边界越来越模糊，人群聚集的属性越来越凸显。当社群逐渐成为一类人群聚集的平台和节点时，其覆盖人群的精准度、连接客户的能力，导致了渠道布局逻辑的改变。

根据三位一体的营销体系，**需要对三度空间和消费者交往的方式、内容、功能进行统筹**，以前只考虑一个空间，现在要从三个空间出发去思考品牌如何传播、该如何占据顾客的心智、要传递什么样的信息，如何让顾客既能认知品牌和产品又能快速购买，同时还能深化关系，这实际上是一种整合营销。**营销的动作和内容必须同时达到认知、关系、交易三个目的，根据方便消费者的动线来统筹安排认知、关系和交易**。具体操作时，三个空间里面的信息要统一，内容要有一致性，这样才能够占据消费者心智空间。在传播的内容上也需要有区别。互联网媒体、线下要有明确的分工。**根据消费者流量数据设置功能**。比如消费者认为在什么地方交易是最方便、合适的，我们就研究这个场景，并在这个场景里设置交易的功能。

具体地，利用三度空间连接上下的能力，企业和品牌需要更多地选择社群作为主渠道和抓手，特别注意考量群主的客户运维能力。信息时代的当下，社群天然具备"信任链"和"推荐链"的双链逻辑，这是成为渠道主力的前提。渠道逐渐社群化，依托社群，能够从产品逻辑转向客户逻辑，能够更好地维系、加强和变现。

案例：蔚来汽车的三度空间布局与社群激励体系[1]

1. 线下场景

蔚来不惜血本，采用类似房企做售楼处和样板区的手法，在中国的一、二线城市核心地段设置了多个设计前卫、功能丰富的 NIO House。NIO House 的一楼一般是车辆展示区，二楼是专属蔚来车主的城市客厅，由图书馆、咖啡吧、儿童游乐区、室内官方多彩活动场地组成，是蔚来车主们周末休息、遛娃社交的好去处。

一年一度的 NIO Day 是蔚来最重要的产品发布会，活动导演组通常由业主组成；NIO Day 也是属于全国的蔚来车主自己的、让大家欢聚一堂的嘉年华。

EP Club 是蔚来汽车最高端和令人向往的顶级俱乐部圈层，可以通过购买纯

---

[1] 摘自《有效关系：从蔚来圈层看客户关系管理》。微信公众号：怀禹科技，郑秋实，2022 年 3 月 11 日。

电超跑 EP9 或者全年内为蔚来贡献最多车辆订单获取进入资格，EP Club 会员可以参加一年四次专属出游活动，并可与蔚来高管当面交流互动。

2. 线上场景：蔚来车主在 App 与微信端，有超过 200 个蔚来相关社群

据说，因为蔚来车主的绝大多数用车和售后需求都通过 App 来完成，所以蔚来 App 成为蔚来车主手机中打开频率仅次于微信的超级 App，其强功能性给了 App 高频触达客户的机会。也为"用车""内容""活动与社交"和"商城"版块开辟了流量入口。

"用车"版块带来蔚来车主在蔚来 App 上极高的日活与使用时长。

"内容"版块通过丰富的官方资讯与客户源源不断的原创内容组成丰富的信息；这个版块更像蔚来车主之间的朋友圈，大量围绕蔚来车生活的 UGC 内容（User Generated Content，用户生产内容），支撑了十几万车主的线上互动与圈层维系。

"活动与社交"版块海量兴趣社群承载车主的社交关系，每周活动发布承载车主的娱乐体验和生活方式；蔚来的车主们早已养成了周四、周五在 App 上抢周末活动的习惯，大量的沙龙、手作、户外活动在客户发展部和志愿者车主的策划下，构成了蔚来车主们专享的周末解决方案。

"商城"版块 NIO Life 体现社群共享圈层的品位，里面有消耗社群积分和蔚来值的千种好物。这超千件颜值高、品类多的定制商品是蔚来与大量设计师深度开发出来的，蔚来车主和粉丝们常常忍不住"剁手"或者使用积分兑换。

蔚来圈层能够建立与 10 余万车主的有效关系，其底层逻辑源于三大体验、两大社群阵地与两种代币体系构建的强大激励。

1. 三大体验抓手

信息体验：蔚来在打造信息体验方面，非常重视官方信息与客户信息的交融，用车信息的实用性与社群生活方式信息的趣味性。客户在 App 内不仅可以找到所有用车信息，还能看到其他车主分享的 UGC 内容。

娱乐体验：蔚来十分重视保障车主数量增长后的活动资源分配，坚持匹配蔚来的豪华定位。各大城市均有大量蔚来的运营专员为车主们策划活动，蔚来车主也可以自发组织娱乐活动，增强了参与感。

互动体验：强化品牌人员与消费者，以及消费者之间的关系，有意设置并坚守圈层门槛，这是蔚来客户关系管理策略中的核心。通过建立大量社群，蔚来有效地落实了这个策略。

2. 两大社群阵地承载

微信＋App 是线上阵地：培养车主社群参与习惯，并围绕兴趣爱好展开内容运营，引导、鼓励广大车主参与共创。

全国布局的 NIO House＋Space 是线下阵地：这是打造品质生活方式的阵地，为车主提供各个城市休息娱乐的驿站，既响应了车主的带娃痛点与休闲痒点，又借此营销了企业的品牌文化，极大地增强了归属感。

3. 两种代币体系

蔚来值和积分共同构成了蔚来的社群代币体系。蔚来值记录了每一位车主在蔚来社区里面的互动和对蔚来社区的贡献，由社区互动、社区发展、效率提升和特殊贡献四大维度构成。根据客户的增长、资源的投入与企业的发展等多重因素，蔚来不断地迭代蔚来值与积分的获取及应用方式，提升客户的获得感和使用意愿。蔚来积分系统的积分获得与应用方式在目前的车企中是最多元的。

社群运维的本质是关系运维，其侧重的不是强关系，而是弱关系。中国的传统文化决定了松紧不同的人际网络和林林总总的圈子环绕在每个人的身边，看不见摸不着，但却是我们个体生存的土壤甚至蕴含着事业发展的平台。该如何看待和理解关系的运维呢？《弱关系的力量》[1] 一书提示了以下法则需要遵循：

（1）六度分隔理论：我们和任何一个陌生人所间隔的人都不会超过六个。

哈佛大学的心理学教授斯坦利·米尔格拉姆（Stanley Milgram）在 1967 年做了一个实验，在描绘一个连接人与社区的人际关系网的过程中发现了著名的"六度分隔现象"。在这一现象中，我们和任何一个陌生人之间所间隔的人都不会超过六个！也就是说，你最多通过六个人就可以连接到这个世界上任何一个陌生人，包括影视明星、美国总统、联合国秘书长、特斯拉总裁等貌似高不可攀的人物。在米尔格拉姆看来，如果我们每个人平均认识的联系人是 260 个，那么统合到六度分隔理论中，其六度就是 260 的六次方，约 300 万亿人，消除中间的一些节点重复，也覆盖了整个地球人口的若干倍。

六度分隔理论是运维关系的核心逻辑之一，我们与世界上任何一个社交网络建立联系同样不会超过六个人！用最简单的话描述就是，你最多只需要六次连接，就能从某个陌生人那里获得自己所需要的资源，达到目的。

（2）邓巴数理论：你最亲密的熟人不会超过 7 个人。

无论我们的 QQ、微信有多少好友，微博上有多少粉丝，人类智力允许我们拥有稳定社交网络的人数最多只有 150 人。其中，关系最密切的仅七人而已。这就是著名的邓巴数理论。这一理论被认为是很多人力资源管理的基础，我们无法对一个群组进行无限的人员扩充，因为能够精确跟踪和深入交往的人数仅为 20 人左右，最亲密的则不超过 7 个。过去的观念是认识 1000 人不如深交 20 人，现在观念应该变成深交 20 人再去和 1000 个人建立连接。

---

[1] 李维. 弱关系的力量：让不熟悉的人帮你成事 [M]. 北京：中国水利水电出版社，2020.

（3）150法则：我们维持强关系的数量上限不能超过150个人。

"赫特兄弟会"是发源于欧洲的一个自给自足的农民自发组织，该组织的目的是维持所在地区的民风，并且发挥了重要作用。其内部有个不成文的严格规定：每当聚居的人数超过150人的规模，他们就会把组织变成两个，然后各自发展。后来这一规定就演变成了著名的150法则。

强关系网所能容纳的人数是有限的，有限的人数决定了无法为我们提供无限的信息，也不能及时地为我们更新信息。从组织管理的角度出发，把成员数量控制在150人以下是最有利于管理，也是最有效率的一种组织形式。一个群组的人数一旦超过150人，就会面临管理失控和组织效率降低的风险。

在150法则中，"150"成为一个普遍公认的"我们可以与之保持社交关系的人数的最大值"。不管你曾经认识多少人，或者通过某种社会性网络服务与多少人建立了关系，你的强关系网仍符合150法则。我们所有的"强连接"在效率层面只够维持150人，一旦超过这个数值，管理效率就会大大下降。我们无法由自己一个人去连接超过150人还能有效地与之互动，因此必须开启弱连接，即通过六度分隔的方式与可能发生联系的每个人打交道，实现需求的互补和信息的互动。

（4）一千个粉丝法则：只需要1000个铁杆粉丝就能糊口。

凯文·凯利（Kevin Kelly）提到过"一千个铁杆粉丝原理"，其要点是创作者，如艺术家、音乐家、摄影师、工匠、演员、动画师、设计师、视频制作者或者作家——任何创作艺术作品的人——只需要拥有1000个铁杆粉丝就能糊口。这里的铁杆粉丝指的是，无论你创作出什么作品，都愿意第一时间付费购买，为你宣传，并迫不及待地欣赏你的下一部作品的粉丝。其实，铁杆粉丝就是具有终身价值的忠实客户。

（5）1%法则：1%的人制造内容，10%的人传播内容，89%的人享受内容。

如果网络平台有100个人，只有一个人会创造内容，10个人会与其互动（对其评论或者提供修改意见），而其他的89个人只是浏览或享受这些内容。我们只需要融入，成为信息链的一分子即可。

（6）二八法则：我们80%的社会活动被强关系占有，但20%的弱关系才是高价值的。

人际关系的连接也符合二八法则，即我们80%的社会活动可能被150个强连接所占据，但另外20%的弱连接才是高价值的，决定了我们的生活和事业。一个人每天的生活和工作，80%的精力投入的强关系连接通常是和亲朋好友打交道，和领导同事客户一起工作，这些部分往往占据一整天的时间，但你投入时间和精力很少的弱关系却影响你一生，比如一次社交聚会中偶遇的人生伴侣，某次会展上的某位投缘的陌生客户给你带来事业上的成功等。

（7）陌生人定律：要把大部分精力用于联系那些"完全陌生"的人。

不要紧盯着熟人做文章，要致力于开拓新的关系网。

（8）分别满足法则：努力在社交中实现分别满足，而不是等价满足。

等价的本质是功利的，视对方价值决定是否交往、如何交往是难以长时间持续维系的。应采取了解需求并分别满足的策略，提供各自不同的满意方案，让朋友舒心，让客户依赖。

（9）滚雪球效应：有效的弱关系连接会引发积极的滚雪球效应。

强关系网具有整体性、封闭性和数量上限，弱连接往往互不相识，规避了同质性。弱连接可以无限连接，推动社交的持续串联。

（10）信息与分享法则：弱关系社交中最重要的是信息，而不是沟通技巧。

交流、分享和聆听是扩大弱连接的最有效方式。

遵循相关法则，把握好关系运维，这才是社群运维的本质。

3.12　如何构建及运维社区？

渠道社群化之后，如何运维社群就成为关键。除了确定共同的价值观与目标，还需要通过社群"同类项"聚集吸附同质人群，树立好意见领袖，高频强互动，推动裂变复制。但是即便做了这些步骤，各地资源不互通、策略不统一、基层客户关系人员能力经验差异等也会使运维效果出现差异。在社群的基础上建立社区，是有效的解决之道。这里所指的"社区"，是线上的概念，而非单纯指线下的物理意义层面上的住宅社区。我们可以看到在蔚来的案例里面，"主社区＋社群"组合的方式更便于统一和落地。

社区运维体系的构建，最重要的是两点：

一是定位。

定位其实是一种战略，重要到决定这个社区今后是否能够成功。一个社区其实是企业和品牌打造的一个网上平台，要和企业和品牌的禀赋相匹配，并且留有未来拓圈提升、构筑生态的可能。很多社区初期人少，群体单一，就定位在小众圈层，后期做大以后必然要拓圈，相对单纯的小众圈层就会受到冲击，此时长期建立的社区文化就会受到影响，进而导致人员流失（比如哔哩哔哩视频网站初期定位在二次元动画领域）。社区定位的领域要有包容性，上限足够大，而且要便于商业化，"离钱近"才利于变现。

二是激励。

有效互动和利益交换是最简单有效的激励方式。很多社群社区为了激励客户，都设计了一套激励体系，比如积分体系、勋章体系等。但激励体系的前提是黏性和信任，是客户对这个社区强烈的认同感和向心力。社区必须具备甚至长期维持良好的氛围，如果令人不悦，所谓积分勋章权益对客户而言将毫无价值。最有效并可持续的客户激励手段是有效的互动与利他的利益交换。关注、评论、点赞、收藏、转发，以及专属服务、一对一线下等都是有效的互动方式。

我们用新氧（品牌）组建内容社区的案例来阐述社区形成的四个步骤：

第一、冷启动——积累种子客户，积累素材与原始内容。

新氧作为一个医美社区，客户天然不愿意分享有关医美方面的个人隐私；在没有 UGC 内容的情况下，新氧将韩国论坛里关于医美的笔记翻译、搬运到自家平台，作为第一批沉淀的内容。

新氧吸引第一批原来用 QQ 群作为交流媒介的医美重度客户，并通过 CEO 的实地采访积累原始素材库。

社区冷启动期间，客户注册通常采用邀请制。一方面可以使客户更加珍惜自己的账号，防止灌水和广告；另一方面则可以把社区的客户和内容限定在一个可控范围，不至于在社区的前期就在社区治理上造成太大压力。社区运维人员也有了充分的时间，根据客户的反馈完善内容分发、激励与治理的各项功能，为后续的社区开放注册做准备。

第二、造氛围——破冰，调动客户积极参与。

一方面，连接整容医院和客户：整容医院通过活动触达客户群体并宣传；通过大量选拔，客户得到免费整容的名额；新氧要求客户在论坛全程直播术前术后的过程，活动中新氧得到大量曝光率；在社区氛围的要求和约束下，客户一般只会贡献与分享和社区设定的氛围相契合的内容，反而促进了这一氛围的生长和日益增厚。

另一方面，一个好的社区氛围也对客户有潜在的筛选和淘汰的作用，它能够过滤掉与社区氛围不契合的客户，筛选出真正认可这一氛围的客户，从而使社区的客户群体更加纯粹，这在客户层面也反向促进了社区氛围的进一步自我成长。

当社区逐渐形成一些社区客户的专属话语时，社区文化就形成了。社区文化是社区氛围在运维人员引导下，社区客户团体共创共建、自我生长、自我进化出来的终极形态。

第三、降门槛——改变客户观念，降低技术门槛，使广大客户能方便地产出垂直内容。

新氧提供术后护理工具，并设置为私密，来转变客户观念，让他们更愿意在平台留下记录。同时，通过一系列工具的刺激来降低内容生产的门槛。

第四、建生态——通过不断的利益刺激产生高质量的垂直内容。

新氧推出电商平台，让医院/医生的收益与口碑挂钩；医院/医生有动力去推动网友写分享日记。

内容社区形成并能自驱滚动持续运维的关键是**找到客户的痛点、槽点、痒点，激发客户内容生产的动力，并改变客户内容创作分享的角度（图 3-26）**。

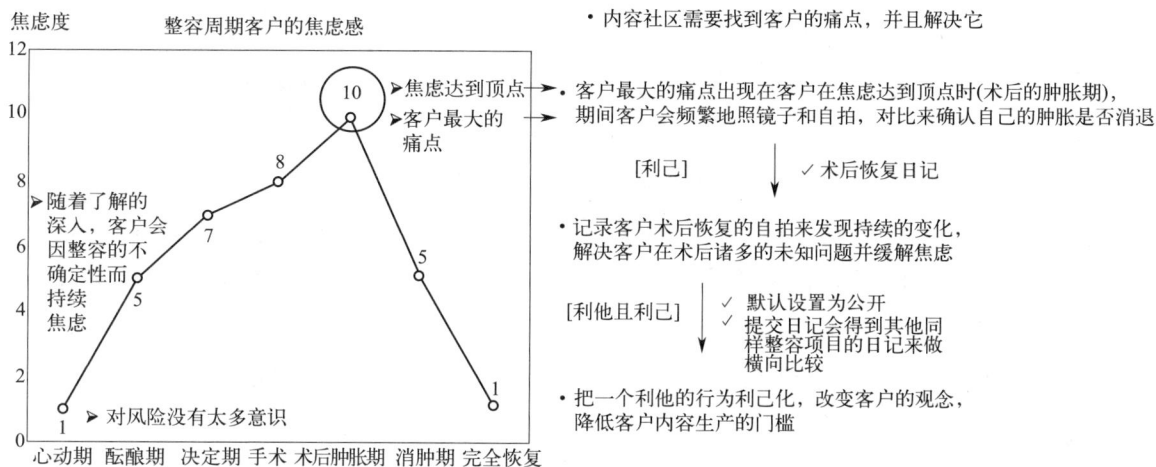

图 3-26　新氧社区找到客户的痛点，并激发客户内容生产的动力
（资料来源：混沌大学 中泰证券研究所）

这一点至关重要。以往房企不愿，其实是不敢付出努力推动社群与社区的建设，主要原因就是产品或服务的问题太多，客户自发地到处云投诉。试想，即使不提供疏导解决的地方，客户难道就不吐槽了吗？结果就是客户到更多房企管控不到的地方去吐槽、去传播。回避问题，逃避责任，鸵鸟战术注定失败。转换思维，为什么不可以借助社群社区的渠道监督并改进产品和服务呢？

阿那亚最初的社群就是由投诉群转化来的。阿那亚的投诉群让业主随时监督。有任何不满，业主都可以随时@马寅，24 小时内一定会收到满意的反馈。马寅常常写"村长小作文"，把一些复杂事件处理的前因后果分享给业主。阿那亚还安排专人负责搜集外部平台上的负面评价，并第一时间跟进处理。可问题是随时可能被投诉，还主动找负面评价，不就被投诉淹没了吗？前期当然是这样，但只要能坚持正面应对一段时间，就能让产品和服务质量稳定下来。因为客户的投诉点大多类似，聚类后，下决心解决，就是批量的完结。

房企的社群与社区的运维，一定要自掘产品和服务的亮点作为基本素材（前提是线下一定达标并经得起挑剔，隐含的逻辑是对比同侪、体现竞争力），客户的痛点、槽点、痒点的完美解决方案更是加分项。从而改以往客户投诉、申诉、联合，一呼百应、同仇敌忾的角度为理解、认同、赞赏、分享。真正地以客户为中心，换位思考，以心换心，务必解决好客户的痛点，尽量解决好客户的槽点，适

115

度满足客户的痒点，足以让你赢得客户的心，在行业和市场上脱颖而出。这样的企业品牌，这样的理念，何愁社区不活跃、不正向呢？

阿那亚有个很好的客诉处理的原则——让客户从满意到共创。处理投诉也能和业主共创？当然可以。在阿那亚看来，客诉处理只追求客户满意还不够，更高的目标是让客户参与共创，产生身份认同。在阿那亚曾有业主投诉说，看到工人师傅脏兮兮地进业主食堂吃饭，体验不好。查证后发现，是别的业主为改善师傅的伙食，让他去食堂吃饭的。他说师傅干活很辛苦，为什么不能去业主食堂吃顿饭呢？

两边听起来都有一定的道理，很难处理。阿那亚就把这个问题抛到群里，智慧地引导业主讨论。其间虽然引发了激烈的争论，但最终还是达成了共识：衣衫不整者别去食堂吃饭。同时食堂要备几套服务人员工服，真有衣衫不整者来了，换上干净衣服再进去。

让业主参与客诉的处理，不仅能得到多方满意的答案，而且在互动中能带来身份的认同，让业主感觉到自己是社区的主人。

处理客诉，不能纠结于当下的成本，要看长远的利益。要站在点和面的角度去看，该投诉如果所有人都知道了会怎样？评估客诉处理效果时，比客户满意度更重要的是，客户是不是把你当自己人？

对于阿那亚，形成共创、共建、共享的氛围，是比客户满意度更高一级的目标。这个目标的实现，在客观上也会减少客户投诉，并且节约客诉处理成本和沟通成本。

公开处理投诉还有个隐性的好处，那就是反哺团队管理，让员工更了解客户，提升服务意识。因为参与过公开处理客诉的业主，你一定对他了解更多。

如何避免社群社区变成投诉群和投诉论坛呢？除了客户关系运维者需要有响应、处理及转移的技巧外，房企需要有通畅有效的正常投诉渠道甚至升级渠道，能够响应并解决大部分客户投诉，比如400呼叫中心。否则社群和社区就可能成为业主聚集群诉的战场。

房企运维的社区，线上的内容源于线下的物理社区并反馈回线下。对于社区，企业及品牌主要是搭平台、建环境、造氛围。光靠房企品牌及客户关系管理部门自己去抱薪点火，是不可持续的，况且还有角色与立场问题。如何取信于社区客户？必然是社区在共同的理念、在文化与规则的前提下自行良性运转为佳。

根据第3.11节关系运维的法则之"1%法则：1%的人制造内容，10%的人传播内容，89%的人享受内容"与"信息与分享法则：弱关系社交中最重要的是信息，而不是沟通技巧；交流、分享和聆听是扩大弱连接的最有效方式"，可知，社区形成的关键在于让1%的客户贡献内容。这1%的客户至关重要，某种程度上甚至决定了社区的生死。

如图 3-27 所示，社区里话题的发起、高质量的分享的启动等都离不开大 V，他们是社区的意见领袖（KOL），有见识、有专业、爱分享，可以带动社区其他人员的参与，他们高频高质量的互动，保证了社区的活力和健康。

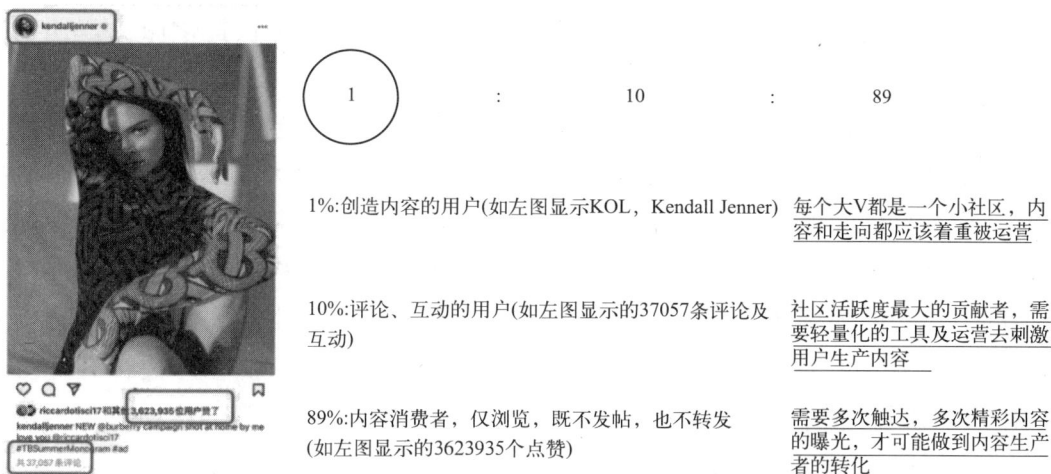

1%：创造内容的用户（如左图显示KOL，Kendall Jenner）　每个大V都是一个小社区，内容和走向都应该着重被运营

10%：评论、互动的用户（如左图显示的37057条评论及互动）　社区活跃度最大的贡献者，需要轻量化的工具及运营去刺激用户生产内容

89%：内容消费者，仅浏览，既不发帖，也不转发（如左图显示的3623935个点赞）　需要多次触达，多次精彩内容的曝光，才可能做到内容生产者的转化

图 3-27　KOL 某种程度上可以决定社区的生死

房企组建并运维的社区，社区文化、客户交互与内容生态是其三大核心。与社交网络、社交媒体及垂直社区不同，该社区兼具三者的特点，通过聚合内容来聚合相似的人群，同时承载信息获取与关系构建价值。

社区要保持活力，不断扩大流量，就需要提黏性、筑壁垒、降成本。

社区要有黏性，需要做到"三有"——"有物""有料""有趣"。"三有"让客户欲罢不能，参与感提升，引发精神共鸣，能够长时间活跃，使用社区的时长和频次自然增加。

比如在蔚来的车主 App 里面，"用车"版块满足蔚来车主用车和售后需求，给 App 带来极高的日活和与使用时长，是谓"有物"；"商城"版块 NIO Life 中超千件定制商品常常吸引蔚来车主和粉丝们忍不住剁手或者使用积分兑换，是谓"有料"；"内容"版块有丰富的官方资讯与客户源源不断的原创内容组成丰富的信息，如同蔚来车主之间的朋友圈，支撑了十几万车主的线上互动与圈层维系，是谓"有趣"。结果就是蔚来 App 成为蔚来车主手机中打开频率仅次于微信的超级 App，从关系运维的角度出发，便不可谓黏性不强了。

同样是做艺术文化的内容，早期的阿那亚是"被动"的，业主需要什么就去满足什么。但如今，阿那亚更主动了。2018 年阿那亚和尤伦斯当代艺术中心（UCCA）合建了沙丘美术馆后，一直在举办各类展览、艺术活动。2020 年年底，阿那亚办起了音乐节。2021 年，阿那亚发起了首届阿那亚戏剧节。除了这些大事件以外，阿那亚还做了很多文化艺术活动。这就是阿那亚服务品牌再升级的一个"抓手"。最具代表性的是阿那亚的戏剧节，这不是业主的需求，也不是某位合作伙伴的需求，而是在阿那亚主导下的艺术盛事。除了有精彩的戏剧演出，有重磅的戏剧人参与，还有很多阿那亚式的亮点：比如，给戏剧爱好者的帐篷营地，给戏剧工作坊的剧本空间等。阿那亚以社区作为基础设施，不仅提供服务，还在尝试建立一种新的人与艺术的关系。

阿那亚意识到自己开始变成了某种象征，变成了文化艺术的策源地。很多伙伴也愿意和阿那亚合作，来这里做自己的内容。文化艺术活动不是抽象的概念，而是一个个具体的项目，叠加在一起，就是品牌。目前阿那亚正在开辟阿那亚北岸，那里规划了一个艺术街区，包括艺术家工作室群落，将为艺术家提供一整套长期的、免费的驻场计划，让艺术家可以在阿那亚创作、生活。阿那亚希望为年轻的、有潜力的艺术家提供一处可以安心创作的场所，让他们在海边社区充分汲取灵感。阿那亚也并非什么都不图。如果有可能，无非就是希望驻场的艺术家们能和社区居民实现互动、分享，一个小型的艺术展，一场和业主的艺术沙龙，什么形式都行。

阿那亚的社区服务收入，包括生活配套和艺术活动收入，每年以 100％的速度在增长。一个地产商，通过"转型服务商"实现了涅槃重生。阿那亚将自己定位成"生活服务商"，通过服务、建筑和艺术活动，围绕客户的"物质、情感和精神"三个层次提供服务。对精准客群的精神家园的打造，就是阿那亚最独特的竞争壁垒。到如今，阿那亚已经完成了由文旅地方品牌到生活方式品牌，进而到文化整合品牌的进化。

社区如何防止客户的流失呢？企业品牌打造的社区一定要有独有的壁垒。"社区关系链沉淀＋独有调性＝强势护城河"。客户在社区获得的精神共鸣最终会沉淀为稳定的社交关系，平台迁移意味着放弃原有社交关系，成本很高。技术和形态容易被复制，但是独特的社区文化将为社区堡垒添砖加瓦，稀缺的客户调性和鲜明的社区文化将为企业品牌打造强大的差异化壁垒。

社区一旦建立，就是一个长期的运维过程，不可避免地涉及投入和成本。但是"投入难止，一停就死"，如果不严加控制将会成为企业财务的负担，因此控制社区的运维成本则成为重中之重。理想状况是以精神需求为底层动力，实现 UGC 内容生产的自循环，以更低的内容生产成本维持流量并获得流量（图 3-28）。

很多小区逢年过节都会策划一些文艺表演或比赛活动。但不难发现，如果活动是策划出来的，就很难保证是业主的真实需求，往往变成有距离感的"表演"，而不是日常生活。为了作秀或以营销为目的开展的活动，主要是在满足物业的工

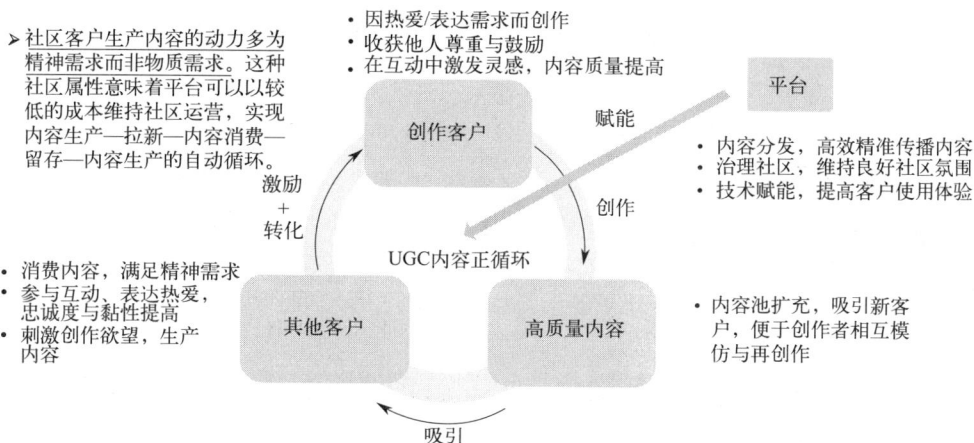

图 3-28　UGC 内容生产的自循环

（资料来源：中泰证券研究所）

作计划的需求，而不能满足客户的情感需求。

阿那亚的方式是让活动从业主的互动中自己"长"出来。阿那亚有个"孤独诗社"，是第一个由业主自发组织的社群，起因就是有个爱读书的业主在微信群提议办一场线下的诗歌朗诵会，没想到反响热烈。后来诗社定期请专业的老师辅导、办线下诗会，参与的业主越来越多。

活动由业主自发组织，阿那亚在过程中则发挥"催化剂"的作用。早期还有几位女业主，成立了一个话剧社。阿那亚知道了，就找了专门的话剧导演，给她们作指导。后来还为她们找剧本、请导演，以专业的标准进行排练，并协调去北京的剧场做公演。如今这个话剧社也壮大了，每年都会在北京上演年度大戏。

可以想象，这些活动不仅深度大、持续时间长，还能不断提供传播的内容，因此参与者及其亲友即便不加任何引导也会广泛传播。

对企业而言，运维社群和社区的根本目的是增长。在社群和社区渠道化后，客户成为粉丝，成为会员，将为客户生命周期中客户终身价值的变现提供极大帮助。忠诚客户贡献的私域流量的增值消费潜力更高，私域流量更忠诚，主动消费内容的频次更高，商业化信息的触达率和转化率也更高。社区中的粉丝在如图 3-29 所示的五个维度对企业品牌及社区平台具有价值。

社群和社区的关系运维，实际上就是运维企业品牌的客户资产。客户资产的变现，一方面是能更好地促进企业自身的产品和服务的销售与复购；另一方面是可以通过异业联盟为企业带来额外收入。仅就客户资产在社区内容的商业化而言，变现方式多元，空间巨大。

其一，企业端（B 端）存在商家入驻费用、专栏开设和版权销售收入、流量

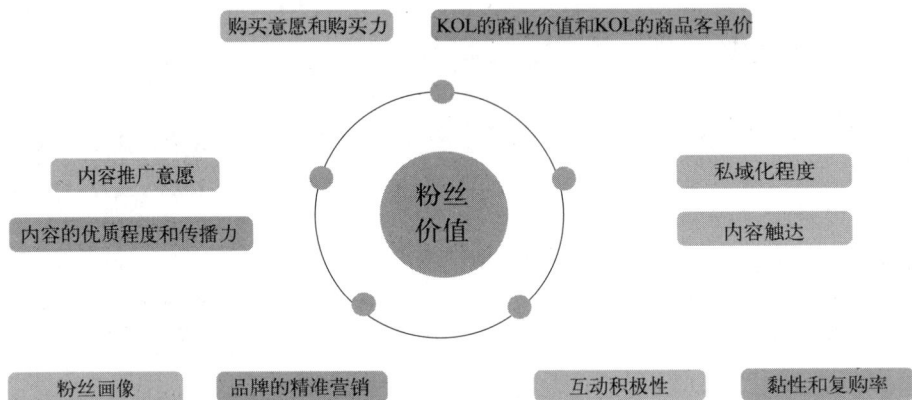

图 3-29　粉丝的价值

（资料来源：克劳锐指数研究院 中泰证券研究所）

采买收入、内容营销抽佣、活动冠名赞助费用、电商佣金等变现方式。

　　其二，客户端（C 端）存在会员费、虚拟币（用于打赏、投票、付费等）、内容与直播付费、创作者流量采买收入、商品与服务销售等多种变现方式。

　　当然，这两方面只是线上变现的可能方式，落实到线下还有很多的可能性。比如前文讲述的阿那亚的活动。

　　简言之，关系运维是一个有利可图的生意，传统房企应该用互联网思维看待社群和社区，要把客户资产的运维真正地重视起来（图 3-30）。

平台线	内容线	营销线	商品线
•用户会员费 •虚拟币充值(用于打赏、活动投票、平台功能付费等)	•内容付费 •直播打赏	•创作者流量采买收入	•商品销售

内容社区 C端变现方式

平台线	内容线	营销线	商品线
•商家入驻费用	•内容版权销售收入 •内容专栏开设	•品牌流量采买收入：展示类广告、信息流广告、搜索广告、话题开设 •内容营销、营销抽佣 •活动赞助/冠名	•电商佣金

内容社区 B端变现方式

图 3-30　社群社区内容的变现

（资料来源：艾瑞咨询 中泰证券研究所）

　　"天下熙熙，皆为利来；天下攘攘，皆为利往"。为保证 KOL 及内容创作者创作和传播的积极性，社区平台需要对他们予以激励和补贴。各大媒体平台对于提高内容创作者参与度、提升内容生产效率的需求日益提高，近年来，各类媒体平台相继出台了对创作者的内容创作补贴政策，从奖金和流量等方面对平台内容创作者进行激励。具体见表 3-1。

各平台针对创作者的激励补贴计划　　　　　　　　　　　　　表 3-1

媒体平台	发布年份	补贴计划	补贴内容
网易	2020	创作＋	覆盖娱乐、情感、健康、教育、科技、财经等多个领域的图文和视频双赛道内容征集,通过多重奖金激励和流量倾斜扶持、官方认证加 V 等多维度权益赋能,鼓励更多优质原创内容和作者的出现
抖音	2020	知识创作人	一年时间内,投入百亿流量,打造一百位优质知识创作者
UC	2020	松果奖	通过每天评比 10～500 篇图文、短视频优质作品,每篇奖励 500 元,评选范围主要是以内容的维度进行评选,可覆盖优秀的新人创作作品和更多优质原创作品
快手	2021	星海计划	将拿出 1000 亿流量激励优质内容创作者,并提供了多种类型的曝光激励政策
腾讯视频	2021	中国青年动画导演扶持计划	特别增加了高校学生动画作品征集,面向在校生和毕业生,在主题上不设限,时长要求也更低,最高奖金可达 30 万元,并将择优挑选 1～2 部入选动画剧集和电影孵化池
华为视频	2021	MCN 激励	每月根据 MCN 旗下账号数量及月度发文量等维度,分成四个星级给予对应的现金激励,一星级至四星级激励金额依次递增,分别为 1000元/月、5000 元/月、10000 元/月与 20000 元/月四档
美柚	2021	春雨计划	全体美柚号作者在四月的一整月内积极投稿创作,发布原创内容≥20篇,就有机会瓜分万元大奖

对于企业品牌,可以酌情对内容创作者和传播者予以正向激励。蔚来的社群代币体系(蔚来值和积分)就是很好的探索。

在趋同的理念和价值观的前提下,在一致的社区氛围的基础上,企业品牌通过运维客户资产促进增长,忠诚粉丝及 KOL 也可以在社群共建共创中变现以获取收益,相互增益的正循环是为长胜之道。

3.13　为什么会员制是 DTC 模式的最优解?

中国目前的房地产行业,很多房企已经实现了从 0 到 1 和从 1 到 10,为了实现从 10 到 100,需要立足于宏观经济、产业趋势及下述特点,围绕直面消费者(DTC)打出一套涵盖"品牌-产品-体验"组合拳。

特点一:新客仍然是房企品牌 GMV 增长的主要来源,但随着生活水平的提高、人均居住面积的增长与人口红利的下降,新项目销售拉新难度日益高涨。单纯依靠流量拉新的传统模式已难以为继,更无法支撑起品牌每年递增的几百亿元乃至数千亿元的规模。品牌在拉新的同时必须要最大化老客户的价值,挖掘老客户的潜力。

特点二:有别于其他行业,房地产开发行业具有明显的"双生命周期"特点,即客户的生命周期伴随着房屋的生命周期。每当客户进入不同的人生阶段,都会产生一系列新需求，这些需求决定了相应时期该客户住房消费的目标（"买什么"）。在持有阶段，房屋的生命周期也在客户的不断使用中折损消耗，需要持续不断养护修缮以保持良好状态，供房主正常使用。不同客户在不同时期的消费行为又会决定其住房及养护服务的购买方式（"怎么买"）。另外，在房屋这个物理空间下，客户生命周期中吃、穿、住、行等各种生活工作类衍生消费也在不断产生。

对企业品牌方而言，只有把握行业"双生命周期"的特点，了解客户每个不同阶段行为与需求的切换，洞察不同类型客户在各个阶段消费水平和购物习惯的转变，才能够为消费者提供更有价值的产品与服务，提升消费者黏性与品牌忠诚度，撬动未来增长。

房企要节约成本、提高效率、促进增长，必须由以直接变现为目标的销售逻辑转变为以客户为中心的长效经营逻辑，如图 3-31 所示。

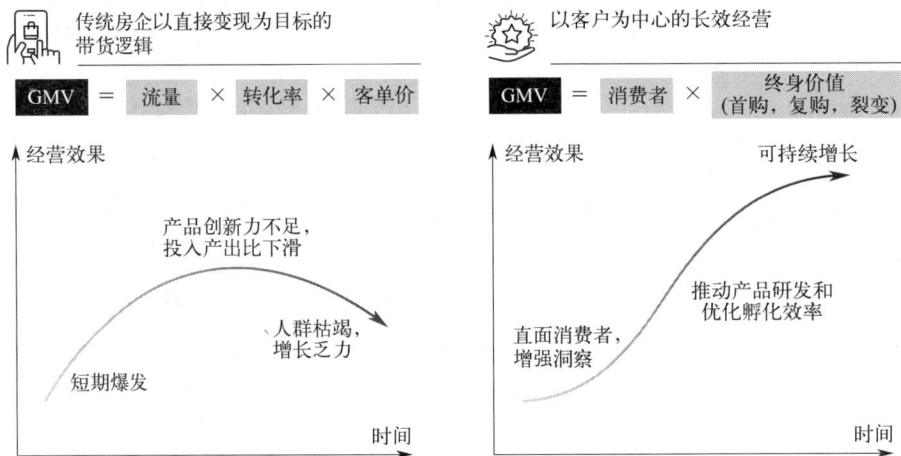

图 3-31　房企经营逻辑的转变

成功的核心产品打造，能将良好的品牌形象植入消费者心中，提升品牌净推荐值（NPS®），引发"自来水"的出现，最终实现产品破圈。

中国房企应意识到以客户体验管理为核心的 DTC 转型必然席卷整个房地产行业。深谙中国消费者需求且精通互联网打法的造车新势力成为客户体验管理的行业标杆，其卓越的购车体验以及贯穿整个用车周期的客户沟通深得中国消费者的认可。这也提高了消费者对于房企服务水平的要求和期待，使得传统房企面临更大的竞争压力。DTC 销售模式能够赋能车企掌控全渠道、端到端的客户旅程，真正做到将提升客户体验管理放在首位。展望未来，那些能够迅速完成战略部署并以客户为中心的企业，将最有可能在中国房地产行业的下一轮角逐中拔得头筹。阿那亚、麓湖均在这方面的探索中获得了一定的成果。

所谓 DTC（Direct To Customer，直接面对客户）模式，指的是企业品牌直接触达终端客户，专注客户体验，建立精准、定制化客户关系的营销模式。

会员制是企业品牌与客户之间沟通的媒介，是在移动互联网时代流量红利枯竭的背景下向留量思维转化，直接与客户沟通，使客户产生信任和依赖，并影响其他客户，通过信任链和推荐链让商业价值变现的有效路径。形上谓道，形下为器。要实现品牌修炼之道的完美落地，就需要善用、精用会员运维这一增长的"制胜法宝"，品牌的"转化引擎"。

会员模式的兴起最早始于 20 世纪七八十年代的美国航空业，是其常旅客计划的重要标志。此后，这种模式被更多的行业广泛应用。而正如前文对于房地产行业所作的洞察分析，随着数字化技术的发展，中国的房地产行业正在从以土地和金融为驱动核心的模式逐渐向以消费者需求为核心的模式转变。这种转变主要体现在两方面：从品牌角度出发，随着数字化进程的持续推进，媒介与渠道的边界越来越模糊，围绕商品的单向营销逐渐趋弱；从消费者的角度出发，随着内容及社交媒体的兴起，消费者的角色从单一的"购买者"向"购买＋体验＋传播"的多重角色转变，围绕消费者全生命周期的双向互动变得越发重要。因此，会员模式的价值会被越来越多的地产品牌重视。

遗憾的是，目前房企组建的客户俱乐部等会员组织并不符合我们对会员制的定义。

一般情况下，会员制组织是企业、机构及非营利组织维系其客户的结果。它会通过提供一系列的利益吸引客户自愿达成加入，这一系列的利益通常称为客户忠诚度计划。加入会员制组织的客户称为会员，会员制组织与会员之间的关系通过会员卡来体现，会员卡是会员进行消费时享受优惠政策或特殊待遇的"身份证"。会员能够在某些消费或活动场景中享受优惠政策或特殊待遇。

会员制的本质是一种工具，是客户运维的工具。客户运维工作通过会员制来持续不断地挖掘客户的终身价值。企业或品牌通过会员制能增加与会员的黏性，通过忠诚度计划能够拓展口碑、宣传产品、推动去化，最终促进增长。

很多房企的客户俱乐部要么没有设计变现逻辑，终因成本关系，无法长期投入导致名存实亡；要么没有专业人员运维而导致会员关系逐渐淡漠。随着规模的增长，纯投入不产出注定企业没有积极性，无法持续；或者不患寡而患不均，反而会导致客户满意度的下降。客户在没有太多的实际利益的情况下，也丧失动力。

房地产行业的会员营销有三大特点：

（1）会员规模快速扩大；

（2）数字化会员成为标配；

（3）会员销售占比稳步提高。

房地产行业的会员营销除上述特点外，同时存在体系未打通、会员活跃度不高、服务简单粗糙等问题。所以未来客户运维之会员营销的重点将围绕会员战略细分、会员权益和体验提升、全渠道会员打通等方面展开。房企应搭建好电子会员库，通过线上线下多种信息采集方式描绘会员画像，了解会员消费能力、进店频率、价格敏感度等，对会员进行标签化分层管理，从而进行针对性分层营销，并通过电子化管理快速将营销信息传递给相应的会员，引导消费转化。同时，企业可以让导购分管其服务过的会员，通过导购与会员之间的情感关联进行熟人效应营销，针对性地开展营销和销售服务。不同企业的导购可由不同岗位实施，如龙湖，就是由物业管家承担相应工作。

对于处于会员发展不同阶段的房企品牌，会员运维的侧重点及目标是截然不同的。而实现成功会员运维的第一步，即是根据品牌的经营形态与相关会员数据指标，清晰定位自身所处的发展阶段。

房企会员发展一般分为起步、发展、扩张三个阶段（表 3-2）。

房企会员发展的三个阶段　　　　　　　　　　　表 3-2

	起步阶段	发展阶段	扩张阶段
经营特征	业务快速扩张； 拉新效率高； 会员基数较小	业务平稳增长； 拉新效率降低； 会员具备一定体量	会员体量大； 体系完善； 业务需要新突破
会员规模	万级	数十万级	百万级
全域会员阶段	有全域营销传播行为； 无沉淀	有沉淀； 全域会员体系与各职能或各赛道未打通	有沉淀有融合的全域会员体系
会员运维	会员成交人数占比低； 有消费者营销单项投入，无会员营销专项投入	会员成交人数占比中； 有沉淀全域会员体系，未打通	会员成交人数占比高； 有 KOC（Key Opinion Consumer，关键信息消费者）运维能力； 有全域消费整合营销能力
双重客户人群分型	房屋需求分型； 仅应用会员生命周期购房	业主需求＋房屋需求分型； 应用会员生命周期购房与房屋生命周期保养； 会员运维层面应用人群分型	业主需求＋房屋需求分型； 应用会员生命周期复购，应用生活需求响应与房屋生命周期保养； 多赛道应用人群分型
组织保障	营销团队（中介团队）	建立会员团队； 设置会员运维团队，牵头并协调内外部工作	成熟会员团队； 消费者及会员运维团队，对接多个前端渠道，打通多赛道，整合数据与资源，赋能团队和铁杆粉丝

1. 起步阶段

处于这个阶段的企业品牌可能有两种存在的形态：

（1）品牌成立不久，业务处于快速扩张阶段，拉新及新客的转化是主要的经营目标；

（2）品牌成立已经有一段时间，拉新效率相对较高，经营的重点主要集中在持续拉新。因为上述两种形态的核心均聚焦在拉新上，所以这个阶段的品牌又普遍存在着会员基数较小或没有会员体系的情况。

起步阶段的品牌在围绕拉新的同时，还需要将有效人群的沉淀一并考虑进去，作为该阶段的经营重点。而会员作为承接有效人群沉淀的核心形式，则应从一开始就进行系统化的体系设计与搭建，进而在销售转化的同时完成人群的沉淀。

如咖世家会员管理数字化转型项目，通过新 CRM 架构平台建设实现全渠道会员的统一管理，对接饿了么、大众点评、口碑及新型支付平台、社交媒体、小程序等，实现全生命周期会员管理、忠诚度体系、多波次/自动化营销、LRFM 分析、动态标签等应用。满足业务高性能、快速扩展的要求，实现高效运营的业务目标，实现会员增长，提高销售频次，改善消费者整体体验，增强品牌影响力和竞争力。

2. 发展阶段

发展阶段的品牌通常已经有了自身的会员体系，会员体量也达到了一定的规模，但同时拉新效率相较于品牌初期出现了下降的趋势。这种趋势的出现并非品牌出现了某种问题，而是业务发展到一定阶段后的必然现象。从经营的角度出发，这个阶段的品牌需要从以"拉新"为主转向"拉新＋复购"的驱动模式，而会员将是复购的主要群体。

处于发展阶段的品牌的核心在于持续提升会员黏性，进而实现会员 **ARPU 值（Average Revenue Per User，人均消费）** 的增长。复购是一种购买频次的行为表述，这种行为的实现方式与最终价值是需要分开来看的，这样才能真正指导运维策略的制定。

会员黏性的提升，本质上是通过持续的触达，增强会员对品牌的认知以及情感联系，从而降低消费决策时的偶然性。因此，品牌在制定会员黏性提升的策略时，不能简单地将其理解为促销信息的触达，而应以强化心智、认知以及情感联系作为出发点，将其视为复购行为的基础。

为了应对新冠病毒，凯德启动了凯德星"超级会员"计划，通过专属身份、增值权益等举措加强与核心客群的黏性。几个月来已积累超级会员 15 万，消费活跃度达到 70%，贡献了会员消费总额的 30% 以上。这是凯德利用数字化手段进行项目资产管理的一个成功案例。

会员 ARPU 值增长，包括两个方面的内容：消费频次和消费金额。就房地产行业而言，消费频次的提升既与客户自身的生命周期相关，又与房屋的生命周期相关。因此，品牌在制定提升策略时，需要从业主和房屋两个维度考量设计。作为人的个体，业主在房屋这个空间载体中衍生的其他需求，也可以得到合理的满足，因为，空间即服务，服务即商机。所以，品牌还应该考虑提供合适的产品组合或服务组合（例如不同价格段、类型和场景），以满足消费者的多样性需求，提升消费者的单次消费金额。比如，开发商可以卖房子，可以利用房屋的居住属性集成房屋维修保养二装服务，可以利用房屋的金融属性提供卖租中介或投融资服务，可以利用居住在房屋这个空间中的生活需求提供生活服务，等等。

3. 扩张阶段

扩张阶段的地产品牌通常已经发展出了多航道多业态，全域经营是其最为突出的特点。一方面，凭借成熟且完善的会员体系，在各端沉淀的会员数量上有了较大的规模；另一方面，这个阶段的品牌普遍面临着如何找到新的增长驱动力，从而使品牌能够实现更大范围扩张的挑战。

处于扩张阶段品牌的重点在于全域融合，即发挥多端多业态的优势，将全域人群整合为全域会员，实现全域产品、服务、内容、权益的融合。同时，利用核心平台的数智能力，充分挖掘会员的传播裂变价值，从而实现更大范围的全域人群扩张。

结合房地产开发行业的实际情况，房地产开发、商业运营、物业服务几个版块是可以有机结合、相互增益的，挖掘会员传播裂变价值已经有了相对成熟的策略、方法和体系，但在全域融合方面相较于其他行业还相对不足。反之也说明了发展空间巨大，宜锁定方法，抓住机遇，迅速拓展。

龙湖 2022 年上半年的物业投资业务租金收入为 58.6 亿元，同比增长 22.6%。收入的大幅度增长，主要源自其资金实力、开发经验、开业速度、优秀的物业资产管理能力和客户资产运维能力。2022 年中期，龙湖已经开业运营了 65 座商场，在手近 130 座，每年将会保持 10 座左右的开业速度；长租公寓在手 16 万间，已经开业超 11 万间。对于龙湖集团，目前全国近百座运营中的天街有超千万商业会员，房地产开发版块有数十万户业主，物业服务着数百万龙湖或者非龙湖的业主，冠寓也有着 10 万～20 万租户。如同几艘扬帆起航的大船，几个被龙湖称作不同"航道"的业务版块，各有各的深浅不一的客户沉淀。商业版块的会员基数大，可以为开发版块导流；开发版块的业主是最具价值的会员，物业可以对其购买的房屋或商铺的物理空间提供修缮保养服务，数十座天街的数千家商业资源在当地城市可以就近满足业主及非业主会员乃至冠寓租户的生活消费。业务的互联互通及会员的统筹管理，能对各航道业务的增长发挥极大的相互叠加增益作用。因此，对于房地产行业，全域经营更具有发展潜力，也有助于帮助房企找到新的"增长曲线"。

3.14　关系运维如何通过指标来量化管理?

在明确自身会员所处发展阶段以及不同阶段的各自侧重点后,企业品牌就需要对会员运维情况作出理性判断。会员运维的本质是关系运维,最终是为了给企业创造可变现的价值。客户与企业品牌的关系看不见、摸不着,客户的价值判定与同企业关系的深浅、企业的价值、转化效率如何等密切相关,从企业品牌的角度出发,投入产出说不清、道不明,客户关系运维无法量化,成为业务开展的障碍。从客户关系管理职能的角度出发,这个问题不解决会导致客户关系运维的价值无法凸显,工作无法开展。所以科学地设置一套用于指引和衡量客户关系运维的指标体系是不可或缺的。

此前,天猫围绕"全域消费者的持续运营"提出了 FAST＋方法论(品牌认知度、运营效率、品牌忠诚度、消费者质量),系统阐述了挖掘并持续运维有效客户的方法体系。该方法论的核心观点可以总结为三点:

(1) **在以客户为中心的经营理念下,客户的长期培养至关重要**。所以,GMV 的公式从"**GMV＝流量×转化率×客单价**"需要转变为"**GMV＝人×人的价值**"(图 3-31)。

天猫认为此处"人的价值"既指客户自身的 ARPU 值,又包含了客户的传播价值,两者叠加的价值即 CLV。综合来看,**此处"人的价值"应该理解为本书第3.4 节所述的"客户终身价值"**,会更深刻、完整、全面。所以,**GMV＝人×客户终身价值(CLV)**。

$$客户终身价值(CLV)＝消费频次×购买数量×价格×消费时长×分享频次$$
$$×影响力指数×分销数量$$

俞敏洪作为龙湖的业主,在 2015 年曾经因北京的初雪有感而发,写了一篇散文,在业主间引起不小的反响(详见本节附)。从客户终身价值的角度出发,分享、影响力、分销都远超一般普通客户,对龙湖而言,其终身价值无疑是巨大的。

(2) **客户长期培养的目的在于客户关系的加深以及 CLV 的提升,它需要从"人"和"场"两个要素着手**。在"人"的方面,核心是对不同层级的客户针对性地设计购买和互动两个维度的流转、跃迁路径;在"场"的方面,以公域"输血"与私域"造血"为主旨,丰富完善私域场,并通过不同的私域场承接和实现客户的流转、跃迁。

(3) **随着市场呈现多平台多触点的特征,客户消费体验的一致性变得更为重要**,全域会员融合不仅是人群融合,更重要的是货品、内容、权益融合。

基于上述研究，FAST＋方法论构建了四大核心指标体系（简称"4C 指标"，图 3-32），它们分别是：

（1）结果性指标：Capital 和 CLV，可用于衡量会员运营的 GMV；

（2）过程性指标：Conversion 和 Connection，可用于审查会员运维的过程，并从中找到可提升的重点人群与关键场域。

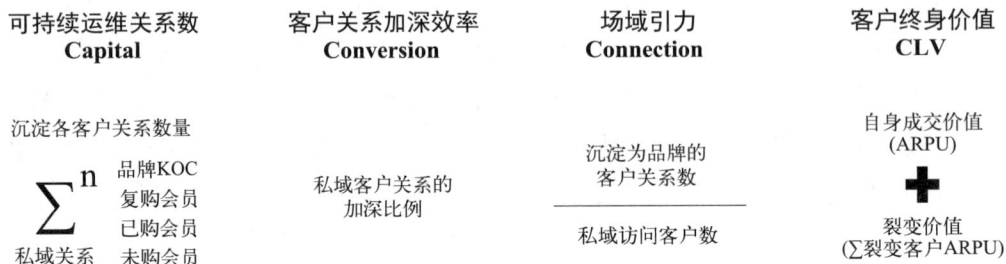

可持续运维关系数 **Capital**	客户关系加深效率 **Conversion**	场域引力 **Connection**	客户终身价值 **CLV**
沉淀各客户关系数量 $$\sum\nolimits_{私域关系}^{n}$$ 品牌KOC 复购会员 已购会员 未购会员	私域客户关系的加深比例	$$\frac{沉淀为品牌的客户关系数}{私域访问客户数}$$	自身成交价值 (ARPU) ➕ 裂变价值 ($\sum$裂变客户ARPU)

图 3-32　FAST＋天猫全域会员方法论（4C 指标）

上述四大核心指标体系构成了事实上的全域消费者持续运营的四大驱动力。

（1）可持续运维关系数（Capital）。

该指标主要帮助品牌了解自身可持续运维客户的总量。可持续运维的私域关系数包括所有和品牌建立了连接关系、品牌可以通过私域场反复触达的客户。连接关系不仅包括会员和粉丝，还包括关注品牌直播间、进入群聊、建立专属客服等行为的客户。私域场包括以售楼处为核心的一系列运维工具，比如网点、群聊、直播、专属客服、小程序、服务号、订阅、App 等。

（2）客户关系加深效率（Conversion）。

在品牌所有的私域关系中，每一位客户与品牌的关系深度、贡献价值、成交效率和传播意愿都是不一样的，所以私域运维需要进行关系分层。私域运维的结果不但要看私域规模的变化，更要看客户关系有没有加深。私域运维的过程其实就是客户关系跃迁的过程。企业品牌需要利用标签能力对客户进行分析、分层以及千人千面的精细化运维，从而实现关系的跃迁，挖掘更深层次的客户价值。

（3）场域引力（Connection）。

品牌在公域通过付费或免费的方式带来的客户在私域能否高效承接，将对私域关系的体量有重要的影响。

对于龙湖这种多航道齐头并进的规模房企，地产航道是底盘，同时需要考虑不同航道如冠寓的租户、商业的会员能否有效转化成地产航道的业主，这是非常重要的。地产的业主自然成为物业的会员，随着开发规模的增长，每年都有增量。而物业外拓项目的非龙湖业主，被龙湖物业种草后，也有较大概率成为龙湖新项目业主。那么，地产的会员能否吸引其他航道的客户，将其他航道的客户的流量变成留量，则需要客户运维的真功夫。

企业品牌可以使用多样的私域工具，比如直播、群聊、小程序、App、服务号、企业号等，品牌不仅要优化单个场域的效率，更要通过全域视角优化所有场域的整体效果，比如找到最佳的关系沉淀、加深与转化的路径，对整个场域进行分析与诊断，找到最优的组合。

（4）客户终身价值（CLV）。

在品牌客户中，有一部分人群除了自身为品牌带来价值外，还能主动为品牌生产优质的 UGC 内容、传播品牌心智、为品牌带来新的客户。

这部分人群是品牌的高价值人群，是品牌需要重点培养、赋能、发展成为品牌 KOC 的目标人群，所以在衡量客户 CLV 时既要衡量其成交价值，也要衡量其传播价值。

上述指标体系，首次提出了以私域为核心，全域、公域联动，从关系建立到价值提升的全链路运维模型，强调了以私域为核心的效率与价值指标，使精细化运维更加清晰明确。虽然天猫提出的"4C 指标"源于日常消费领域，但对关系管理的底层逻辑和房地产领域是相通的，值得借鉴。

不动产交易具有特殊性，房屋交易最终还是在线下，线上促销更多的是引流蓄客。结合房地产行业的实际情况，4C 指标可作为会员运维的衡量和指引标准，且对于不同阶段的房企品牌而言，其侧重点有所不同：起步阶段的品牌，可持续运维关系数（Capital）的提升是会员运维的基础，品牌应当着重进行拉新招募，充分积累私域会员数量；发展阶段的品牌，会员的黏性与复购提升，其本质是在不同私域场域下的关系流转与跃迁，因此，通过客户关系加深效率（Conversion），提升私域客户进入下一层级的转化效率，并通过场域引力（Connection），实现沟通触点上的降本增效，两者共同带来价值提升；扩张阶段的品牌通过客户关系产生的购买行为提升复购 GMV，并通过全域融合带来的裂变扩增客户池；双管齐下，实现"人×客户终身价值"所带来的GMV 提升（图 3-33）。

当然，需要强调的是，每个阶段的侧重点只是该阶段品牌在制定策略时的偏重点，而绝非单一关注的指标。

人上一百，形形色色，不是所有客户都值得作为会员发展。作为客户关系管理部门，在实践中甄别企业品牌与客户关系的有效性是非常必要的，否则会导致资源的浪费和错配，增加成本，甚至会被投诉举报，降低品牌信誉度，影响品牌形象。

如何判断企业品牌和客户关系的有效性呢（图 3-34）？

以下四种类型的客户，可以被视作与企业的关系是有效的：

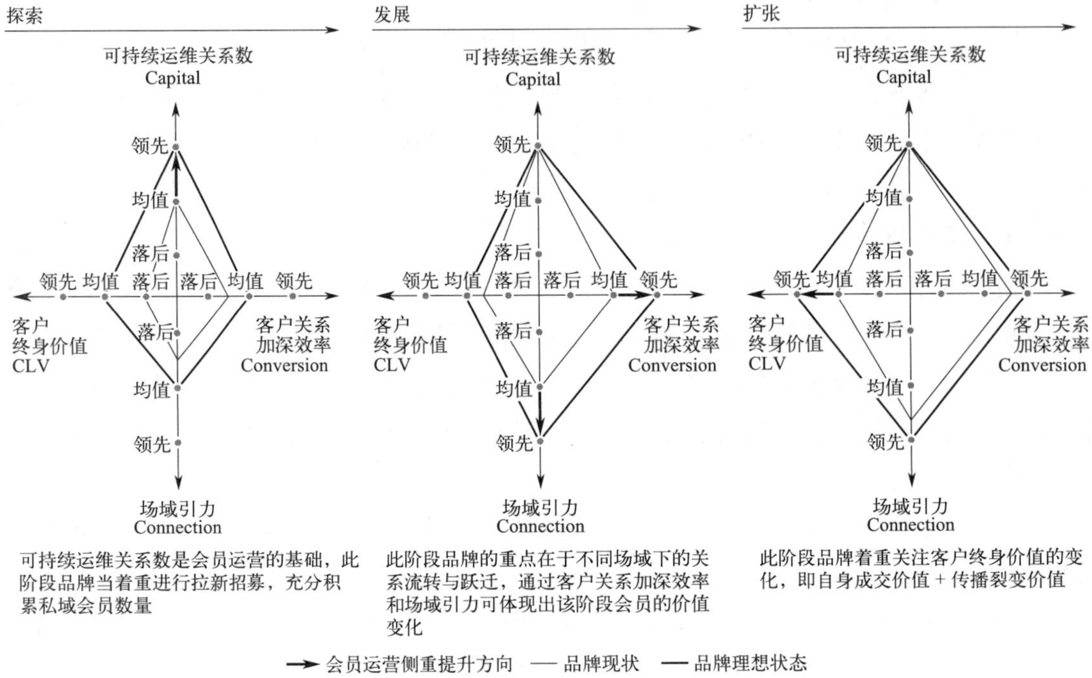

图 3-33　会员发展各阶段关系指标侧重点

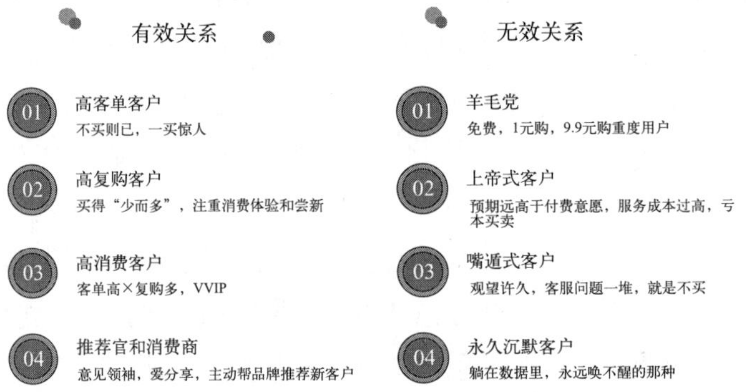

图 3-34　企业品牌和客户关系有效性的对比

（1）高客单客户，此类客户不买则已，一买惊人；

（2）高复购客户，此类客户购买频次高，注重消费体验和尝新；

（3）高消费客户，是客单高且复购多的 VVIP；

（4）推荐官（意见领袖，爱分享，主动给品牌拉新）和消费商（客户是企业营销的关联体，自用省钱＋分享赚钱＋二度人际关系返利）。

以下四种类型的客户可以被视作与企业关系是无效的：

（1）羊毛党，此类客户执着于免费、折扣；

（2）上帝式客户，此类客户心理预期远高于付费意愿，沟通成本与服务成本过高；

（3）嘴遁式客户，此类客户只观望不下单，问题一堆难以成交；

（4）永久沉默客户，此类客户躺在数据里，永远无法激活，永远无法唤醒。

甚至个别客户，发生摩擦或客诉，从企业角度耗费大量资源处理都没有好结果，甚至非常后悔当初卖房子给他。此类客户，宜关系降维纳入灰名单，不属于关系升维鼓励复购的对象。

附：家住龙湖的俞敏洪先生写了一篇散文[1]

今年，北京的初雪，早早在 11 月初就纷纷而落，全城雪粉均沾，家家银装素裹，给人几分惊喜，几分悠叹。家住龙湖的俞敏洪先生，也不免触景生情、遇物生境，用文字抓住初雪之美，用照片凝住雪叶相间下的龙湖镜像。

早上起来往窗外一看，就看到了纷纷扬扬的大雪，屋顶和树枝，都已经覆盖上了一层厚厚的白雪。北京的第一场雪，在静悄悄的黎明，宣告了冬天的来临。

时光在不知不觉之间就流走了，还记得春天迎春花开的时候，天气一点点变暖，紧接着玉兰花、丁香花一起开放，天地之间突然就温暖热闹了起来，树从光秃秃的枝丫，一点点发芽，最后披上满身蓬勃的绿色，宣示着春天结束，夏天降临。夏天是生命繁盛的季节，蜂飞蝶舞，蝉鸣声声。蝉声未落，蟋蟀唧唧，秋天已经来到门槛。于是树叶转红变黄，蓝天白云下，秋天一片斑斓的色彩，这预示着丰收的季节，也开启了万物的凋零；片片落叶，让人感叹伤情。叶未落尽，白雪已经飘然而至，冬天在不知不觉之间来到人间。

时间似在不在，一年的时间过去了，恍若过了一天，花开在梦里，醒来已是一片萧瑟。在萧瑟中大地已经开始孕育下一个春天。年年岁岁花相似，岁岁年年人不同，在各种匆忙中，好像时间并没有流动，突然发现只有精心打坐，时间的滴答声才最为清晰。一年过去，多了一些阅历，多了一些忧伤，多了一些时光的感叹。揽镜自照，觉得自己的长相并没有什么变化，好像时光之刀忘了雕刻自己。直到偶然翻出自己十年前的照片，才发现自己不知不觉已经老去很多很多，也许有一天再回首，蓦然会发现自己老得不堪回首。

生命总要前行，天地不仁，以万物为刍狗。在人世间，和天地季节相应，有振奋、有热闹、有蓬勃、有忧伤、有凋零、有奋起；人生的主色调也许就是一场时光之歌，在春夏秋冬之间反复吟唱，直到生命的最后一天，让一场雪覆盖自己的一切，给天地人间留下一片洁白。

---

[1]　http://news.dichan.sina.com.cn.新浪乐居.2015/11/9 15：57：58.

3.15　会员体系应该如何设计与搭建？

企业品牌从流量思维转变为客户思维、留量思维，就不再是简单的拉新、转化，而是增强黏性、提高复购率，将一次成交变成长期锁定。通过会员体系不断地摊薄企业客户运营的成本，最终形成正向循环，通过客户价值的变现来促进增长，这才是有效的路径。由于**"会员制"的底层逻辑是客户关系和经营效率**，所以，"会员制"将会成为未来几乎所有行业，尤其是消费领域，特别是零售业和服务业必须面对的重大课题。

会员体系具有长效生命力的根本原因有以下三方面：

（1）人人都喜欢被差异对待，并享受由此带来的优越感，在得到实惠、尊重的同时还能得到虚荣心的满足。

（2）关系是层层递进、螺旋上升的，人与人之间如此，人与企业品牌之间也是如此。

互动越多，沟通越多，了解越深，信任越高，关系越好，黏性越重，羁绊就越多。交易的频次和效率越高，口碑传播效果越好，反之亦然。企业品牌和客户良好的关系是品牌的护城河。

（3）损失厌恶：客户在和某个企业品牌互动的场域中获得的尊重、权益及实惠等各种差异对待，一旦失去将会陷入不悦甚至痛苦的情绪之中。

经营会员的认同感，最重要的就是经营特权感，特权感越强，会员的认同感和荣誉感越强，忠诚度就越高，对非会员的吸引力就越强；反之，当这种特权感被破坏时，会员就会逃离。

会员体系作为关系运维的手段，通常有成长会员与付费会员两种类型：

（1）成长会员体系。

通过特定客户行为带来的积累，获得等级成长及差异化权益（一般为低价值）。成长会员体系通常是免费晋级制，即会员不需要为会员等级的提升支付正常消费之外的费用，只需要累积正常消费金额即可作为会员等级提升的依据。

航空公司飞行里程积分、银行信用卡积分、大众点评会员、滴滴橙长会员、支付宝会员、蔚来会员等都是这种类型。以航空公司为例，飞行里程积分通常从两个渠道获得，一是选择该航空公司航班飞行，按照一定的规则将累积的飞行里程折算成积分；二是航空公司和银行联名发布的信用卡积分，按照一定的规则兑换。里程积分越多，会员等级越高，享受到的福利和折扣就越多。会员可以用积累的积分免费兑换机票或者在航空公司网上商城兑换飞机模型、箱包、小家电等各种生活用品。

（2）付费会员体系。

会员通过付费购买高价值、差异化的权益，同时企业借此实现对会员的筛选和分级。付费会员比普通免费会员能够享有更好的权益和服务。

例：亚马逊 Prime、Costco 付费会员、山姆会员、88VIP、京东 PLUS、腾讯视频 VIP、知乎盐选会员、招行掌上生活。首家在大陆开店的 Costco，仅两三天的时间就有 10 万人办理了付费会员。是什么原因导致国人趋之若鹜？

1. 成长会员体系与付费会员体系的区别

1）效用不同导致对客户的吸引力迥异

成长会员体系对客户行为的影响力相对较低，有两点原因：

（1）成长体系是全局的运维系统，收入增速既定的情况下如果补贴率过高，会随着规模增长抬高运维成本，甚至导致不可持续，反而引发承诺无法兑现的投诉。

例：2018 年滴滴积分还可以兑换快车券，现在只能兑换豪华车券。很多地产公司的会员组织名存实亡，会员权益无法兑现。

（2）成长体系的正反馈因免费而难以高频、无限，更适合以中低频意外惊喜的形式出现，更能打动人，更能博取满意。

例：星巴克的金星级会员每满 9 颗星（满 460 元）可兑换一杯指定饮品。

银行聚合大量的真实商家优惠政策，然后打包提供给自己的客户，但是客户要想享受更多的权益，就必须不断地使用信用卡。

滴滴出行的高级会员将拥有更高的升舱概率、更多次数的高峰期快速应答特权。该快速应答特权在高峰期会让客户非常受用，因为对于此类客户，费用不是问题，更重要的是节约时间和精力，缓解焦虑，减少不确定。

国航知音的白金卡每年有几次升头等舱的机会，白金卡和金卡可以在临值机时办理事先预留的经济舱头排的座位等。但这都是有限的，视当时航班拥挤程度和先来后到顺序而定。但付费升舱或里程兑换升舱则可以提前锁定座位。

在蔚来早期客户数量不多的时候，本着锻炼服务团队增加客户黏性的考虑，有配置冗余，但上市之后，随着客群的增长，运维成本大增，只能走提高效能的精简路线。在服务上，从客户关系和客户服务角度出发，如果只是靠资源上的投入，一方面客户的期望值会越来越高；另一方面客户人数增加之后，资源一定会遇到瓶颈，因为没有哪个企业品牌可以无限投入。所以，付费会员和成长会员体系只有结合起来，才是可行之道。

综上，相比付费会员，在成长会员体系中想要获得"效用"，客户的实施成本更高，且权益的效用也低很多。这就注定了成长会员在大部分情况下仅能作为一种补充的运营手段，搭配积分体系，合理消耗累积值，有针对性地补贴高活跃/价值客户。

反之，付费会员体系对会员吸引力远大于成长会员体系，能够给予客户差异化待遇，并且能够满足客户一些明确的效用诉求。付费会员获取权益的实施成本较低（付钱就好，不需要行为的长期积累），并且付费换来的服务通常都是效用较高的服务。从企业品牌角度出发，付费会员体系下的会员更忠诚，不易流失，其消费力为企业所看重，企业以之作为固定消费群体能保证会员费的固定收入，使经营保持稳定。究其原因，主要是要想持续地快速增长，除了增加新客户和老客户留存外，别无他途，而付费会员制能很好地实现客单价的提升和复购率的提高。

2）两个系统在"客户分层"方面的效果迥异

当前市场面临增量枯竭的困境，竞争策略从过去的免费换流量转变为付费换质量，这实际上是一场高价值客户的争夺战。通过付费这道筛选门槛，不但为企业筛选出愿意为产品或服务花钱（而且是持续花钱）的高净值客户，而且能更好地占据客户心智，黏住客户，降低流失率。故而付费会员制能自然迅速地实现客户分层，而成长会员制则不明显，需要时间来沉淀，甚至有很多无效、低价值甚至冗余的客户。没有投入的时候，离开不会有太大不舍，但当客户一旦成为某个企业品牌的付费会员，在产品或服务上有了金钱或者情感投入时，这种隐性的退出门槛会导致客户转换到竞争对手友商的成本很高，所以付费会员的留存度和活跃度均大大高于成长会员。而成长型会员则没有这么多顾虑。

一旦成为国航的金卡、白金卡会员（图3-35），就很难流失了。他们多为商务旅客，且基本不太可能是南航或东航的白金会员。一方面，因为时间精力的限制，通常就只会在国航的里程体系里面长期成长，即便和自己的行程相比，国航的航班时段或舱位不一定最合适，他也会主动去凑，倒不完全是因为那点里程，纯粹

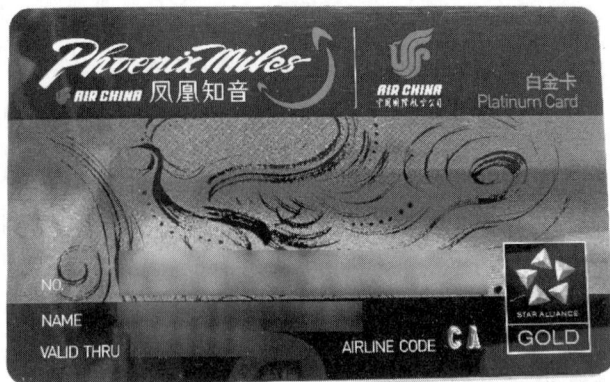

图 3-35　国航白金卡

是因为想持续累积，除非目的地没有国航的航线。另一方面，要从普通会员晋升成金卡和白金卡会员，客户需要几十万甚至上百万航空里程的累积才能实现。几百公里的短途和一两千公里的长途，若是优惠航班，从航程计入里程还得打折，可以估算要辛苦飞多少次、投入多少机票钱才够资格。如此艰难而持续地累积，高阶会员当然不会轻易放弃。更别说他们候机时能带着同行者很有面子地进入休息室吃喝、充电，航班延误时也能有办公环境，更何况里程回馈兑换的机票往往是旅游的行程，对会员个人而言当然会视作航空公司对自己辛苦工作的褒奖了。

根据阿里提供的数据，88VIP 会员购买的客单是普通用户的 2 倍，购买宽度是普通用户的 6 倍。在零食的消费升级的趋势之下，三只松鼠想推广高端的商品，但一直没有找到精准的人群，一款针对女性的高端小罐装零食挂在店铺里，一个月只卖出几百份。在推向 88VIP 后，一天卖出了 2000 单。

根据京东公布的数据，PLUS 会员 35 岁以下的年轻人占 65%，近 60% 的会员居住在一二线城市，会员中 89% 是本科及以上的高学历人群，会员中的忠诚型用户占比达 98%。

付费会员不仅抢占了高价值客户的"行为注意力"，更为服务的供给端（企业品牌）提供了有效的客户标签，便于其做精准营销，提升商业的效率。

3）对营收增长的促进效果迥异

两种类型的会员制最终目的都是更好地运维私域促进增长，但宝贵的长期稳定的付费会员事实上成了企业盈利的坚实保障，赋能企业的产品和其他相关业务营收的增长。而成长型会员运作不好的话，则可能长期需要用企业的营收背负运维成本。

案例：亚马逊的 Prime 会员

2018 年在贝索斯致股东信中表示，亚马逊 Prime 服务全球订阅量超过 1 亿，据专业测算，2013 年 Prime 会员数量 2500 万，2017 年增长至 8000 万。付费会员增加带来会员费收入的快速增长，会员费收入成为亚马逊支柱业务中增长最快的一项。对比会员和非会员的消费数据发现，Prime 会员在 101~200 美元和 200 美元以上两个高消费区间的占比更大，而非会员消费集中于低消费区间。从年度来看，会员在亚马逊的消费金额是普通客户的 4.6 倍，会员订阅时间越长，消费越多。一年内会员年平均消费 886 美元，而 3 年以上会员年平均消费达 1640 美元。

2. 会员体系的设计与搭建的两个范畴

会员全周期，包括了"入会—首单转化—促活—复购—传播裂变"一整条完整链路，每一个环节就是一个场景，品牌需要有针对性的设计来达成既定目标。

会员内容，包括了会员的成长体系与会员的权益体系，两者相辅相成。需要强调两点：

（1）成长体系的本质是提升客户对品牌的忠诚度，而不应简单地理解为购买频次或购买金额；

（2）权益体系包含物质权益和精神权益，其本质是激励，而不是狭隘的促销让利。因此，在设计搭建的过程中，企业品牌需要从本质出发，结合自身情况进行考量。

一般而言，会员体系包含了三个要素：会员等级、会员积分、会员权益。

1）第一要素：会员等级

（1）等级分层规则：根据品牌业务策略进行会员等级分层规则设置，不同等级配合相应的权益，可激励会员向更高等级晋升。

（2）等级名称：有了等级分层规则后，可以给每个等级会员取好名称。等级名称可以跟品牌调性相结合，人格化运营培养会员心智。如龙湖统称业主群体为"龙民"，给人一种亲切感；皇家给会员取名为"小皇人"，巧妙地将电影《小黄人》的 IP 运用在其中。

（3）等级有效期：会员等级可以设置长期有效，也可选择滚动生效。具有时效性的会员等级可帮助品牌准确触达沟通，避免营销资源浪费。

（4）会员等级的计算：以客户生命周期中累计消费金额计算（终身价值），与入会行为无关。如客户在 A 地先购买 100 万元房产，加入会员，入会后在 B 地再购买 100 万元房产，那么需要按照 200 万元计算该客户的会员等级。

2）第二要素：会员积分

（1）积分规则：分为积分获取与积分消耗两方面。其中，积分获取主要有消费、互动两种渠道。品牌可针对不同等级的会员，设置不同的积分规则。

（2）积分名称：有了积分规则后，与等级规则一样，可以给积分取个名称。如"龙湖积分：珑珠""海尔积分：海豆"等。

（3）积分有效期：会员积分可以设置长期有效，也可选择定期失效。时效性可增强积分流转，帮助品牌锁定和节约营销资源。航空公司为激励会员多多乘坐本航空公司的航班，通常将航空里程折算成积分，按照积分多寡升降级，积分不活跃则定期失效。

（4）积分的计算：通常以累计消费金额折算。

3）第三要素：会员权益

（1）权益类型：商品优惠类权益（如优惠券/专享价）、价值类权益（如房屋财产险/线下体检/家电清洗/除甲醛/除螨虫等）、服务体验类权益（如会员 15 天无理由退换货/专属客服)。

(2) 权益体系:健康的会员体系,需结合等级体系实现权益定向分层,塑造
会员体系梯度。等级越高,会员权益越丰富。

案例:国航白金卡

国航白金卡是中国国航 (Air China) 常旅客计划——凤凰知音 (Phoenix Miles) 发放的一种会员识别证件即航空常旅客卡。根据会员 12 个月内实际飞行国航或合作伙伴航班的里程数或航段数,凤凰知音把会员分为:普通卡、银卡、金卡和白金卡 4 级,后 3 级均为贵宾会员。进入白金卡会员的门槛是飞行 16 万公里或 90 个航段,保级的标准是 14.5 万公里或 80 个航段。国航知音还设终身白金卡会员,其条件是飞够 100 万公里。

由于国航 2007 年加入星空联盟 (Star Alliance),凤凰知音会员自动转入星空联盟常旅客计划。由此带来的直接好处就是:国航知音会员无论在世界任何地方旅游,只要乘坐星空联盟成员的航班,都可以在自己凤凰知音的航空卡内累积和兑换里程。由于星空联盟只设普通卡、银卡和金卡,凤凰知音银卡会员自动成为星盟银卡会员,金卡和白金卡会员自动成为星盟金卡会员。星空联盟只为金卡会员提供贵宾礼遇,包括可在全球上千个机场贵宾休息室休息、25% 的额外里程奖励、20 公斤逾重行李免费托运、优先值机、优先升舱、优先候补等一系列贵宾服务。

有过长途飞行经历的人都知道,航班延误是常事,若能在贵宾厅吃喝休息、上网办公,实在是太有必要了。碰到航班取消的情形更是如此,贵宾客户可以被航空公司优先退票、延期或者候补下一航班成行。相比叫天天不应、叫地地不灵的普通客户实在是优越太多,尤其是能够带亲朋好友进入贵宾室吃喝玩乐的时候,那真是太有面子了。

中国国航自 1994 年开始发展凤凰知音常旅客计划,到 2010 年会员数已超过 1400 万。目前国航有 5000 名白金卡会员,每天平均有 200 多名白金卡旅客从北京出港,国航为这些顶级飞客提供全程无缝隙尊贵服务。一名白金卡旅客每年至少飞行 16 万公里,国航 2010 年的每收费客公里收益为 0.6227 元,此白金卡会员每年为国航贡献净利润近 10 万元。由此推算,国航每年从这 5000 位白金卡会员那里的收入就将近 5 亿元,占国航 2010 年净利润 100 亿元的 5%。

3. 被忽视的付费会员制的金融属性

更重要的是,付费会员制所隐藏的金融属性为企业品牌提供了隐性的融资渠道,而这一点似乎并未得到重视。

案例：星巴克的货币奇迹

星巴克的星享卡是将"付费会员"与"成长会员"融合得比较好的会员体系。

《负利率贷款：星巴克的货币奇迹》一书表述，从星巴克 2018 财年年报可知，"储值卡负债和递延营收的当前部分"以百万计。即星巴克有约 16 亿美元的"储值卡负债"（stored value card liabilities），即星享卡（表 3-3）。

星巴克 2018 财年年报节选   表 3-3

	2018 年（百万美元）	2017 年（百万美元）
流动负债：		
应付账款	1179.3	782.5
应计负债	2298.4	1934.5
保险准备金	213.7	215.2
储值卡负债和递延收入的流动部分	1642.9	1288.5
长期债务的流动部分	349.9	—
流动负债总额	5684.2	4220.7
长期债务	9090.2	3932.6
递延收入	6775.7	4.4
其他长期负债	1430.5	750.9
负债总额	22980.6	8908.6

"储值卡负债和递延营收的当前部分"，以百万计。

星巴克有约 16 亿美元的未偿付储值卡负债。这个数字代表了所有客户钱包当中的实体礼金卡，以及在星巴克移动 App 端电子余额的数字价值的总和。也就是说该企业负债中的约 6%，其实是由"咖啡成瘾者"借出的无息贷款。

如此不可思议的巨额资金来源于储值卡负债，是星巴克忠实会员预存用来买咖啡的钱，客户没有意识到的是，这些余额同时也是对星巴克的无息贷款。重要的是，星巴克无须承担任何利息，甚至刷卡手续费都免掉了。将星巴克余额提现的唯一方式，就是购买咖啡——而这样的提现需求当然能被星巴克满足，而不会出现挤兑！所以星巴克得以将客户的无息贷款投入企业运营或其他项目的投资中去，以赚取更高收益。

所以，一旦规模化，付费制会员将为企业提供多大的动能，可以想象。我们常常听到理发店、健身房、幼教机构等在收了不少会员的会费之后因经营不善倒闭或卷款而逃的事情，这都是失败的、流于下层的会员制运维。

会员制相关的几个问题：

（1）会员制不是万能的，不能作为万能良药解决企业品牌在客户层面的一切问题。

（2）当所有的企业品牌都采用会员制的时候，会员模式的效用就会质变式降低，竞争又回到同一水平线上。

（3）不是所有的产品都适合使用会员制，适合的产品也不是在任何时机都可以引入会员制。

（4）会员卡不是会员制。会员卡本质是为了促销，会员制本质是通过关系运维促进增长。

（5）好的会员制的设计，会员是主动追求成长的，而不是到某种程度后又从零开始，没有持续的成就感容易导致会员流失。

（6）会员制给予会员权益绝不仅是权益的堆砌，精神比物质更重要。会员权益的设计要切中客户的痛点，至少是痒点，才能打动客户，创造惊喜，激发客户的分享和传播。

（7）承诺要兑现，如果不能兑现，就千万不要承诺。

（8）会员体系不是一成不变的，需要与时俱进，不断创新，不断迭代进化。

（9）会员制运维的重点是关系，关系运维的特点是心理层面的优越感与差异化对待的特权感，构建并放大会员的荣誉感和认同感，就能不断提高会员的忠诚度。

（10）会员制运维一定从最初就要考虑成本与可持续性。

（11）定期对会员进行回顾和清理，无效关系要勇于舍弃。正确看待会员的流失，在保证会员高质量的同时，对会员运维工作不断改进。

综上：

一切"会员制"的终点，都是通过品牌锁定客户，获得长期、稳定、重复的现金流。会员体系在设置上需要遵循分层运维、场景独占、乐于成长三原则。

优越感是会员制营销成立的心理学基础，经营会员的认同感，最重要的就是经营特权感，特权感越强，会员的认同感和荣誉感越强，忠诚度就越高，对非会员的吸引力就越强；反之，当这种特权感被破坏时，会员就会逃离。经营会员体系，更应该把精力放在维护和保障客户的精神权益上。

"会员制"模式的根本优势在于"强化客户关系"和"提升运维效率"，这是一种高效的客户经营手段，更是一种高级的客户经营思维。从这个意义上讲，"会员制"或将是每一个企业在未来必备的基础工具。设置吸引力强的会员权益、实现会员的数智化、对会员进行精细化运维、不断提升产品与服务的价值，是最大限度地激发会员能量、促进增长的保障。

第4章
房地产客户关系管理业务的数智化

4.1 数智化转型背景下，头部房企在数智科技方面有哪些实践？

国家"十四五"规划及相关指导意见表明，2021年是国家"十四五"规划的开局之年，也是企业数智化转型进入快车道的关键之年，要加快数智化发展。发展数字经济，推进数字产业和产业数智化，推动数字经济和实体经济深度融合，打造具有国际竞争力的数字产业集群。

随着数智化技术及应用日趋成熟，当前全行业已经进入数智化全面发展的新时期，数字科技在国家层面也得到了前所未有的重视和强大推动。

具体到房地产领域，近年相关鼓励数智科技发展的政策见表4-1。

国家政策支持房地产科技相关领域发展 表4-1

时间	政策	相关内容
2019年1月	智慧城市时空大数据平台建设技术大纲(2019版)	开展时空大数据平台构建试点，鼓励其在智慧社区系统，如精细办公、智能物业管理等场景中的应用
2017年12月	促进新一代人工智能产业发展三年行动计划(2018—2020)	智能服务机器人、智能家居产品被列入促进人工智能发展八大重点领域
2017年4月	建筑业发展"十三五"规划	加快推进建筑信息模型(BIM)技术在全过程的集成应用，逐步推广智能建筑
2017年1月	信息通信行业发展规划物联网分册(2016—2020年)	到2020年，基本形成物联网产业体系，总体产业规模突破1.5万亿元
2016年8月	2016—2020年建筑业信息化发展纲要	"十三五"时期，着力增强BIM、大数据、云计算、物联网、3D打印等信息技术集成应用能力

时间	政策	相关内容
2015 年 6 月	关于推进建筑信息模型应用的指导意见	到 2020 年末，大中型建筑、绿色建筑等新立项项目中，集成应用 BIM 的项目比率达到 90%
2014 年 8 月	关于促进智慧城市健康发展的指导意见	在家居智能管理、智能建筑与智慧社区等领域，加强移动互联网、地理信息等技术的集成应用

大数据、AI、物联网等新技术正渗透到房地产开发、建造、营销与运营各个环节，全方位重塑中国的房地产行业的同时，也改变着每个人的日常居家、办公与休闲。具体的呈现方式如图 4-1 所示。

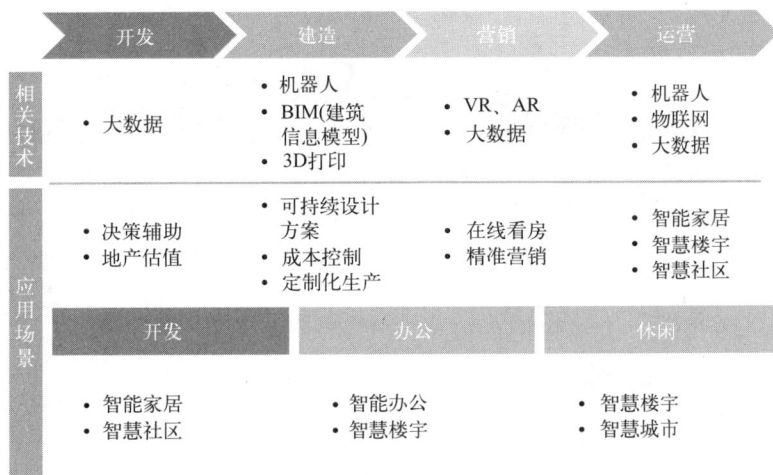

图 4-1　科技渗透到房地产行业与居民生活的各个环节

经过多年粗放式增长，房企开发业务的"快周转，高杠杆"模式促使销售规模飞速增长，导致大部分房企 90% 以上收入贡献来自开发业务。随着开发业务政策收紧，行业增速降低，房企出现流动性危机，债务违约逾期兑付现象频发。因此，房企亟须寻求破局，借助数智化手段，助力企业走向高质量发展。

头部房企对于数智化的投入逐年增长。根据克而瑞数据统计，2021 年 TOP50 房企年均数智化投入规模达到 1.31 亿元，同比增速达到 46%，可见头部房企对于数智化转型的坚定决心（图 4-2）。

从长远来看，中国房地产开发市场增速持续放缓，由增量时代开始向存量时代过渡，房企要想实现高质量发展，需要提升企业的管理能力和业务布局的合理性，做好精细化运维以增强企业竞争力，同时大力发展多元业务提高企业抗风险能力，如商业等运维业务以及地产科技等其他创新业务，逐步从以开发业务为主向运营服务业务为主转变（图 4-3）。

头部房企的数智化转型，以开发为主，"快周转、高杠杆"的开发模式逐步向"做精开发、做强运营、做多创新"的多元化发展转变。同时，随着大数据、云计

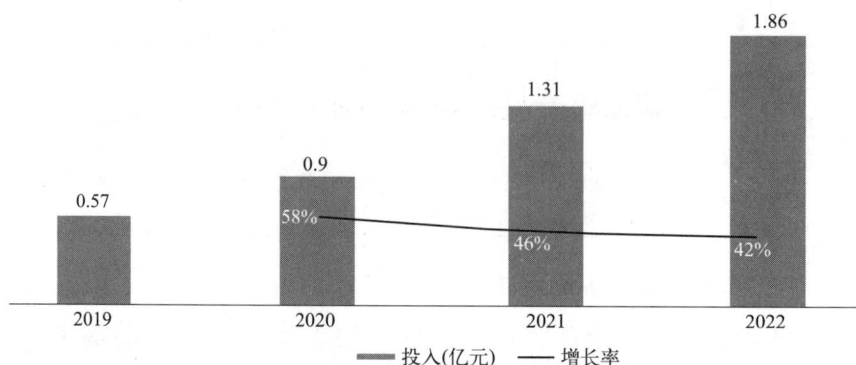

图 4-2　TOP50 房企年均数智化投入情况

（数据来源：克而瑞）

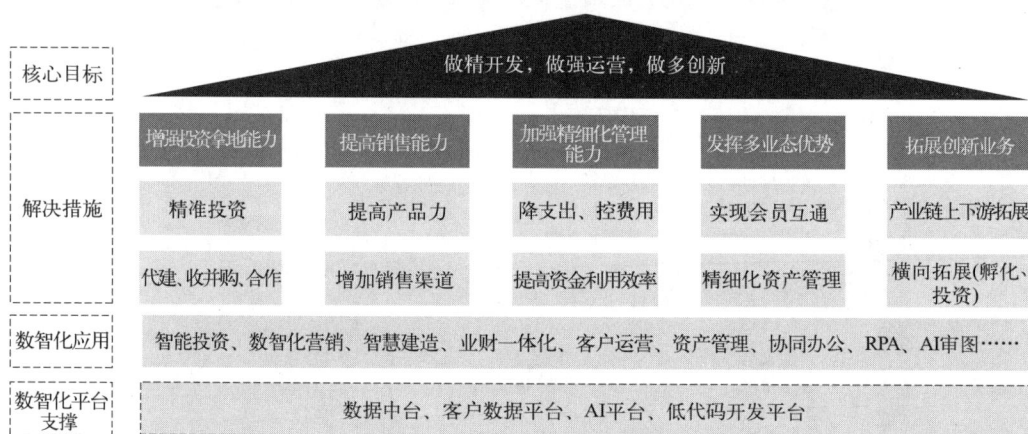

图 4-3　房企数智化转型蓝图

算、区块链、人工智能等技术的发展，智能投资、数智化营销、智慧建造等数智化应用场景开始赋能房企业务。

1. 智能投前

一个地产项目的拿地正确与否，对房企至关重要。在当前土地投资环境下，房企一方面要尽可能地多做研判，多参与项目，不放过任何好的投资机会；另一方面需要将土地研判做得更细、更准确，确保公司不拿错地。例如，某房企复盘现有 60 多个项目，发现所有项目的平均净利润率比投前测算减少 3%，净利润率未达成比例达 65%，股东 IRR 未达成比例达 69%，经营性现金流回正周期未达成占比高达 75%，投前投后差别巨大。因此，想要既快又准地完成土地研判，需要企业做好充分的城市研究、客户研究，利用大数据、人工智能等数智化技术从更多、更细的角度进行研究，形成以数据驱动决策的投资体系。

大数据开发，变革地产估值与投资决策大数据时代，房地产行业的信息来源更加多样化，对于传统数据来源，除购房者资料、楼盘信息、交易记录之外，还包括网络浏览痕迹、搜索关键词、手机位置信息等。算法和机器学习技术能够帮助房地产企业更充分地利用各类数据，更准确地估计地产的价值，从而做出更明智的投资决策。

具体而言，在开发规划环节，大数据技术可应用于地产估值和投资决策两个方面。

地产估值方面，传统房地产估值方法包括比较法、收益法、成本法等，往往需要投入大量人力，花费数周甚至数月时间。而借助大数据技术，机构可以通过数据抓取集中海量房地产信息，建立数据库并研发自动估值系统进行估值。基于大数据技术的自动估值系统不仅准确度更高，灵活性强，而且可大大节省沟通成本和时间成本，在数分钟甚至数秒钟内完成评估。

投资决策方面，大数据技术的辅助决策功能能够帮助房地产企业更准确地预测消费者偏好和需求，从而辅助市场分析和宏观决策。譬如，通过分析市民消费行为、流动轨迹可实现对客群的精准画像，全面了解土地的真实情况和价值潜能，并实现科学选址。

拿地方面的客户端风控植入目前尚属空白，如土地规划相关的以及红线内外土地相关的不利因素如何植入估值模型并量化，尚需大数据的积累。

案例：库晓 X 金茂某区域：算法挖掘助力拿地，快速决策运营提效

库晓智能研判平台支持房企多部门进行云端协同，方案和数据可多格式输出，省时省力且数据分析准确，同时帮助投前团队实现方案穷举。在此能力基础上，库晓曾协助金茂城市公司拿下两宗地块，在保证货值最大化的同时，让金茂投前工作周期缩短，工作效率提升 30％（图 4-4）。

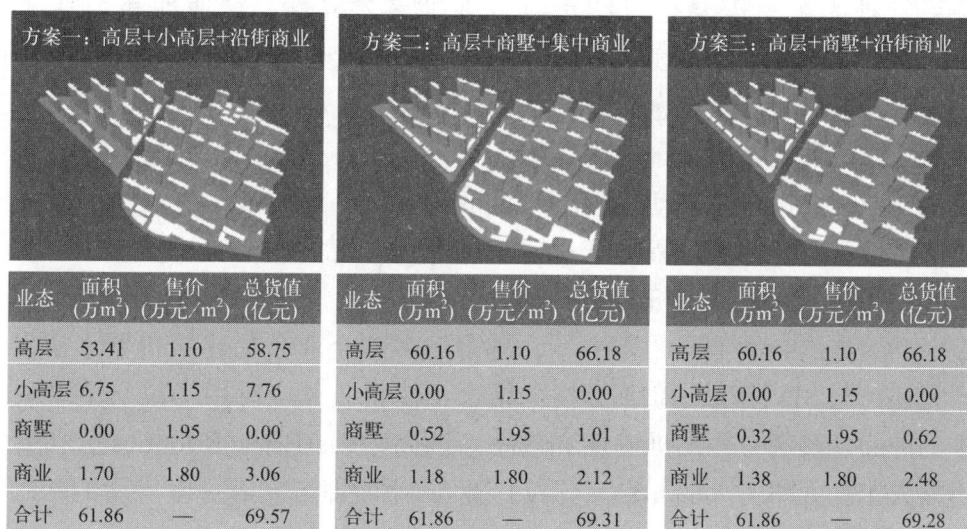

图 4-4　某项目投前智能方案对比

中国金茂立足科技创新，通过库晓地产 AI 解决方案，借助人工智能破解投前项目筛量大、风险高、决策难等业务痛点，逐步实现投前业务数智化。

2. 智慧建造

（1）BIM，重塑建筑设计。

BIM（Building Information Modeling），即建筑信息模型，是以虚拟的建筑工程三维模型和三维信息数据库为核心的新型数智化建筑工具的统称，常用的 BIM 建模软件包括 Revit、Bentley、ArchiCAD 等。

传统的二维建筑模式在现场施工时可能出现大量冲突与变更，导致项目周期延长、物料和人力成本浪费。通过以三维立体图形展现建筑信息，BIM 能整合建筑的设计、分析、调整、展示等阶段，实现一键出图、协调设计、运营模拟等功能，大大降低施工中的重建成本和沟通成本，减少浪费并缩短项目周期，同时使建筑更加人性化、绿色化。目前 BIM 技术已在国内多个大型项目中得到应用，包括港珠澳大桥、腾讯新总部滨海大厦、"中国第一高楼"上海中心大厦等。以上海中心大厦为例，BIM 贯穿于项目的整个生命周期，在项目设计、施工、运营和灾害应急等各个环节均有应用，借助 BIM 技术，研发人员将钢结构的无必要浪费缩减到 2 吨以下，提前发现并解决了超过 10 万个碰撞点，节省费用 1 亿元以上。

从产品设计缺陷客户端风控的角度出发，以往审图阶段要看出错漏碰缺，找出各专业不交圈的地方是很困难的，需要二维读图识图的能力、三维的空间想象能力和长期的经验积累。有了三维立体的 BIM 技术，研发设计人员就可以直观地解决上述问题——即满足设计规范前提条件下的功能缺陷问题，达到行业标准。客户关系管理人员只需要把审图重点放在地区差异性、舒适性和个性满足层面——即 BIM 能帮助我们通过体验创新达到更高的企业标准，让企业产品层面更具竞争力。从这个角度出发意义重大，务必掌握。

（2）建筑机器人，引领自动化变革。

建筑行业长期以来是自动化程度最低的行业之一，而建筑机器人的发展正在颠覆这一传统行业，建筑过程正变得越来越绿色、智能。建筑机器人主要有拆除机器人、砌砖机器人、钻孔机器人、钢筋绑扎机器人等，相关技术已日趋成熟。

在劳动力成本持续上升的压力下，越来越多的企业布局建筑机器人研发，建筑机器人还可与 3D 打印、BIM 等技术结合，使企业在应对用工荒与上升的劳动力成本的同时，提高工作的准确度和效率。例如，FastBrick Robotics 公司开发的砌砖机器人工作效率为人的 4 倍，连续作业 48 小时即可完成一座房屋的基础结构建造。

建筑行业上述统一规范的施工解决方案，能够更好地解决传统建筑行业劳动力不足的困境以及手工操作固有的质量问题、效率问题、环境污染问题甚至安全问题，对于房地产行业客户关系管理岗位裨益甚多，需要持续关注，大力推广应用。

智慧建造通过施工计划、形象进度、现场验收等在线化以及现场进度实时掌控，可以实现计划精准落地，进度全程可视。例如金辉集团某项目，通过无人机数据进行土石方工程进度监控，每周一次无人机地形地貌数据采集，对现场土石方开挖情况进行监测，实现土石方的精细化管控，无人机数据比传统模式精准度提升 5% 以上，且具有全程可追溯性。利用成本、设计、采购在线助力工程与其他部门高效协同，强化与监理、施工方的多方联动，实现进度、质量、成本、安全的精细化管理。AI 审图能帮助设计与工程管理人员提前发现图纸问题，最大程度地减少拆改。

3. 智慧营销

（1）VR 看房，优化看房体验。

VR 看房即借助虚拟现实技术（Virtual Reality，VR）为客户提供线上化、沉浸式看房体验，高保真地还原房屋全貌。VR 看房可被广泛应用于房屋买卖、房屋租赁、酒店民宿等场景。对于空间提供者，VR 技术能够更全面地展示空间信息，吸引潜在客户；对于中间服务者，如售房中介、房屋租赁平台，该技术则能降低运营成本和人力成本，使经纪人的工作更加简单高效；对于空间需求者，VR 技术则能够节省看房交通和时间成本，优化看房体验，辅助决策。

（2）精准营销，降低获客成本。

借助大数据技术，房地产企业能够实现精准化、差异化的营销策略，降低获客成本，提升推广效果。传统房地产营销主要依赖户外、互联网广告投放及销售人员宣传，广告成本和人力成本高昂。而大数据精准营销则借助海量客户数据，通过标签、聚类、建模等方式，在不侵犯客户数据隐私的前提下了解消费者的消费模式和潜在需求，进而实现精准广告投放和差异化营销。

譬如，同一套商品房，针对消费能力不高，通勤距离较长的一类潜在客户，可投放以低首付、交通便利为亮点的广告；而对于另一类消费能力较强，娱乐休闲时间长的潜在客户，则可将居住环境、配套设施作为核心亮点宣传。

某房企应用了人脸识别技术，在访客尚未进入售楼处就完成置业顾问分派，并推送关键接访信息与接待促销策略给到置业顾问；给置业顾问配置智能工牌，能够实时录音，接待过程中，不但沙盘、户型模型、样板房及证照、合同与不利因素等的销讲介绍与客户的反馈全程录音存入客户资料，而且还可根据销讲培训的话术标准进行打分，解读和客户交谈过程中的关键词，帮助案场和置业顾问更好地复盘。智慧营销采用的各种技术手段极大地提高了客户资料的收集与置业顾问的工作效率。同时，销售线索经过筛选提炼，后续跟进与促销政策的内容和提醒都会在设置好的节点给置业顾问以提示。据统计，该企业置业顾问客户转化率从 5% 提高到 20%。

东原集团通过积极拥抱新媒体，尤其是抖音平台，成功构筑了线上营销渠道，实现了品牌曝光和销售转化的双重目标。该集团不仅在抖音上实现了创新的卖房模式，而且通过线上售楼处等数智化平台，与线下实体门店相结合，打造了无缝的全渠道营销策略。此外，东原集团的"建管服"模式展现了其为行业赋能的能力，通过提供全方位服务，提升了整个房地产行业的服务水平。东原集团的数智化营销体系，以数据驱动为核心，实现了营销获客、客户运维到案场交易的全链路精细运营，提高了营销决策的科学性和准确性，体现了智慧营销在房地产行业的应用潜力和实际成效。

在以往传统的房地产营销方式中，模型沙盘书面宣传资料容易固化，不同版本的销售话术在持续迭代下也很好锁定，风控重点是置业顾问的肆意发挥。但智慧营销的广泛应用，对于客户关系管理从业者而言，既带来举证回溯的可能性，又带来新技术的风控挑战。营销传播的内容将成为新技术、新媒体条件下的客户端风控重点，置业顾问的不实承诺管理与以往相比权重上升。音视频资料的真实性、完整性，3D 建模的科学性、精准性等都需要专项管控，甚至免责的内容如何呈现、在哪里呈现都需要推敲，以便形成证据链。

另外，在以往的销售过程中，做后端服务的客户关系管理人员与物业人员想从营销环节获取成交客户的资料，以便开展服务，是非常困难的。除置业顾问流动等种种原因，即便工作岗位有要求，客户资料也很难做到企业级的留存并刷新，后续不同服务阶段总要和客户重建关系，这实际上是对企业资源的极大浪费，也给客户带来不好的体验。现如今，完整的客户资料可以保证企业不同阶段承载不同内容的对客服务岗位能够无缝连接，为客户生命周期中的一贯式的高水准客户体验提供了可能。

4. 智慧运营

中国房地产市场正在进入平稳发展的新长周期，存量时代的到来，如何实现从增量市场向存量市场的转型，如何平稳跨越长周期并稳健发展，是每个房企正在思考的问题。当前，除开发业务之外，商业、写字楼、物业、产业园等是房企布局的赛道，TOP100 房企 90% 以上都有多业态布局，因此如何做强运营显得尤为重要。多年的多业态布局使房企拥有丰富的客户资源，但目前大多数业态之间的会员并没有打通，各成体系。实现会员互通能够发挥企业的多业态优势，促进各版块业务的共同发展（后文专篇讨论）。再者，存量时代的运营管理收入会逐步提升，做好资产的精细化管理能够为企业节约成本，提升利润指标（图 4-5）。

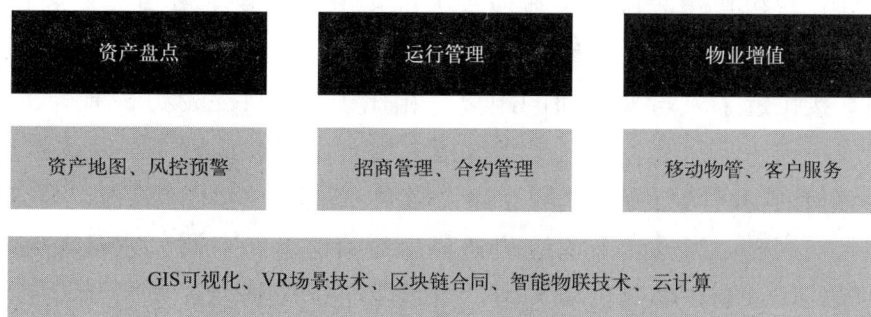

図 4-5　精细化资产管理方案

精细化资产管理，提升运营效益——实时同步资产数据盘点，形成资产地图，多维呈现全局动态，助力智慧决策；智能风险预警机制，实现资产风险、运营风险、财务风险、客户风险的提前预知；招商管理移动化，实时查看房源信息，在线监控履约情况，实现资产的签约、变更、计费、续签、退租等手续在线处理；设备管理、装修管理、出入管理等全部在线化，一键开启智能社区，同时延伸维修等增值服务，实现物业收益的最大化。

（1）物联网，从智能家居到智慧社区。

物联网（Internet of Things，IoT）借助传感器和互联网等技术，让普通物理对象与网络连接，从而实现智能化识别、检测、调度等功能。在房地产相关领域，物联网技术具有广阔的应用前景，从智能工地、智能家居，到智慧楼宇，再到智慧社区，物联网的渗透正在变革人们生活空间的各个维度。

在智能家居领域，物联网目前的应用较为初步，主要表现为家居设备智能化，如智能照明灯可根据环境亮度、使用时间等调节光照模式。物联网还可进一步形成家居智能中枢，协调各个子系统，实现室内设备的自动感知分析反馈。智慧楼宇和智慧社区领域，物联网可实现物业管理智能化。借助物联网技术，楼宇和社区管理者可打通物业管理的各个环节，实现统一监测、控制与服务，使照明、安防、通信、通风、停车等子系统协同化运行。对住户，智慧楼宇和智慧社区使各项物业服务更加便利、人性化，住户可以享受线上缴费、报修、智能化停车引导和人脸识别安防等服务，优化居住体验；对物业管理者，智慧楼宇和智慧社区不仅能够节省大量人力成本，增强管理的可控性和灵活性，还可获取大量客户流量和数据，物业管理者可与相关商户合作挖掘数据资产和客户流量的价值，开辟新的利润渠道。

（2）科技引领理想生活。

房地产数智科技正重塑着房地产行业的传统逻辑，与此同时，行业与人、人与人之间的联系更加紧密，更高效、更人性化的理想生活模式正成为现实。一方面，智慧开发与智慧建造拉近了行业与人的距离，开发决策与人群的行为习惯、偏好等联系更加直接，建造过程变得更加人性化、绿色化；另一方面，智慧营销与运营则直接拉近了人与人之间的距离，相比于 PropTech2.0 时代，3.0 时代的信息搜寻成本进一步降低、信息丰富度极大提升，智慧运营下，个人产生的各类数据都能够借助物联网与万物互联互通，居家、办公、休闲体验得以全方位改善。

例如，居家时，当灯光系统检测到客户开始休息，空调、冰箱等电器将自动进入省电模式，音响、电视自动关闭，当智能门锁检测到客户离开，屋内水电自动切断，从而避免漏水、火灾等安全隐患；办公时，智能门禁、智能电梯等均可减少时间浪费，智能温控、智能调节桌椅等则优化了办公体验；休闲时，商场中可体会到智慧楼宇的便捷之处，如停车引导、光温调节等，漫步在城市中则可感受到智慧城市建设带来的城市管理优化，如智能交通调度，减少拥堵；景区动态监测，合理控制人流等。

5. 智慧创新

房企发展路径一般是从开发业务开始，逐步向商业写字楼、产业园、物业等业态渗透，随着开发业务的逐步放缓，头部房企开始向其他领域拓展，以数智化技术赋能创新业务，进行创新业务多元化布局（图 4-6）。

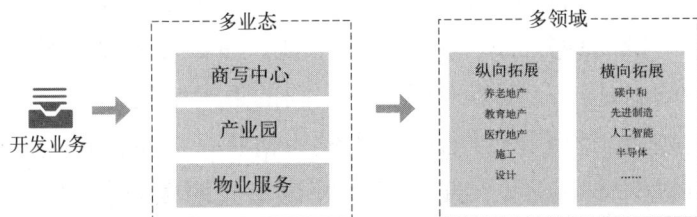

图 4-6　房企业务布局发展示意图

纵向拓展：以已有业务为基础，向产业链上下游拓展。如养老、教育、医疗等业态以及智慧施工、智能设计等。以智慧养老为例，利用物联网、云计算、大数据、智能硬件等新一代信息技术产品，创造"系统＋服务＋终端"的智慧养老服务模式，实现不同部门、不同角色之间的数据互联和同步，形成完整的智能管理闭环，实现老人与子女、服务机构、医护人员之间的信息交互，有效监测老人身体状况、安全状况与日常活动，及时满足老人在生活、健康、安全、娱乐等各个方面的需求。

横向拓展：以房企内部创新部门孵化或对外投资为主。内部孵化为集团内部成立科技公司，开始以公司内部业务为主，随着自身能力不断增强，开始拓展外部市场，TOP50 房企中有 90％已经孵化自有科技公司，如万科万翼科技、碧桂园博智林等。对外投资的范围较广，能够通过资本的力量直接导入成熟产品。如碧桂园投资了极电光能、蓝箭航天、紫光展锐、丰翼科技等六十多家公司，涉及碳中和、先进制造、人工智能、半导体等赛道（图 4-7）。

公司名称	数字化投资情况
碧桂园	极电光能、蓝箭航天、紫光展锐、丰翼科技、小库科技等60多家公司
龙湖	叮咚买菜、元气森林、高仙机器人、清微智能等多家公司
保利	万华生态板业、蔚建科技、大界机器人、第四范式、商汤科技等30多家公司

图 4-7　房企数智化对外投资情况

（数据来源：天眼查）

头部企业自己这几年在数智科技方面又都在做什么呢？见表 4-2。

头部房企科技转型的战略布局　　　　　　　　　　　　　　　　　　　表 4-2

房企	定位	战略布局	启动时间	战略目标
万科	城乡建设与生活服务商	沃土计划	2016 年	通过人工智能、大数据、监控、门禁等的深入开发，提高设计和管理效率，实现社区智慧生活，降低物业管理成本，大幅提高效率
恒大	以民生地产为基础，文化旅游、健康养生为两翼，新能源汽车为龙头的综合型企业	第八个三年计划	2018 年	探索高科技产业，推进多元化布局，向低负债、低杠杆、低成本、高周转的"三低一高"模式转变
碧桂园	为全世界创造美好生活产品的高科技综合型企业	机器人产业战略规划	2018 年	未来旗下机器人产业将涵盖核心技术、网络平台、合作共创三大业务体系，产品涉及建筑、装修、农业、医疗、智能制造、仓储物流、智慧家居、看护等近乎全应用领域
		城市共生计划	2018 年	基于城市公共空间的 12 个细分领域场景，推出 AI 城市公共服务、DC 数字城市综管服务和 IS 产业协同运营服务

不同房企纷纷依托各自优势，实施各具特色的房地产科技战略，推进科技转型。万科、恒大、碧桂园、龙湖等传统房企巨头的科技转型实践具有典例及借鉴意义。

万科集团立足房地产业务，聚焦房地产科技推进转型。万科自 2016 年启动科技赋能发展战略，拟分三个阶段推进房地产科技革新：2016—2018 年完成信息化变革，培育科技基础，服务集团现有业务；2019—2021 年推进数智化，打通各个业态积累的数据，挖掘数据价值；2022—2024 年实现全面智能化，构建行业生态平台，实现从数据洞察到人工智能应用的跨越。目前该战略已进入数智化阶段。2017 年，万科上线专属大数据分析平台。2018 年，万科同阿里云 IoT 合作，计划在 5 年内推进全国 100 个智能小区建设。2019 年，万科与微软共同发起设立的万科未来城市实验室揭牌，万科的房地产科技布局进一步扩大。万科集团董事会主席郁亮曾表示，未来万科仍将立足本业精耕细作，坚定城乡建设与生活服务商的定位，不会抛开本业拓展高科技新业务。

不同于万科的"立足本业"，恒大集团大力拓展各类高科技非房地产事务，科技布局远远广于房地产科技。目前，恒大集团已形成以房地产为基础，旅游、健康为两翼，汽车产业为龙头的四大产业格局。恒大设立了恒大高科技集团、恒大未来高科技集团等，进行生命科学、航空航天、集成电路、量子科技、新能源、人工智能、机器人等领域的开发应用。此外，2018 年，恒大集团与中国科学院在北京签署全面合作协议，恒大将在未来 10 年投入 1000 亿元与中科院共同打造科学技术研究基地、科研孵化基地与科研成果产业化基地，投资包括人工智能、超级计算机、手术机器人、无人驾驶在内的多个高科技项目，在高科技领域持续寻找增长机会。

相较于万科与恒大，碧桂园集团的策略更为折中，推进业务多元化的同时紧绕房地产主线。碧桂园集团将地产、机器人、现代农业作为未来三大重点业务，重点投资建筑机器人和高科技现代农业。机器人领域，碧桂园集团目前有 2000 余个地产项目，服务 400 余万业主，对于建筑机器人和物业机器人有大量需求；农业领域，碧桂园希望通过布局现代农业，结合旗下社区新零售项目，打造社区生活圈，实现从田间到餐桌的完整产业链。除上述业务之外，碧桂园还继续延展服务的边界，于 2018 年年底启动了"城市共生计划"，正式进军城市公共服务和智慧城市领域。

至于龙湖，则是专门组建数字科技部，从互联网领域和海外名校挖来大批人才，以期推动地产、商业、物业及长租等各航道业务的数智化转型，建设数据湖、管理中台，力图通过智能建造、在线营销、智慧服务等来打通产业链、提高运营效率，并以珑珠这一代币作为媒介，整合各航道客户资产，赋能并拉动增长。

以下分享几个房地产领域的数智科技实践的案例。

案例 1：贝壳找房推出 VR 看房平台

贝壳找房目前已推出 VR 看房、VR 讲房、VR 带看三大核心功能，客户可在线上直观感受房屋真实空间的尺寸、朝向、周边配套教育及医疗设施等信息，并获取经纪人语音讲解和实时连线交互服务。

基于贝壳找房自主研发的设备和算法，其团队可在 40 分钟内完成一套 100 平方米左右房间的多点多角度扫描拍摄，并在 10 分钟内将数据及图片纹理映射到三维模型并最终呈现给客户。目前，贝壳找房利用 VR 技术数智化还原了中国超过 270 万套房源，覆盖 120 余个城市，且以月增 20 万套的数智化覆盖速度增长。

《2019 胡润全球独角兽榜》显示，贝壳找房已成为全球最大的居住领域 VR 服务公司，以超百亿美金估值在全球房地产科技领域独角兽中位列第一。

案例 2：　9AM 借助 AI+ IoT 引领健康办公

智能办公领域的 9AM［站坐（宁波）智能科技有限公司］创立于 2015 年，目前已服务超过 12 个国家的 1000 余间办公室。9AM 有两大核心业务：智能升降工位与办公空间管理。

智能升降工位方面，该公司研发的智能电动升降桌是全球首款采用智能 App 控制的智能电动升降办公桌。不同于传统办公服务企业的单次销售模式，借助 IoT 技术，9AM 能够与企业、员工形成长期、可持续的客户关系。员工可通过 App 预约使用，升降桌将智能提醒并记录、分析使用数据并即时向员工与企业给予反馈。

办公空间管理方面，9AM 通过 IoT 收集员工办公数据并借助 AI 进行高效分析，从而对办公空间的利用效率进行优化和预测，降低闲置资源占比。9AM 的空间管理策略调整可协助企业提升空间使用率近 30%，戴德梁行上海办公室采用 9AM 的流动工位管理系统后，每年节省了约 150 万元租金。

案例 3：腾讯滨海大厦打造智慧楼宇

腾讯滨海大厦由腾讯与著名建筑设计公司 NBBJ 联合打造，于 2017 年底投入使用。该大厦全面采用物联网和人工智能技术，既是腾讯全球新总部大楼，又是腾讯探索物联网和智能建筑的试验场。

楼宇在设计建造中全面应用 BIM 技术进行成本管控、辅助施工和进度管理。借助腾讯研发的"卵识"物联网系统，该楼宇实现了智能电梯手机预约、人脸识别安保、人员精准定位、智能寻车导航、全息投影导游等功能。来访者通过人脸识别进入大楼后，随即触发楼内所有智能设备联动，大楼将为每一个出入者做出个性化服务，会议室、办公室等也可根据实时监测的人员情况自动调节温度和亮度。

楼宇运营方面，滨海大厦借助智慧楼宇 3D 可视化系统实现园区、楼宇、室内、设备的逐级可视化，能够以直观、动态的形式展示楼宇内设备使用、管网运行、能源消耗的实时监测情况。管理者可在第一时间调取大楼各个角落的实际情况，随时远程操作物联网系统，例如远程控制灯光开关和明暗。

案例4：万科搭建可视化大数据分析平台

2017年，万科与多家高校合作搭建的专属大数据分析平台正式上线。该数据分析平台采用清晰易用的可视化交互模式，汇集城市大数据、市场大数据、客户大数据三大类数据，通过实时整合政府统计数据、移动设备数据、运营商数据、合作企业数据和互联网开放数据，实现动态监测、信息查询、数据分析三种不同层级的业务需求。

一方面，该数据平台采用了版块价值计量模型、力导向布局分析模型、核密度分析、空间插值分析等前沿数据分析技术，且数据来源丰富，能够有效保证输出结果的可靠性。

另一方面，借助可视化交互界面，万科大大降低了该数据分析平台的使用门槛，员工能够通过简洁的操作界面快速查询数据并筛选标签，系统则以热力图、分布图等可视化形式自动输出数据分析结果。目前，该数据分析平台已被广泛用于解决公司员工各业务端口的工作需求，如市场分析、区位选择等。

案例5：碧桂园布局建筑机器人

碧桂园集团是中国最大的新型城镇化住宅开发商，进军机器人领域是其布局多元化发展的重要举措之一。2018年7月，碧桂园成立全资子公司广东博智林机器人公司，同年9月，碧桂园集团宣布投入800亿元建设广东顺德机器人谷，2019年4月，碧桂园集团又投资500亿元在长沙建设人工智能科技城。

博智林机器人下设建筑机器人研究院、基础技术研究院、智能技术研究院、工程应用研究院等8个研究院，截至2019年10月20日，拥有近3000名研发人员，已递交专利申请超过700项。碧桂园集团创始人杨国强曾表示，希望集团旗下建筑机器人在2019年完成量产前的试运营，在2020年开始大量投入使用。目前，博智林机器人公司已有10余款建筑机器人完成样机研发，可完成搬砖、砌砖、粉刷等多个工程步骤，且已陆续进入工地测试。

2021爱分析·中国房企数字化实践报告

4.2 数智化转型的路径演变与成功的 关键因素是什么？

在《未来简史》中，尤瓦尔·赫拉利认为"数据主义"（Dataism）将是人类历史的下一个落脚点。在"数据基座"变得日益坚实的当下，市场上有一个声音日趋明朗：以数据、算力和算法驱动的未来，将没有传统企业，有的只是数字企业和智慧企业。换言之，数智化已成为驱动企业增长的核心源动力之一。

在红杉资本 2021 年的一次覆盖了 16 个细分行业，222 家受访企业的调研中发现，当前，数智化已经成为企业的必修课。企业正在加快自身的数智化发展进程。受访企业中，超过九成（95%）已经开展了不同程度的数智化实践，主要处于尝试探索和加速推进状态。超过三成（32%）的受访企业开始尝试探索数智化，超过四成（42%）的受访企业正在加速推进数智化，并且超过六成的受访者希望增加数智化投入。由此可见，数智化已成为企业长期发展的必然选择。

1. CEO 与 CIO 数智化实践动因的区别

从数智化的动因来看，客户消费习惯与需求变化成为企业进行数智化的直接外因，而提升自身核心竞争优势则成为企业进行数智化的核心驱动力。

企业的 CEO 和 CIO 在选择数智化实践的关键动因方面，展现出完全不同的发展态度。以 CIO 为代表的企业技术管理者将通过数智化提升核心竞争力、优化运营/供应链管理以提升效率、提升数据挖掘和分析能力作为数智化实践的核心动因；相较而言，CEO 则将**加强客户分析与提升营销水平、客户消费习惯变化、提高敏捷性与市场反应速度**作为数智化实践的核心动因。随着企业业务规模快速扩张，加上不同市场、客群、线上线下的分销渠道的进一步细分，企业内部技术应用加快，技术复杂度增加，给企业技术管理者带来一定的挑战。因此，CIO 在思考如何通过数智化提升企业竞争力和内部运营及供应链效率，如何更多挖掘数据价值等方面投入更多的时间和精力，与此同时，CEO 站在整个企业的视角，思考如何紧追市场和客户的步伐。所以，在客户关系管理业务如何通过数智化了解市场、洞察客户并促进增长方面，CEO 是天然的支持者（图 4-8）。

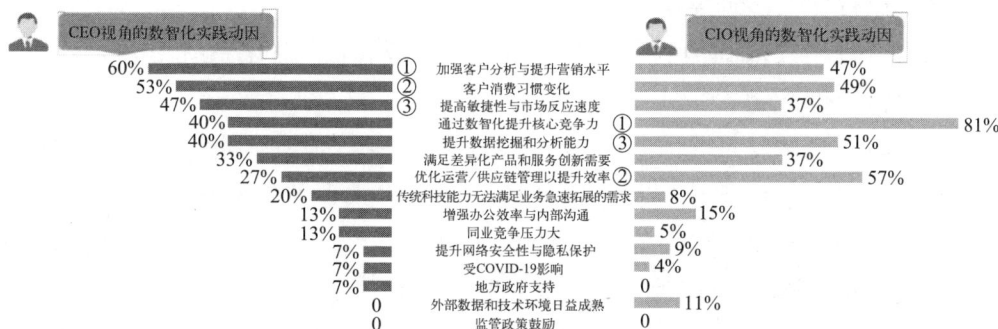

—红杉中国2021年首席信息官调查报告—

图 4-8　CEO 与 CIO 数智化实践动因的区别

综合来看，对于数智化转型，咨询类企业多强调整体战略，科技类企业更强调产品技术。殊途同归的是提升企业运转效率和创新服务能力。

对房企而言，企业数智化最大的战略目标是提升运营效率，最关注的是产品和服务创新。客户关系管理业务在数智化进程中，要想不做夹心饼干，最大限度地对接战略、整合资源，就必须明白在企业的数智化进程中 CEO 和 CIO 在战略和专业方面的侧重点与节奏差异，这样才能更好地推进客户关系管理业务的数智化发展。

2. 不同行业的企业数智化进程的差异

另外，作为负责人，还需要了解企业的数智化存在哪些客观的发展阶段，身处的企业当下位于哪个阶段，才能循序渐进。心急吃不了热豆腐，只有按照客观规律办事，才能稳健致远。

企业的行业规模发展阶段兼具多样性，依据企业的行业特征，整体可以划分为数字原生企业和非数字原生企业，这两类企业的数智化发展进程和数智化实践的切入点不尽相同。数字原生类企业，如科技、互联网等，这类企业随着数智化技术的创新而诞生或发展，其核心业务与数智化"融为一体"。这类企业必须加快数智化实践，否则将落后于同侪。非数字原生企业：数智化给这类企业带来了颠覆性影响和新的发展机遇。根据与客户贴近程度的不同，这类企业的数智化发展进程也有所不同。其中，与 C 端更为贴近的行业，例如消费品/零售，其数智化实践更为迫切。而一些以研发制造为主的行业，例如房地产、制造业，也正在加快数智化相应探索。对非数字原生企业，其数智化实践通常选择局部业务开展试点，并逐步复制至整个企业范围。对传统房企而言，尤其如此（图 4-9）。

3. 企业数智化实践的四个发展阶段

企业的数智化实践通常有以下四个阶段（图 4-10）：

（1）第一阶段是基础信息化阶段：企业完成基础信息化系统搭建，建立企业内部统一运营管理能力。

第一阶段的基本特征是：在业务条线内完成核心企业信息系统的搭建；进行核心价值业务环节的可视化，如合适的话，同时嵌入点状智能化应用。

第一阶段的典型应用有 ERP、SRM、CRM 系统实施及集成，主数据的搭建完善，POS 销售、客服多终端应用 App 及可视化报表等。

（2）第二阶段是应用数智化阶段：对关键业务流程实施可视化、智能化的流程搭建。

第二阶段的基本特征是：集团内基础系统集成，全面实现信息化，数据架构

不同行业的企业在拥抱数智化的进程占比也有所差异

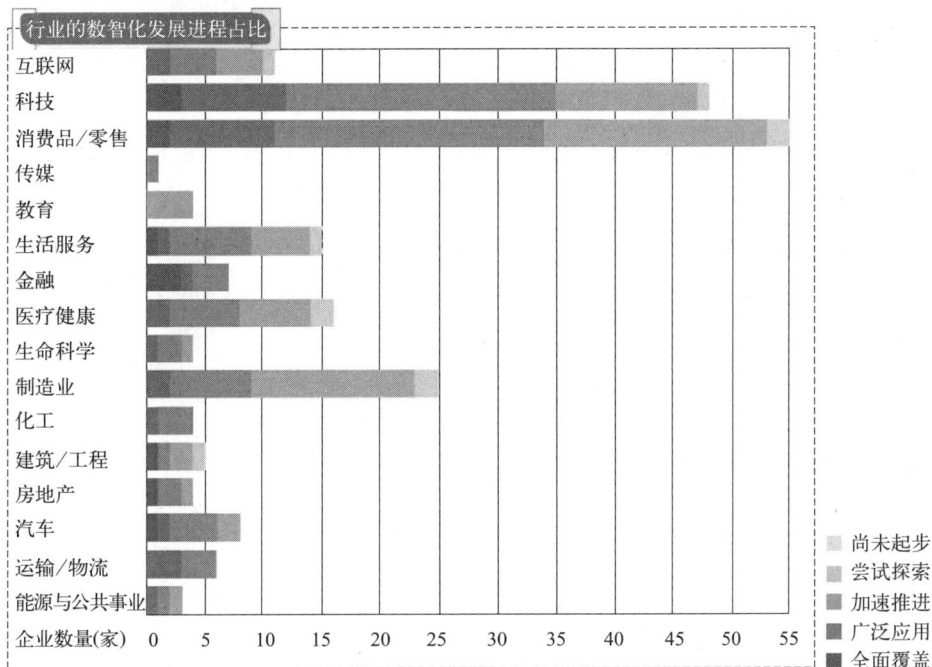

图 4-9　不同行业的企业数智化进程的差异

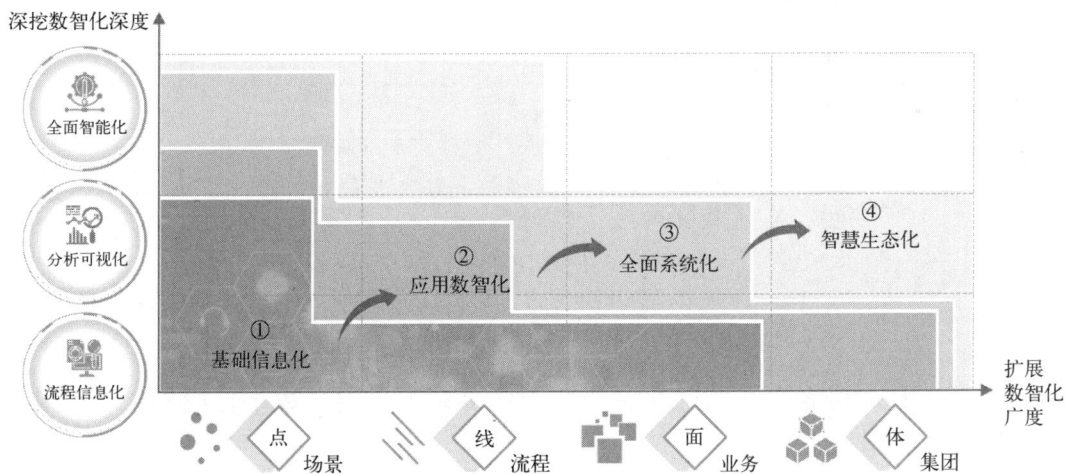

图 4-10　企业的数智化发展四阶段

清晰完善；关键业务流程的可视化；探索点状智能化应用。

第二阶段的典型应用有：实时生产监控、设备智能预防性维护、远程设备操作、无人车、无人机等。

（3）第三阶段是全面系统化阶段：开展全局可视化管理和智能化决策，支持业务实现商业模式创新。

第三阶段的基本特征是：针对业务单元整体具备全局可视化及分析能力，可快速锁定异常，并辅助决策；运用智能化手段进行商业模式创新。

第三阶段的典型应用有：供应链控制塔台（自动订货、库存分配及调配等）、AI辅助研发设计、大数据业务预测沙盘等。

（4）第四阶段是智慧生态化阶段：通过AI等技术应用，实现业务管理逐步向全面智能化发展。

第四阶段的基本特征是：数智化的理想状态，因企业仍需要人的参与与决策，较难实现"体"层面的全面智能化；关注运用AI等技术联动业务不同环节，实现业务自动化。

第四阶段的典型应用有：数字孪生、无人工厂等。

4. 房地产企业数智化转型的路径演变

具体到房地产行业，头部房企的数智化建设正在进行中。根据克而瑞的数据统计，经过三年时间，TOP50房企基本完成了数智化基建和信息化系统（图4-11）。

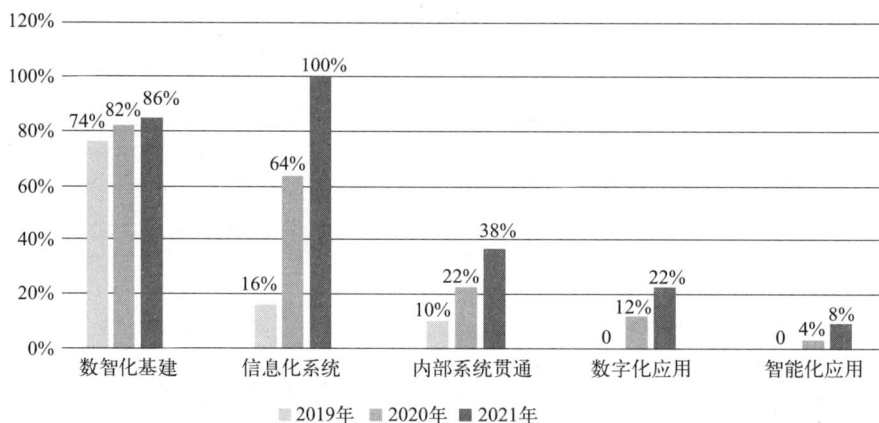

图4-11　TOP50房企的数智化发展进展

（数据来源：克而瑞）

当前TOP50房企存在的问题主要在于内部系统贯通、数字化应用、智能化应用不足。

综合来看，房企数智化转型通常从以下路径来推动房企高质量发展。

（1）粗放式发展向精细化运维转变。

在行业利润收窄的背景下，房企需要以数智化的方式从粗放式管理向精细化运维转变。拉通全流程业务数据，做好计划管理与供销存管理，降低企业融资成本。数智化工具替代重复性人工劳动，建立更广泛更快速的办公沟通方式，提高人工效率，降低人力成本。数据驱动决策，提高决策准确性和决策效率。

（2）以客户为导向的数智化变革。

156

房企需要进行以消费者为导向的组织流程变革，从单次产品销售向长期运维客户转变。建立与消费者的直接连接，丰富和客户的触点，提高与客户互动的频率，强化理解客户需求的能力，建立客户反馈机制。从而降低营销成本，增强销售能力，提高产品力，并为产品与服务的拓展提供数据支持。

（3）以数智化方式重塑房企业务模式。

在企业转型的过程中孵化数智化的产品，形成地产科技业务，以数智化方式支持新的产品和服务的探索和拓展，助力产业生态融合。

在上述房地产行业数智化转型的路径下，结合上文所示的企业数智化发展阶段，对房企而言，中国房地产行业整体处于信息化向数智化过渡的阶段（图 4-12）。

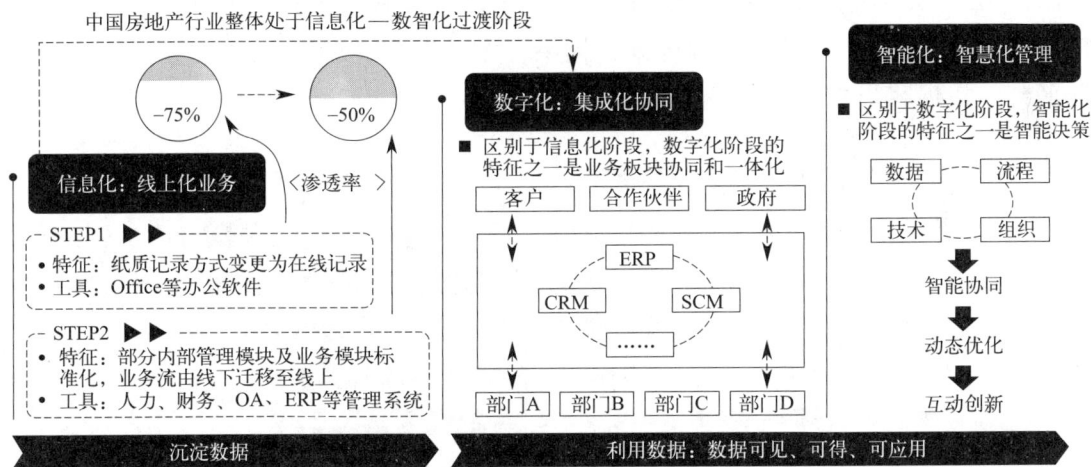

图 4-12　房地产企业数智化路径演变

头部房企的数智化实践主要侧重于产品与服务创新、数据驱动洞察与决策、数智化运营与供应链、客户体验等领域。客户关系管理业务是公司业务的一部分，其数智化的发展也跳不出企业数智化发展的阶段性逻辑。

5. 房地产企业数智化实践成功的关键因素

房企数智化实践成功的关键因素依赖于以下三方面：

（1）数智化运营与供应链关键因素——供应链一体化、运营流程再造。

数智化运营与供应链与传统模式存在较大差异，其架构更加柔性化和扁平化，效率更高；通过利用各个环节产生的海量数据可以帮助企业对消费者需求进行预测，同时打通跨企业实体之间的数据，形成共享与交易机制，提升沟通的效率。无疑，企业数智化管理者体现出对如何开展线上线下一体化整合的高度关注。

提升方向：利用数智化手段打通供应链各节点，赋能价值链前中后端。

（2）以客户体验与客户运维为中心的关键因素——品牌与体验策略，客户旅程设计，会员管理、激励与赋能。

数智化时代下，商业活动更加强调"以客户为中心"。当一切都变得越来越难以确定的情况下，客户需求相对而言是企业更抓得住的东西，而数智化提供了企业更快更好理解和服务客户的有效手段。因此，企业依托数智化洞察客户的全面需求，实现客户精准触达，提升客户体验，以实现以客户为中心的全渠道无缝式、定制化服务转型，进而最终促进增长。

提升方向：从客户旅程切入，全面体系化提升客户体验；从会员制切入，全面系统化提升客户运维的效率和效果。

在 2021 年红杉资本对企业 CEO 的调查中，在"以客户体验为中心的设计"方面，CEO 认为的成功关键因素如图 4-13 所示，其中"制定以客户为中心的品牌与体验策略""端到端客户旅程设计，提供一致的客户体验"与"建立客户信息管理平台，实现客户数据集中统一"排前三。

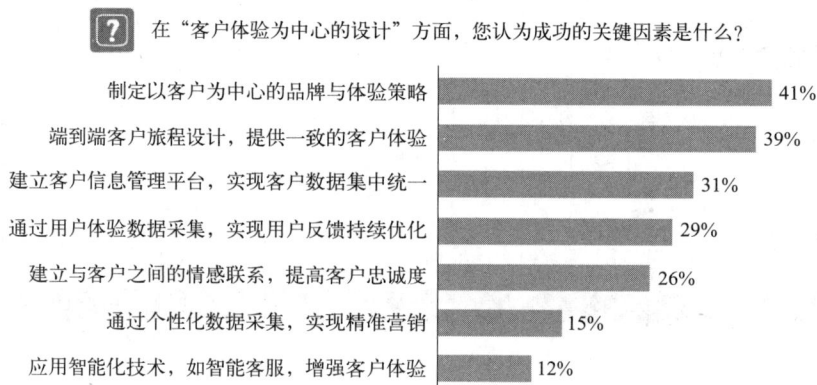

? 在"客户体验为中心的设计"方面，您认为成功的关键因素是什么？

制定以客户为中心的品牌与体验策略	41%
端到端客户旅程设计，提供一致的客户体验	39%
建立客户信息管理平台，实现客户数据集中统一	31%
通过用户体验数据采集，实现用户反馈持续优化	29%
建立与客户之间的情感联系，提高客户忠诚度	26%
通过个性化数据采集，实现精准营销	15%
应用智能化技术，如智能客服，增强客户体验	12%

图 4-13　调研所得的"以客户体验为中心的设计"方面，CEO 认为的成功关键因素

为了更好地了解客户、改进互动体验，企业需要从以下几个方面进行思考（图 4-14）。

（3）产品和服务创新关键因素——业务与技术融合、敏捷交付。

数智化不但增强了企业内部研发、生产、供应链、市场营销等环节的联动，同时强化了不同企业之间及企业与市场之间的互联互通，从而提升企业创新效率，拓展其创新空间。利用数智化技术，企业可以更精准地掌握市场需求的变化，洞察客户潜在需求，促进更多创新和创意的涌现，甚至让客户参与产品与服务的创新进程，实现企业产品服务与客户需求的深度融合。为此，企业通过对创新流程、创新工具组织结构等方面进行革新，从而快速形成新的产品与服务模式。

提升方向：建立企业敏捷型组织，共同围绕核心产品服务，快速触达客户和响应市场。

客户关系管理负责人需要评估企业数智化的进程并推动客户关系管理业务数

了解客户体验目标以及相关指标体系设计：企业需首先明确客户体验的目标，并辅助客户体验关键指标体系的建立，可量化分析企业最重视的核心客户旅程指标等

客户痛点扫描以及客户体验机会识别：了解客户痛点，基于业务/产品对客户体验机会进行识别，并对客户体验机会进行优先级排序

客户旅程优化设计：聚焦客户旅程，从整体上理解互动过程、梳理核心端到端客户旅程。而非只注重客户互动的单个触点。有始有终的客户旅程设计，能够更有效地给予客户一致的客户体验

数智化驱动客户旅程监测体系：利用数智化技术手段对客户旅程进行监测。在理想的客户体验监测系统中，旅程处于核心地位，并与业务成果、运营改进等其他关键要素彼此呼应

组织及配套的支撑体系建设：建立以客户为中心的组织架构、数智化敏捷组织等。并配合优化相应考核体系

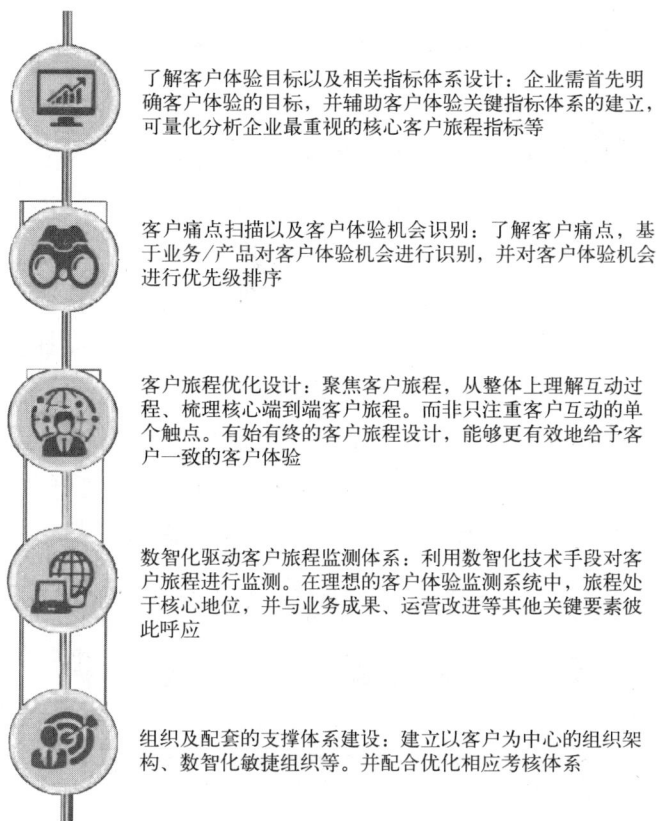

图 4-14　为更好地了解客户和改进体验，企业需要从哪些方面进行思考

智化与之适配，要知道，企业的资源有限且相互掣肘，过犹不及。

4.3　如何实现客户风险端决策的数智化？

房地产客户关系管理业务的数智化，重点在基于企业运营全局基础上的客户端风险决策的数智化和客户运维的数智化两方面。本章先讨论前者。

1. 智能决策的关键是运筹优化与机器学习

传统的业务决策依赖业务规则和专家经验，从人工决策到智能决策需要经历长期的发展。随着数据科学和人工智能技术的进步，系统基于"数据＋算法"可以在决策中实现越来越重要的价值。根据系统在决策中扮演的角色轻重，可以分为系统辅助决策、系统增强决策、系统自动决策几个阶段，业务价值呈逐步增强趋势。业务诉求、基础设施的完善和技术变革共同推动了智能决策时代的到来，运筹优化与机器学习成为智能决策的两大关键核心技术。目前，智能决策已经渗

透进企业经营、公共服务、个人生活等方方面面。Garter 公司预测，到 2023 年，超过 33% 的大型机构都将采用智能决策的实践。智能决策将成为领先企业的必备能力。

智能决策是组织或个人综合利用多种智能技术和工具，基于既定目标，对相关数据进行建模、分析并得到决策的过程。该过程综合约束条件、策略、偏好、不确定等因素，可自动实现最优决策，以用于解决新增长时代日益复杂的生产生活问题。在房地产客户关系管理的实践中，智能决策可被用于客户端风险前控、新品优化、产品选型、差异化定价、质量缺陷筛查、全景计划跟进、满意度分析、客户画像、客户运维、商机挖掘等多个业务场景中。

将实际问题中的决策标的、约束、偏好以及目标转化为数学模型，是将决策问题与智能化手段和方法进行衔接的关键环节。在已经建立好的模型基础上输入数据，利用机器学习、运筹优化等技术，对模型进行高效求解。如图 4-15 所示。

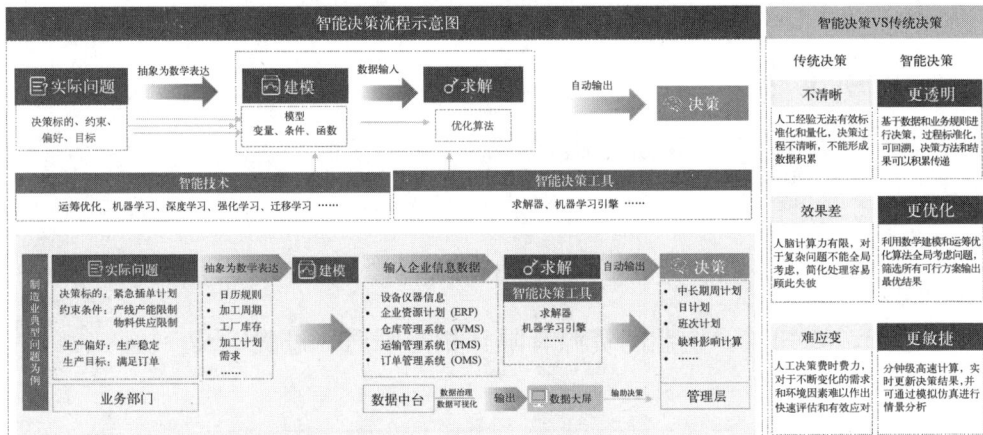

图 4-15　智能决策流程示意图

智能决策相较传统决策，具有更加透明、更加优化与更加敏捷的优势。

智能决策的关键在于机器学习和运筹优化等多种智能技术。机器学习技术通过强化学习、深度学习等算法实现预测，通常需要大量数据驱动模型，以实现较好的效果，适用于描述预测类的场景，比如销量预测。运筹优化技术基于对现实问题的准确描述刻画来建模，通过运筹优化算法在一定约束条件下求出目标函数最优解，对数据量的依赖性较弱，结果的可解释性强，适用于规划、调度、协同类问题。

在项目开发过程中，基于一个不争的事实——风险决策最终的不利结果大多会导致客户端不利影响，本书前面的客户端风险决策相关章节的内容明确需要客户关系管理业务的负责人在实践中将风险决策巧妙应用到智能决策系统的建设中。方法论要转化成实战工具才能发挥作用。决策时同类客户端风险案例库的实时提醒是最基本的功能，预期、效用、权重、决策树状图、四重关系模型等概念和工具都需要在建模时构建进去，且风险矩阵能够量化、图形化，能定期跟进并刷新进展，直至关闭。

仅就"交付时是否封闭报规是挑空外敞的阳台"这一客户端潜在风险点而言，就需要对销售溢价、去化效率、当地政策、同行做法、客户敏感性、工程造价、工期、客诉概率、处理成本等各种因素进行推演，设定概率，建模验算，最后输出带条件的决策选项以及后续策略。

对于房地产客户关系版块的智能决策，前期客户端风险决策类往往依赖机器学习，但是苦于数据量的不足会影响建模效果，只能依靠资深业务专家和技术专家一起建模迭代，从零做起，不断积累，逐步降低人为判断的权重。运筹优算法可多用于客户端风险决策后的解决策略的推演，以及规划、调度与过程跟进纠偏。无论哪种关键技术，其核心都是逐步将人的作用降低，将以往依赖于个别专家大咖的经验判断结构化、模型化，在海量数据的积累下不断夯实算法，迅速迭代，将机器学习与运筹优化二者结合，扬长避短，更好地服务于智能决策的速度和质量的提升，进而更有效地形成组织能力。

2. 客户端风险决策智能化建设的误区

在相对偏传统的房地产开发领域，智能决策在客户关系管理业务中的推进属于新生事物，创新性极强，不可能一蹴而就，各企业理念文化、管理水平和信息化数智化成熟度也存在较大差异，加之没有成熟产品可以直接上手应用，推进起来有较大难度。容易陷入以下误区中。

（1）重设备智能化，轻系统柔性化。

设备的互联互通能最快产生效果，比如工地上装上摄像头以管理库存与施工进度，物业在老旧小区的电梯、消防、供水、安防等设施设备上安装传感器以监控工作状态的异常。但是国内目前很多所谓的硬件的物联网逻辑标准不统一，这种情况会导致硬件之间独立，无法串联；各部门之间信息传输效率低下；缺乏中控核心的指挥系统。比如营造阶段施工现场的实时信息很难同步给运营作线下进度与线上计划，钢筋、水泥、板材、苗木等施工材料的短缺信息很难同步给供应链部门提前预警与及时响应；后期物业阶段的设施设备的维护信息和质量缺陷很难同步到前期研发选型、供应链采购与总分包选择环节加以有针对性的解决，很难发挥最大价值。我们所指的智能化，不是设备的简单堆砌，需要统一高效的算法调度，打通软硬件之间的信息壁垒，需要深度结合现场场景的专业软件，以及一体化的软硬件系统。

对于房地产开发企业，客户关系管理部门遇到的最大挑战就是客户所购买的房屋无法按照合同约定准时交付。这个问题的原因林林总总，追溯时间的话，最早"埋雷"甚至可能从营造倒推至项目启动阶段。经常碰到的现象是交房前内部清查、回顾风险的时候才发现停工已久，此时工期延误短则数月，长则年许，总包已经提出高额索赔，并以不撤场、不配合验收威胁甲方。通常的处理方案就是扯皮，最后甲方被迫追加成本，集团层面倾斜资源，胡萝卜加大棒，逼迫总包抢工，甚至北方地区冬季还在赶工，最后埋下一堆质量瑕疵的雷勉强交付，客户满意度极差，后期再投入巨资整改……信息滞后、议而不决、决而无力等都是原因。智能决策则对上述恶劣情形在统筹优化提高效率等方面有极大的促进作用。

在无法准时交房的场景中，典型的解决手段就是在工地现场加装摄像头，实时采集进度信息，解决以往进度滞后通报不及时、人工数楼层进度的问题，但这只是第一步。收集到工地现场进度信息以后，就应该和该项目工程管理的进度计划对照，按照管控层级与滞后强度示警。此时进入第二步，项目决策层级应该在甄别、评估、分析后有针对性地做出反应动作，当措施有效则关闭。当该项目同标段再次进度滞后示警时，则进入第三步，系统自动通报至地区公司决策层级，抄送集团决策层级。这个时候，集团运营部片区负责人应该横向拉通集团相关职能，甄别本滞后标段项目与地区公司通报的导致现场工程进度延误的原因是否属实，对策是否有效。一个必要的动作就是与该项目进度计划耦合的相关各专业的子计划的进度情况回顾。层层落实下来就会完成一轮内因梳理。是图纸变更？还是某材料供货不及时？抑或是土地款支付延后导致证照出问题？等等。这方面的信息在处理环节升级到集团运营负责人之前，就应该完成系统自查。叠加项目反馈上来的外因，如劳动力不足、某重要会议强制要求停工等，集团运营应基本掌握相关情况，针对性地想办法解决。这里的核心不是信息采集，而是全景计划和各专业单项计划的勾稽、资源的匹配、业务的协同导致的关联响应，各计划节点加入限制上下环节的时间期量之后，其咬合程度在运筹优化后就能自动达到紧密，而不像以往靠电话或出差去现场核实、探寻原因和解决之道，再重排计划。以运营为纲，以各职能各专业为目，纲举目张，就能实现各专业各职能横向联通信息，极大地提高了决策效率。应用客户端风险决策的方法论与工具、模型，就能极大地提高决策质量。

（2）重前端展示，轻底层逻辑。

很多房企数智化的重点放在了 BI（商业智能）呈现，数据的简单展示和堆砌是容易实现的，但是数据的深度挖掘和分析案例相对缺乏，从而无法真正地指导业务决策和体现价值。数智化的分析看板不等于真正的商业智能，更重要的是分析和决策。真正建立数据驱动决策的业务变革，彻底摒弃"拍脑袋、拍胸脯、拍大腿"的"三拍"决策。

（3）数智化转型不等于信息化转型。

当下的房企，基本上每个职能都有自己的 IT 系统，每个业务流程都有自己的线上流程，走得快的企业，IT 部门还搭建了数据中台，但仅此就认为所有决策都有相应的数据支撑就算完成了转型，实际上远远不够。除了需要企业高层亲自挂帅，由虚到实地建立专门的数智化职能部门外，更需要打通业务环节的数据孤岛和烟囱，数据挖掘和建模需要深度结合业务场景的实际，流程、组织、系统及技术协同作战才可能实现。

3. 选择供应商的四大维度

建设智能决策平台，站在优秀的供应商的肩膀上是非常必要的，不能一味地自研，闭门造车。供应商选型需要综合考量技术、产品、落地经验和服务能力四大维度：

（1）技术方面具有先进性，能够自主可控，长期合作为佳。

（2）产品方面最好是有模块化的产品能力，模块化产品无须从 0 到 1 开发，能够匹配多场景需求，可以敏捷开发，整体研发周期较短，可以快速上线，收益可以短期见效。

（3）落地经验丰富的厂商，在应对复杂的定制化需求时综合能力更强，可借鉴的同行案例更多。对企业的需求痛点理解越深刻，场景化解决的能力就越强。

（4）不同场景的智能化建设短则数周，长则数月，实施前需要大量的调研和需求沟通，实施中要深入了解实际业务，涉及多个部门的联动与沟通，从方案的构建到落地需要企业和厂商的密切配合，厂商良好的服务态度和优质的服务能力则是智能化顺利实现的前提。

4.4　如何实现客户运维的数智化？

从长远来看，中国房地产开发市场增速持续放缓，由增量时代向存量时代过渡，近年国家各项房地产相关政策的出台，也对房企的经营状况提出了非常严格的要求，合理的负债和充足的现金流是企业持续拿地开发的保障，这就要求企业有较强的去化能力和盈利能力，并能持续增长。房企要想实现高质量的发展，必须实现粗放式发展向精细化运维的转变，并切实贯彻以消费者为导向，以客户为中心的数智化变革。这对于长期处于卖方市场的房企是巨大的挑战。

"十四五"规划提出，发展数字经济，要推进数字产业化和产业数智化，推动数字经济和实体经济深度融合，促进线上线下消费融合发展。具体而言，房企需要进行以消费者为导向的组织流程变革，从单次产品销售向长期经营客户转变，建立与消费者的直接连接，丰富与客户的触点，提高与客户互动的频率，提升理解客户需求的能力，建立客户反馈机制。从而降低营销成本，增强销售能力，提高产品力，并为产品和服务的拓展提供数据支持。

简言之，就是以客户为中心，采用数智化的方式重塑房企的业务模式，在企业转型过程中用数智化的产品形成地产科技业务，以数智化的方式支持新产品与服务的探索与拓展，助力产业生态的融合。

房地产客户关系管理业务数智化的基础是客户数据平台。客户关系管理职能负责人务必努力倡导构建客户数据平台，因为一切的客户运维的应用操作都是源于客户数据平台。构建客户数据平台的前提是房企要构建好主数据系统。房企在统一标准下构建好以"房源"为核心（即以"空间"为核心）的项目主数据系统之后，就能够保证在不同系统中的底层数据描述一致，打通成本、财务、营销、物业等系统，满足跨部门业务协同的需要。而客户数据平台就是以"人"为核心的数据集合（即以"服务"与"体验"为核心）。只有实现"人房一一对应"的数据集，两手抓，两手都要硬，才能够支撑"空间即服务"的战略。

客户数据平台（Customer Data Platform，CDP）的搭建通常包括如下四个步骤（图 4-16）。

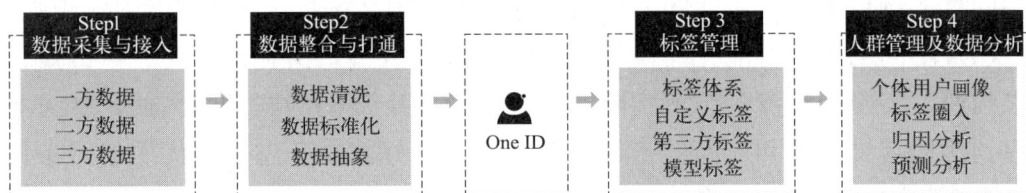

图 4-16 CDP 解决方案的实施步骤

第一步：数据采集与接入。

在确保隐私和数据安全的前提下，需要尽可能多地采集客户的行为数据，包括浏览行为、购买行为、交互行为、分享行为、评价行为等（投诉、群诉、索赔、诉讼等也是客户与企业的交互行为，只是相对特殊，作行为分析时可以酌情增加权重）。这类数据可以从 App、小程序、抖音、微信、网页等外部渠道或者企业的客户系统、会员系统等内部数据系统采集；将房企全航道全生态现有客户的全生命周期数据以及第三方数据接入 CDP，标准化数据一般采用 SDK、API 接口接入，非标准化数据一般通过 CDP 抓取或企业自行上传。

第二步：数据整合与打通。

将客户触点数据进行数据清洗、标准化等数据治理工作，将碎片化的客户信息进行拼接、整合成更加完整的客户 One ID。

第三步：标签管理。

根据客户行为数据，建立体系化的客户标签和内容标签。由于 One ID 包含更多客户的身份、行为等信息，企业需要对现有客户打标签，形成个体客户标签。其中，客户标签分为事实性标签和预测性标签等，事实性标签包括客户的年龄、性别等自然属性，也包括客户已经发生的行为特征；预测性标签是对客户未来行为的预测，一般通过 AI 算法得出。

第四步：人群管理及数据分析。

房企将客户进行分类、画像；通过对客户旅程、客户行为的分析、归因及预测，细分出不同的客户人群，制定细分客户人群乃至个体的客户策略。如，推送不同类型的产品或服务，以实现精准营销。

客户数据平台能够将房企来自不同航道业务生态的客户数据整合起来，以实现客户建模，并优化细分客户群以及捕捉商机。在客户资产数据和客户应用数据分层的基础上，其关键能力之一在于客户全生命周期全要素闭环的数据处理，不断地完善行为数据，丰富标签与画像；另一关键能力则聚焦于实时业务交互的基础数据处理，不断地支持商机捕捉和变现。

客户数据平台建成后，房地产客户关系管理业务的数智化，除了在客户风险前期决策阶段与后期客诉处理阶段能发挥效用之外，更重要的是在 CDP（客户数据平台）的基础上，从提高产品力以促进竞争力提升，开展客户资产的运维以促进增长两方面着手。

第一方面是提高产品力以促进竞争力提升。

提高产品力要从深入客户研究、提升产品质量、提升客户体验三点着手。

深入客户研究主要包括客户画像研究和客户需求研究。客户研究的对象是广义的"客户"，既可以是企业的存量客户，又可以是准客户、竞品客户以及市场中的潜在客户等。当前各房企逐步开始成立客户研究部门以加强客户研究，但发力点重在前端总图与户型阶段，效果一般。未来还需要与营销相结合，使用如 LBS 电子围栏技术、广告数据埋点等方式获取竞品客户及潜在客户相关信息，加以存量客户、准客户的全周期数据分析，对客户的年龄、性别、置业地域、兴趣爱好等显性画像和客户偏好、需求等隐性画像进行研究，同时通过问卷、访谈等传统方式对客户需求进一步探索，提炼特定群体共性，精准把握客户特征，深入理解客户需求，全面打造客户生活方式。

产品质量包括房屋、环境、社区设计、建筑、选型、配套设施等硬件品质，全面影响业主在社区中的生活感受，是提升产品力的关键因素。

客户体验贯穿从选房、购房到居住的全过程，销售、售后及物业管理等软服务是提升客户体验的重要触点，尤其物业服务是业主日常生活的基础保障，细致服务可以为业主生活由雪中送炭到锦上添花，是客户体验提升的重点。

第二方面是开展客户资产的运维以促进增长。这需要房企打造适合自己的客户资产运维体系。

近年来，新开发住宅业务的增长难度日益提高，资本市场对物业市场的高估值，以及旧改对房企综合服务能力的要求提升，使得房企对存量业务的运维重视程度日益提高，加之存量业务能够提供稳定现金流，并可以以轻资产的方式进行服务管理输出，使得房企对存量业务更加青睐。大多数房企都对物业、商业、公寓、写字楼、产业园等存量运维业务加大了投入，运维目标提升的同时也造成了行业竞争加剧。拉新成本的提高、核心竞争力的缺乏、客户消费习惯的变化、消费互联网培养下的客户需求更加苛刻且忠诚度低等问题接踵而来。房企需要借鉴互联网的客户运维的模式，应用数智化技术，构建以客户为中心的增长方式提高竞争力——即着力打造客户运维体系。

客户数据平台作为底层基础搭建起来之后，就可以着手构建客户运维体系了（图 4-17）。

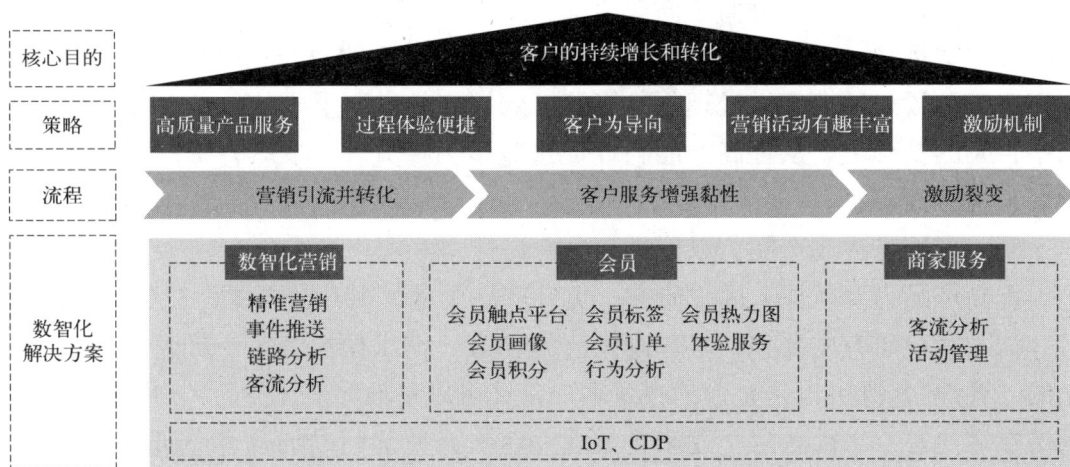

图 4-17　客户运维体系蓝图

客户运维是通过提供客户价值，为房企解决流量的持续性和转化两个关键问题，以及客户的拉新、裂变和复购。通过房企经营型业务对客户的运维输出企业的品牌价值，提高客户的黏性和忠诚度，从而赋能房企全业务流量的持续增长和转化。房产高价低频的属性使得房企的客户很难在购房场景中产生较大的黏性，因此在增强客户的黏性上，主要依托经营型业务的场景。

房地产行业的未来在于实现"空间"和"行为"的有机结合，具体表现为人们在物理空间内的体验以及这些空间对周边社区，乃至世界产生的影响。从"空间即服务"的角度来理解，也就是全生命周期中的客户在房屋这个空间载体内，对房屋和生活的各种需求可能被房企各业务生态满足的场景。所以开发业务的主要应用是客户的拉新和裂变，即数智化营销。而存量运维业务的主要应用是客户的拉新、裂变和复购，以及各业务生态之间的交叉引流。

客户运维策略从以销售为导向转变为以客户为导向，向体验式服务转型，为客户提供高质量的产品与服务，提高过程中的客户体验。从客户需求和兴趣出发，进行丰富有趣的营销活动，提高客户参与活动的意愿，设计激励和参与机制，鼓励分享，促进裂变。

数智化解决方案有三个侧重点：

（1）营销引流并转化。

通过公域平台合作、优惠券精准推送等方式进行全渠道引流；通过私域运营方式进行裂变；通过注册会员有礼等方式进行会员沉淀。在前端获客阶段进行精准推送，增加目标客户的曝光和传播，通过公域运营工具转发裂变、沉淀会员。投放后进行投放链路分析和营销活动客流分析，实现更准确投放和更精准营销策略的迭代。

（2）客户服务增强黏性。

建立统一的会员体系是会员运维的重要基础，对会员的个性化经营策略支撑作用较大，对住宅业务的老带新、各存量业务的客户运维尤其是综合体的运维具有重要意义，建立各业态统一的客户体系需要统筹各个业态来实现。

通过会员运维增强会员黏性，主要有会员便捷体验服务，如统一的服务平台、统一的积分兑换机制、无感积分、停车权益、便捷交易等；会员权益服务，如大客户服务、增值服务、倍享积分、会员权益等方式；活动营销，如丰富的趣味营销活动、会员参与专属活动的权益等。

统一各业态的会员数据资产，包括会员触点数据、会员标签、建立统一的会员积分体系，搭建统一的会员服务入口，提供便捷的会员服务体验。在会员数据资产的基础上，进行会员数据分析和个性化经营策略，提高会员消费值。

（3）激励裂变。

在商业地产中，企业可以为商家提供客流分析服务和营销活动管理服务，为商家的引流提供支持。同时，依托营销活动、拼团红包、排行榜等有趣有料的方式进行会员裂变。

案例 1：龙湖商业会员向地产交叉引流的实践

目前房企在客户运维的探索和实践主要集中在拉通多业态客户数据以及各存量运维业务的客户增长和复购方面，在交叉引流方面主要体现在商业地产的客户向住宅业务的引流。

龙湖在商业地产打造的线上会员体系，统一了全国绝对控股的商场的会员，并进行了一系列的营销活动来培育客户数据，在数智化营销、招商方面都收到了很好的效果。目前在部分一线城市，一场大型营销活动的参与人员会员占比能达到70%，会员覆盖率很高。

在招商层面，龙湖商业的会员数据很受品牌方认可，在进驻决策中起到非常大的作用。通过龙湖商业会员数据分析为商家选铺定位提供建议，还可以以直播等方式帮助商家引流，或以发展社区代理人的方式实现社区的线下扩展增值，提高商铺业绩，以上措施都能够提高龙湖招商成功率。

在商业地产向住宅开发业务的引流方面，龙湖的大会员体系也效果显著，目前商业地产会员量大约5000万，全民营销带来的住宅成交能达到20%。

案例2：某头部房企"老带新"全民营销实践

1. 去化压力下，房企希望提高老带新的成交占比

2021年，房企营销面临去化和控成本的双重压力，因此房企更加重视自有渠道的成交。自有渠道中，"老带新"佣金比例大多不到1%，加上天然的忠诚客户背书优势，成为房企非常重视的自渠之一。某头部房企2020年老带新成交比例不足10%，该房企在分析了存在的问题和导致的原因之后，采取了针对性的措施进行改善，实现了老带新比例的较大幅度提升，助力了该企业当年销售目标的达成。

2. 传统解决方案难以满足业绩增长的需要

该房企传统的老带新解决方案，是通过物业管理平台和全民营销进行营销活动的投放，以佣金激励老业主进行转发。老业主在微信平台传播营销活动页面后，意向客户可以通过活动页面留资，然后将留资客户匹配给相应的置业顾问进行跟进。但这种方案存在以下不足：

（1）由于不是全职销售的属性，老业主很难在首次看到营销活动页面后就完成转发，而房企又缺乏持续的跟进和激励，导致老业主的激活率较低；

（2）目前线上营销线索的精准度要比线下渠道低很多，并且筛选和清洗的难度也比较大，而置业顾问是以成交为导向的，所以对线上线索跟进的主观能动性不强，不能保证全部并及时跟进，导致到访和成交转化率比较低。

3. 搭建私域运维体系，建设销售标准化流程，提升老带新成交占比

针对传统方案的不足，去年该房企开始搭建私域运维体系（包括老业主运维和线上流量运维），建立置业顾问跟进线索的标准化流程，提升老带新的转化率。具体方案如图4-18所示。

（1）在获客阶段，该房企搭建私域运维团队对老业主进行精细化运维，提高老业主的激活率和转发率。

	营销活动投放	老业主运营	线上流量运营	线索到访和成交转化
改善后流程	● 在老业主平台投放营销活动的链接,并匹配相应的激励策略	● 私域运营团队应用MA对老业主进行逐一跟进。 ● 应用客户标签、行为分析、策略库对老业主进行个性化策略经营	● 私域运营团队应用客户标签进行流量分层。 ● 应用MA对流量进行逐一跟进。 ● 应用客户标签进行个性化策略营销路径的定制	● 置业顾问根据线索跟进标准化流程进行逐一跟进。 ● 根据跟进步骤置业顾问进行积分,并作为佣金结算的附加项
原流程	● 在老业主平台投放营销活动的链接,并匹配相应的激励策略	● 在平台进行不同时间、多次投放,投放后缺少对老业主逐一跟进	● 在私域平台应用客户标签流量分层,进行线索筛选	● 置业顾问应用企微SCRM工具对线索进行自主跟进

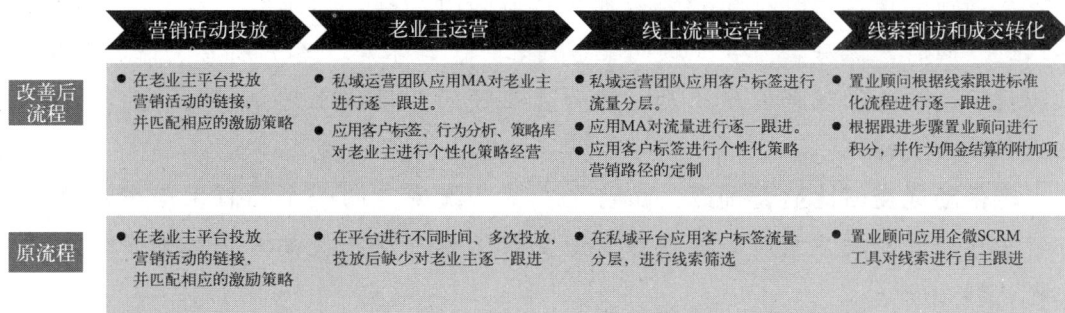

图 4-18 老带新流程

老业主标签定位:该房企搭建客户数据平台,拉通客户全触点数据,并进行数据清洗形成客户标签体系。房企在全民营销平台投放营销活动链接后,CDP 采集老业主对活动链接的行为数据(例如打开链接、页面浏览时长、没有转发链接等)结合过往的客户数据(例如,有没有报事报修、有没有到过营销活动的现场、开什么车、从事什么职业、有些什么圈子的朋友等)形成老业主的客户标签。

老业主的个性化运维:线上运维团队应用营销自动化平台对老业主进行一一跟进,并根据老业主标签确定相应的跟进策略。例如,没有打开页面的老业主可以发短信提醒,有过报事报修的老业主可以采用赠送保修服务的激励,浏览了页面但还没有转发的业主可以发短信提醒转发等,提高老业主的激活率和转发率。

(2)在转化阶段,私域运维团队对线上流量进行分层运维,提高线上线索的精准度和流量的二次裂变。同时,该房企建立置业顾问跟进线上线索的标准化流程,并设置激励机制加强管理,从而提高转化阶段的到访和成交率。

线上流量的分层运维:新客户通过老业主转发的页面进入房企私域平台中,先通过 CDP 在数据库中匹配是否有该客户的数据,如有则自动匹配该客户的标签。同时沉淀客户浏览页面的行为数据,形成标签,进行首轮客户意向等级分层。营销自动化平台根据现有客户标签对新流量进行首轮互动运维,以个性化营销策略最大限度地吸引客户在平台上完成更多的动作,例如浏览、咨询、注册等。线上运维团队根据客户标签进行客户意向等级的二次分层,并设计个性化培育路径,意向度等级较低的客户以裂变为主要目标,意向度较高的客户以沉淀线索和尽快邀约到访为主要目标,提高客户线索的精准度和流量的二次裂变。

线索线下跟进流程的标准化:高意向客户沉淀线索后,由置业顾问根据标准化流程进行跟进,跟进的每个节点都有清晰的规定,并且在企业微信 SCRM(Social Customer Relationship Management,社会化客户关系管理)工具上有相应的操作流程。该房企还学习贝壳 ACN(Agent Cooperation Network,红人合作网络)分佣机制,根据标准化流程对置业顾问作出的每个步骤进行积分,通过排名的方式加强管理，同时将积分作为佣金结算的附加项，保证线上线索能即时被全部跟进。同时，该房企为置业顾问配备内容库、话术库、客户标签、营销策略库、风险提示、积分管理等应用工具，还为置业顾问开设线上培训学院，为流程标准化提供强大支持。

老带新成交占比显著提高：该房企在某三线城市的一个项目做老带新改善试点，应用新的解决方案后，该项目老业主激活率较原来提高 3 倍，老带新成交占比也达到 30%。

试点成功后，该房企将老带新解决方案向全国进行推广，目前老带新成交占比显著提高，从原来不足 10% 提高到 20%。例如，在一个货值 20 亿元的项目应用，可以节约营销成本 200 万元。

由于房地产企业的客户数据积累不够，数据维度比较单一，该房企面临客户标签体系不够丰富、客户画像不够准确的问题。下一步将一方面通过大量线上活动积累客户数据；另一方面结合第三方数据在完善的客户标签体系和客户画像模型上进行发力，提高客户画像的精准度。

4.5 如何实现私域运维的数智化？

普华永道基于多年积累的前端业务数智化转型经验，从新零售全渠道业务、私域流量、会员运营、社交化和营销自动化等方面，提出会员精细化运维的规划方法，并整理业界数智化转型案例经验作为示例参考，希望就会员转型和运营规划方案对消费品及零售行业提出相关建议与启示，助力品牌精细化运维与整体数智化转型升级，从而获得有效业绩增长。普华永道在消费领域的相关经验和案例对于房地产行业的私域运维数智化相关业务具有很好的启发和借鉴意义。

1. 清晰的战略定位与体系化客户运维策略

公域难流转，私域客户难留存、难转化，这并不仅是由于社交运营模式出现了问题。在企业客户运维成本高、营销效率低下的两难境地背后，仍是客户运维体系的战略定位和策略问题。实现运维平台与运营模式的有机结合，企业需要在明确制定清晰的战略定位与体系化的客户运维策略基础上结合品牌建设与优质内容，打造无缝客户体验，实现对客户生命周期的端到端的覆盖。

企业应该从战略定位和整体客户运维策略方面思考：战略目标是什么？目标客户是谁？他们的需求是什么？围绕客户旅程，哪些业务场景是流量生成方？哪些是流量活跃地？哪些是流量变现方？在客户的不同生命周期又担当什么样的定位？

客户运维应从战略高度制定企业运营目标定位，并以此为基础，围绕客户生命旅程进行战略层、运营层及支撑层的一体化布局，实现多运营平台与模式的有机结合，构筑科学的客户运维体系。

房企典型客户运维战略框架示例如图 4-19 所示。

客户运维战略框架
战略目标(O)：提升整体收入(示例)

战略层

阶段1：客户数量增长	阶段2：提升转化率	阶段3：提升单客户价值
通过渠道选择、内容吸引和分发流量找到新客户	通过优质内容/服务优化体验，设计任务体系，增长客户时间	通过营销设计、价格管理会员体系，通过流量闭环展开拉新
前向变现	后向变现	内部变现

运营层

工具运营模式	内容运营模式	社交运营模式	电商运营模式
获客 ▶	激活 ▶	留存 ▶	转化 ▶ 裂变
推广管理	内容运营	社区/社群运营	活动运营　服务运营
消费积分体系	行为积分体系	权益体系	等级体系

支撑层

One ID	客户分层与标签体系	客户触点	算法能力	客户为中心的组织体系

图 4-19　房企客户运维战略框架示例

客户运维体系的本质仍是为企业创造可变现的价值。以经营收益的提升作为整体的战略目标，可拆解为三个典型阶段性目标，每个阶段的关键路径与运维模式均有不同：

（1）阶段 1：客户数量增长。

关键路径：通过渠道选择、内容吸引和分发流量找到新客户。

运营模式：工具运营、内容运营。

（2）阶段 2：提升转化率。

关键路径：通过优质内容/服务优化体验，设计任务体系，增长客户时间。

运营模式：内容运营、社交运营。

（3）阶段 3：提升单客户价值。

关键路径：通过营销设计、价格管理会员体系，以及通过流量闭环展开拉新。

运营模式：社交运营、电商运营。

由此可见，多平台运营模式下的企业并不缺乏社交运营平台的支撑。社交运营作为客户运维留存和转化的关键一环，唯有持续输出贴合平台目标客户价值取向与情感连接的优质内容，才能实现高频有效触达，让流量活跃起来，在私域流量闭环中不断裂变创造新的价值。

2. 深刻理解房地产行业之"人""货""场"的特殊性并因地制宜地作出设计

有的企业认为客户业务的数智化转型即建立"线上＋线下"相结合，在"人""货""场"三个要素中，通过"场"的变化就可以达到转型的目的。然而，数智化转型是漫长的工程，唯有通过客户定位、匹配客户需求，搭建符合企业业务流程的数智化工具，对全渠道数据进行收集分析，提升精准营销触达能力，使得各类数据持续反哺产品生产与业务变革，才能真正提升经营效能。

人：人的变化在于消费者由被动转为主动，新时代消费者追求品质感与精致化、细分化与个性化、终极便利性，以及舒适参与和完美体验。由此，"人"成为"货"和"场"的核心。

货：直接反映消费者需求变化，由单一的有形、实体商品向"产品＋体验/服务/社交"等结合有形与无形双重形式的"产品＋"转变。

场：消费场景无处不在。新零售下线上线下各个"场"之间的界限已然模糊，"场"的变化体现在消费旅程各个环节的全渠道融合，激发全场景消费体验。

（1）人——以"人"为本，数据赋能。

会员营销依据由客户圈群、策略设计、内容管理、渠道触达、客户响应收集和分析构成的闭环系统实现（图 4-20）。

会员营销的本质是基于营销手段驱动会员从量到质（变现）的转变。对市场及消费者的分析是执行营销体系的第一步。通过筛选人群，沉淀积累针对不同客群的营销方式打法及经验，形成有效方法论；进而面向关键人群和关键领域客户，构建价值内容开发、沟通话题、营销触点以及营造高端体验能力；建立营销活动管理规则规范，精准定位目标客户，通过活动内容创新及价值传递，形成与消费者的沟通链条，从而有效获取销售线索。

（2）货——对话客户，延伸价值。

"货"如何能够满足消费者需求？

应基于客户视角进行思考，密切注意消费行为的变化。

企业是一个收集、加工、实现需求的平台，存在的意义在于满足市场需要。生产"货"的本质即满足消费者的某些需求或价值。随着社会朝向更公平、多元化及包容性方向发展，消费偏好与导向也随之变化，消费者不再满足于商品本身，而是更关注其背后的人文情怀、文化氛围等，且越来越习惯于根据个人偏好寻找气味相投的品牌。换言之，商品成本除了要考虑生产成本、交易成本，还包括选择的时间成本等；商品的价值也不再单纯指代效用，还被赋予了更多的情感交流。

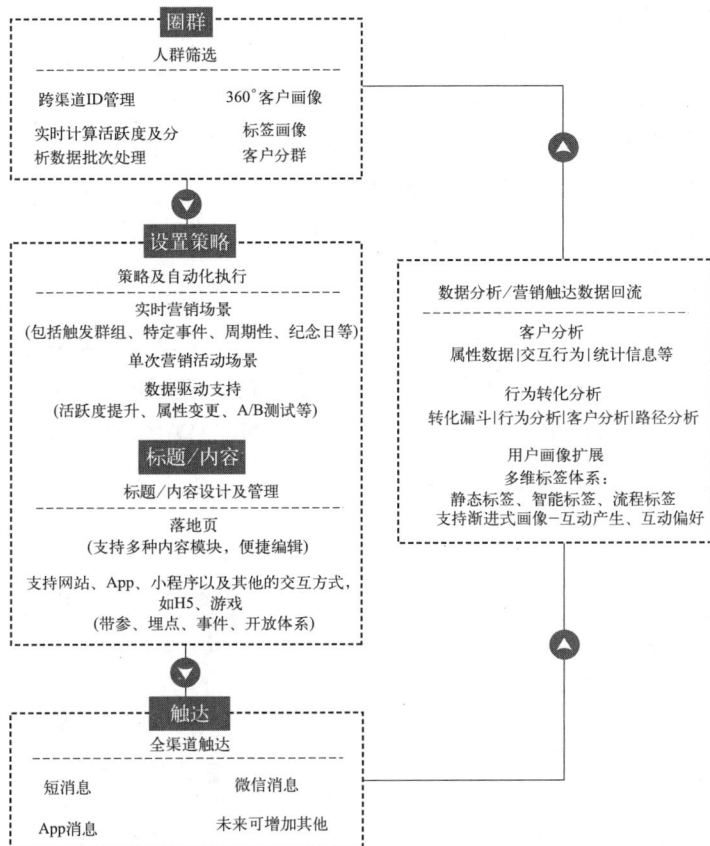

图 4-20　从客户圈群、策略设计、内容管理、渠道触达到客户响应收集和分析的闭环完成会员营销

因此，企业相关转型不仅要考虑外在的变革，更要有新思维。

如何知道消费者想要哪种"货"？

"同消费者对话"——在对话中探索消费者的真实需求，了解商品的成本与价值在消费者心中的真实构成，由此得知消费者真正想要的是什么。具体来说，在与消费者对话的过程中，如客户服务过程、客户交流过程和现场支持反馈过程等，会产生过程数据。通过分析这些数据，发现消费者隐性需求，企业才能知晓涉及产品概念、计划、研发、验证、发布、生命周期各个环节的重点分别在哪里。唯有形成产品数据服务客户、客户数据优化产品的闭环，相关产品、数据和服务才会越来越好。以往，房企通过典型案例的方式推动缺陷反馈，今后，应利用客户端的大数据实时敏捷地触发，从而更好地开展此项工作。

企业的能力也不仅是追求生产、流通与销售的效率，还应该升级为降本增效，设计出满足个性化需求的产品，并快速地匹配到消费者手中。

综上所述，"货"的重构不仅是商品成本与价值的延伸，更多应是以消费者为中心的供应链管理效率提升。

（3）场——多渠道整合，多业态统一。

对于"场"的定义，不应狭义地将其视为消费者进行商品交易的场所，更多应是指能够使客户感受到产品价值，并激发购买冲动的场景。

当下，每一位消费者都是信息的发送者和媒介传播者，消费者通过社交媒体获取信息，并通过社交媒体（微信、抖音、淘宝、兴趣社群等）发布信息。企业依托互联网技术与平台，通过人群间的信息资源传播商品口碑，并建立与会员的连接互动，由此将消费者变为品牌代言人，最终实现销售转化。

同时，消费者不会满足于一种或几种消费渠道，而是希望在消费过程的每个阶段，以及消费场所的不同业态中皆可以获得购物、娱乐和社交的综合消费体验及一致性的营销服务，这对于数字平台工具的 **ONE ID** 场景及其实现方式提出了更高的要求（图 4-21）。

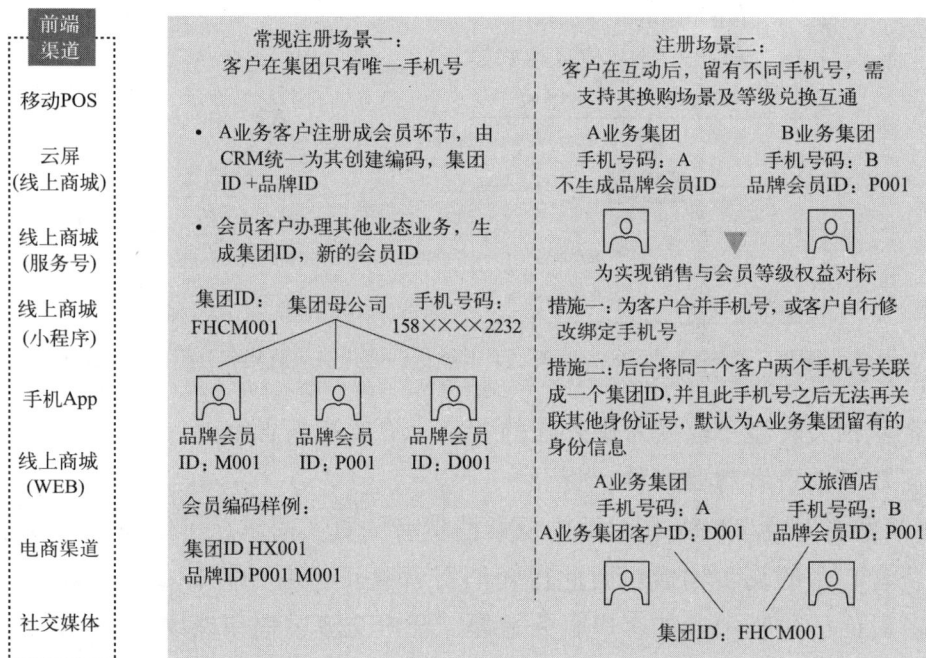

图 4-21　会员画像管理——ONE ID 场景及对应实现方式

3. 公私域联动，线上线下联合引流

新零售打破了线上线下的界限，单一渠道的销售已经不足以支撑整个线上销售。线下多业态并行发展将成为主流，形成大数据支撑的线上线下融合营销的模式。

房企品牌的私域沉淀同样需要线上线下一齐发力，精准获取目标客群。一方面，品牌可广泛利用线下售楼处、外展场、促销活动和中介渠道展现优势，在线下植入线上私域（如二维码）引流布局，同时针对购买品牌不同类型产品线的客户进行差异化私域营销设计，通过承接后链路各类营销活动，精准调动不同产品偏好客群的线上参与兴趣，从而提供更定向的品牌服务，沉淀高质量私域客户。另一方面，线上公域投放可实现私域引流更优化，借势成熟公域平台（微博、商城、抖音等）精细化客户标签资源，对目标人群做千人千面营销投放，定制化沟通素材精确触达不同圈层消费人群，使庞大、复杂且碎片化的客户流量得到精准定向和高效引流，进入品牌官方微信和自营平台私域进行沉淀（图 4-22）。

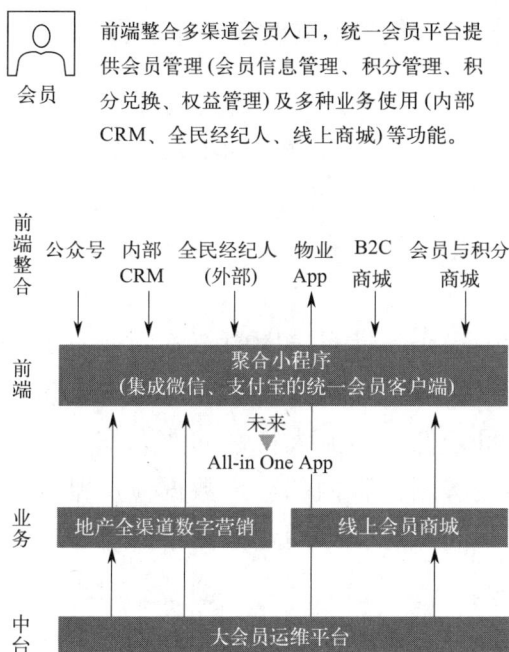

图 4-22　超级小程序实现统一客户入口示例

案例：商业地产自研线上平台模式具有优势

除小程序外，深圳万象城、凯德、天虹等购物中心还通过自主开发的 App 进入线上商城。仅从平台展示内容来看，每一款平台的内容差异较小，例如凯德的"O2O2OO"（Offline to Online to Online & Offline）数字生态模式，依托于领先的线下实体网络，数智化战略紧紧围绕旗下业务和具体场景展开。通过营销、社群等各类数字工具，实现数据沉淀和复购转化，再进一步回流至线上和线下，实现多渠道销售转化和场景再触达，形成良性循环的闭环生态系统，具有"造血"能力。

据披露，新冠病毒出现以来，凯德星多次迭代后，可触达客户超 1500 万，包含 1000 万实名会员，以及海量的消费数据、会员数据，结合后台大数据的技术处理能力，沉淀了场外客流的质量数据。

自研开发的产品在数据资产积累，通过大数据对消费者进行"画像"，以及顺应社会热点迎合消费者（如凯德星新上线的商城直播功能，以及如连接第三方社交、服务软件等功能），配合企业运营管理进行更新迭代等方面，具有较大优势。不过，自研也意味着更大的成本支出，因此选择平台时，应当从自身核心需求出发，找到与自身需求相匹配的运营模式，整合会员积分、商品导购、场景营销、品牌定位和停车缴费等一系列服务功能。

4. 房企私域流量体系的构建侧重点在于不同业态间的交叉引流

客户资产运维，一方面，企业品牌可通过互联网公域平台流量实现异业导入品牌私域（独立网站、公众号、微信群）的引流；另一方面，可开拓跨界合作伙伴，共享优质客户数字资源，借助渠道互补、资源互换、客户资源共享等方式，吸引潜客流量进入企业与品牌线上私域平台浏览和消费，进而转化和沉淀为企业私域客户。

具体到跨业态经营的房企，针对集团内部不同业态的子业务，可通过集中统一集团私域流量管理，以及多子业务数字客户连接打通等措施进行内部流量引导，将具有消费高频、客单价较低、客流大特性的业态作为主引流端口，协同引流至其他相关子业务，从而缓解同品牌内部客户数据应用割裂感，获得品牌一致的客户体验。这就需要解决不同业态、不同业务体系的客户数据打通的问题，否则无法实现多业态间相互引流。

房企不同业态业务的打通具有联盟型、矩阵型、集中型三种形式，除难易程度不同与投入多寡差异很大外，运维效果迥异。必须切实以客户为导向，用留量思维来经营客户资产，切实做好顶层设计和组织保障，否则客户运维工作很难取得预期效果（图4-23）。

中国房地产市场正在进入平稳发展的新长周期，随着存量市场的到来，如何实现增量市场向存量市场的转型，如何平稳跨越长周期并稳健发展，是每个房企都在思考并实践的问题。当前除开发业务之外，商业、写字楼、长租、产业园、物业等业态是房企布局的赛道，TOP100房企90%以上都有多业态布局，故如何做强运营尤为重要。房企的多年多业态布局使房企拥有丰富的未激活的会员资源，但可惜的是这些会员资源并未打通，各自为政。实现会员互通能够发挥企业的多业态优势，促进各业务版块的协同发展。再者，存量时代的客户运维管理收入将持续提升，做好客户资产的精细化管理能够为企业节约成本，提升利润指标。

激活会员运维，实现多业态互通。一方面，要将当前的会员激活，提升当前会员活卡率，统一会员档案，构建会员标签体系，为个性化客户服务提供基础。

联盟型打通	特征	•	平行业态或者业间，为提升各自商品或服务不能满足各自会员的情况下结成联盟(积分)的模式
社区　产园　商业　公寓　酒店　健康　游轮		•	典型代表：龙湖、合景泰富、阿里
板块运营独立	优点	• 品牌定位明确	缺点 • 客户体验难以提高
板块体验独立		• 组织能力要求不高	• 运营能力要求较高
板块身份和权益独立		• 成本投入较低	• 业务创新难**
积分统一　　识别统一			

矩阵型打通	特征	•	具备关联性行业间且具备一定影响力的企业(集团)作为核心，各业态为会员提供不同产品及服务
社区　产园　商业　公寓　酒店　健康　游轮		•	典型代表：华润通、金茂
总部和板块矩阵式双运营	优点	• 客户体验较为丰富	缺点 • 品牌定位模糊
体验统一　　　身份和权益统一		• 运营能力要求一般*	• 组织能力要求高
积分统一　　　识别统一		• 成本投入较低*	• 业务创新较难**

集中型打通	特征	•	强管控风格的集团作为平台规则的制定者，所属各业态按照统一标准进行会员运营
社区　产园　商业　公寓　酒店　健康　游轮		•	典型代表：中海
总部整合集中运营　体验统一　身份和权益统一	优点	• 品牌感知强	缺点 • 组织能力要求高
积分统一　　识别统一		• 客户体验好	• 运营能力要求高
		• 业务创新基础扎实	• 成本投入高

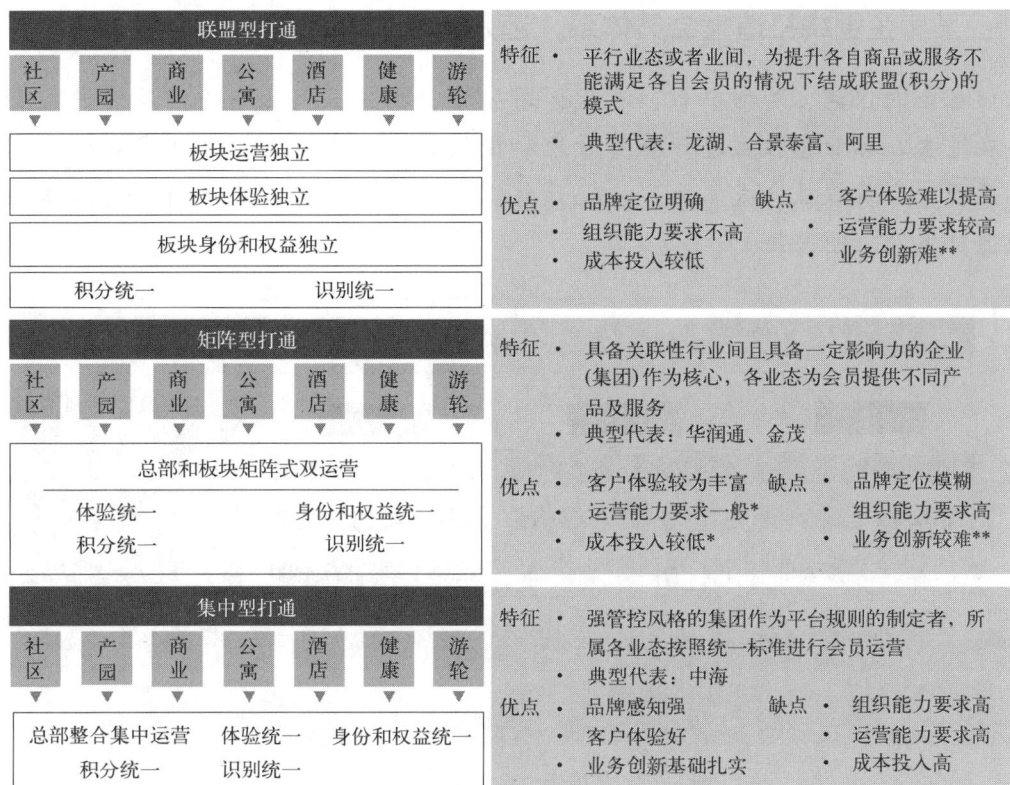

*非盈利定位作为前提**全面数据获取较难

图 4-23　零售与跨业态平台合作对客户数据打通评估分析

统一会员权益，搭建积分商城，实现虚拟商品、实物商品代发，增加客户黏性。另一方面，充分发挥多业态会员优势，统一会员体系，将不同业态会员构建企业会员数据池，实现统一的全生命周期运维管理。统一会员积分管理，不同业态会员积分换算，实现会员导流（图 4-24）。

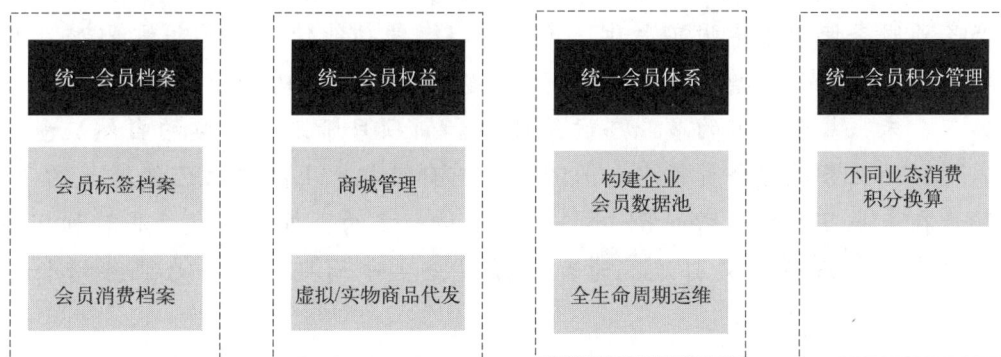

统一会员档案	统一会员权益	统一会员体系	统一会员积分管理
会员标签档案	商城管理	构建企业会员数据池	不同业态消费积分换算
会员消费档案	虚拟/实物商品代发	全生命周期运维	

图 4-24　会员管理体系

案例：某房企围绕打造大会员体系，迈入数智化客户运维新阶段

该房企的住宅、购物中心、酒店、写字楼、物业五大业态均涉及客户经营业务。在过去，各业态独立进行会员管理和提供客户服务，使用的业务系统之间数据不互通，会员权益自成体系。为提升整体客户经营能力，决定打造贯通多业态的大会员系统（图4-25）。

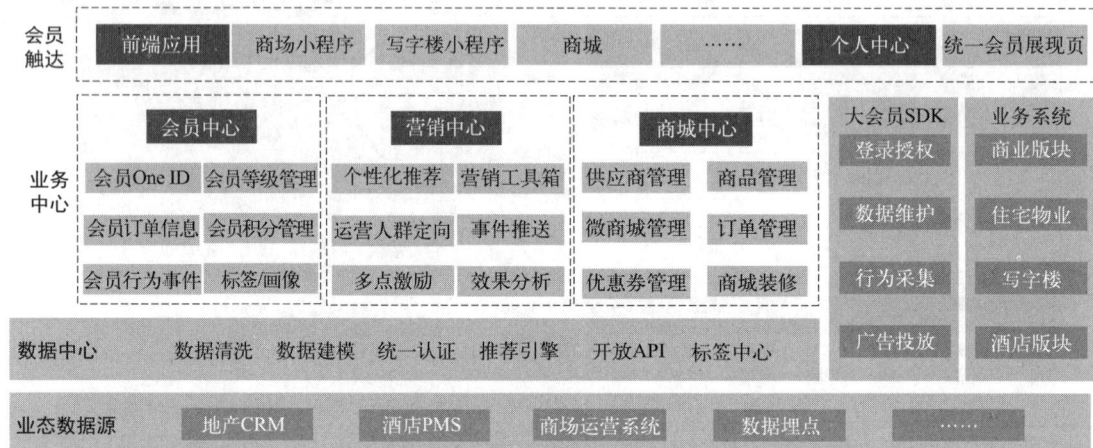

会员触达	前端应用	商场小程序	写字楼小程序	商城	……		个人中心	统一会员展现页

业务中心	会员中心		营销中心		商城中心		大会员SDK	业务系统
	会员One ID	会员等级管理	个性化推荐	营销工具箱	供应商管理	商品管理	登录授权	商业版块
	会员订单信息	会员积分管理	运营人群定向	事件推送	微商城管理	订单管理	数据维护	住宅物业
	会员行为事件	标签/画像	多点激励	效果分析	优惠券管理	商城装修	行为采集	写字楼
							广告投放	酒店版块

数据中心	数据清洗	数据建模	统一认证	推荐引擎	开放API	标签中心

业态数据源	地产CRM	酒店PMS	商场运营系统	数据埋点	……

图4-25　某房企大会员系统建设方案

该企业的大会员系统通过建立客户连接、会员统一运维、数字智能营销三项关键举措，解决了各业态会员体系孤岛、数据壁垒严重、缺少精细化客户运维的难题，为企业带来三大核心价值。

第一，通过提供线上线下无缝连接的优质服务，提升了客户体验，帮助企业提升服务品质和效率，赢得更高的品牌认可度。

第二，构建能够快速拉新、有效触达、服务闭环的精准营销体系。统计额显示，在平台上线短短不到一年的时间里，商业场景下会员活卡率增幅近100%，各业态各项服务使用频率明显上升，其中停车缴费功能使用频率超过70%，订单量累积超过百万单，已增长100%。会员活跃度和黏性得到显著提升。

第三，未来基于稳定的多业态运维体系和新项目带来的持续的自然流量，可以统筹为新的业务进行会员蓄水和引流。目前会员相比上线之初已经增长约13万人，预计在未来五年稳步增加5～6倍，并保持一定的会员活跃度，届时利用多业态协同作战优势进行交叉引流，为客户提供全生命周期价值，为业务增长添加动力。

5. 私域流量如何可持续性发展以培养忠诚客户

如何在私域客户转换阶段突破关键节点以构建私域流量运维体系？私域运维

的客户角色转换是重点（图 4-26）。

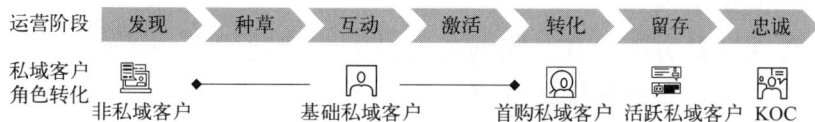

图 4-26　私域运维下客户角色的转换

（1）强调客户裂变。

客户裂变可快速聚集客户并促进转化。常见的裂变方式包括分享裂变、口碑裂变、拼团裂变等。通过建立产品核心价值传播，聚集起更多的具有相似消费偏好、消费能力的人，形成具备圈层效应的社群，并吸引更多人加入，扩大私域流量池。

（2）建立正向回馈机制。

利用各种社交平台的互动工具，强化正向反馈。交易完成后，通过一定的福利激励并引导消费者进行深度体验分享。通过分享这一心理体验，消费者会加深对商家的信任，从而选择持续沉淀在流量池内，成为有高复购意向的客户。更重要的是，消费者的好评、点赞及分享将成为裂变引擎，给私域流量池注入更多的动能。商家还需重点关注忠诚客户，识别并培养品牌潜在 KOC，激励并转化为能反哺私域的代言人及提供建议的体验官，形成口碑效应，从而激发更多消费需求。

（3）持续输出内容。

私域流量运营更强调长远性和持续性，完成交易不是终点。要以客户的终身价值为导向，持续提供内容，反复触达池内客户，促成基础客户、腰部客户、KOC 角色的迁移，提升客户复购率。在社群里可定期发送小抢购、小问卷、小红包等福利活跃群氛围，拉长交互（图 4-27）。

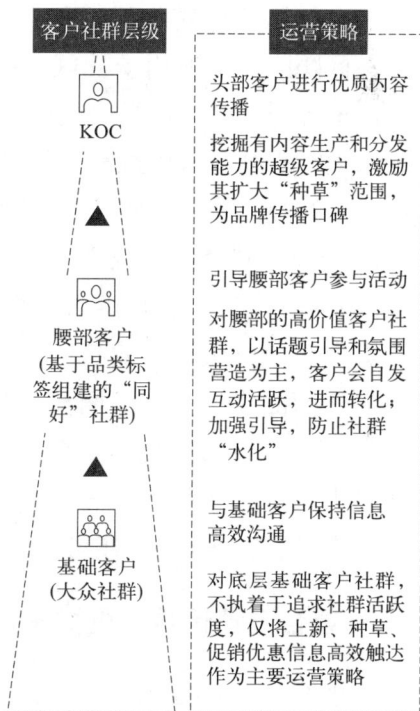

图 4-27　形成以 KOC 为内容生产与分发主力的社群层级

6. 如何结合私域流量确保社区团购良好运维

受新冠病毒影响，社区团购模式悄然发生变化，一线城市人群开始大范围参与社区团购以满足消费需求，此消费习惯有望得到延续。社区团购在消费者购物生命周期关键节点上突破接触转化，可构建节奏化和流程化社区运维体系。

（1）社区流量引入。

在吸引社区流量方面，社区团购通过私域流量运维可快速建立客户基数庞大的社群，有利于将有相似购买需求的人群快速组团，提高成团率及团单价。社区团购可依托线下门店（如售楼处、商场等）既有规模优势，引流至线上收口私域运维，这已成为越来越多企业的共识。还可以借助超级小程序实现统一的客户入口整合，链接外部公域流量平台，引流新客户并持续转化，同时结合老客户群体构建私域客户流量池。

线上还可引流门店促销活动——更具吸引力的线下体验引导消费者重归线下，以弥补线上消费无法替代的实体体验。如限时促销活动可集聚人流引导至线下消费，消费者一方面可自主挑选，另一方面还可以加强社区邻里互动与分享，与社区居民形成强情感联结。

（2）社区流量转化与留存。

社区团购运维适用于社区/社群氛围浓厚的消费场景，社区团购的客户基数庞大、需求多样，更需依靠成熟的私域运维实现有效管理。初期社区客户、团长的选择和维护对于社区价值观和氛围的形成至关重要，甚至需要人为设置一些门槛，以维持良好的社群氛围。团长通过深入洞察消费需求，精简高价值社区团购 SKU[1]，提升团单价。同时，需推出与各社群需求高匹配的选品组合套餐，实现"千群千面"，精准满足社区客户诉求，提高购买频次。此外，社区团购的最低成团单数是刺激客户裂变的天然有效机制，应吸引同圈层消费者快速入群并抱团下单。

对于商品房消费，组团买房历来是传统，少则三五套，多则数十套，通过团购的方式走绿色通道找房企要到特殊的价格优惠，这个逻辑百试不爽，无论是提升售场人气还是销量，买方市场下开发商也都愿意做相应的特别安排。对于社区团长或者社群的 KOL，还可以就此得到老带新的激励，是多赢的局面。

7. 整合会员运维，重构房企的营销体系

开展客户资产运维，增加销售渠道是提升企业销售竞争力并促进增长的有效手段。当前房企销售手段主要包括自销、自渠、中介、全民营销等传统营销模式与线上数字营销等新兴营销方式。提高中介销售占比是增加销售额、提高销售效率最有效的方式，但是由于其费用一般为成交金额的 2%～3%，远远超出标杆房企 1.6%～1.8%的营销总费率，因此房企会严格控制中介费用占比。当前房企已

---

[1] 注：SKU，Stock Keeping Unit，代表"库存单位"。它是分配给商店库存中的产品或物品的唯一代码或编号。SKU 作为零售商轻松跟踪库存和销售、管理供应链运营的工具。它还帮助客户快速准确地定位和识别产品。SKU 通常由字母数字字符组成，并可根据零售商的具体需求进行定制。

基本被中介"绑架",在市场下行的环境下,已经陷入"采用中介营销费用超标,不采用中介销售额严重下降"的困境。据调研,头部房企 2021 年中介成交费用占比 40%左右,部分项目中介成交甚至高达 80%以上。随着信息技术的持续深耕和社交网络的爆发式增长,客户信息获取来源由单渠道逐渐转换为多渠道,企业营销的主战场也由传统的电视广播、报纸杂志、户外广告转换至不断崛起的网络新平台上。为减少对中介的依赖,减少营销费用,部分房企破圈,自建线上的数智化营销渠道成为必由之路。

经过调控的影响及新冠病毒常态化的催化,房企数智化营销的发展重心由后端的管理向前端的获客延伸,企业更多考虑如何在目前的公域流量平台中定位目标客群并向内部的私域流量进行引流,发展自己的私域生态,摆脱中介渠道的绑架。房企利用数智化手段建设线上营销渠道,可以更精准地投放广告引流,利用企业微信等私域运营工具进行转化,提升转化率,节省费用。同时渠道在线可以实时分析渠道投放效果与费用情况,优化渠道投放。但与此同时,随着企业"以客户为中心"意识的觉醒,公域向私域转换的获客成本上升,企业期望通过传统的数据化转型实现"一夜成名"并不容易。

不少企业在会员运维过程中与营销数智化结合不畅,碰到如下诸多问题:

(1)很多企业知道应建立会员 360°视图,完善会员画像,但当对客户信息进行挖掘加工时,不是仅获取简单的客户特征,就是采集过多的初始数据,并不适应企业实际发展。

(2)线索转化全流程仅注重渠道引流收集。通过平台、活动、产品、客户等获取线索只是线索价值链第一环,后续的线索清洗、打分、下发分配、跟进、转化等步骤缺乏完整的业务流程及技术平台支撑。

(3)虽然进行全方位铺广告,多渠道广撒网,但潜在客户依旧保持低转化率,无法精准触达目标客户。

(4)大量线索被浪费。海量线索由于渠道来源复杂,造成客户画像分析困难,从而导致人工成本增加,极大降低销售转化率。

(5)营销活动以数量取胜,未与销售链条闭环打通;商机产出的采购周期较长,导致营销投入产出评估困难,销售对营销的认可度未达成共识,营销价值衡量存在障碍。

本着降低成本提高效率的核心目的,房企的数智化转型,结合客户运维,必然要将房企传统的营销流程予以重构。全渠道拓客、提高获客精准度、个性化营销策略、客户分层运维与复用、精细化管理五大策略需要借助新技术逐一落地(图 4-28)。

全渠道拓客:拓客环节,除去现有传统第三方渠道,探索市场上现存的其他拓客方式以找到新的增长点,包括互联网广告投放、公域流量运维(短视频、直

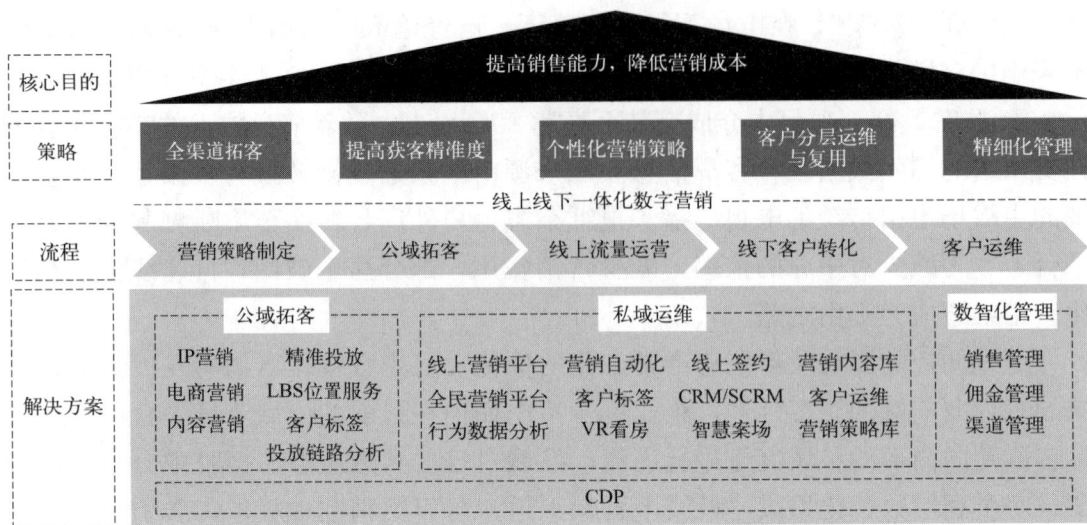

图 4-28　整合会员运维，重构房企开发业务的营销体系

播、文章、KOL、电商等）、全民营销、LBS 服务营销。概括而言，即从公域引流和私域激活两方面去做。

提高获客精准度：在拓客环节，通过互联网广告精准投放、公域流量的运维提高全民营销的参与率和提供准确的 LBS 位置服务方式，通过数据埋点采用增长黑客的手段提高获客精度，还可以通过数据分析选择客户匹配程度较高的渠道进行获客。

个性化营销策略：本质上是商机匹配。针对客户的特征匹配相应的营销策略。个性化营销策略建立在对每个客户都能够深入了解的基础上，这就需要房企如前文所述的客户研究与客户洞察做到位，尽可能地了解客户的客观情况与真实想法，摸清楚实际需求，为互联网和数智化提供很好的落地途径。在互联网世界中，客户的一切行为都可以被记录、追溯、分析。因此企业品牌必须首先建立自己的私域流量平台，在客户全生命周期中建立尽可能多的触点并互动，进行数据采集和分析，形成基础客户画像。在客户培育的旅程中，进行实时行为数据采集和分析，结合基础客户画像和实时行为分析作出个性化营销策略。

客户分层运维与复用：在互联网获客成本日益高涨的今天，客户的分层运维和复购对企业而言非常重要，客户的角色不仅是购买者，也可以是营销渠道。在客户成交前，可以对客户进行分层运维，对于意向程度不高的客户可以重点进行裂变培育，在客户成交后，可以进行全民营销裂变。

精细化管理：房企大运营体系的精细化管理覆盖业务流程的方方面面，营销环节也不例外，包括销售管理、渠道管理、客户管理等。

策略明确后，流程也需要与时俱进。结合客户运维，需要重构的营销流程有营销策略制定、公域拓客、私域运营（线上客户运维、线下客户转化）、客户运维。

营销策略制定：制定整体营销策略、各渠道目标、营销费用等，具体应用包括营销策略库、销售管理、渠道管理、佣金管理、会员激励等数智化系统。

公域拓客：包括互联网广告投放、公域流量的运营拓客（短视频、直播、文章、KOL、电商等）、全民营销拓客、LBS 服务营销拓客等。

线上客户运维：流量进入企业私域平台后，利用客户标签、客户行为分析等手段，线上运营团队对流量进行分层运维，匹配个性化营销策略。尽可能地促进流量的留存和裂变，并且辨别客户的意向度。

线下客户转化：线上高意向客户线索转到线下后，置业顾问利用智能案场、VR 带看、线上签约、客户标签、内容库、话术库、策略库等方案，提高客户到访率和成交率。

客户运维：由原来的会员运营向客户洞察、会员营销、会员拉通扩展。获取客户之后，通过数智化技术形成客户的人群画像，对客户进行标签分析，实现活动的精准投放，激活会员的活跃度。同时，在业态会员场景应用中，打破数据孤岛，建立统一的会员体系，沉淀数据资产，形成多元数据的融通。增强客户黏性，提高老客户的复购和裂变。以底层客户数据平台 CDP 作为数智化营销的基础平台，是实现以客户为导向，全流程一体化运营的数智化营销的保障。最终目的是通过统一客户资产、实时数据采集、客户数据分析，实现客户资产全流程贯通，并提供个性化经营策略，沉淀基于产品、客户、渠道、内容、策略的企业的精准营销策略库。

在行业不断演进、迭代更新的过程中，房企品牌应基于私域的精细化、数智化运维，勇于尝试更多创意打法，耐心打造未来长期发展平台，从运维机制、流程、体验上不断探索革新。企业决策者应为长期坚持创新和运维的团队提供坚定支持，使企业在激烈的行业竞争中保持领先市场地位。

案例：中国金茂的大会员体系

下文是金茂 2022 年 12 月在官微上的一篇介绍其大会员体系的文章。从文中可知金茂对客户数据进行了总部和业务版块的矩阵型打通，在统一身份 ID、权益互通方面做出了有益探索。

"大会员体系"上线，一键解锁你的奇妙生活

当数字化打开消费的大门，理想的消费场景会是什么模样？是凭统一身份在线上线下多元场景中自在出入，还是借统一"虚拟货币"在内外消费场一键支付，或是在没有边界的衣食住行乐各场景任意通行？具象边界被打破的消费场，蕴藏自由无界的生活向往，不设限的空间，映鉴理想生活的每一种可能。在中国金茂大会员体系中，一切美好想象都在逐步兑现。

（1）无界互通，畅游消费。

随着云计算、大数据、人工智能等数字技术在生活消费场景中的应用，国人的消费习惯和行为被重塑，开始向移动化、场景化转移。线下与线上交融、虚拟与现实融通，正在激发消费新模式。以消费为中心的中国金茂，适时推出大会员体系，打造无界的场景式消费，重构消费新体验。

布局住宅、酒店、商业、物业服务等多业务版块的中国金茂，旗下的会员体系早已有之。无论是地产的"金茂荟"，还是酒店的"金茂尊享"，抑或是商业的"缤纷金茂"，各具特色且汇聚众多会员。为了优化客户体验，让客户体验最前沿的消费场景，中国金茂发挥城市运营商优势，依托大会员体系，将旗下不同业态、各式消费场景聚合串联，一站式无界消费生活由此畅享（图4-29）。

图 4-29　金茂小程序入口的客户界面（1）

中国金茂集全力打造的大会员体系因无界而"大有可为"，核心在于四个打通。身份打通是第一步。客户无论来自地产、商业还是酒店、服务，在金茂大会员体系之下，身份不再有业态之分，达成统一。凭借统一身份ID，会员所拥有的相应等级实现互通，在任意业态场景获得的消费积分随之"共享"，等级和权益得以打通，让客户消费更便利。

消费场景的打通，是大会员体系营销无界空间的最后一关。借助大会员体系，仅凭一个会员身份，客户就可在中国金茂旗下所有业态场景中感受"无界"互动的消费体验，解锁丰富的会员权益，享受多样、个性化的会员服务。未来，还能在金茂场景之外实现畅游体验。无界消费场至此呈现（图 4-30）。

图 4-30　金茂小程序入口的客户界面（2）

在中国金茂大会员体系的无界空间中，即时性、个性化的消费需求被满足，多样丰富的购物场景带来更愉悦的消费体验，不断放送的惊喜让生活收获更多快乐，时尚、潮流的生活方式全方位触达。

以大会员体系为基础，中国金茂通过高质量服务满足客户不断升级的消费需求，为客户构筑一个蕴藏 N 种美好的生活方式。于中国金茂而言，恰好实现与客户的深度链接，成就独有的数字化资产，又能进一步反哺客户，为其拓宽消费新场景，开发更具趣味的消费玩法，着力提升服务品质，为客户创造一个更具个性、更无边界的消费新世界。

（2）会员随心入，升级无难度。

多领域布局的中国金茂，因高品质产品和臻心服务吸粉无数。无论是地产、物业还是酒店、商业，均收获一众忠实客户。如今新上线的大会员体系，将中国金茂各版块会员统一组成一个大家庭。在这里，会员的归属感和体验感持续提升。

入会简单、权益丰富，凸显中国金茂大会员体系的真心实意。想要成为金茂会员，只需在金茂任一小程序/App 扫码注册，一步即成。注册即为 V1 会员，虽是入门级会员，但权益很是丰厚。从注册礼、消费返金琅，到停车优惠、金琅兑换，甚至还能享受会员日的超多福利。

若在基础之上获得更多权益，需要持续升级，成长值是关键。在中国金茂大会员体系中，升级很简单、获益很轻松。只要在中国金茂任一业态场景中消费就能获得成长值，消费越多，成长值越高，且不受场景限制随时相加，会员等级也由此快速上升。每个层级权益不同却都丰厚，以最高V5等级来说，不仅在金茂酒店可以获得客房升级、尊享早餐、金琪奖励等权益，在金茂商业还能享受沙龙社群、生日礼、贵宾活动等待遇。在中国金茂，开启品位生活只需一个会员的距离。

等级之外，会员体系中还有一个不可或缺的角色——积分，在中国金茂大会员体系中，这个角色是"金琪"。虽是"虚拟"的积分，但金琪却可在中国金茂全维度消费场景中自由穿梭，既能兑换权益，又能在各消费场景真实抵现。未来，客户可以携金琪按一定比例抵物业费，在金茂线上电商和线下商场抵现消费，在金茂互联网家装平台与写字楼领域抵现使用。金琪在中国金茂全维度消费场景中自由穿梭，获取场景十分广阔。你可以通过房产认证、参与金茂荟相关活动，或是借助"金茂尊享"平台完成住宿预订、消费、点评奖励等获得金琪。在金茂所有商场内消费、参加商场互动均可以按照一定比例累计金琪，同时，在悦邻商城消费商品也是获得金琪的好办法。贯穿吃、穿、住、用、乐全景式的消费体验，金琪正在赋予中国金茂会员更多的生活想象。

（3）积分可追溯，服务可定向。

诚意，在其中不可或缺。针对旗下地产版块，中国金茂对其业主会员给予"特权"。无论业主何时购房，只要当下注册金茂会员，都将第一时间为其补发成长值，让业主不因时间限制就收获超多权益。此外，2022年年底在地产所有案场签约成功的客户，均能获得大额金琪的额外奖励。

会员服务品质的提升，少不了定制与精致，中国金茂深谙此道。比如在金茂商业重要的活动中，中国金茂为大客户开设"一站式"服务通道，为其兑礼等需求提供专属定制服务。另外，V4、V5层级会员还可享有专属停车位、美食代金券等特殊权益，使其轻松购物的同时体验私人定制般的舒适与尊贵。

宠粉的中国金茂，带着超多惊喜点亮金喜感恩季。活动期间，5000万金琪积分大派送。住宅版块，全国热门区域的12个优选项目携超多优惠回馈客户。并且，无论是通过到访、成交，还是"老带新"友情推荐，客户都有机会获得100～2000数量不等的金琪。

而金茂商业将联动上海、青岛等六城，以超有趣的玩法＋超丰厚的礼品开启一场体验大不同的"超级壹号 金粉盛典"。2022年12月中下旬，旗下的青岛、张家港金茂览秀城以及天津金茂汇将相继开业，金茂商业则会提前为当地业主、物业会员送出专享活动券或来店礼券，让金茂会员体验专属消费的快乐。

物业版块的悦邻商城也带着丰盛大礼来了。2022 年 12 月 8 日，悦邻商城已提前预热开展"金禧节"直播活动，以抽金玥福袋形式，狂撒 99999 金玥。2022 年 12 月 12 日，会员上线购买悦邻商品即返双倍金玥，业主当天消费可获双倍金玥收益。

金茂酒店亦是福利不断，活动期间，邀请好友成为会员，可抽取数额不等的金玥，最高可达 8800 金玥积分。2022 年 12 月底，"无感积分"将正式上线，这也是其在酒店行业的首次应用。未来，如在金茂酒店消费，除获得酒店积分之外，若是金茂会员，还将同步获得金茂积分，且积分直接入户，无需任何操作。2022 年 12 月底，中国金茂大会员体系还将在金茂荟小程序狂撒"金玥雨"，为会员们新一年增添喜气与福气。

坚持"以客户为中心"的中国金茂，一直以来都将客户的需求放在首位。深耕多业态，中国金茂坚持推陈出新，以高品质产品和优质服务满足客户不断升级的生活需求。随着未来生活方式的进化与探索，中国金茂紧跟潮流，以无界消费场，赋予客户更优质的体验感。行无界、乐无界，在充满无限活力与想象的中国金茂生活场，客户随时拥抱更美生活。

4.6　虚拟数字人和客户关系管理业务有关系吗?

"未来，整个世界都将被数字化，一切都将在虚拟数字世界里有一个复制品，像是现实世界的一面镜子。"《失控》作者凯文·凯利在 2019 年的中国国际大数据产业博览会上预测，未来 30 年将是"永无止境的人、机器、自然三者的融合"。一语中的，也掀开了关于虚拟数字人的畅想。随着计算机图形学、深度学习、语音合成、类脑科学等聚合数字科技的进步，虚拟数字人从科幻小说走进现实，2021 年，元宇宙概念下的虚拟数字人崛起。演唱会、综艺、代言、走秀、脱口秀、短剧、直播……"十八般武艺"的虚拟数字人吸引了数以亿计流量的关注、企业聚焦、资本追逐，叠加疫情下国人对数字生活需求的快速增加，以及智能手机和消费级 VR 硬件的应用，虚拟数字人发展步入快车道。而至 2023 年，在 Web 3 的号角与东风下，虚拟数字人似乎被赋予了更高阶的意义，从 Web 2 世界里"工具性赋能"的辅助角色，成为 Web 3 世界中不可或缺的关键拼图和场景入口，其价值在不断演进。

得益于 AI、AR 及 VR 等技术的突破发展，当前，虚拟数字人应用范围不断扩大、产业链逐步完善以及商业模式日趋多元。据麦肯锡预测，到 2030 年，中国将至少有 1.18 亿人被人工智能或机器人替代。不可否认，虚拟数字人给传统行业带来了变革。通过虚拟数字人技术与各行各业的相互融合，其规模化、可定制化、可复制化的能力能够推动改善传统业务流程、提升效能、降低成本、提升业务体验，给传统领域带来变革。各行业都不可避免地开始受到影响，房地产行业同样如此，我们需要保持关注并酌情应用。

根据算力智库的研究：就其技术层面而言，虚拟数字人可以理解为通过计算机图形学、语音合成技术、深度学习、类脑科学、生物科技、计算科学等聚合科技创设，并具有"人"的外观、行为、思想与价值观的可交互的虚拟形象。虚拟数字人可以被用来代表个人、公司或组织，可以在虚拟现实、视频游戏、电影等各种媒体形式中使用。虚拟数字人往往具有高度的逼真感，包括外貌、动作、语音和情感等方面，可以与人类进行交互，并产生情感共鸣。

虚拟数字人是计算机图形学和人工智能领域的研究热点之一，其应用领域包括娱乐、教育、医疗、广告和商业等。例如，在医疗领域，虚拟数字人可以被用来模拟手术操作、疾病诊断和治疗等，以提高医学生、实习医生和医疗保健专业人士的技能和效率。在教育领域，虚拟数字人可以为学生们提供更加生动的学习体验，增强学习兴趣和参与度。

元宇宙时代，虚拟数字人将成为价值生产的主体。既可以是自然人在虚拟空间内的"数字化身"（真人驱动），同时也可以是基于 AI 驱动的"数字助理"（数字驱动）。

就其属性层面而言，从新兴媒体形态和服务模式来看，虚拟数字人将作为一种新生媒介衍生物，广泛应用在传统世界和元宇宙新生态中，担任着信息制造与传递的责任。虚拟数字人成为进入元宇宙的重要载体和媒介延伸，也成为人与人、人与社会、事物与事物之间产生联结的新纽带，发生孪生关系的新介质。

同时，虚拟数字人也是一种重要的数据资产。虚拟财产可以简化为三大类：账号、数字货币以及道具，其中，道具又分为虚拟数字人和一般道具。虚拟数字人对自然人而言在很大意义上具有时间价值、情感价值，也是变现场景的入口，是重要的数据资产。

交互技术与人工智能技术是虚拟数字人最核心的技术场景，"交互技术作为虚拟数字人的骨与肉"，人工智能则作为虚拟数字人的"灵魂"。好看的皮囊与有趣的灵魂，二者缺一不可。交互技术（interactivity）的诸多分支，通过扫描、建模、动画设计等流程，让高仿真的虚拟数字人诞生在元宇宙中，并在人机共生的社会环境之下提供超现实的交互方式。同时，通过 XR（VR/AR/MR）、全息投影的技术，让虚拟数字人走出虚拟空间，与现实场景无缝融合，是虚拟数字人虚实结合的连接器。

人工智能（AI，Artificial Intelligence）作为虚拟数字人的驱动"大脑"之一，既是虚拟数字人能够在元宇宙中感知行为并作出反馈的核心要素，又是其掌握与学习技能的关键所在，同时也是虚拟数字人能够自我进化迭代的基础。

1. 虚拟数字人的开放平台、应用领域与分类

在数智化转型的大背景下，虚拟数字人借助"元宇宙"的东风迎来了爆发期，但发展到现在，仍处于高投入的初期发展阶段。

从技术层面来看，随着 AI、VR 以及算力等技术不断成熟，虚拟数字人技术得到了显著提升。

2021 年 10 月，科大讯飞发布"讯飞 AI 虚拟人交互平台 1.0"。该平台支持用户在 1 分钟内构建自己的虚拟人形象，并且生成独特的声音。用户可以对虚拟人进行人设设定，包括姓名、脸型、性格、爱好、衣品等，类似真人。

2021 年 12 月，万兴科技旗下视频演示软件"万兴鹿演"（Wondershare DemoCreator）上线"虚拟人"功能。客户只需使用个人设备上的普通摄像头，即可轻松将自己的个人真实形象转化为"数字虚拟形象"并进行多场景、多形态、多维度的全面演示。在产品研发过程中，万兴科技主要探索 3D 模型设计与渲染技术、动捕 AI 技术和基于 GAN 网络形象生成等技术的实现。

紧随其后，腾讯、百度、相芯科技等企业纷纷推出虚拟数据人开放平台。

基于技术与文化双重属性，虚拟数字人在传统的电商、娱乐等领域率先落地。

国内首位汽车领域虚拟博主苍晓官宣出道（图 4-31），填补了国内汽车虚拟博主的空白。相较于真人博主，虚拟数字人量身定制的形象、7 天×24 小时不间断输出以及丰富的知识储备，在算力的支撑下既满足消费者需求，又增加了转化效率，降低了运营成本。

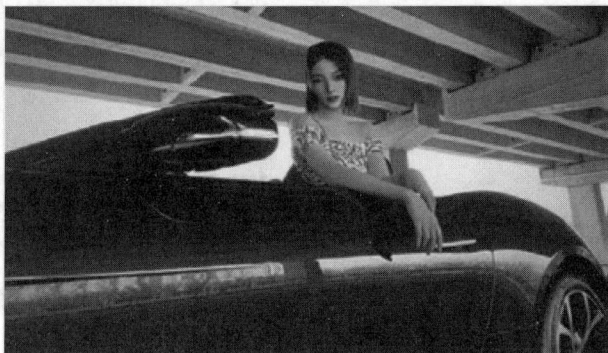

图 4-31　汽车虚拟博主苍晓

正是上述特点，赢得了直播、电商以及文娱领域机构的认可与追捧。

2021 年 5 月 21 日，广东网络广播电视台打造的全球首个粤语虚拟偶像"悦小满"于"小满"节气当天正式出道。目前，"悦小满"已正式登录各大社交媒体平台，开设了粤听号、触电号、微博、B 站、抖音、Facebook、YouTube、Twitter（现更名为 X）等账号。此外，"悦小满"还将开设情感直播、录制大湾区探店 vlog 并进驻各大文旅点进行联动合作等。从图片、歌曲、vlog 到直播带货、文宣代言、VR 演唱会等场景，"悦小满"的应用边界正在无限拓宽。

到目前为止，文娱领域已成为虚拟数字人应用的主场之一。由于国内在短视频、直播、电商业态的迅猛发展，优秀且能够高频次、碎片化且实时出镜的主播面临招募难、培养周期长等痛点，虚拟数字人可通过定制化符合上述所有要求，替代真人主播。因此，虚拟数字人在短视频、直播、电商等领域被视为"新宠"，并且加速投入了实际应用。

除此之外，金融、社交、政务、航天、教育、医疗等传统领域已陆续成为虚拟数字人进军的重点。如百度智能云曦灵打造的几十位虚拟数字人应用在了金融、运营商、文旅、广电、互娱等领域。

AIYA 是百信银行在金融业内推出的首位"AI 虚拟品牌官"（图 4-32），其 2021 年 11 月 18 日推出二次元版本，并在银行业首发了 NFT 数字藏品，12 月 30 日推出超写实版本，并与央视虚拟主播小 C 进行互动出道。其整体推出时间短但影响力高，主要原因：一是创新能力强，通过银行业领先的创意实践，明晰的知识产权、自主技术、数字藏品应用等赢得高分；二是整体传播高举高打，通过重要媒体间的合作，赢得了传播的高权重影响力，成为 C 位出道的"双优生"。

图 4-32　百信银行 AIYA——金融业首位"AI 虚拟品牌官"

在北京冬奥会上，腾讯 3D 手语数智人"聆语"、气象服务 AI 虚拟人"冯小殊""上岗"就业。早前，腾讯先后推出了以《王者荣耀》角色为原型的虚拟偶像唱跳男团"无限王者团"以及全球首位数字航天员"小净"。

阿里方面,作为国际奥林匹克委员会的全球合作伙伴,推出了全新数字人冬奥宣推官"冬冬"。与阿里旗下首位数字员工"AYAYI"相比,冬冬已经实现了多方面的技术突破,从外观和互动来看,冬冬显得更为灵动活泼,北京腔的普通话,更带有亲切的人情味儿。

如今,形态各异的虚拟数字人步入的领域越发多元化。

中国移动通信联合会元宇宙产业委员会执行主任于佳宁在接受央广网记者采访时表示,目前业内将虚拟数字人大致分为服务型虚拟人和身份型虚拟人两类。服务型虚拟人可以在特定场景提供服务,可替代诸多服务行业的社会角色,例如企业员工、主持人、医疗顾问、管家等;身份型虚拟人则更倾向于重新建立一种新的虚拟形象,并在文娱游戏等领域落地,例如偶像型虚拟人、直播型虚拟人等。

从技术角度看,虚拟数字人分为真人驱动和计算驱动两种类型;从应用角度看,虚拟数字人分为身份型(真人虚拟分身)、服务型(虚拟员工)及虚拟偶像三大类(表4-3)。

虚拟数字人不同类型的介绍(算力智库)　　　　　　　　　表 4-3

项目	身份型 (真人虚拟分身)	服务型 (虚拟员工)	虚拟偶像
产品 定位	自然人的第二身份即在虚拟世界或元宇宙中的身份	现实中服务型角色的虚拟化,如解说员、导游等	只存在于虚拟世界中的角色,如游戏人物
核心 功能	主要用于娱乐、社交,也可用于虚拟资产管理或商业合作等	提供功能性服务及形象展示,如完成咨询、解说、陪伴、关怀或内容输出等简单的服务性工作	用于娱乐、服务,如在游戏、音乐或表演等领域提供表演、才艺服务的虚拟数字人
虚拟数字 人代表	Meet GU(谷爱凌)	文博虚拟宣推官"文天天",浦发银行虚拟大堂经理"小浦"	虚拟偶像女团"A-SOUL",清华大学学生"华智冰"

对于服务型虚拟数字人而言,关键在于能否真正帮人解决问题,所以其自然语言处理能力等人工智能技术成为核心竞争力。对于身份型虚拟数字人而言,主要关注 IP 和运营能力,其中,内容型虚拟人核心在于其背后 IP 的价值和衍生能力,形象型虚拟人则需要出色的人设打造和运营的能力。在具体应用层面,一方面,终端用户可基于自己的喜好去创建属于自己的专属虚拟形象,在平台内进行各类社交活动;另一方面,虚拟数字人也可被打造成 IP,通过"圈粉"进行流量变现,如打造虚拟偶像进行直播带货、获取直播打赏、出售版权等,或是打造符合品牌调性的虚拟形象代言人进行品牌营销活动。

虚拟形象 IP 化为企业品牌升级实现创新赋能,塑造与品牌文化肌理相匹配的虚拟 IP,或者将品牌传统的平面形象"复活"已成为促进品牌转型升级发展,在激烈的市场竞争中脱颖而出的重要因素。相较于单调的平面形象，虚拟化的品牌IP形象更生动、鲜活，更能加速品牌年轻化进程和认知，定位目标客户更加精准，也不会受到人设崩塌、负面新闻的影响，能够 7 天×24 小时随时随地进行工作，安全系数更高、商业可持续性更强，无论是从成本控制还是流程把控上都更为高效。

当前，服务型（虚拟员工）及虚拟偶像这两类虚拟数字人最受市场欢迎。

服务型（虚拟员工）已在国内广泛使用，是虚拟数字人通过知识图谱训练，在一定范围内实现人类能力的替代，主要用于替代真人提供咨询、播报等基础客户服务。在国外，基于 Computer Graphic 计算机图形学的技术优势而打造出来的虚拟数字人可以作为陪伴助手、心理咨询顾问等在医疗场景应用。服务型工具型的虚拟数字人在技术全面迈向元宇宙过渡期间，率先与现实产业联动，解决行业痛点，实现场景占位，是虚拟数字人在 B 端市场最主要的存在形式。

虚拟偶像与真人相比，通过定制化形象、声音等，迎合消费者喜好，同时虚拟偶像公众形象便于管理，可降低危机公关概率，人设稳定。

从 Web 2 到 Web 3，虚拟数字人虚实相生，应用场景愈发多元。

在技术提升的加持下，虚拟数字人多域渗透，泛文娱、元宇宙或为抢跑主赛道。

2. 服务型虚拟数字人在房地产领域的应用前景

基于企业提升品牌形象、传递企业价值或商业转化等商业价值的需求，虚拟数字人大规模应用已经开启。To B 仍然是当前市场上最主要的服务形式。服务型（功能型）的虚拟数字人更受企业青睐：

（1）可执行标准化工作，提升工作效率；

（2）可定制化符合企业的形象，成为品牌形象代言人；

（3）稳定性高，成本投资越来越低。

中短期内，预计国内虚拟数字人将在特定服务型领域实现规模化应用。

现阶段国内虚拟数字人主要是在具体的服务端发力，比如虚拟客服、虚拟导购、虚拟讲解员、虚拟员工等，直观可见的是服务型虚拟人正成为影视、消费零售、金融、地产、物业、教育、文旅等行业标配。在 2022 年的北京冬奥会上，体育明星谷爱凌的数智分身"Meet GU"、百度智能云 AI 手语主播、腾讯 3D 手语数智人"聆语"、气象服务 AI 虚拟人"冯小殊"等纷纷"上岗"就业，以及包括之前的时尚博主"AYAYI"、美妆达人"柳夜熙"、虚拟学生"华智冰"、数字航天员"小诤"等都以各种职业人身份渗透进人们的生活中。通过打造特定应用场景的虚拟数字人，能够大幅提升用户视听感官的体验，未来这一趋势将会只增不减（表 4-4）。

服务型虚拟人应用领域一览表　　　　　　　　　　　　表 4-4

领域	应用场景
影视	虚拟替身特效可以帮助导演实现现实拍摄中无法表现的效果,是商业大片拍摄中的重要技术手段
消费零售	从大屏到机器人到全息空间,切入线下零售服务新流程,虚拟主播也可以进行电商直播
金融	通过智能理财顾问、智能客服等角色,实现以客户为中心的、智能高效个性化金融服务
文旅	博物馆、科技馆、主题乐园、名人故居等虚拟小剧场主创主演,文旅虚拟推荐官,虚拟文物解说员,虚拟主播,城市数字人形象等
地产	推动管理流程数字化,辅助地产业务 AI 智能审图、风险侦测、催办预付应收账款等
物业	数字员工,解决服务接待和处理不及时问题,为业主及租客提供响应高效、过程可控的物业服务
教育	基于 VR/AR 的场景式教育,虚拟导师帮助构建自适应/个性化的学习环境

案例：商汤 SenseMARS Agent

商汤数字人基于 SenseMARS Agent（SenseMARS 火星混合现实平台）所打造的虚拟人平台，通过涵盖自然语言处理以及语音、手势、姿势及视线的感知及决策智能，实现智能人机交互。

2021 年 1 月，商汤 AI 数字人员工正式"入职"中国农业银行杭州中山支行营业厅，"担任"线下大堂经理。

2022 年，商汤科技基于"AI 数字人服务中台"为宁波银行专属打造 001 号数字人员工"小宁"，提供从前端客户接待到后端运营管理的全链条服务。

此外，商汤 AI 数字人的角色还可以根据行业灵活定义，从仪容仪表、着装举止到知识能力都可快速定制，具备广泛的行业通用性，以应对大量标准性和重复性的工作，在解放真人劳动力的同时，赋能企业打造更多的创新服务形态。

具体到房地产客户关系领域，可以结合业务实际，将服务型和虚拟偶像两方面虚拟数字人的需求结合起来，打造特有的虚拟数字人。一方面具备内部员工身份，可以在线为客户提供服务；另一方面打造企业亲和的服务形象，在主动的客户运维方面大展拳脚。虚拟数字人这一新生事物有利于激活市场，提升客户体验；也有助于优化管理，降本增效。通过虚拟数字人助力品牌俘获更多的目标用户，从而进一步释放商业价值，打造符合品牌调性的虚拟形象代言人正成为与年轻人建立沟通的突破口。毕竟虚拟数字人采用革命性的技术，通过符合人物个性的特征和表达，强调体验感与交互性，与 Z 世代等消费者产生深厚的情感链接，使其具有强烈的情绪共振与文化认同。

当下企业的大部分"虚拟员工"，与此前的智能客服差异不大，能被人记住的，只有少数采用独特人设展现企业品牌形象、用于营销的 IP。

与传统营销异曲同工之处在于，企业还可以与有流量的虚拟数字人合作或者定制专属的虚拟数字人。奈雪的茶曾携手虚拟数字人"翎 Ling"玩跨次元内容营销，让霸气红石榴成功出圈成为畅销饮品；"翎 Ling"还曾与特斯拉合作，成为特斯拉的"特约体验官"；2022 年 3 月，翎 Ling 正式成为 AVON 雅芳首位 AI 肌研师……在营销的道路上，翎 Ling 玩得炉火纯青。

在流量与明星效应双重作用下，虚拟数字人与品牌合作将是最成功的营销手段。

据启信宝数据，2020 年国内虚拟数字人相关企业新增数量为 36080 家，2021 年该数据达到 66293 家，同比增长超 80%。天眼查数据显示，我国现有"虚拟数字人"相关企业约 30 万家，近 5 年新增注册企业增速复合增长率近 60%。"同质化和超生现象"将成为虚拟数字人不得不直面的现实窘境。供给侧的饱和，意味着需求侧的审美品位也会随之提高，对优质数字人和优秀作品的需求放大，评估维度更加多元，客户不再只被虚拟数字人漂亮的"颜值"所吸引，而是进一步看到数字人背后的表演、内涵甚至精神、灵魂，个性化交互成为关键功能，能提供情绪价值和内容价值将是必选项。

3. 虚拟数字人实践中的法律风险

在虚拟数字人的业务实践中，我们还需要注意合规问题和伦理困境。

虚拟数字人作为一个新生的物种，介于现实与虚拟之间，其实际运营和行为轨迹在合规性和伦理道德上更需审慎观照。基于目前的虚拟数字人发展情况，其可能存在的法律风险主要归于：

（1）知识产权问题。

虚拟数字人多主体协作与跨越虚实边界的改编应用和创作作品可能涉及著作权归属和产权纠纷，在投入商用前，需提前做好合规管理和风险排查。此外，在创造锚定真人的虚拟分身（Avatar）时必须征得真人的同意和授权，一旦虚拟数字人的使用者、运营者和管理者利用其作出了违背真人授权者意志的言论和行为，极有可能面临侵犯他人人格权的法律风险。

（2）虚拟数字人的逼真度与隐私数据颗粒度的平衡。

虚拟数字人从一诞生，便注定了其镜像孪生与思维克隆的进化路径，需要不断模拟真人在现实环境中的行为特征，用户偏好希望追求真实的沉浸感，虚拟数字人越"像人"，就越容易引起情绪共鸣。但这势必会陷入一个隐私悖论，虚拟数字人的逼真度，仰赖于深度学习中大量个人数据的投喂，个体隐私数据作为支撑数字人持续运转的底层资源和核心原料，需要不断更新。在这一过程中甚至可能会将"算法偏见"和"恶意"代入，最后成型的虚拟数字人又将算法歧视和偏见反作用于人类，形成一种畸形的信息茧房，客户独立思考的空间会潜移默化地被挤压。因此，在数据的合规收集、存储与管理方面需要注意隐私风险，以及在算法建模上应尽量做到可验证、可解释，避免虚拟世界的问题风险传导至现实世界。

另外，随着虚拟数字人技术的进一步发展，舆论泡沫、伦理制约等问题将可能成为隐忧，人类也必将直面 AI 与人类、数字人与人类的议题。

近年来，政府重视虚拟数字技术的发展，不断出台各类政策文件鼓励人机交互、类人智能、虚拟现实等技术的创新，也在不断完善监管政策的道路上前行。国务院的《2022 年政府工作报告》强调，要加强智能科学、体验科学等基础研究，开展语言及视听认知表达、跨媒体内容识别与分析、情感分析等智能基础理论与方法研究，开展人机交互、混合现实等关键技术开发，推动类人视觉、听觉、语言、思维等智能技术在文化领域的创新应用。这一政策有利于促进虚拟数字人的相关理论发展，推动其底层技术创新与更新迭代，普及大众的认知，对于虚拟数字人相关产业的发展起到支撑与指导作用。房地产客户管理关系从业者需要关注政策，紧跟技术发展潮流，用好虚拟数字人技术，给客户带来更好的服务体验以促进增长。

案例：万科首位虚拟员工崔筱盼（图 4-33）[1]

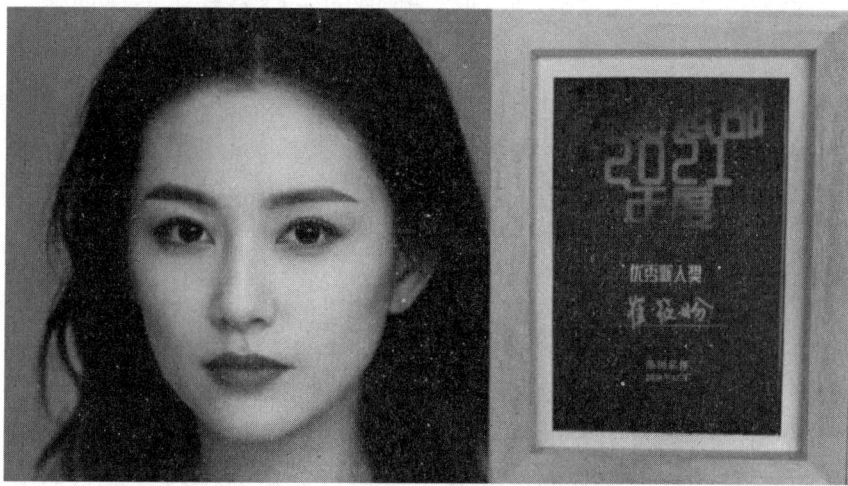

图 4-33 万科首位虚拟员工崔筱盼

一名万科女员工火了。

几天前，万科集团董事会主席郁亮在朋友圈公布了 2021 年万科总部最佳新人奖的结果，并亮出了该员工的照片——**崔筱盼**。从照片看，她眉清目秀，仪态庄重，是妥妥的高颜值美女。令人震惊的是，崔筱盼并非真人，而是一位虚拟数字人。

郁亮称，作为万科首位数字化员工，崔筱盼今年 2 月 1 日正式入职。在系统算法的加持下，她很快学会了人在流程和数据中发现问题的方法，以远高于人类

---

[1] **崔筱盼是谁？万科首位虚拟员工，拿下最佳新人奖**.202112/2910：46，浙商科创企鹅号。

千百倍的效率在各种应收/逾期提醒及工作异常侦测中大显身手。

而在其经过深度神经网络技术渲染的虚拟人物形象辅助下，崔筱盼催办的预付应收逾期单据核销率达到91.44%。

崔筱盼一经亮相，便引爆了科技圈和互联网圈。有趣的是，在此之前很多万科员工甚至还不知道崔筱盼并非真人，一位员工留言表示，"我之前收到她的邮件，就在想这个姐姐好美"。网友们纷纷惊叹这位虚拟员工的颜值，"太美了"，"好像一位明星啊"，"果然才貌双全"。

当身边的同事开始出现虚拟数字人，现实中的职场人也调侃了起来，"好家伙，优秀员工年终奖又能少发一份"，"虚拟员工的设计者有奖励吗"，"珍惜内卷的日子，至少竞争对手是人类"，"我以后连搬砖的机会都没了"。

4.7 如何应对数据安全与合规的挑战？

数据作为数字经济时代最核心、最具价值的生产要素，正在加速成为全球经济增长的新动力、新引擎，可以说数据正逐渐成为21世纪的石油。

5G、人工智能、云计算、区块链等ICT（Information and Communication Technology，信息与通信技术）新技术、新模式、新应用无一不是以海量数据为基础，数据量也正呈爆发式增长态势。据IDC（Internet Data Center，互联网数据中心）预测，2025年全球数据量将高达175ZB。其中，中国数据量增速最为迅猛，预计2025年将增至48.6ZB，占全球数据圈的27.8%，平均每年的增长速度比全球快3%，中国将成为全球最大的数据圈。

对于数据在经济中的重要性日益提升的另一面，却是数据安全问题升级。

2021年滴滴上市以及引发的一系列事件，让中国的数据安全问题和监管再次升级。2021年7月4日，国家网信办发布通报称"滴滴出行"App存在严重违法违规收集使用个人信息问题并下架。同年7月5日，"运满满""货车帮""BOSS直聘"被实施网络安全审查，审查期间停止新用户注册；同年7月10日，国家互联网信息办公室公布《网络安全审查办法（修订草案征求意见稿）》（2021年11月16日审议通过，2022年2月15日施行），要求掌握超过100万用户个人信息的运营者赴国外上市，必须向网络安全审查办公室申报网络安全审查。

这一系列事件背后，正映射着近年来国内互联网平台存在数据安全漏洞、滥用数据等乱象。数字技术促使数据应用场景和参与主体日益多样化，数据安全的外延不断扩展，数据安全治理面临多重棘手困境。

当前，数据安全已成为数字经济时代最紧迫和最基础的安全问题，加强数据安全治理已成为维护国家安全和国家竞争力的战略需要。近几年来,《中华人民共和国网络安全法》(以下简称《网络安全法》)、《中华人民共和国数据安全法》(以下简称《数据安全法》) 和《中华人民共和国个人信息保护法》(以下简称《个人信息保护法》) 等数据安全保护相关法律框架的落地或颁布,为数据安全保障提供了制度和法律支撑。

2021 年 3 月 15 日,中国消费者协会发布的"守护安全 畅通消费"消费维权年主题调查结果显示,个人信息泄露等成消费安全热点问题,具体表现在以下三个方面:

一是互联网平台以收集个人信息甚至隐私的方式,提供"免费"或"个性化"服务,消费者让渡自身部分数据权利后,并不一定能获得便利快捷、公平安全的"对价"体验。同时,网络交易中的信息采集,哪些必要且必需,哪些则属于过度采集或过度索权,实践中还存在边界不清的情况。

二是 App 收集使用"周边信息"未让消费者获知情同意。App 广告后台大量调取用户周边信息形成"用户画像",而消费者往往并未知情同意。信息采集方式和后果告知不充分,易加重隐私泄露,频繁而不分场景的个性化推送,易引发部分消费者内心不适和不安全感。

三是与网络交易同步的各类互联网金融产品消费过程中,存在个人信息或隐私泄露风险。App 的消费借贷、支付功能等要求消费者绑定个人银行账号,消费者个人信息因此被 App 或平台获取掌握,但多数 App 或平台对于客户网络交易及由此产生的相关数据,其保护水平远未达到客户金融数据应有标准。

近年来随着房地产产业链整体数智化发展,通过使用机器人、人工智能、云计算、区块链和大数据等新兴科技,房地产产业链正逐渐成为以数据类型丰富且量级巨大、上下游生态多样、业务场景迭代敏捷为特征的行业。行业开始逐步积累以"人""货""场"维度的海量数据,充分挖掘数据价值,打通多维度数据,全面驱动业务的增长,尤其在以"消费者"为中心的数据积累上,更让企业形成更准确、可量化、可衡量的消费者洞察与运营策略。然而随着数据迅猛增长、海量聚集,以及企业和上下游对数据的挖掘与频繁应用,相伴而生了一些新问题,企业所面临的数据安全与合规风险也随之提高。本节我们将通过分析行业的典型数据安全与合规挑战,为企业应对大数据时代下的数据安全与合规挑战提出治理建议。

1. 房地产企业的典型数据安全挑战

(1) 数字资产和数智化渠道增多,潜伏的安全风险增加。

近年房企与消费者连接的触点已从单一的售楼处开始演变成多平台、多终端的分散化格局(售楼处、线上电商平台、社交媒体、内容平台等)。随着企业对数智化渠道的建设和扩张(例如,小程序、移动 App、POS 机等),其所积累和沉淀的数字资产也更加丰富。然而伴随而来的，是数字资产安全保护措施缺失可能带来的隐藏风险。

（2）多样化的上下游生态，令产业链风险问题更加突出。

房地产开发行业，一条完整的协同供应链包括上游的原材料采购、产品研发、报规报审，下游的供应商分发、物流运输、生产、销售、按揭办理、合同登记、验收备案、产权办理、物业服务等诸多环节，牵涉多个大大小小的数据采集、存储、传输和应用场景，以及多个利益相关角色。在这样一个多环节的生态中，任一环节、角色、系统、组件和流程，都可能存在潜在的安全威胁。开发商作为产业链的集成商，更具有极大的对数据安全和消费者的隐私威胁。行业所处的多样化上下游复杂生态，为企业的数据安全管控带来了更严格的要求。数据安全具有典型"木桶效应"，最弱的一个节点意味着整个链条所面临的风险级别，而黑客或别有用心者往往仅需要这一个节点。

企业应当实施覆盖数据全生命周期、业务全链路的安全策略。

（3）业务场景迭代敏捷，对安全管控的应对要求提高。

房地产行业是相对落后的被数字科技改造的行业，但随着与互联网的融合深入，以及新兴科技的加入加速了行业对新型商业模式的探索和数智化转型，催生了业务场景的快速产生、发展与迭代，如直播带货、线上购房、社群运维等。迭代敏捷的业务场景给企业的网络安全与数据及合规能力带来了极大的挑战，从对风险的识别与认知，到防御手段的更新，对企业治理与人员能力都提出了较高的要求。

再如数字售楼处、体验区、样板房的场景下往往安装了大量的摄像头和识别感应器，这些设备会收集消费者消费习惯、行走轨迹、停留时间等信息并对其进行处理和分析、建模，用以提供服务与优化算法。甚至置业顾问和客户的沟通也会被录音录像。这样的场景不仅涉及数据采集合规问题，如消费者进场的提示授权，也涉及数据安全保护领域的问题，如采集终端的数据缓存和授权访问。

在层出不穷的"新玩法"的攻势下，企业的安全管控手段能否积极主动升级与应对，守住个人信息和数据安全的"线"，是衡量零售企业安全管控工作的重要标准。

（4）"企业上云"趋势下，"云"上数据的安全隐患不可忽视。

企业上云的趋势已势不可挡，这得益于云服务成本低、性能优越、管理便捷的优势。近年来我们看到了许多行业已经将大部分系统和服务都迁移至云端，云上应用也呈现出多样化的趋势。可是房企往往忽略了一个问题，即云服务依然面临着网络安全威胁，包括黑客发起的攻击、人为错误、配置错误、应用程序漏洞或安全措施不当等。随着数据成为最重要的生产要素之一，数据泄露或丢失成为云平台所面临的最大风险。过去几年的云安全事件大部分源于配置错误或配置不当，比如未受保护的端口导致数据泄露。很多企业上云后缺乏持续性的安全监控和主动性的风险告警能力，可能导致数据已被长时间非授权访问而企业浑然不知。

此外，不少企业管理人员认为云服务的安全都是云服务厂商的职责，实际上在不同的服务模式下，云厂商和云用户具有不同的责任边界。例如，某企业采购了云上数据仓库 SaaS 服务，用于多渠道客户数据的融合、建模和洞察，云厂商应当对基础架构、平台的安全性负责，而企业应当对数据使用的安全性和合规性负责。

（5）复杂生态下角色众多，人员安全意识参差不齐。

一个房地产开发企业的业务运营，无论是企业本身，或是第三方关系链，都不可避免涉及数十乃至上百个角色和岗位，从内部一线的售场人员、生产人员到企业后台运营的数据分析人员，再到外部的供应链企业、设计院、规划局、房交所、银行等。"人"是信息安全领域最难以管控的一个因素，特别是相关关联方利益不同，人员的安全意识参差不齐，且相较于强监管行业其安全意识较为薄弱。

房地产行业普遍的客户资料泄密的投诉往往在购房后就开始了。购房伊始，客户就会不断接到中介的电话，交房前又会接到很多装修公司的促销电话让你去听讲座看样板房，接房后除了装修公司，各种生活方面的促销电话更是不堪其扰。业主往往会认为是开发商泄密导致。

在通信和信息传输如此便捷的今天，很多无意识的人员很可能在无知觉的情况下"不慎"泄露企业的重要数据。

如图 4-34 所示，整个业务链条中的每个环节都可能存在"人员"导致的数据泄露风险。

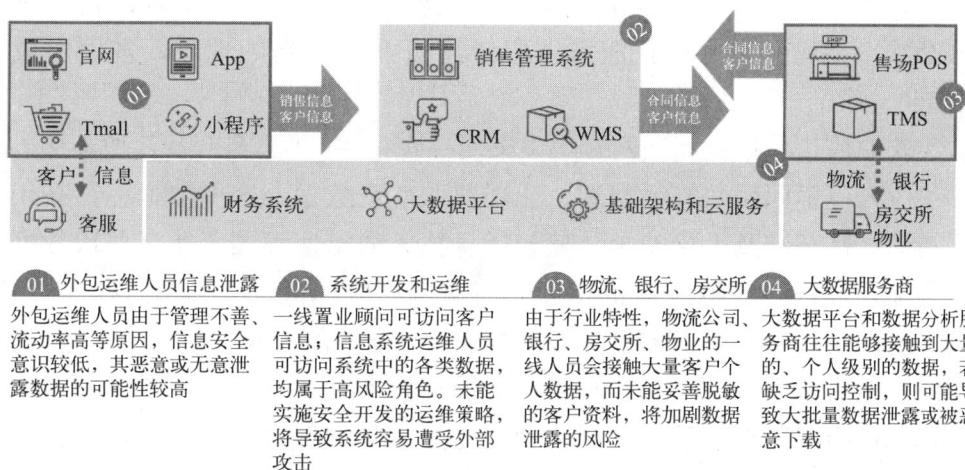

01 外包运维人员信息泄露	02 系统开发和运维	03 物流、银行、房交所	04 大数据服务商
外包运维人员由于管理不善、流动率高等原因，信息安全意识较低，其恶意或无意泄露数据的可能性较高	一线置业顾问可访问客户信息；信息系统运维人员可访问系统中的各类数据，均属于高风险角色。未能实施安全开发的运维策略，将导致系统容易遭受外部攻击	由于行业特性，物流公司、银行、房交所、物业的一线人员会接触大量客户个人数据，而未能妥善脱敏的客户资料，将加剧数据泄露的风险	大数据平台和数据分析服务商往往能够接触到大量的、个人级别的数据，若缺乏访问控制，则可能导致大批量数据泄露或被恶意下载

图 4-34　房企业务链条内潜在人为风险示例

企业应当关注由"人"引发的安全风险，除了做好人员安全培训之外，规范数据访问范围、避免非必要访问、加强系统监控与阻拦，最大化系统控制以减少人为操作都是有效降低风险的手段。

（6）数据安全事件频发，企业主动检测与应急能力亟须提升。

在国内，发生过某电商平台店铺运营供应商的离职员工利用原来掌握的管理员账号，违法盗取泄露高达1000多万条客户个人信息的安全事件，泄露的信息涉及多个国内外知名品牌的电商平台旗舰店。

2017年3月，某电商平台与某网络公司的安全团队联手协助公安部破获了一起特大窃取贩卖公民个人信息案，其主要犯罪嫌疑人乃电商平台内部员工，盗取个人信息50亿条，通过各种方式在网络黑市贩卖。

2020年5月份，江苏破获了一起特大贩卖公民个人信息案，涉案金额2100多万元，涉及公民个人信息5万多条。其中，某银行员工在这条数据贩卖黑色链条中发挥重要作用，自2019年6月份起，利用职务便利开始将相关银行卡使用人的身份信息、电话号码、余额甚至交易记录售卖给下家，从而进行谋利。据这名员工供述，每查询一条银行卡相关信息，即可获取80至100元不等的报酬。

2020年11月，某快递公司被曝出有多位"内鬼"有偿租借员工账号，导致40万条公民个人信息被泄露事件。涉案的为五位该快递公司内部员工，被泄露的信息包括发件人地址、姓名、电话以及收件人地址、姓名、电话。随后，该快递公司发布声明进行道歉，并表示此次案件，再次敲响了信息安全风险的警钟，将持续完善信息安全风控系统和个人数据安全防护。

据2021年"3·15"晚会曝光，多地商家装有具有人脸识别功能的摄像头，在客户毫无知觉的情况下，偷偷收集海量顾客人脸信息，涉及多家电子科技公司，多个线上招聘平台也存在泄露求职者简历并被贩卖的现象，进而形成"黑色产业链"。

非法获取信息数据自互联网诞生以来便一直存在，"黑客"及其他不法人员通过技术手段入侵不同网站等数据源，非法获取信息数据，这些数据往往被用于违法犯罪活动，甚至涉及人身安全。随着信息技术的迅速发展，非法获取数据的技术水平逐渐提高以及获取工具的革新，门槛也相应降低。尤其是这几年"爬虫"技术的广泛应用，给予了很多不法人员对于数据窃取的可乘之机。

网络"爬虫"简单说，就是利用程序的运行实现自动地、高效地读取、收集网络数据。但由于数据性质的不同，就会为非法爬取数据创造了可能性。而这两年，非法爬取数据的案例大幅增长。

2017年，某视频网站前总经理宋某、视频技术负责人侯某与新东家张某合谋，利用网页爬虫技术来获取原公司的视频数据库。该案件也是全国首例利用"爬虫"技术非法获取计算机信息系统数据的刑事案件，于 2019 年由北京市海淀区人民法院最终审结。

2018 年 8 月份，浙江绍兴侦破一起特大流量劫持案，涉案公司为新三板挂牌公司，涉嫌非法窃取用户个人信息 30 亿条，涉及全国近百家互联网公司产品。用户在网上搜了什么、去哪儿、买了什么等这些隐秘信息，均被该犯罪团伙掌握，进而投放广告等用于商业目的，据了解，仅投放广告该公司每个月至少获利 100 万元。最终，在阿里巴巴安全部举报线索并全力协助下，警方一举将此案破获，2019 年法院公开宣判处罚罚金人民币 1000 万元，7 名被告人分别判处 2 年至 3 年 6 个月不等刑期，并处罚金。

2019 年 3 月份，北京警方侦破某科技企业非法获取计算机信息系统数据案，这家企业通过非法爬取用户简历并用于在网络上售卖。该企业前员工曾表示，企业在多个网站上，建立了上千个企业账户，每天模拟人工操作访问智联招聘、猎聘等网站百万次。据悉，该企业非法获取的简历超过 2 亿条，而非法爬取的数据为企业带来了过亿的收入。数量之大、牟利之巨，令人咋舌。最终公司法人等 36 人被检察机关依法批准逮捕。

2021 年 6 月河南商丘公开了一份判决书，显示商丘市某本科生自 2019 年 11 月起，就对淘宝实施了长达八个月的数据爬取并盗走大量用户数据。在阿里巴巴注意到这一问题前，已经有超过 11.8 亿条用户信息遭到窃取。另一名同伙利用这些信息建了 1100 个微信群，每个群 90～200 人不等，每天用机器人在群里发淘宝优惠券，赚取返利。

舆情监控是开发企业必做的动作。开发企业自行或委托第三方通过爬虫程序监控业主微信群或 QQ 群是常用的手段，提取预设的敏感词甚至锁定个人。但这种做法涉嫌违规，有待商榷。

2021 年 7 月 14 日，在第二十届中国互联网大会数据安全论坛上，中国信息通信研究院安全所信息安全部主任魏薇表示，通过研究机构统计，2020 年全球数据泄露的数量超过过去 15 年的总和。这些数据安全的风险影响范围已经从个人、企业逐步辐射到产业甚至是国家，数据安全风险隐患非常突出。

当下科技与互联网氛围，各种 App、网页、应用内嵌小程序，都要求访问用户的位置、身份等不同信息。要求访问及获取的数据信息过多，同样会为不法分子提供可乘之机，带来数据泄露的问题。

2020 年 3 月 19 日，有用户发现 5.38 亿条微博用户信息在暗网出售，其中，1.72 亿条有账户基本信息。涉及的账号信息包括用户 ID、账号发布的微博数、粉丝数、关注数、性别、地理位置等。自 2019 年起，微博相关个人用户数据一直遭到泄露。

2020 年 4 月 27 日，联邦法院正式批准美国联邦贸易委员会（FTC）和 Facebook 于 2019 年 7 月达成的用户个人隐私问题和解协议，Facebook 认罚 50 亿美元。这份价值 50 亿美元的和解协议起因于 Facebook 和剑桥分析公司的滥用用户数据事件。

此次事件主要是因为 Facebook 的监管失误，使得某个剑桥研究员利用自己开发的内嵌于 Facebook 的 App，大量收集用户以及他们朋友的数据信息，最后利用这些数据信息，用于不法商业途径和政治途径。

而 50 亿美元的罚款是有史以来由于侵犯隐私、泄露数据等行为对科技公司的最高罚款，或许用户数据信息在未来将会变得更"值钱"。

保证数据信息严密不被泄露是当下互联网企业不可忽视的一个环节，除了要求能够保证数据的全流程监控，加强目前现有风控体系之外，引入更多的新技术，打造更智能、更安全的风控系统也是必不可少的。

天有不测之风云，企业不可能百分之百规避数据安全事件，很多企业遇到数据安全事件后会陷入慌乱中而导致无法有效、正确、及时止损，导致影响扩大。比如职责分工不明确导致事件处理延误，数据泄露范围扩大；留存日志不足，难以定位受影响的范围、泄露渠道和根本原因等。

随着数据安全事件的频发以及按照国内外法规对安全事件应急响应的要求，房企应当构建主动事件检测能力和快速应急响应能力，实现"轻管控""重检测"和"快响应"的目标，以适应行业敏捷多变的业务生态。

2. 房企的数据合规风险及建议

总的来说，目前我国与数据安全相关的法律规定是基于《中华人民共和国国家安全法》《网络安全法》以及《中华人民共和国民法典》建立起来的，并且各省市针对地方情况会出台地方相应法律，对目前数据安全、数据跨境问题做积极探索。应对于数据应用的广泛性，各行业监管部门各司其职，对行业内数据进行管理和保护。

2021 年以来，《数据安全法》《个人信息保护法》接连生效，标志着我国数据和个人信息保护立法体系进入了新的阶段，同时也对企业和个人提出了更高的监管要求，圈定了更严格的处罚范围。

如上文所述，房地产行业涉及个人信息范围广，量级也大，《数据安全法》《个人信息保护法》的生效意味着企业和相关负责人员须特别关注数据安全和隐私合规方面的风险，否则轻则被警告约谈，重则公司面临大额罚款和停业整顿、个人从业受到限制等。建议具体应该做到以下六点：

（1）明确个人信息处理合法性和必要性依据。

对企业来说，应特别注意避免将个人信息主体置于"被动"或"无感知"的情形，例如某企业 App 通过获取手机地理定位信息实现"查找附近门店"功能，然而当客户进行其他操作或将 App 推至后台时，依然不断收集客户的地理定位信息以进行行为分析。这一方面违反了合法性要求，客户的授权仅为了实现门店位置查找功能，未对其他业务目的进行授权；另一方面地理定位信息的收集频率和次数过高，远超业务必要。

（2）保障客户数据主体权利。

客户在个人信息收集、使用、存储、分享等环节均具有相应的权利，包括同意撤回权、访问权、修改权、删除权等，企业应当保证客户主体权利的实现渠道便捷易操作，且能够得到及时的响应。

例如：线上场景中，在 App 使用前，应向客户展示客户协议与隐私政策，明确告知客户所收集信息的种类、目的、用途和与第三方合作伙伴分享的场景等，征得客户同意与授权。线下场景中，售场可能会对消费者进行人脸、语音识别，此类可能属于敏感个人信息，收集要征得客户的明示同意。很多房企会对客户建立画像并进行个性化的商品、广告推送，在这种场景下，企业除了告知个性化推送的方式和内容外，还应提供客户退出个性化推送的方式，赋予客户自主选择的权利。

企业应建立特定的机制或为数据主体提供特定的途径以确保数据主体在特定情形下有权反对对其进行的特定的数据处理活动，包括以直接营销为目的的数据处理、数据画像等。

对于自动化决策，应提供有关决策过程涉及的逻辑、与数据主体的重要性和预期后果有关的信息；使用适当的数学或统计程序；确保数据主体获得人工干预、表达观点、获得该决策的解释并对其质疑的权利；采取适当的技术和组织措施，以便企业可以纠正不准确之处并将错误风险降至最低；采用与数据主体权益风险成比例的方式保护个人数据，并防止歧视性影响。

实践中，过度收集利用消费者个人信息现象仍然较多。

"郭某诉杭州野生动物世界有限公司服务合同纠纷案"系数字经济背景下人脸识别纠纷第一案，入选最高人民法院发布的"新时代推动法治进程 2021 年度十大案件"。

（3）与受托人约定必要保护义务。

正如上文提到，房企所涉及的上下游供应商与关联单位众多，存在各式各样的数据委托处理及数据交割活动，如数据呈交、流转、分析、订单处理、数据运维等。企业在业务委托合同中应与受托的供应商约定好数据处理目的、期限、处理方式、信息种类、保护措施以及双方的权利与义务，同时企业有责任对受托人的个人信息处理活动进行监督，确保受托人处理行为依照合同约束开展。监督行为可通过对受托人的现场审查、发放评估问卷等形式定期开展，同时保留记录存档。

（4）履行数据安全影响评估控制风险。

面对房地产开发行业不断推陈出新的场景、技术，企业应当制定数据安全，尤其是个人信息安全影响评估流程，围绕数据处理目的、方式等的合法性、正当性、必要性展开，评估对个人权益的影响及安全风险，以及所采取的安全保护措施的有效性。

比如当企业使用已收集的客户行为数据分享给第三方媒体平台进行精准广告投放时，应评估业务目的、数据分享是否已获取客户授权，第三方媒体平台的数据使用方式是否存在安全和合规风险等。

（5）个人信息出境遵循评估原则。

企业涉及个人信息出境时，应遵循"境内存储"原则，确有必要向境外提供个人信息的，应事先进行风险评估，明确个人信息出境的合法依据。企业特别是跨国公司、境外企业需审慎处理个人信息出境。

例如某房企在国外开发项目，为了销售分析统计目的，需要将销售数据传输给总部系统。为了实现该业务目的，消费者个人级别的信息并不需要传输至国内，仅需要传输销售相关的房屋信息、数量、金额等数据。

（6）数据泄露等安全事件应对。

企业应采取适当技术与组织措施，以便保证和风险相称的数据安全水平。

发生个人信息泄露的安全事件时，应当及时响应应急预警措施，并在72小时内向有关监管机构报告。同时，建议企业一旦发生个人信息泄露事件，不论该影响是否会导致自然人权利和自由出现遭受严重侵害的风险，都应立即采取以网络公告、邮件、短信、App通知推送等多种方式通知个人数据泄露主体的措施，避免因初步评估结果与网络安全事件客观发展势态出现偏差，使个人信息主体因不知情而遭受损失，继而招致纠纷。

3. 房企的数据合规治理体系建议

随着所面临的数据安全威胁愈加严峻，监管合规要求日益严厉。当下的房地产企业要建立符合《数据安全法》《个人信息保护法》这两大新法案的治理体系，需要自上而下地从战略、高级管理层责任制进行配套设计，以及为人员、组织、技术和新流程提供计划资金。同时，数据安全和合规也要求企业思考和转变处理数据尤其是个人信息的方式，将数据的全生命周期保护嵌入前台服务至后台管理的方方面面，使数据安全与合规成为企业的内生能力和企业文化的一部分。具体如何治理，可参考如下几点：

1）人员组织架构建设

数据安全和合规是一项在企业范围内具有影响的转型工作，涉及多个职能、组织和角色，有效的跨职能协作和明确的问责制将是证明数据安全能力的一个重要组成部分（图 4-35），因此，企业应当：

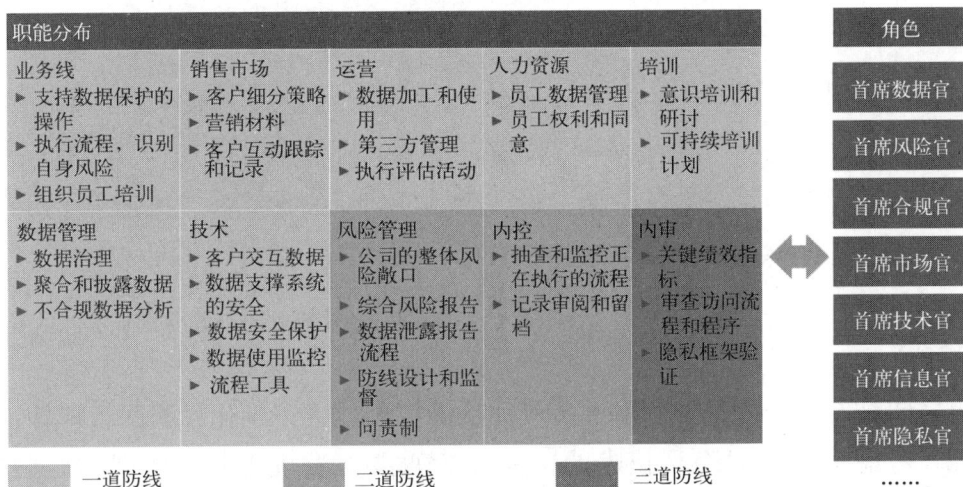

图 4-35 企业各团队数据安全能力建设职责划分示例

（1）设立一个角色和组织，负责数据合规性的治理和管理；

（2）建立不同团队之间的协调机制，如客户支持、法律、运营、IT 等。

2）管理制度流程明确

制度与流程是数据安全和合规体系的重要组成部分，也是基础性工作。大部分企业在启动数据安全和合规工作时，主要会从制度与流程建设着手，标准化、规范化内部管理，设立运营流程以保证数据处理活动符合相关法律法规要求，包括：

（1）建立内部数据安全相关流程，如数据分级分类、跨境传输、隐私影响分析、供应商管理等；

（2）建立保护数据主体权利的程序，如响应数据主体请求、确保数据的准确性等；

（3）建立程序以确保隐私在默认情况下是嵌入式的，例如隐私保护设计。

管理制度流程是企业履行数据安全和合规职责的关键支撑，除了制度流程的建设、流程的履行，关键控制点也应形成有效的证据链，如图 4-36 所示。

3）不断增强技术管控能力

一个全面有效的数据安全和合规治理体系，技术的支撑必不可少，尤其在当

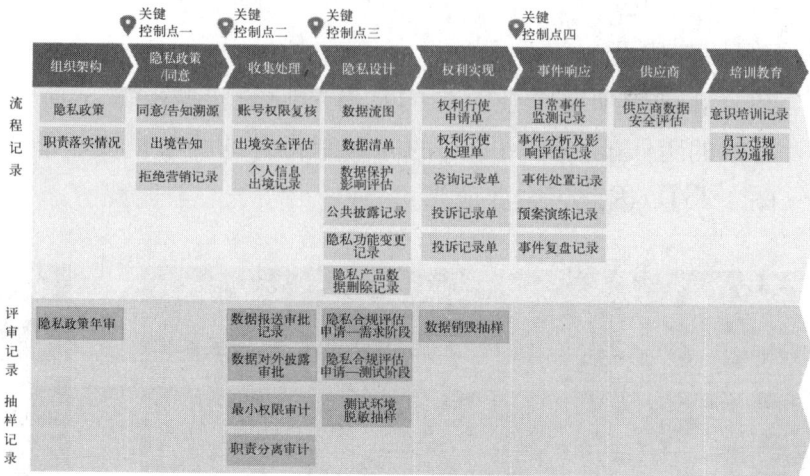

图 4-36 保障数据安全合规的管理制度流程之关键控制点（隐私尽职证据链示例）

今大数据时代，海量的数据、复杂的场景，需要采用技术手段实现弹性、主动的管控效果，如：

（1）实施有效的安全控制措施，例如访问控制、去识别化、漏洞管理等；

（2）考虑部署新兴隐私技术的可能性，如数据发现工具、数据动态脱敏工具等。

图 4-37 为隐私科技概念示例，能够帮助企业在保证个人信息全生命周期的增强保护和个人信息处理活动规范化的基础上，实现保护个人信息权益、推动数据流通与共享、促进个人信息合理利用的目的。

图 4-37 隐私科技概念示例

案例：某火锅品牌被曝给顾客打标签！江苏省消费者保护委员会发声

近日，有网友爆料称某火锅品牌在会员系统里私下给顾客贴标签，其中主要包含体貌特征和个性需求等。该品牌被曝私下给顾客打标签的话题也冲上微博热搜。

据其披露的视频画面，这些标签包括"20～30 岁，安静，不吃胡萝卜""20 多岁，瓜子脸，嘴巴长得很好看，板栗色头发，大学生，喜欢番茄锅""1.68 米左右，戴眼镜，长头发，圆脸型，25 岁左右，喜欢在 App 上投诉""吃橙子需要服务员剥"等。

此外，有顾客称自己就餐发现被打标签后，店经理表示抱歉还送了礼物补偿。

而在接受采访时，该品牌客服则表示，这个（给顾客打标签）属于内部制度，不方便对外透露，同时还表示，标签不支持顾客修改。该事件曝光后，引起了网友们的关注和热议。

该品牌于 2 月 24 日回应称，为了持续提升和优化顾客的个性化服务需求，门店管理人员可以在会员系统中对顾客就餐的个性化需求进行补充（如麻辣锅去葱段、柠檬水加冰等）。

该品牌已于 2020 年起对相关内容进行持续优化，明确禁止对顾客个人信息如体貌特征等进行任何备注。并于 2021 年 1 月全部排查整改完毕，所有新增信息均需要通过严格审核。

对此，省消保委认为，在当前强调企业服务的市场环境下，商家针对消费者描写用户画像，进行个性化服务的行为是比较常见的提升消费者接受服务体验、提高经营者自身市场竞争力的经营手段。在服务上细致入微，在产品设计上别出心裁，是商家为留住客源、促进消费做出的努力。往更深层次看，这些用心之处都可能为消费者带来良好的情绪体验，提升产品和服务的价值。但企业也应当正视消费者的合理诉求，对消费者画像的采集和使用需要坚守法律底线。

省消保委表示，首先，经营者对消费者信息的收集应当是合理、必要的。比如该品牌作为餐饮企业，可以收集用户对食品的口味、喜好，但外貌等信息就不属于必要信息。

其次，经营者应当妥善保管消费者的信息。根据《消费者权益保护法》规定，经营者收集消费者的信息应当严格保密，不得泄露、出售或者非法向他人提供。

再次，经营者还应当严守初衷，推动服务向善。为客户打标签、收集大数据等都是一种手段，根本目的是让消费者拥有更好的消费体验，这才是一家企业长久经营的正道。如果企业将收集来的消费者信息用于大数据杀熟等方面，既违背了服务业的宗旨，又违反了相关的法律法规。

最后，消费者也有权利拒绝经营者为自己打标签。并不是每一位消费者都乐于个性化服务，经营者应当尊重消费者的个人意愿。

第 5 章
房地产客户体验管理

北京大学国家发展研究院 BiMBA 商学院院长陈春花曾说过，数字化时代带来的冲击不仅是加速度，而且是非连续性的断点，随之要求整个商业逻辑的改变。而商业逻辑的改变需要更新底层的认知框架——从"求赢"的竞争逻辑转变为"寻找生长空间"的共生逻辑。其差异在于：前者以企业为中心，考虑如何战胜竞争对手；而后者以顾客为中心，寻求与顾客共生的广阔空间。陈春花老师将这套战略逻辑称为"顾客主义"。在这套逻辑中，顾客是考虑所有问题时的出发点。当顾客成为共创的主体，改变了价值创造和获取方式后，可能导致爆发式（而不仅是线性）的增长。她认为，把顾客体验做到极致，美好的事情就会发生。

在充满不确定性的 VUCA 时代，客户或许是我们唯一可确定的，在这样的市场环境中求生存和发展的方法，归根到底只有一个：从客户角度出发构建企业竞争力，从客户的视角去思考问题（图 5-1）。

在经历了生产力时代、分销时代、信息时代之后，我们现在进入了客户时代。在这个时代，重视客户远远比任何战略规划重要得多。作为企业的经营者，不管了解与否，你经营的其实是客户体验。对于绝大多数企业，客户体验是客户回头率的单一决定因素——也是战胜竞争对手的决定因素。客户体验是忠诚度的根本，是一切经营模式的核心和底层逻辑——它决定了你如何进行你的业务，你的员工在同客户和彼此之间互动时的行为方式，以及你所提供的价值。

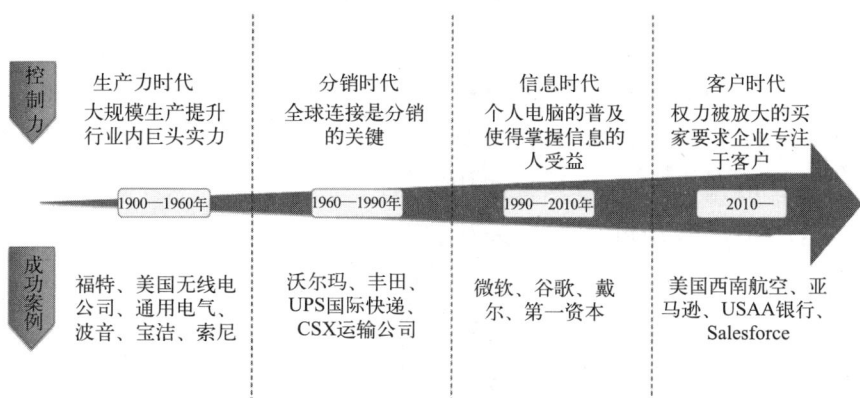

图 5-1　我们进入了客户时代

澄清一下客户体验的概念，以免引起误解或者造成歧义：客户体验不是客户满意，只有客户体验好才会满意；客户体验不是温柔和妥协，只是态度好，但产品和服务不能满足客户的需求且使用过程不顺畅，体验同样不好；客户体验不是客户服务，虽然客户服务也非常重要；客户体验不是可用性，虽然产品或服务简单易用，人们会很满意，但如果不能满足基本功能需求，将本末倒置；客户体验不是客户感受，因为客户感受仅是客户体验的一部分而已。

客户体验是企业为客户提供的产品及服务在生理感受与心理层面的具象。它意味着品牌在客户心目中代表着什么；客户体验就是客户在试图了解你的产品并进行评估、考虑购买产品、尝试使用以及遇到问题时所产生的思考；此外，客户体验也是他们在与你互动时的感受：激动、高兴、安心，或紧张、失望、沮丧。

客户体验是什么？体验管理咨询公司 Forrester 将之定义为：客户体验是客户如何看待与交易公司之间的互动。简言之，客户体验是消费者的观点。

一旦了解了客户体验，你就可以从外到内地管理你的业务，在你做每一个决定时，都能从客户的角度去考量。

你的客户是谁呢？既包括购买了你的产品和服务的人群，又包括潜在的消费者。他们即便还没有与你交易，但表现出兴趣，这种兴趣会使他们通过你的市场表现、商品零售点、网站或其他你所提供的渠道与你互动，最终形成体验的感知，而这种感知将决定下一步的购买行为。

客户和你互动的好坏如何评判呢？一个基本认识是：互动是相互作用的。从客户发出的行为，诸如访问你的网站、咨询你的某位员工，或者通过你的既有产品或服务进行探询，你的公司会以相同方式进行反馈。客户进而再对贵公司的反馈进行回复，即回答或接受邀请。这种互动会持续至这位客户达成他的目的，满足他的需求或者决定放弃你们之间的业务往来。这一连串的互动构成了客户体验的历程（图 5-2）。

客户历程（customer journey）强调客户在购买产品或服务过程中的整体体验和感受，包括客户获取信息、选择产品、购买、使用、售后等环节。它是从客户的角度出发，关注客户如何与企业进行交互并感知服务体验的全过程。

客户体验的历程又将我们带回了对客户体验的定义——客户体验是客户如何看待与交易公司之间的互动。从是否成交和是否复购的角度出发，客户体验甚至决定了企业的生死。

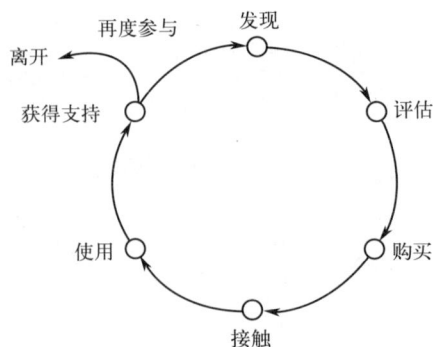

图 5-2 客户体验历程

那么，交易过程中是什么因素让客户感到焦虑，觉得不妥呢？我们需要明确客户对他们的体验的定位。消费者对于体验的定位可以分为三个层级，需求满足、容易性及愉悦程度。每当他们与同一件产品、一项服务、一个人或者一个自动操作系统进行互动时，他们的关注点在于，这项互动能为完成他们的既定目标带来多大的帮助，他们要在这个互动中付出多大的努力，以及在此期间他们能够获得的愉悦程度。很多公司的 App、小程序等线上服务的产品让人觉得使用不便甚至恼火透顶，远远比不上抖音或者某些手游产品的爱不释手，若无必要一定会避而远之，其背后的原因就是如此。

可以用图 5-3 中的客户体验金字塔来描述这三个层级。

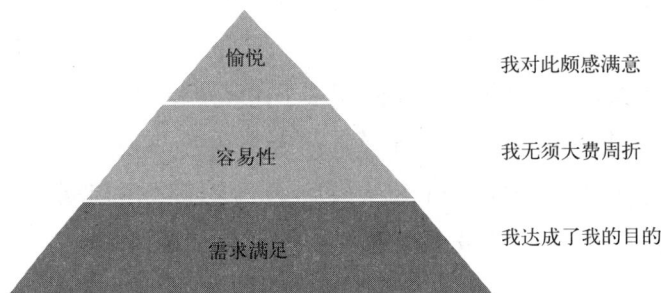

图 5-3 客户体验金字塔

（1）情感投入——某件事情给你带来的愉悦程度。

通常在测量项目中是被忽略的部分，因为这种因素似乎对于驱动业务的提高有点模糊不清。何况很多交易根本就够不到情感这个层级，客户体验往往在满足基本需求的功能性、易用性和交易的顺畅等低层级方面就折戟沉沙了。

（2）交易的难易程度也是影响客户体验至关重要的因素。

要测量容易性，就需要对客户在获得需求过程中花费了多少精力进行提问。

电商和物流的出现极大地降低了购买的难度，遗憾的是，至今购买难度与复杂度没有太大改善的就是房产消费了。通常，客户要到售楼处看房数次以了解各种信息，家庭会议确定购买后先去交定金，再签约交首付款，接着去指定的银行办理按揭贷款，之后去房交所办理抵押登记，然后等待银行放贷。下贷后每月还月供，再等个一年半载接到开发商交付通知后去接房，只有极少全款支付的客户买房流程相对简单。上述复杂的交易流程并没有太好的改善方式，有的开发商推出一站式购房，但是房交所和银行是很难请到售楼处来为客户办理相关手续的。这实际上是客户体验生态系统很难统筹的难点导致的。

（3）需求满足是基石。

它将决定企业的成败——至今为止，产品体验是影响客户忠诚度最重要的驱动因素。社区再高端，小区环境再好，物业服务再有口碑，但是房子漏水甚至有结构安全问题，这意味着基本功能没能实现，客户的基本需求没能得到满足，这些都是致命的，甚至可能颠覆公司的失误。

在满足需求的前提下，能方便快捷地达成交易，并且交易全程具有愉悦的感受，客户体验就会很好，客户满意度就会很高。

事实上，绝大多数行业的商业模式走的还是通过产品驱动、渠道驱动促进增长的老路子，而不是体验导向的客户驱动增长。客户体验对于降低成本和提高收益都是最大的未开发资源，但是很多公司只是把客户体验当作一种软性指标看待，使客户体验失去对增长的牵引。

实际上，客户体验并不只是让客户感到温暖和沉醉，而是会为企业带来收益，只要你把它当成一种商业规则。因为有好的体验才有好的关系——忠诚度＝优越感＋引导力＋进入力。客户与企业的交互体验好，满意度高，则忠诚度高，客户甚至会因感觉被差异化对待而产生优越感，自然会引导更多的身边人认知企业品牌，企业的品牌进入并占领新客户心智的阻力降低，企业产品和服务被新客户消费的概率会大幅增加。

设计与创新咨询公司 Frog Design 在《顾客体验的商业价值》中分析体验与品牌价值的关系，从图 5-4 可以看出体验感与价值都是提升客户支付意愿的因素。另有研究表明，67％的消费者表示愿意为更好的体验支付更高的价格（最高可达20％的溢价）。体验质量对品牌与消费者的总体关系起到决定性作用，进而对购买决策产生更大影响，因此企业要通盘考虑 CLV（客户终身价值，Customer Lifetime Value），在体验中的每个时刻创造竞争优势。

从图 5-4 可以很清楚地看到，在价值等值线既定的情况下，从 A 到 B，企业给客户提供了更多可被感知的价值，客户感知的利益提升，客户的体验提升，并愿意为此支付溢价（右图浅色部分）。而从 1 到 2 则表达了在价值等值线由劣转优

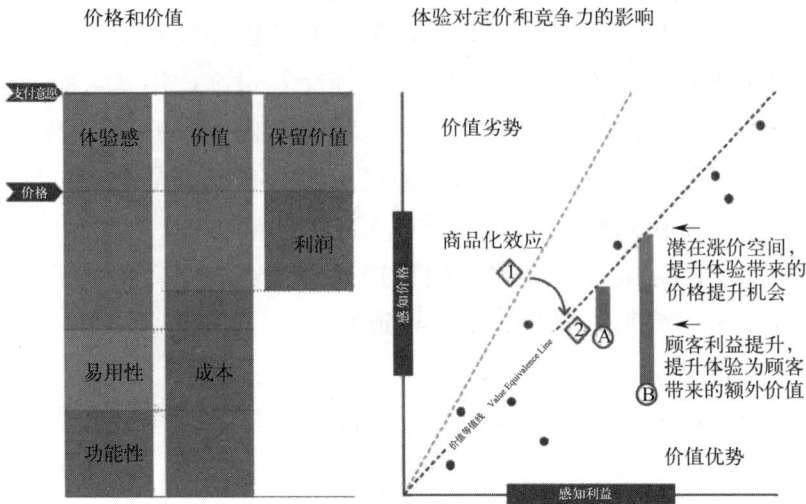

图 5-4　优质体验代表涨价和利润空间

的过程中，商品化效应降低，客户对价格的感知降低，对利益感受提升，客户体验随之提升，进而更好地实现溢价。

国际头部咨询公司和第三方监测机构的数据表明：客户满意度正在带来更好的品牌口碑和投资回报，甚至可以带来更好的员工体验。2018 年，Forrester 发布了两份关于客户至上的研究报告。第一份研究报告《客户体验是如何影响股价表现的》表明，重视客户体验并以客户至上为原则的企业，其股票价格增长得更高。第二份研究报告《投资于体验的商业影响力》表明，以体验为导向的企业拥有更快乐的员工，其收入增长速度比非体验导向的企业高出 35％以上。波士顿咨询公司 BCG 于 2020 年发布的《CEO 需要做客户体验革新，而非只是进化》研究报告表明，过去 10 年，客户满意度最高的公司所创造的股东价值大约是标准普尔 500 指数（S&P500）平均投资回报的两倍。

具体而言，国内领先的体验咨询机构唐硕在 2020 年《体验思维》一书中提出了如图 5-5 所示的体验回报模型。

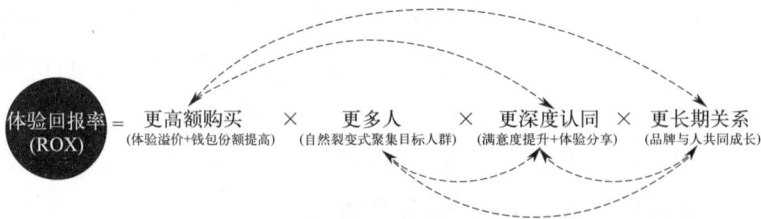

图 5-5　体验回报模型

与传统的静态分析阶段性投资收益的 ROI（Return on Investment，投资回报率）不同，ROX（Return on eXperience，体验回报率）是分析体验长期收益的动态模型。图 5-5 体现了"更高额购买""更多人""更深度认同""更长期关系"四个关键元素和"体验回报模型"的关系。

"更高额购买"指消费者愿意为更好的体验接受品牌溢价；"更多人"指消费者对产品与服务的满意、对体验的愉悦、对品牌的认同引发他们对体验的分享，核心人群能够裂变式聚集，客群能源源不断地增加；"更深度认同"指人们在收获更佳的品牌体验时除了提升满意度和口碑分享外，更愿意为品牌买单，进而产生高频或高额购买；"更长期关系"则是品牌与消费者不断互动，共同成长，进而形成更长期的关系，而更长期的关系将推动更高额的购买、吸引更多人与获取更深度的认同。

体验咨询机构唐硕在 2022 年出版的《全面体验管理》中将客户体验历程的亚马逊飞轮模型向前再推进一步，围绕更多消费者、更深度认同、更长期关系和更高额购买，将客户体验的逻辑融入其中，形成从体验到口碑再到客户的增长闭环。如图 5-6 所示。

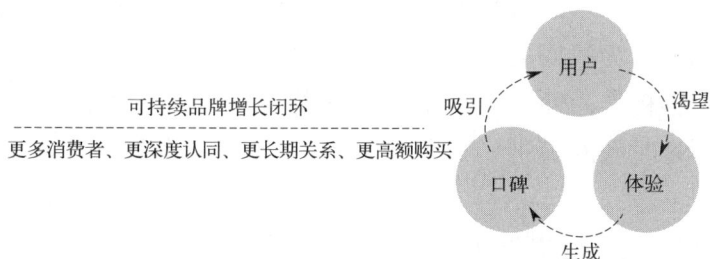

图 5-6　可持续品牌增长闭环图

当企业及品牌的增长动力由单纯的产品、日益高昂的流量转变为分裂式增长的消费者的基数；将发展空间日益缩小的交易环节转变为深入的心智认同；将重复低效的流量运营动作转变为长期的高黏性关系运维；将价格战下的低利润空间转为体验赋能，以实现更高频高额的购买——企业的体验战略便会就此成型。

战略选择永远不止一种。人、价值、可持续是在客户时代的体验经济中探索商业创新的三个关键维度。在客户体验的逻辑中人不只是消费者，还是品牌共建者；价值不再局限于产品交易，而是侧重品牌服务；可持续不再局限于供需关系，而是构筑共生系统。基于体验思维，体验战略能够帮助品牌创造进一步的价值。

中国房地产企业应清醒地意识到以客户体验管理为核心的 DTC 转型正在席卷整个消费行业。深谙中国消费者需求且精通互联网打法的造车新势力已成为客户体验管理的行业标杆，其卓越的购车体验以及贯穿整个用车周期的客户沟通深得中国消费者的认可。DTC 销售模式能够赋能房企掌控全渠道、端到端的客户旅程，真正做到将提升客户体验管理放在首位。展望未来，那些能够迅速完成战略部署并真正做到以客户为中心的企业，将最有可能在中国房地产行业的下一轮角逐中拔得头筹。

5.2　体验受什么效应的影响？可以用何种工具来洞察？

既然客户体验如此重要，那么，"体验"看不到摸不着，怎样才能感知和干预呢？诺贝尔经济学奖得主丹尼尔·卡尼曼在《思考快与慢》中提出了"峰终定律"和"过程忽视"。峰终定律（peak-end rule）指我们对一件事物的记忆仅限于高峰和结尾，事件过程对记忆几乎没有影响。高峰之后，终点出现得越迅速，这件事留给我们的印象越深刻。

他在书中这样写道："我们对痛苦和快乐体验的持续时间有着强烈的偏向。我们希望痛苦的时间缩短，而愉快的时间能够延长。然而，我们的记忆（系统 1 的作用）已变成痛苦和快乐的最强烈的感受（高峰时）以及感受结束时的自身感觉。忽视过程的记忆不会为我们的偏向带来长期的愉快和短暂的痛苦。"

对于喜剧、影视作品而言，故事所关注的应该是其中有意义的时间和值得珍藏的时刻，而不是时间的流逝。过程忽视常常出现在故事中，故事的结局总能将故事的角色定型。

这也是记忆自我的工作机制：编故事，并将其作为将来的参考保存在记忆中。

所以文旅产业很重要的盈利点就是帮助游客构建美好故事，搜集好的记忆。鬼屋里惊悚场景中的游客瑟瑟发抖，漂流中跌宕起伏时的惊险让人无比享受，渡江吊索的紧张与抵达终点时的放松，过山车缓慢爬升到最高点而后翻滚冲刺下来的速度与失重的刺激令人披头散发地抓紧栏杆，玩蹦极或者是滑翔伞在高空中的大喊大叫、手足无措……被隐匿在一旁的工作人员抓拍到往往会加个 20 元才让把照片带走，即便抓拍质量并不好且表情非常夸张。很简单，因为这些场景自己拍不到，用来回忆特别有意思。

过程忽视也解释了为什么客户会有相当大的容忍度，特别是老客户，一方面容忍产品和服务的瑕疵；另一方面还在不遗余力地帮着宣传并老带新。同时也提醒我们，业务结果要好，一定要通过好的业务结果挽回并加强记忆自我。但实际上，这种情况的可能性很小，因为如果过程中没做好，大概率不会有好结果；反之，如果有好结果，过程就不会太差。

结合峰终定律的过程忽视使我们容易接受长期但轻微的不愉快，因为结局会更好；若某件事的结局不好，即使其过程是长期且快乐的，我们也会忽略掉。当我们用直觉来评估这些事件时，真正起作用的是现有体验的不断恶化或改善，以及这个人的最终感受。

所以，如果你是导演，要编一个故事，令人印象深刻且感受愉悦，你会怎么做？

同理，如果你是客户与企业品牌交互的一系列触点、场景的设计者，你希望怎么呈现更好的效果给客户呢？

关键体验时刻组成了人们的记忆。人的记忆空间非常有限，97％以上的记忆会在 1 个月内被大脑清除，留下的 3％是有效信息以及印象深刻的体验。因此，并非每个场景下的体验都需要被创新，品牌的注意力与资源应被用于改善或创造关键体验时刻。

关键体验时刻分为两类：巅峰时刻与谷底时刻。巅峰时刻，是体验旅程中可以被做得很好、超出预期、打动人心的美好时刻。它们往往也是那些最能满足人们获得关键价值所需的体验。谷底时刻，是人们在一段体验旅程中遇到极大问题或麻烦的时刻。这些时刻使人感到糟心，会大大拉低体验的平均分。因此，谷底时刻需要被全数填平，以减少客户的流失。

另外，对惊喜的耐受能力是我们精神生活的一个重要方面，而且惊喜本身也是最敏感指标，它可以揭示我们如何理解这个世界，以及我们希望从这个世界中得到什么。有些期望是积极有意识的，在个体的期望得到满足或者超越预期时会产生惊喜——你知道自己正在等待某件特别的事情发生。例如，一个人期待在生日时收到蛋糕，这会被认为是理所当然，但当收到的礼物远超预期，比如一场梦寐以求的旅行或者一个意想不到的浪漫求婚，这种惊喜会带来极大的愉悦和满足感。但是，这种插曲如果反复出现就可能不那么令人惊喜了，会给人感觉平常甚至认为是既有的标准。所以，"惊喜"的新鲜感很重要，不断在内容和形式上推陈出新，提供新价值方为长久之道。

一次大型的活动，比如演唱会，好牌不能一下全部打光，而要递进式地将"王炸"放在最后。在高潮中谢幕，在痛哭流涕中返场，这种感觉才是最让人欲罢不能的。上海迪士尼白天演出巡游很多场，但最精彩的烟花表演在晚上才盛大举行，绝大多数游客都是晚上 9—10 点钟看完后才带着满意幸福的表情不舍地离开。

实践证明，期房阶段很适合设计上述惊喜场景，如同听相声过程中持续不断地抖包袱，需要不断有亮点。交房流程中，带客户去验房的路上碰到的园区景点全家福合照、入户剪彩、送别抽奖等设计就是如此。正如华彩的乐章和精彩的戏剧，很多小高潮层层递进，将气氛逐渐推动到最终的大高潮，递进式的惊喜体验设计经实践证明是可行且有效的。毕竟对普通客户而言，人生买房没几次，这些惊喜体验甚至会让人记住一辈子。笔者曾经在某项目上设计了验房入户环节的剪彩仪式，一位客户在现场可以用老泪纵横来描述，他非常激动，拉着工作人员的手不停地表示感谢。后来发现户内窗户有一扇玻璃有问题，他都连连说："没关系，你们有空了帮我处理好就行了！"

可是开发商毕竟和业主接触不多，关键场景可以这样做，但需要注意的是，交付后和业主抬头不见低头见的物业这样做却是不可行的。在客户生命周期中重要的、独特的时刻，可以重点设计"满意＋惊喜"的愉悦体验，但日常互动中，如果见不到"满意＋惊喜"，戛然而止的失落感则会降低期望甚至引发投诉。其他高频出现的关键时刻（Moment of Truth，MOT），维持一定的标准使客户感到满意即可，否则便会花钱买不讨好。惊喜一旦不持续反而会严重影响客户的感受，因为客户会觉得标准被降低了。比如，买房后地产营销在客户生日时送鲜花蛋糕，交房后物业不送了，就是这样的例子。

再比如，你在小区里散步的时候碰到一个保洁员，她停下手头的工作，恭敬又不失和善地带着发自内心的笑容给你问个好，你会感到意外且惊喜，即便这个保洁员普通话说得不好，甚至面带羞涩，你仍然会觉得这个物业公司业务标准高，员工训练有素。但第二天你又碰到此类情况，你就会觉得这很正常。第三天再碰到，如果保洁员没有主动和你问好，或者问候交互时感觉眼神闪烁、言不由衷，你会觉得物业的服务标准下降了，进而引申到物业整个管理水平是不是都下降了的疑问。至于这个保洁员是否是新来的所以培训不到位，或者这个保洁员是否今天身体不适或者和家人吵架后带着情绪来上班，等等客观原因多半你都会置之脑后。可以想象，如果在这三天中每一天都做物业服务满意度调查的话，收集到的客户反馈是大相径庭的——第一天极高，第二天一般，第三天比较低甚至可能会投诉。所以在日常管理中要注意避免这种情况出现，特别是一对一互动的场景，除了要求做什么，还要强调不做什么，才可能维持一个基本的水准。其他的非一对一互动场景则可以在频次强度等方面降低要求，比如园林绿化中的植物修剪工作。

所以要想客户有好的体验，客户交互的场景设计要特别注意巅峰时刻与"收好豹尾"，把握好意料之外与情理之中；关注从第一次的惊喜到第二次的习以为常的转变。"满意＋惊喜"中，"满意"意味着业务标准，"惊喜"往往是"非标"动作。哪些可以在一段时期内固化成业务标准，哪些只能偶尔呈现不能长期投入，都需要结合成本和客户反馈仔细考量。一线员工既要鼓励他们以高水平执行业务标准与客户互动从而实现满意，还要支持他们在客户有不好的感受时能以某些自主的惊喜动作取悦并挽回客户或提升客户感受。为避免这些"非标"动作变形，出现上文的负面感受，企业品牌须根据价值观和企业文化将常见的、认同的"非标"取悦动作归类设成库，作为选配，再辅以适度的授权，则为一个更稳妥的聪明做法。餐饮界的大众服务体验"天花板"海底捞就会在迎宾、等位、用餐、照顾小孩、送别等各个场景设计取悦动作，看似不同，其实标准类似，只是在不同岗位上有一些特别的创造惊喜的资源或授权。比如服务员可以免费给小孩子玩具和小零食，就是如此。

除了"峰终效应"与"过程忽视"之外，"联想"在体验设计中也非常重要。在 1748 年出版的《人类理解研究》一书中，苏格兰哲学家大卫·休谟（David Hume）将联想的原则缩减为三个：相似性、时空相接以及因果关系。即便在当下，这三个原则仍然是定义所有联想的基础。

人们在看到或听到事物后的一切反应都是循着一个名为"联想激活"的过程发生的：事物在你的大脑中所唤起的想法激发出许多其他的想法，而且这些联想的行为会在你的大脑中迅速扩散开来。连贯性是这种复杂的思维活动的重要特点，其中每个环节都是紧密相连、相互支持的。能引发记忆的词会引发情感，还引发面部表情变化和其他反应，比如常常出现的紧张和回避倾向。面部表情和退缩行为强化了引起这两种反应的情感，这些情感反过来还会强化相应的概念。所有这些都是瞬间发生的，形成一种认知、情感和生理反应的自我强化模式，这种模式变化多样又能形成一个整体，被称为"联想的连贯性"。

那么，人们的观点又是什么？心理学家认为，观点是一张巨网上的节点，他们称其为联想记忆，这些节点和其他节点相连结。观点可能是具体的也可能是抽象的，能通过多种方式表达出来：它可以是动词、名词或者形容词。连结的类型多种多样：因果关系（病毒→流行性感冒）；事物及其特性的联系（柠檬→绿色、酸）；事物及其种类的联系（油盐酱醋→调味品）。当前业内的一种见解是，联想记忆的工作原理是一瞬间会发生很多事。思维活动唤起一个看法不仅会引发另一个看法，它还会激发出很多其他看法，且这些看法还会进而让我们想到另一些看法。

基于这些研究，我们可以知道，联想在场景体验设计方面至关重要，因为在客户形成观点前，联想记忆对最终形成的观点有巨大的影响。在售房过程中，置业顾问指着模型，甚至只是一个户型图，就能用如下说辞将客户说得两眼冒星星："在这个别墅的设计中，对空间的挑空处理是最大的亮点，姑且不论这通透感，奢华大气而且利于采光通风，您试想，当您先生风尘仆仆从外打拼回家，您穿着丝绒睡衣从二楼款款而下，这无与伦比的场景是多么有风情！——这是对事业有成的你们最大的犒赏，这栋别墅承载着你们值得拥有的幸福生活！"

交验房的场景设计中，就有很多设计是为了激发客户对好空间和好服务的联想，从而减少或弱化因对房屋质量差和服务品质不佳担忧的心态。如在管家点交环节同步办理常住人口登记的同时，也要给客户传递对隐私保密的严格管理；带客验房的时候要适度讲解房屋功能系统及使用要点，同时也要给客户点出常见误操作和物业的工程技术服务在业主装修及日后使用中的保障。进户礼花和剪彩仪式也是别有匠心的设计，可以极大地提升客户对美好生活向往的体验感，对于这个环节通常客户会非常意外，但是一旦将买房接房这个对很多人而言私密的人生大事转变成员工对客户未来美好生活的祝福，便会极大地降低客户几分钟后入户的挑剔程度，正是因为对服务的信任及对品牌的依赖。

1. 客户体验生态系统与图谱

借用自然界生态系统的概念，企业或品牌的客户体验生态系统也是由很多部分构成。客户体验生态系统的组成部分不仅包括生命组成部分，如客户、员工、合作伙伴、主管部门（他们之间直接或间接地相互作用着）；还包括很多非生命组成部分，如政策、流程、技术、标准、设施设备等，它们由始至终地影响着人与人的互动。一个客户体验系统就是一个复杂的关系网，它是唯一的，也是最有效的用于判断和修复客户体验问题的理论框架。

在一个良好的客户体验生态系统中，每一部分的行为都会使系统的其他部分获益，从而形成新的平衡。然而，所有的构成部分都有来自其职能、专业、个人认知与价值观等多方面本位的特殊需要，也必然给彼此带来冲突，即便这种冲突并非主观恶意，仅是没有意识或者不知道自己的行为会对这个生态系统中的其他岗位、其他人造成影响，都会如同蝴蝶翅膀的扇动，最后影响客户体验。最终的结果只会是自己的目标或需要也会受到拖累，导致双输的局面。

笔者曾经碰到一个客户来公司大吵大闹，激动无比。安抚了很久，加之多方求证才搞明白怎么回事。该客户因为别墅私家花园的面积问题长期投诉没能解决，认为开发商的销售与交付存在问题，且对于与邻户因此事引发的相邻权纠纷物业也处置不当，所以长期拒缴物业费。突然有一天客户收到物业寄发的催费律师函，这下负面情绪彻底被点燃了，轰然爆发。

该事件中，从客户的角度来看，客户认为花园面积不够，房屋达不到交付条件，无法满足其功能需求，反复投诉无果，自行找邻户协商也遇阻，只能糟心地采取拒缴物业费的方式维权，以期引起重视。体验金字塔的三层级均感受极差。

经查，实际花园面积和销售承诺相比因施工失误确有不符，相邻权纠纷也确实存在。物业从自身角度认为没有服务瑕疵，业主应该全额缴纳物业费。按照内部规定，超期拒缴一定时间之后，物业财务发出催费需求，物业行政对接法律顾问形成催费律师函并寄发。但在该投诉事件中，协调临户的物业管家和处理该投诉的地产客服对寄发催费律师函一事均不知情。不同岗位做的都是正确的事，但却导致了不好的结果。

后来，笔者找到集团物业商讨后制定了一条规则：在用书面的律师函形式催费前，先发书面的温馨交费提醒。若仍无效果，且纯属物业服务瑕疵引致的拒缴，由地区物业公司管理层办公会讨论决定是否采用律师函的形式催缴欠费；若牵涉开发商的，由开发商客户关系负责人评估是否能免责。不能免责的，暂不采用律师函的方式催缴物业费，即便不是同一法律关系。具体处理方式由地产与物业公司单独协商。另外在地产集团内部，也因此事制定了一条规则：有赠送的洋房或别墅业态在销售前，研发人员制图标注出单户赠送面积与边界后，由客户关系管理职能牵头物业、工程、研发、营销等相关专业以户为单位作花园面积和边界的定位审核，审核重点是：①公区私区退距的合理性与交界的合理性；②临户分界的合理性；③水电排污等功能系统落位的合理性等，形成最终的赠送图纸。此外，还必须在售前对赠送面积按一定规则打折，预留一定的冗余后才能作为对外宣传的依据，即便现场是按照赠送图纸来实施的。相关管理要求由集团景观发布专门的管理文件保障落实。

这种解决方案并不是从内部员工的角度做出的，而是站在客户的角度来考量的——即站在外部的观点上。虽然客户采取了拒缴物业费的不当维权方式来处置，但从外部角度出发思考这场割裂的客户体验背后复杂而相互依存的关系，其中哪些是需要改变的部分，哪些岗位是被动牵连到的干系人，进而将客户体验生态系统中的相互割裂甚至相互矛盾的部分连接起来，可以更宏观地从公司整体角度作出价值判断。

如何帮助整个生态系统中的成员认识到自己的行为在体验生态中会引发什么涟漪呢？

最好的方式是用生态系统图谱来解构。以上述催费案例为例，如图 5-7 所示。

"可视线"上方是客户视角，是本次体验中客户经历的一系列步骤，是客户可见、可感知、可互动的旅程，如产品、人、系统、邮件、网页等能够和客户形成互动的事物；"可视线"下方是企业视角，是业务触点背后企业内部的业务逻辑，如岗位、干系人、合作伙伴等，对客户而言通常是不可见的，下方的事务可能会给客户带来麻烦，引发不好的体验。

图 5-7 描绘的生态系统中的圆点表示每一个步骤涉及的人的观点，白色的点表示运行良好的部分，灰色的点表示可能引起其他人不满的部分，黑色的点表示会出现较大问题的部分。

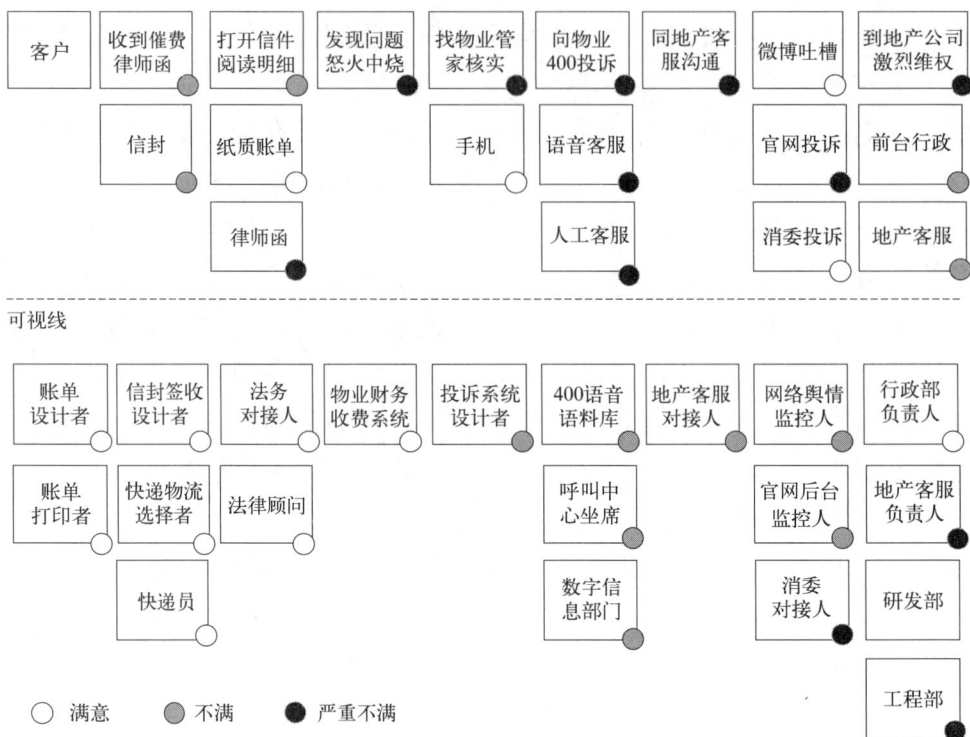

图 5-7　客户投诉经历及背后的影响因素

生态系统图谱能够系统地展示客户体验生态系统中暗藏的动态变化。找到问题中片面的一个个点，用"5 个 W"——用来挖掘隐藏于消费者经验外表真实原因的一连串问题，借以了解真正的动机与产生该动机的根本原因——寻根问底，反复追究问题根源。这个工具也能有效地发现影响客户体验的复杂而相互依存的关系。

从本案例中可以看到，可视线上云客户的投诉经历了十几个触点，基本都给客户带来不好的感受。可视线下涉及近 20 个企业投诉业务蓝图相关节点的岗位，大部分都认为流程正常，业务正常，没有异常情况的发生。那么客户不满意的触点经对比就很明晰了。

上述案例中的生态系统图谱展示了多个客户和企业的业务触点，既呈现出了多个业务场景，也体现了各个场景的利害关系人的地图。如律师函的签收、向物业管家投诉、400 自动语音投诉、400 人工客服投诉、向地产客服投诉、企业官网投诉、向市消费者保护委员会投诉、到地产公司前台投诉等场景的背后，是物业公司（财务、行政、管家）、地产公司（客服、媒体、行政、研发、工程）以及关联单位（律所、快递、消委）。

2. 洞察客户体验的工具：场景与客户旅程

上述案例中，很多信号其实已经预先给出了客户对相关体验的不满，教训不可谓不深刻。实践中如何才能做到有效洞察，走在日益高涨的客户预期的前面提早作出反应呢？

杰夫·贝索斯在 2017 年致股东信中给出了亚马逊的答案："客户永不满足，客户的期望永远不是恒定的——而是不断升级，这就是人性……你如何才能走在日益高涨的客户期待的前面呢？没有哪一条单独的路径可以做到，这需要很多方面的组合，但是高标准（在各个方面）肯定是很重要的一条。"我们需要理解客户的三种重要感受——自卑感、优越感、成就感——为客户打造他们喜欢的服务并刷新他们对标准的认知。不断建立、固化、刷新标准，一方面留住客户，另一方面不断提升竞争门槛，助力企业品牌护城河。

如何洞察客户？有哪些工具能够帮助我们做到不断地满足客户的预期以实现客户体验的满意呢？除了上文提到的客户体验生态系统图谱和相关干系人关系图，还需要了解场景、客户旅程地图、客户旅程管理。

场景是设计领域一直以来用作识别创新机会的有力工具，在商学院也越来越受到欢迎。曾著有《创新者的窘境》一书的哈佛商学院著名教授克莱顿·克里斯坦森（Clayton Christensen）于 2016 年出版了《与运气竞争》。其中提出的"待完成任务"理论，影响了人们对场景及其益处的核心看法："专注于了解消费者挣扎的过程，然后创建正确的解决方案和随之而来的一系列体验，以确保每次都能很好地满足消费者的需求。"该理论侧重于帮助品牌了解消费者的处境和他们试图实现的目标，虽然对场景的使用方式各不相同，但都有一条共同的主线：关注人们做什么、面临的状况及其试图达成的目标。

客户为了达成某一目标，在各个阶段与品牌在一系列触点上交互的总和，称为客户旅程（customer journey），按照关注层面可分为跨渠道的宏观旅程，以及某一渠道内的微观旅程。客户旅程强调客户与企业在长期关系中的重要节点，包括客户获得意识、客户获取、客户保留、客户扩展等阶段。它是从企业的角度出发，关注客户与企业在整个生命周期中的变化和发展，以及如何增加客户价值和提高客户忠诚度。

数智化时代触点爆发式的增长，单一的交互已经无法反映客户体验的真实水平，客户旅程正在成为企业提供实时、一对一高质量客户体验的主线和基石。它包括企业的触点管理、客户旅程地图的绘制（customer journey mapping）、客户旅程分析（customer journey analytics）、客户旅程编排（customer journey orchestration）等一系列进阶能力，是企业开展体验文化建设、客户体验测量、客户体验设计、体验创新等所有体验相关工作的第一步。

客户旅程地图则以可视化图形的方式呈现特定客户在某一场景下的假定性客户旅程，描述这一过程中各阶段客户的目标、期望、行为、情绪、痛点等，以及完整的体验。其功能在于能为服务建构生动逼真、结构化的使用者经验资料，通常会运用客户与服务互动的接触点，作为建构旅程的架构——以客户体验为内容建构起来的迷人故事；在这些故事中可以很清楚地看到服务互动的细节，以及随之产生的情感连接。

在企业现有的模式和环境下，多触点在客户体验和商业转化上给企业带来了巨大的挑战，因为不同职能部门承担不同的职责，负责不同的客户触点，这种模式阻断了企业在和客户的全交互过程中提供流畅的跨接触点体验的能力。这种烟囱式的运营模式会不断造成触点之间的体验断裂，不但不能形成叠加增益，反而会放大每个触点的缺陷进而影响最终体验。

客户旅程管理是基于对人物角色和触点的管理，通过旅程地图绘制、旅程分析、旅程编排、旅程合唱等实践活动，监测、分析客户行为和体验，以优化全周期、全触点的客户体验。

在客户体验时代，从企业的角度出发，客户体验的各种优化提升措施最终都要落实到企业实际的业务流程里面，即客户不可视的冰山下的部分。结合企业组织架构形成体验驱动的管理体系，推动体验管理的落地。

案例：龙湖集团优化高端业态交房流程体验历程

对房企而言，开盘和交付是一个项目最重要的业务场景，对买房的客户而言也是如此。因为需要办理的手续涉及的业务部门很多（交房尤甚），为了提高效率通常采用各种集中办理的方式，这势必造成人多拥挤。开盘流程相对简单，就是"签到入场——排队候场——进场选房——认购协议签署——财务付款——离场"，开盘的重点是火热氛围的营造，以提升客户买房的紧迫感和确定性。房企追求的是推盘的去化量，而客户的感受则是既紧张刺激，又患得患失，担心买不到。但交房就复杂多了，"签到入场——公示文件确认——资料审核——地产财务手续——物业财务手续——入住手续——物品资料点交——产权代办——供暖办理（若有）"，中间还夹杂着非常重要的"现场验房"环节。

对房企而言，房屋交付的重点是准确无误、追求交付率；对客户而言，接房应该是感受到房屋质量好、园区环境好、工作人员专业且态度好、心情愉悦。但是由于业务逻辑的关系，上述房屋交付给客户的流程无法并行，只能串行。也就意味着每个客户都必须将上一个环节完成之后才能进入下一个环节，与不同岗位不同的工作人员交互，直到所有手续都办完才算彻底完成。加之现场人头攒动，资料不齐、导视不明显、验房出纰漏等各种意外情况发生，客户往往大半天都无法完成接房手续，最后愤愤而去的也常有。

交付流程中还有非房企办理的环节，虽然有时能邀请到银行来现场收款，邀请到产权代办公司来现场收件，邀请到供暖公司来现场办理，但多数时候是房企内部各职能工作人员在为业主服务。他们往往是各司其职，就就业业地对自己熟悉的业务予以办理，客户购房的其他情况则一问三不知。所以，在不同的手续办理环节，客户可能要把自己的问题面对不同的工作人员重复说明好几遍，比如身份证、票据忘记带，更别说特殊情况了，比如房屋质量有瑕疵，希望整改验收完毕再接房，那感觉更是"酸爽"得一言难尽。

那么如何才能改善交付流程以提升客户体验呢？对于一站式总线制交付流程而言，最重要的就是控制人流，把握节奏，调整堵点工作效率。具体而言：安排足够的各岗位人员候命、实行预约时段制来控制人流、酌情增加瓶颈岗位工作人员等。现场综合调度和异常情况处理人员一定要有，各种手段齐上，效果显著。由此，固化下来成为业务标准，尽量把一站式流水线的优势发挥到最大。

上述交付流程，对于公寓、高层、洋房等批量交付的业态是可以的，但是对于动辄数千万甚至上亿总价的别墅类高端业态而言则明显不合适，即便优化后也是如此。在此类交付场景中，效率、环境、私密、服务感受等都需要做到极致体验，对于长期致力于中高端产品建造的龙湖而言，还需要再寻突破。

基于对集中交付场景中客户的痛点及对客户画像聚类的把握，由笔者主导，完全改变了在高端业态交付场景中的客户体验生态系统，将"一对多"的客户对员工的交互状态改为采用一名"交付大使"直接对客户负责的形式，保证整个交接过程私密、高效、愉悦地进行。其他相关的岗位和专业人员都成为"交付大使"的资源予以支持，为客户提供交付服务。

具体如图5-8所示。

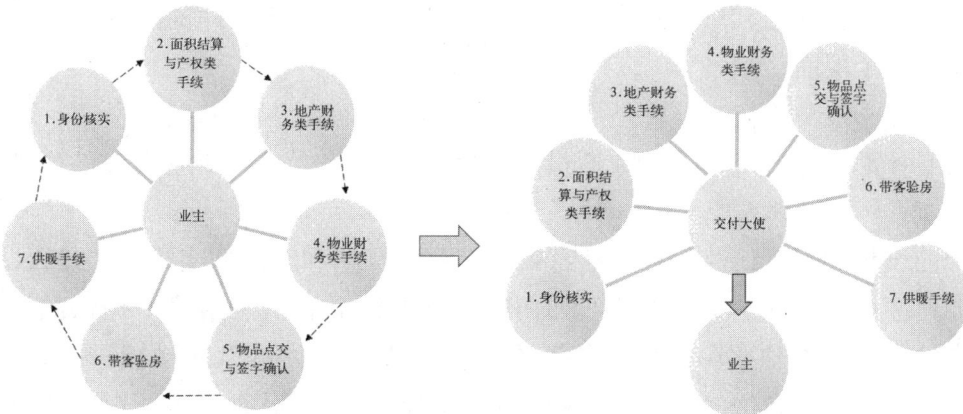

图5-8　龙湖集团优化高端业态交房流程体验历程

这种改变，将客户自行寻找的一环扣一环的交付环节以及只能自行排队去办理的这种服务体验，转变成由专家小组中精挑细选的专业交付大使全程陪同客户办理各个环节的手续，且无须发生空间的转化就可以完成书面手续的办理，实现了真正的"一站式"办理。

甚至在验房环节，交付大使带着"一名工程师＋一名物业管家＋一名置业顾问"组成带客验房小组，给业主全家提供服务。验房小组在引导话术、验房动作、入住链接等各方面经演练可以实现完美的配合，全力以赴达成高端业态的交付目标——高效、私密、专属、个性化——给客户带来轻松愉悦的交付体验。比如，业主如果自带验房师，则验房小组中的工程师可以主导作施工管理和验收规范方面的沟通。而且这种安排也将开发商的服务向物业的服务转变作了很好的铺垫和承接。

在实践中，根据实际收集到的反馈，客户对这种优化升级后的房屋交付体验几乎百分之百满意——这就是服务体验生态系统创新及服务旅程优化的巨大威力。

5.3 如何构建客户体验管理体系？

客户关系管理业务的负责人作为管理者，特别需要在企业内部推动迈向客户体验的转型。

你需要思考并回顾公司存在的原因和意义，不只是商业价值，而是初心和愿景。这二者始终要摆在首位。牢记一个事实，那就是你需要你的客户远比他们需要你更甚，有什么理由不对他们好？公司发展到今天，初心和愿景发生改变了吗？企业文化和价值观发生改变了吗？

想象一下，你的客户在和你的公司交互过程中会是什么样的感受？这包括产品和人员两个层面。

和你的一线员工交流，就是那些代表公司每天面对客户的基层员工，特别是销售与服务部门的员工，因为他们最知道客户想要什么，最知道客户的痛点、痒点和爽点。

你的设想和员工访谈收集的信息是否一致？预期和客户的实际反馈是否匹配？

如何才能有一线的实际感觉？如何验证你对产品和员工给客户提供的体验可能过高的预期与客户实际体验可能存在巨大的差异？你可以通过接听客户电话，给客户打回访电话，最生动深切地收集到客户的反馈。对客户的反馈，特别是投诉类反馈保持高度的警惕。亚马逊、阿里、小米都有类似的对管理层的要求。笔者在标杆房企的时候，就要求地区公司管理层与集团相关职能人员定期参加一线项目的现场交付，全程跟完三组客户并且一定要带客验房。因为对房企而言，交付才是大考，客户才是考官，只有将交付这个答卷做好，客户认可，才算取得阶段性胜利。

尝试为公司最重要的客户与企业的交互历程，绘制客户体验生态图谱。

尝试通过构建一个简单的客户体验改善项目的商业案例来连接其中的相关节点。

在实验、打板的过程中熟悉工具，找感觉、建信心、树标杆。

有感觉了吗？

如此，你就完成了一个客户体验项目的改善实践。但你还有必要想办法固化成业务标准，否则无法保障今后还有相应的水准。如图 5-9 所示。

💓 每一项用户体验实践的四个执行层级

图 5-9　单个客户体验项目实践的执行层级

第一个层级是企业在执行过程中没有执行上面的实践，因此发生遗漏，出现体验差甚至引发投诉的情况，满意度差。

第二个层级是企业只是偶尔执行，对于该体验项目，企业并没有明确规定什么场景要执行到什么标准。也没有规定如何执行，责任人是谁。

第三个层级是企业有一个既定的流程，指定了该体验实践在何时何地需要如何执行，由谁负责。大多数情况下团队会按照这个流程进行。

第四个层级是企业用一个明确的流程规定某种实践要在何时执行，如何实施，以及由谁来负责，企业的各职能部门都要严格执行。

可以看到，一个实验性质的体验提升项目到成为企业系统性的业务标准，距离有多远。

所以在实践中，为了更好地了解客户，改进互动体验，我们需要从客户旅程切入，全面体系化地提升客户体验。构建客户体验管理体系的具体步骤如下：

（1）了解客户体验目标以及相关指标设计：

企业需要首先明确客户体验的目标，并辅助完成客户体验关键指标体系的建立，可量化分析企业应该最重视的核心客户旅程指标。

（2）客户痛点扫描以及客户体验机会识别：

了解客户痛点，基于业务、产品对客户体验机会进行识别，并对客户体验机会之迫切程度、难易程度与投入多寡做评估，进行优先级排序。

（3）建立客户体验问题快速闭环改进机制：

类似于传统房企的"缺陷反馈"机制，在扫描客户旅程从而挖掘出客户的痛点、企业产品和服务的问题之后，需要能够迅速实现跨职能、跨专业改进的机制保障。只有这样，才能够实现客户体验的改善和提高。

（4）客户旅程优化设计：

聚焦客户旅程，从整体上理解互动过程，梳理核心端到端客户旅程，而非只注重客户互动的单个触点。设计好交互的形式、内容、载体及触点，重塑客户旅程。有始有终且适配的客户旅程设计能够更有效地提供客户一致的客户体验。

（5）数智化驱动客户体验监控评估体系：

利用数智化技术手段对客户旅程进行监测，在理想的客户体验监测系统中，旅程处于核心地位，并与业务成果、运营改进等其他关键要素彼此呼应。

（6）组织及配套的支撑体系建设：

建立体验改善变革小组、数智化敏捷组织等，从理念刷新到实践推动，优化相应的考核体系。如首席客户体验官是个不错的头衔，客户体验小组也是一个不错的跨职能机构的设置。

（7）全面客户体验管理：

全面客户体验管理是以可量化的体验指标来追踪客户的整体体验，并持续优化体验的数字系统和管理体系，具有可经营、可衡量、可落位三特性。

根据多年的对企业的研究和实践，Forrester在《体验为王》一书中论述了客户体验转型对企业而言是个持续渐进的过程，从单个客户交互场景到单个客户旅程地图，再到旅程地图的勾稽与叠加，需要企业对整体用户反馈进行不断跟踪，持续迭代。整个过程势必会经历改善、转型和维持三阶段闭环，最终实现客户体验管理的转型（图5-10）。

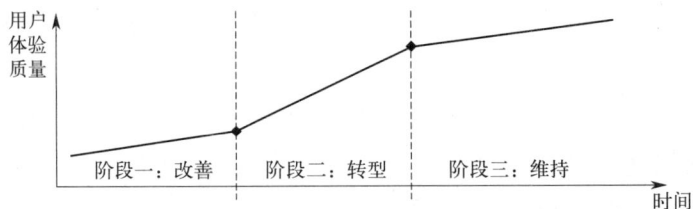

图5-10 客户体验转型的自然路径

在第一阶段中，企业的侧重点是找到并解决客户体验中出现的问题，改善阶段必然会有效果，但不太可能在利润上有显著体现，除非企业超越这个阶段。因为修修补补可以"后见之明"式地被予以遏制，但老的业务模式并不能让企业保持竞争优势，因为它仍然会让企业继续出现新问题继而影响客户体验。

在第二阶段中，企业目标就是致力于通过改变运作模式来杜绝客户体验问题的根源。转型阶段使企业具备了管理客户体验设计和提供有效体验的能力。这能保证企业具有独特的竞争优势，同时也会有不菲的长期投入。

在第三阶段中，由于客户体验的提高同提高复购率和降低客户流失之间有显著的相关性，所以时间效应下企业的口碑更积极，能用更低的成本获得更多的客户，并能使服务成本也得到降低。企业走在了实现长远愿景的康庄大道上。

你需要搞清楚自己所在的公司在客户体验方面的实践达到了什么程度，属于哪个阶段，有效的方式就是实践。在判断企业的执行水平上，有两种方式可以选择：一是可以采用自上而下的采访和事实调查研讨会等方式，与相关人士进行探讨来衡量；二是采用自下而上的方式，通过调查组织内部人士对执行水平的意见进行判断。当你得到结果时，你可能发现公司不同部门处在不同的客户体验的成熟程度上。如果你看到在客户导向文化强大基因下，员工对客户的认识和对客户问题的处理、测量及客户体验原则方面出现了正向的系统化的迹象，那么恭喜你，该企业在客户体验转型方面有好的基础。相反，如果你所在的公司并没有将客户体验作为原则，在客户体验策略、设计和管理方面表现弱势，那么将相关动作植入日常实践就会阻力重重，很难通过自然的浸润实现，这时就需要变革式的飞跃才有可能成功。

业务转型是复杂而系统的，需要列出需要解决的问题并对策略、客户认知、设计、测量、管理与文化六方面予以评估。设置转型的优先级是非常有必要的，不能对一些问题视而不见、听而不闻，需要根据实际情况作出合理的商业判断后再制定转型方案。有两种策略可供选择：一种是强化一种或多种企业本身存在的优势，将之放大；另一种是投入资源大力发展企业最薄弱的部分，补足水桶的短板。

强化优势是对六方面评估后，如果发现在某一项或几项上，企业接近或已经在系统性的层级上，那就加倍投入放大优势，以该项为主导，将其作为杠杆推动其他项执行的提升。提升短板则是选择发展一两项最薄弱项，而不是继续重点投入那一两个强项，即使提拉短板可能导致优势项倒退。比如，如果企业有四个方面薄弱，处于遗漏或偶尔执行阶段，那么客户体验就会群龙无首，势必只能补齐短板。

要想精准出击，就不得不谈到客户体验的测量与数智化工具，详见下节。

5.4　客户体验如何量化与测量？

对于房企，现行通用的收集客户反馈调查的核心指标是客户满意度与客户忠诚度。客户满意度（customer satisfaction），也叫客户满意指数，是对服务性行业的顾客满意度调查系统的简称，是一个相对的概念，以描述客户期望值与客户体验的匹配程度。换言之，就是客户通过对一种产品或服务可感知的效果与其期望值相比较后得出的指数。其测量方式通常是从企业视角设定问卷，用五分制或十分制的方式来量化，并通过定期的电话回访或面访的方式收集客户的反馈意见。

客户满意不等于客户忠诚。客户满意是一种心理的满足，是客户在消费后所表达出的态度；客户忠诚是从客户满意概念中引出的概念。客户忠诚度又可称为客户黏度，是指客户对某一特定产品或服务产生了好感，形成了"依附性"偏好，进而重复购买的一种趋向。其测量是在客户满意度测量基础上收集客户推荐和再购的倾向。对于企业来说，客户的忠诚才是最重要的，满意并不是客户关系管理的根本目的。

还有神秘客户调研机制，调研人员扮成客户深入到业务场景中，实地感知企业的产品和服务。

上述调研方式被国内房地产行业采纳之后，在客户意识的推进与产品的改进方面发挥了巨大的作用。房企在自身不断探索和咨询机构的帮助下，不断地固化提升，最后形成了一套完整的打法，并纳入日常各职能的KPI业务考核中。但是传统的客户反馈收集在调研问卷的设定、调研方式的执行等方面受到诟病，不断遇到挑战。

比如调研问题的设定源于不同职能的业务，其聚焦点源于企业各职能阶段性的业务导向和企业的评价机制，大体都在结果可控范围或者适度创新的业务范围内，甲方视角明显，但未被企业关注、未被调研覆盖的维度，依然是企业提供给客户而客户感受有痛点的，则可能被忽略。再比如在调研方式、数据解读和业务改进方面，通常是短则一个季度长则半年、一年的时长，委托第三方抽样后用电话回访客户一次，上下结合分析解读数据，再和各职能讨论改进措施后安排实施改进。对一个年销售千亿元的房企而言，没有两三个月完成不了全过程，导致阶段性收集、回忆式作答、运动式改进，过程冗长、时效性差等问题凸显。此外，房企常用于校验真伪的神秘客户调研，不但容易受到"神秘客户"自身的主观判断影响，而且点上的抽验很难兼顾客户体验旅程的完整性和时效性，其典型个案的公平性与权威性也会导致受到KPI考核指标强约束的责任部门的挑战。凡此种种，甚至导致了一线个别人员向客户要好评的情况出现，致使数据失真。

房地产行业是典型的客户"低频消费""高频使用""重视综合性体验"的行业。无论采用什么指标测量、采取何种方式调研，客户反馈的是客户的感受，即体验。客户在与企业的交互中有好的体验，才会有好的客户满意度，才可能有客户忠诚。在实践中衡量客户体验，我们应该关注哪些指标呢？体验咨询机构唐硕认为，在客户体验战略与客户体验管理的逻辑下，客户体验指标体系应该包含品牌体验、产品体验（包含企业级客户的产品体验与个人客户的产品体验）、触点体验（包含线上与线下）与服务体验（包含商务服务体验与客服体验）四个维度，在这个基础上再去做二级、三级的指标划分，这当然是企业的视角。而 Forrester 提醒我们站在客户的角度，从时间与逻辑的先后出发，应该关注三种测量指标：描述性指标、感知性指标和结果性指标。在此基础上再做二级、三级指标细类的设定。这两种指标体系自上而下，其实是从不同角度描述体验的测量，殊途同归；一旦自下而上，深入到具体细节，并没有本质上的差异（图 5-11）。

描述性指标	感知性指标	结果性指标
发生了什么？	客户对该事件的看法	客户会怎么做？
· 客户致电要求解决账单问题 · 电话等待 5 分钟 · 同来自马尼拉的 998 号接线员交谈 2.5 分钟 · 故障通报开启 · 故障通报关闭	· 打开账单发现又错了！ · 寻找客户服务电话，最终找到了 · 客服电话永远占线 · 电话咨询需要那么多信息让人非常沮丧 · 责任转移 · 至少接线员态度还不错	· 向朋友抱怨 · 以后再也不要从这家公司买东西 · 开始关注竞品信息
共同指标		
· 电话及邮件数量 · 平均呼叫时长 · 打通前无法打进的次数 · 网站浏览量 · 平均网页页面浏览量 · 平均交易金额 · 每户每年平均致电数量	· 客户整体体验满意度 · 客户体验不同模块满意度 · 电话解决问题概率 · 客户目标完成率(网络、手机、平板)	· 推荐可能性 · 购买可能性 · 更换竞品可能性 · 实际购买率 · 续约 · 客户流失率
获取方式		
· 分析系统	· 调研及文本挖掘	· 调查和分析
共同数据源		
· 客服中心日志及分析 · 网络及手机分析系统 · 销售点系统 · 账单系统 · 客户关系管理系统 · 商务智能系统	· 企业反馈管理(EFM)系统 · 线上反馈及调查工具 · 客服中心通话记录 · 客户来信或邮件 · 社交媒体发布及评论	· 企业反馈管理(EFM)系统 · 线上反馈及调查工具 · 客服中心日志及分析 · 网络及手机分析系统 · 销售点系统 · 账单系统 · 客户关系管理 (CRM)系统 · 商务智能系统

图 5-11　Forrester 客户体验指标分类

描述性指标包含大量与客户互动的数据，是现实中发生的事实的客观记录，这些指标通过告知这些情况从而提供了多种客户观点。比如呼叫中心坐席的投诉记录、销售系统中的客户的购买信息、CRM 系统中的相关信息等。

感知性指标是客户体验最真实的衡量。客户满意度用于评估客户当下的体验感知，是体验指标的基石。对于客户满意度，线上反馈及客服系统等均可提供有价值的信息。客户满意度是体验管理中心使用频率最高的体验指标。每一个客户在每一个与企业互动的节点上的满意度或者体验感知都可以用客户满意度来衡量；全旅程的体验感知都可以用客户满意度描绘；全渠道的体验评估都可以通过客户满意度衡量。该指标唯一的缺点就是不够精细，客户体验旅程越丰富，业务场景越复杂，凭借客户满意度指标进行衡量的难度就越大。

结果性指标则是对业务结果的洞察。它会告诉客户在同你的公司互动之后想做的事情，或实际上已经在做的事情。这项指标会使你将客户观点与最终的业务结果进行关联。比如，一次体验极差的购物之旅会导致客户更换竞品。结果性指标以预期行为寻求客户在未来的行动预测。

净推荐值一般呈现为阶段性的、较为宏观的指标，是目前最流行的结果性指标，也被普遍认为是客户体验测量的核心指标。净推荐值是 2003 年由贝恩咨询公司客户忠诚度业务创始人弗雷德·赖克哈尔德（Freed Reichheld）提出的，被沿用至今。净推荐值代表客户向其他人推荐品牌产品或服务的意愿，甚至体现出了客户喜欢公司产品及品牌的程度（推荐行为指数）。

客户费力度是一个有趣的指标，一般用于评估退货或投诉的难易程度或者选择或购买商品的难易程度。即客户达成所愿的费力程度，并不是综合性指标。解决负向问题的"三率"（品退率、差评率、投诉率）其实和客户费力度相关。

将感知性指标、描述性指标和结果性指标巧妙组合，我们就能对客户在这次互动中的认知和感受了如指掌。这不仅可以让我们明确需要改进的问题，还能让我们洞察可以善加利用的机会。

分析了传统的客户满意度、忠诚度的测量指标以及客户体验测量的指标之后，我们可以对比得出如下结论：

（1）客户满意度、忠诚度评价的侧重点是告诉我们结果，而客户体验管理指标最核心的价值是指向改进行动，进行改进闭环和管理闭环。

（2）客户满意度、忠诚度评价的侧重点是告诉我们群体行为，因此每次的满意度评价的结果都是独立的，数据不能有效地积累指导业务。客户体验管理的体验反馈数据可以具体到个体上，而且不同时期的体验反馈可以进行更有深度的延展分析，更有实际意义。

体验质量测量的指标框架厘清之后，有没有更好的调研客户反馈和收集客户真实情绪的方法以避免上述调研被诟病？我们可以在行为经济学和心理学领域找到答案——"经验取样法"与"昨日重现法"可以给我们具体的指导。

积极心理学奠基人米哈里·契克森米哈赖教授（Mihally Csikszentmihalyi）发明了"经验取样法"用于测量经验自我的幸福感。经验取样法（Experience-Sampling Methodology，ESM）是多次收集人们在较短时间内对生活中经历的事件的瞬时评估，并对其进行记录的一种方法。它采用重复抽样的方式，收集易受时间和个体因素影响而变化的信息成本高且烦琐（尽管没有大多数人一开始觉得的那样令人烦扰，回答这些问题只需要很少的时间）。其最大的特点就是在多时间点搜集个体的即时性反应（包括情绪、感知、态度和评价等）。

日常中的较小事件或心理反应会对人及人的行为产生更多的影响，所以我们不能只关注印象深刻的大事件。经验取样法通过受访者短时间内回答非连续的、非具体的、频繁的问题来减少社会期望带来的偏差。

经验取样法在 20 世纪 90 年代前的组织研究中还未被提及，但随后的十几年中，随着数据记录和数据分析技术的进步，该方法的研究和应用迅速增加。经验取样法是提高自我报告准确性和有用性的重要工具，应用该方法有助于从个体内层面探究变量变化的规律，其将对组织行为及社会科学的研究产生革命性变革。

昨日重现法也是一种基于即时感受的测量方法，由 2002 年诺贝尔经济学奖获得者卡尼曼提出。昨日重现法将时间使用与即时感受结合起来。采用昨日重现法进行调查时，要求被调查者将前一天从事的活动写出，通过这些活动将昨天重现，以唤醒记忆；然后，要求被访者回答对每个活动的内心感受。其方法和体验取样法类似，目的是要准确再现每个事件及其相关的环境和感受，该方法能取得接近于经验取样法的结果，并提供额外更丰富的信息。

房地产行业客户体验之满意度测量方法的迭代：

（1）对于刚需和改善类客户，即涉及面广、套数多的情境之下，更适宜应用经验取样法。米哈里发明的经验取样法结合现在的技术条件，可以在客户和企业交互的触点发生后设置好时间，即时推送调研问题到客户手机端，收集该客户在之前和企业的交互过程中对产品和服务的感受与评价，还可以提供评定量表，以供受访客户报告其各种感受的强度，这些感受有：快乐、紧张、愤怒、担心、投入程度、身体不适等，通过收集到客户感受的强度以便更有针对性地改进。

（2）对于别墅类高端客户，数量较少、日常交互较多的情境，更适合采用昨日重现法。邀请被访者参与一两个小时的会议。请他们将最近的生活中与企业一线的交互活动分为如同电影一样的多个片段，然后详细叙述出来，也就是准确地还原某个场景的典型时刻。此外，还需要回答关于每个片段的一些选择题，这些问题是基于经验取样法提出的。能够详细回忆过去情境的人也能重新感受到过去事情发生时的感受，甚至可以体验到他们先前对这些情绪的生理反应。

注意，两种方法最后都可以收集到受访客户的情绪，如积极感受包括喜爱、快乐、投入、希望、乐趣等，消极感受包括生气、羞愧、忧郁、孤独等。尽管积极情绪和消极情绪可能同时存在，但可以比较烈度或等级。通过比较积极与消极的形容词的等级，我们可以辨别出令人不悦的场景。如果在某个场景中某种消极感受比所有积极感受都要强烈，我们就可以认定这个场景是令人不悦的。

在新的调研方法指导下，最关键的改进点在于两方面，一方面摒弃回忆攫取实际感受来作评价；另一方面挖掘实际情绪并量化，精准用于指导改进，以实现客户体验提升的终极目标。

通过对三类体验指标全面收集，规划客户体验旅程并细化每段客户体验旅程的标签，以关键性体验指标的埋点替代"神秘客户"完成全量数据采集，利用自然语言处理技术（NPL）进行情感分析，通过公域舆情、电商评论、客户声音（VOC）等全渠道的体验数据进行整合分析，及时洞察客户的异常情绪，实时感知客户的不良体验，精准定位客户旅程中可优化的节点。电话回访将成为数据复核或单独特别沟通的补充。

在实现了更敏捷、更精准、更深刻地捕捉不同触点的客户体验数据后，就可以针对性地优化客户的整体体验，达到**提升客户满意度和忠诚度**的效果；在运营层面，建立以风险预警、工单委派为基础的客户体验响应体系，增强品牌端的响应速度。在收到客户的低分评价或者低满意度结果时，企业可以根据内部管理指标，将其迅速反馈给相关问题负责人，在第一时间发现客户体验环节的问题节点，减小客户流失风险，掌握挽回客户的最佳时机。

谈到这里，读者想必已经发现，数智化工具对于体验测量非常重要。对于客户体验管理而言，还有如下数智化工具需要掌握并在实践中运用：

（1）客户关系管理系统（CRM）：一个强大的数智化工具，旨在帮助企业管理客户数据、跟进客户需求和提升客户关系。

（2）客户反馈工具：如调查问卷、客户反馈平台、社交媒体监控工具等。

（3）数据分析工具：如大数据分析、人工智能算法等，可以分析客户信息、购买历史、行为等数据，帮助企业了解客户需求、行为和喜好，作出更明智的商业决策。

（4）自动化营销工具：如邮件自动化、短信营销、自动化电话客服等，可以根据客户行为、交互历史自动触发营销活动和服务反馈。

（5）语音分析工具：利用自然语言处理技术和机器学习技术，识别客户在与企业互动中表达的情感和意图。如客服语音分析，可以识别客户情绪、需求等，并自动转接到适合的客服人员。

（6）AI 客服工具：如智能客服机器人，可以对客户提出的问题进行快速回复和解答，提高客户满意度。

（7）社交媒体管理平台：用于监测社交媒体渠道上客户反馈和评价，帮助企业更好地了解客户需求和情感状态。

（8）客户调查工具：通过在线问卷、电话、短信等方式收集客户反馈，为企业提供客户满意度评估和改进建议。

（9）移动应用程序：通过提供移动化的客户体验，使客户可以随时随地访问企业信息和服务。

在体验管理中组合使用上述工具，捕捉客户的行为，测量客户的体验，可以帮助企业更好地管理客户数据和反馈，从而提供更好的客户体验和业务增长。通过细化每段客户体验旅程的标签，捕捉不同触点的客户体验数据，优化客户的整体体验，达到**提升客户满意度和忠诚度**的效果。

全面体验管理是体验经济时代企业保持业绩增长的不二法门，我们需要推动企业对客户的单点体验管理升级为全面体验管理，推动以客户为中心的组织变革，从而优化客户在品牌端的整体体验，使客户与品牌的真实关系变得更为紧密，打造全周期、全触点、全旅程的客户体验管理平台，创造持续且有机的业绩增长。

第6章
房地产客户群诉的分析与应对

6.1 群体与个体相比，有什么特别之处？

1. 群体的定义与分类

客户投诉在房地产行业屡见不鲜。客户投诉按照参与主体的数量来简单分类，有个人投诉和群体投诉两种。个人投诉是指个人向有关部门或机构反映个人受到违法或不当行为的行为，要求有关部门或机构进行调查和处理。群体投诉是指多人因相同问题向有关部门或机构反映并要求解决，多个投诉人共同行动，共享诉求和利益。群体投诉的目的是提高投诉的力度和效果，以及解决问题的能力和速度。

客户因一个或多个共性问题以线上或线下等各种形式提出的群体投诉可能会出现一些极端情况，给企业及品牌短期内带来巨大的负面影响甚至经济损失。还有一种情况是客户因故向企业发起的群体诉讼，由于发生概率低，不属于本书讨论的范围。

要想了解群诉，我们必须深入理解"群体"，并从心理学的层面去解构。因为，客户从个体到群体，其思维和行为都会发生巨大的变化，甚至完全不同。所谓**"群体"**，是指由个体组成，具有某种共同特点，并存在着相互影响作用关系的个人的社会集合体。这些共同特点可以是地理位置、族群、文化背景、性别、信仰、兴趣爱好等方面的相似之处。群体可以具有共同的价值观、信仰、行为模式等，对个体的意识形态、行为模式产生影响。

法国社会心理学家古斯塔夫·勒庞（Gustave Le Bon）在 1895 年首版的《乌合之众——大众心理研究》这本书里对群体研究成果作了展示，其洞见至今熠熠生辉。勒庞认为，群体行为存在一种无意识的、下意识的心理倾向，人们在群体中更容易受到情感上的影响，丧失判断力和自我意识，导致群体性暴力和行为失范。这本著作是群体心理学的开山之作。

2. 群体特点及成因

勒庞提炼的群体最显著的特点如下：

（1）群体冲动而多变。往往情绪压倒理性、盲目冲动代替思考。

（2）群体易受暗示且轻信。群体成员彼此间通过暗示、情感传染等加快了无意识个性的显现，个体立即将接受的暗示思想外化成为自身行为的趋向。

（3）情绪的夸张与单纯。大多数个体处于群体情感的狂暴中，对自己的言行没有足够的责任感，更加激化了群体情绪的夸张与单纯。

（4）偏执与专横。群体中的个人会表现出明显的从众心理，在心理学范畴内又被称为匿名状态，个体借助"数量即正义"之名行不负责任之事，最易滋生出如教条主义、顽固偏执的心理。

当个人是一个孤立的个体时，他有着自己鲜明的个性化特征，而当这个人融入了群体后，不管是谁，无论其生活方式、职业、性格、才智是否相同，他的所有个性都会被这个群体所淹没，他的思想立刻就会被群体的思想所取代。而当一个群体存在时，他就有着情绪化、无异议、低智商等特征。群体中个体们的思想感情和行为方式变得和单独状态下完全不同，在群体意识中，个体的理智降低，个性被削弱。同一性吞没了特异性，无意识属性取得了主导地位，进而导致群体并不叠加智慧，甚至是愚蠢的。

群体有上述特点的原因：

第一个原因是个体群聚后会获得一种无所不能的强大感，使其敢发泄本能。仅是因为群体的匿名性及相应的无责任性，个体未加入群体时本来是可以压抑这些欲望的，如今一直约束个体的责任感完全消失，无所顾忌，不需要再压抑。

第二个原因是传染。在群体中，任何情绪和行为都会传染，而且传染性很强，达到个体会欣然为了群体的利益而牺牲个人利益的程度。传染性的影响，决定了群体的行为特征和行为倾向，这种倾向和人的天性完全相反，个体很难做到，除非他成了群体的一员。

第三个原因是三点中最重要的，即易受暗示性。它导致个体进入群体后常会变成另外一个人。上述传染性正是易受暗示性所导致的结果。

群体的上述社会心理特点可以总结为：心理趋同、情绪感染、心理暗示。在群体中，具备足够强大的能力来抵挡暗示的人寥寥无几，总会在趋同的洪流中被裹挟得迷失。

3. 群体的情绪和道德

群体成员中第一个对真相进行扭曲的人，是信息传染的引爆点。

因为群体使用形象思维，很容易创造和扩散深化，不仅因为群体极端轻信，还因为其强大的想象力，善于编故事。

群体不懂思考，几乎无法分辨主观和客观，把联想到的一般和事实没什么关系的画面当真。群体受外在诱因支配。诱因不同，冲动各异，所以群体处于动态之中，总是等着接受现成的观点，无论何时。

群体的见证可以大错特错。它经常只是某个人的幻觉，通过传染机制催眠了所有人。传染性会让幻觉趋同，不同成员的故事会变成同一个样子。

逻辑学告诉我们：口供一致的多人证明属于最强证据，可以确保事实的准确性。但群体心理学则告诉我们：逻辑学在这一点上需要重写。众口铄金，积毁销骨。群体心理学认为，目击证人最多的事一定是最可疑的事，而成千上万的证人同时证明一件事，那就相当于说，事实和认定的情况截然相反。

从"成都被打女司机"事件可以一窥群体的情绪和道德，从起初网友怒斥打人者，到风向突变、集体训斥女司机，直至网民人肉搜索出女司机个人隐私并公布于众，女司机不情愿地发表道歉声明，部分网民对女司机又抱有同情心理，几番反转，善恶难辨。作为旁观者，只能让子弹飞一会，等信息完整了再作判断。

群体只有极端情感。暗示给群体的任何思想观念或信念，他们不是全盘接受就是全盘否定，不是奉若绝对真理就是视作绝对错误。群体表达情感时，总表现出简单化、极端化的特点，不是极爱就是极恨。群体习惯了夸张的情绪，所以只对极端情感有反应。

稍作留意你会发现，群诉的"檄文"或者"战书"往往如是，条幅多是白底黑字的短句，充满强烈的愤懑和不平。而且群体要求自己的代表也要有这种夸张的情感，他们必须持续表现出夸张的品质和美德。所以群诉的领头者要么偏执，要么就是十足的戏精，否则无法表现出煽动力和影响力。

群体的责任感会彻底消失，所以暴力倾向大大增强，尤其是异质性群体。群体清楚自己的力量，质疑一切是与非，既不容忍异见，又喜欢强制服从。群体对力量表现出驯服与尊重，却很少被善良打动，它认为善良不过是变形的软弱。

在无私奉献方面，只有群体能够做到极致。个人利益常常是单独个体最大的行为动机，但几乎不能成为群体的强大动力。群诉的群体可以迅速集资，仅是为了那可能如泡沫般的维权成功高额索赔兑现的预期。但现在有人利用这一点建群维权，维权基金也常常被群诉牵头人（以下简称群头）吞没，成为一桩好生意。

在群体中，好感会迅速变成崇拜，讨厌刚一产生能瞬间变成仇恨。群体情感的单向极化导致群体从不怀疑，没有不确定的事情。但不幸的是，群体的极化常常被少数别有用心的人恶意引导。

当今社会，始终有人打心底里觉得开发商是有原罪的，更别说还有质量、服务、销售承诺种种问题。这些问题在这种心态下往往就成为导火索。星星之火一旦被挑起来会迅速成为熊熊火焰，群聚的维权者会觉得开发商品性本恶，别人说的问题想必都是真的，自己权益必然也受到影响，一定要维权扳回来！人多力量大，一起加油，干就是了！

4. 群体的逻辑与想象

群体的低级逻辑也要靠概念之间的关系，但群体只能接受表面关系，即概念之间只能存在伪相似关系和伪因果关系。

群体推理的特征，就是把表面有点相似的不同东西联系起来，并瞬间把具体经验普遍化。擅长操纵群体的人跟群体成员说的正是这种逻辑。群体只能被动接受这种逻辑，完全无法理解分段逻辑。可以说，群体没有逻辑，或者只有错误的逻辑，无法被说服。处理房地产群诉的时候，你会发现业主群体最初的诉求往往是杂乱的罗列和堆砌，甚至是矛盾的。随着群诉的发展，群体的组织性增强以后，就会相对聚焦，"举一反三"，比较有逻辑了。

群体只能进行形象思维，只被形象打动。只有形象能够吓住或吸引他们，从而驱动他们。群体明显具有不辨真假的倾向，最能打动群体的一般都是最假的事，是事件里面最夸张、最神奇的因素。

5. 理性

群体不受理性影响，它只能理解概念之间的伪关系。所以知道如何影响群体的演说家从不诉诸理性，而是操纵情绪。因为逻辑学对群体不起作用，要让群体相信，首先要弄清楚为什么会群情激昂，并共情，假装自己也有这种情绪；然后用直线思维唤起强烈的暗示信息，去修改群体的情绪；如果需要，还可以不时回到引发群情的观点，去试探演讲的效果，这是最重要的。演讲者必须不停地根据当下的效果改变语言，所以提前准备好的演讲稿注定没有用。在这种演讲中，如果他始终沿着自己的思路说，而不是听众的，这会摧毁他所有的影响力。

群诉处理者往往站在企业的视角，职业性的理智如果无法共情则注定了很难和群体沟通，七嘴八舌、群情激奋的场合对群诉处理者而言是极大的挑战。习惯了听从紧凑的推理链的理性头脑在面对群体时难免诉诸说服术，而讲理模式的无力常让他们吃惊。所以在群诉处理中，不要试图给群诉群体讲道理，不要试图说服群体，注定是徒劳的。让群体选出代表隔离开来谈，才能保持理性和建设性，是唯一可取之道。

实践中群诉分化瓦解的策略虽然有效，但是执行起来困难重重，因为群诉既然已经起势，那么能被争取的理性客观或者与群体主流舆论相左的意见往往不受重视，湮没在洪流中。需要注意的是千万注意不要分化瓦解，策略执行到最后，结果仅是满足了个别人的个体诉求却对群诉整个事件的处理于事无补，则得不偿失了。

6. 领导者对群体的掌控方式

要鼓动群体去做任何事，必须速战速决，而偶像的暗示力量最有效。重中之重是，想操纵群体的人应当具有强大的气场。气场的特点就是完全麻痹判断力，让人看不到事物本身。气场的产生和很多因素有关，其中成功总是最大的一个因素。一旦成功消失，气场一般都会随之而逝。不仅如此，气场也能在争议中受到磨蚀，慢慢消散。所以群诉处理中很重要的一个策略就是削弱气场、打消气焰，限制群头的成功。限制关键节点上群头带队"维权"的胜利，最大限度削弱其"战果"。

当群头要把思想观念灌输进群体中个体的头脑时，还要使用各种手段，其中最重要也很明确的有三种，即断言、重复和感染。比起气场来，这三者起效作用慢，但是一旦起作用就会持久有效。

简单纯粹的断言，统一的措辞，不带任何逻辑，没有任何根据，是洗脑群体最有效的方法之一。断言越简练，越不带任何论据和论证，就越有威力。但如果没有不断的重复，断言就没有真正的价值。拿破仑说过，修辞学中只有一种修辞最重要，那就是重复。重复的断言，会使信息以特别的方式深入人心，并最终能被人接受为不证自明的真理。当断言经过充分重复，且态度保持一致，强大的传染机制就会开始运行，形成所谓"风评"。传染性会让所有人产生统一倾向，不仅能让思想深入人心，还能改变人们的感觉模式。

群头当然不可能像领袖一样，但是如果他们也碰巧或经"高人"指点使用了上述三种手段，那么就会对群体产生相当大的影响，甚至能引导和带动群体向他们所预期的方向发展。

因此，一定要在不正确的、片面的观点浸润、传播的初始阶段，第一时间梳理正确的与之相左的观点并大力推进其精准传播，以延缓群体观点及负面情绪传染的进程，同时拉动对己方有利的观点。既要有对立面又要有分散注意力的杂音，这是个有效的策略。

7. 群诉处置注意点

作为房地产客户关系管理业务的从业者，掌握一些群体心理学知识，知道一些基本规律，对于处理相关群诉是非常必要的。基于群体心理学的启发，在处理房地产群体投诉中，需要注意以下方面：

（1）了解群体心理倾向：需要了解投诉群体的心理倾向，掌握心态变化，以便更好地处理他们的问题，同时防止情绪失控引发暴力事件。

（2）引导各方保持理性：需要引导群体和相关方保持冷静，尽量避免情绪化言行，维护良好的沟通和谐氛围。

（3）强化信息沟通：需要加强沟通渠道和效率，及时反馈信息和解决方案，减少信息不对称和误解带来的矛盾和不满。

（4）提供公正公开的解决方案：需要建立公正公开的解决机制，充分考虑各方利益和合法权益，依法依规予以处理，增强信任和满意度。

（5）加强教育和预防措施：需要加强群体教育和预防措施，提高社会信用和法治意识，预防群体性暴力和行为失范的发生。

对于以上问题，可以采取以下针对性措施：

（1）加强舆情监测和评估，及时处理和引导群体情绪。

（2）建立快速反应机制和危机应对体系，处理重要提案和关键问题。

（3）增加投诉渠道和便捷程度，提高满意度和信任感。

（4）加强宣传和教育力度，提高社会信用和法治意识。

（5）建立纠纷多元解决机制，提供多种选择和平衡解决方案。

在房地产行业的群诉处理中，我们需要更多地关注个体的切身利益和合法权益，同时重视风险管理和预防措施的落实。此外，我们还应该引导广大投资者树立正确的投资理念和风险意识，避免盲目跟从、盲目投资。

6.2　为什么"断言"和"重复"能极大地影响群体的观点？

人们总是认为，自己在任何时候都会作出对自己最有利的选择，或者说作出至少比别人更好的选择。但这只是一个美好的想法，因为这个假设无疑是错误的。实际上即便人们经过再三思考，也不一定能够作出对自己最有利的选择。因为人们的选择不只是一个能力问题，还是一个经验问题，不同领域内的人对同一问题的认知也不同。

但是，人们在一个易获得经验和反馈信息的环境中能够作出较好的选择。比如装修时选择合适的涂料颜色，人们都知道自己是否喜欢白色、灰色、粉色或其他颜色。然而，对于缺乏经验和相关知识的领域，他们便很难作出理想的选择，因为专业度不够，或者因为掌握的信息不够，而且不能很快获得反馈。比如装修时为了减少墙面开裂，基层是使用水泥砂浆还是粉刷石膏？装饰面层是使用涂料还是墙纸？做地暖是采用水暖还是电暖？作为非专业人士，实在无法取舍。

此时，若人们不能作出令人满意的选择，但旁边有人大声、肯定、反复地告诉你某方案是更优的，你会如何选择呢？（广告在很大程度上就是借用了这种效应）

本书的第 2.11 节论述了信息、同侪压力和措辞对人们的影响。当一个人坚定地重复胸有成竹的断言时，就会极大程度地影响群体的观点，一旦传染给了群体中的多数，则群体就像头脑中被施加某种锚点一样，形成一致的氛围和行为趋同。人的社会性使我们容易受到周边人言行的影响，"信息"是人们将自己的观点与别人趋同、是自己不违和地融入群体的一种舒适的状态；"同侪压力"会让人们不自觉地将自己的真实想法藏在心底，而跟随群体；"措辞"实际上是因为人们自己的劣根性——懒，有人帮他作了选择、作了决定，他顺理成章地盲目服从了。

一些关于"人们对其他人观点和行为的关注"的研究工作发现了"速成灌输"的力量。灌输指的是大脑直觉思维系统的一种颇为神秘的现象。研究发现，施加一些很小的影响也会产生不同的效果。有时候，仅作出一种观点或者概念上的提示便会使人产生联想，从而刺激他们的行为。社会中出现这些"灌输"会产生令人吃惊的巨大能量。

群体中还会出现"多数漠视"。所谓"多数漠视"是指全部或多数人所持有的一种对别人思想不在乎的态度。群体观点会得到彻底的内化，使群体中的个体坚持群体的观点。甚至在一年后，当处于持有不同观点的群体中时，他们仍然坚持自己原来所在群体的观点。而且，研究发现原来的观点会产生跨代效应。即使出现许多新面孔，当初的很多"元老"已经离开，群体中的人们仍然会将原来的观点继续保持下去。甚至许多群体会陷入一种叫作"集体保守主义"的窘境。所谓"集体保守主义"是指群体倾向于坚持已经形成的共同认知，即便遇到新情况和新要求也会如此。

群体的这些特性为群诉处理带来了极大的挑战。一方面是群体内部迅速形成共识并付诸行动，且能爆发出极大的力量；另一方面是与群体观点不一致的观点被漠视、排斥，对外如此，对内也是如此。所以你会注意到，群体中一个或几个群头相对稳定，群体中的跟随者也相对稳定，因为他们不断地将异见者排斥出局，甚至另起炉灶重新建立新群体。有时候你会发现，同一群诉处理过几轮之后，因为各种内外原因，群体中的人甚至变了好几轮，但主要诉求没有太大差异。但无论如何，一旦你弄懂了群体共识、群体行为形成的规律，你就可以在关键点上设法干预。比如植入对立信息并保持音量和频率，以破解其统一性；分化瓦解，以降低其权威性和组织性；维稳和法治约束，以控制并削弱其负面影响，等等。

6.3　群诉群体的情绪演变有无规律可循？

作为群诉的处理者，不但要从心理学层面搞明白群体的特点，更要把握好群诉群体的情绪，这样才能事半功倍。群诉群体的情绪也存在周期规律，所谓的规律是指必然发生而非随机出现。既然人有七情六欲，群诉群体怎么会只有单一情绪呢？群诉群体的情绪就像个人一样，是多个情绪的叠加态，这些情绪包含：全国房地产市场情绪、本地房地产市场情绪、同一开发商多个项目的客户情绪、同一项目多个群体的情绪、同一项目同一群体中多个个体的情绪，等等。

情绪叠加态的表现形式就是每天的强度波动。所谓的持续性都是共振出来的，而不是仅靠一阵风吹出来的。打个比方，当涨潮碰上洋流、飓风时会出现海底火山喷发，容易变成海啸，所以我们说台风带来的巨浪碰上逆向洋流也可能会被消磨得能量耗尽而消失。对于上市的房地产开发企业而言，由于半年报和年报中结利的需要，每年 6 月和 12 月是多项目集中交付的重要窗口期，就需要从全国范围控制交房的负面舆情，以重点城市、重点项目为单位筛查可能的爆点，提前泄爆，以防共振。

情绪维度的规律就是"情绪按天顺序走"，日内情绪可以划分为：开启到发酵，发酵到高潮，高潮到衰退（衰退到冰点），冰点到开启。有的群诉情绪发展得快，日内情绪可以是一天走两个情绪，有的群诉情绪走得稍慢，两三天走一个情绪。除此之外，我们感受到的情绪是一个整体的表象，你只需要对它进行分解，自然就能预判次日投诉群的情绪轮廓。上述规律，类似于一年有四季，春耕、夏种、秋收、冬藏。你只有认同并深入理解，排除干扰，跳出局限，才能真正感受到群诉之情绪周期，不被群诉群体的情绪带着走，主动地排兵布阵，轻松应对。

笔者将投诉四阶段（酝酿、爆发、发展、衰退）与情绪周期理论对照，整合为"群诉情绪周期演变模型"，如图 6-1 所示。

从图 6-1 可以清晰看到，群诉的情绪周期演变包含四个阶段：

（1）酝酿——启动期：

舆情从无到有，风声乍起，恐慌、求证、确认到发酵；这是负面情绪从无到有、从弱到强的阶段；从个体蔓延到群体，群体领头人出现，诉求趋于一致，资源开始集成，计划开始拟定，行动开始实施，箭在弦上。

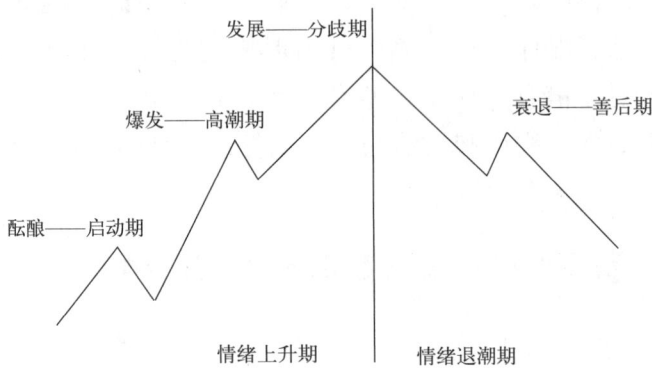

图 6-1　群诉情绪周期演变模型

（2）爆发——高潮期：

舆情集中爆发，加速施压，极端事件可能出现，可能被打压遇阻（如主管部门介入）；情绪持续发酵上升到高潮，紧张、激愤、恐惧，强烈、短促、刺激；领头者振臂一呼，应者云集，跟风者众。

（3）发展——分歧期：

双方都在谋求解决之道，舆情相对缓和地持续发展，原本一致的群体情绪开始出现第二、第三个声音，隐蔽、内耗，是分歧、分化前兆；小道消息满天飞，个人的诉求开始超越群体诉求，一致对外和私聊解决同时出现。

（4）衰退——善后期：

舆情持续转弱，个体分歧到群体瓦解；信息不对称达到顶端，既得利益者离场，清理处置完毕后消停。如果没有稳妥善后，可能重新回到第 1 阶段，经过挑拨或者煽风点火后二次启动。

（1）～（3）是情绪的上升期，（4）是情绪的退潮期。上升期和退潮期长短不定，可以长达几天、几周或者几月。

期别与期别之间各有逻辑，有前有后，不能跳跃、不能穿插、不能逆反、不能省略。

撇开情绪去谈群诉，是无源之水、无本之木。如果试图谈论情绪周期，势必先分析群诉主体。房地产市场中的群诉和变数来自舆情，而舆情背后的主体源自房屋购买者及其相关人士。但凡是人，一定会有情绪，以及有规律可循的情绪变化。如果试图去分析，我们先将个体的情绪变化作为样本，后续引进群体效应的变化。然而群体认知的程度一定是要非理性且放大于个人认知的。

首先，了解情绪的基本概念。

情绪是对一系列主观认知经验的统称，是多种感觉、思想和行为综合产生的心理和生理状态。最普遍、通俗的情绪有喜、怒、哀、惊、恐等，也有一些细腻微妙的情绪如嫉妒、惭愧、羞耻、自豪等。情绪常和心情、性格、脾气、目的等因素互相作用，也受到荷尔蒙和神经递质影响。无论正面还是负面的情绪，都会引发人们行动的动机。尽管一些情绪引发的行为看上去没有经过思考，但实际上意识是产生情绪重要的一环。人的情绪既有天生，又有后天控制的成分。

情绪可以被分为与生俱来的"基本情绪"和后天学习到的"复杂情绪"。基本情绪和原始人类生存息息相关，复杂情绪必须经过人与人之间的交流才能学习到，因此每个人所拥有的复杂情绪数量以及对情绪的定义都不一样。

其次，在了解情绪的基本概念之后，对群诉的情绪作相应的分析和判断。

第一，认清参与主体并分析参与的理性程度。

我们不必分析与生俱来的基本情绪，因为样本结构不完全且差异化比较大，后天情绪必须经过人与人之间的交流才能学习到，所以作为群诉主体，经过传染和相互感染，群体的智慧水平一定是相对平衡的状态，而不是叠加状态。情绪在发展，群诉在运行，我们要做的就是相较于群体水平更高一筹，相较群头更清醒、更理性、格局更高、策略更适配，更好地调动资源协同作战。

第二，理解情绪的放大效应。

情绪的存在才是驱动投诉群体运行的方式，因为无论是正面还是负面的情绪，都会引发人们行动的动机。很多时候是因"个人的幻想"而传染给群诉群体中的其他个体。

第三，理解情绪周期的时效性。

情绪周期的长短无法规定，同样无法预估。

情绪在周期上具有随机性，描绘情绪从高到低的词在不同周期可能存在一个、多个甚至都有。

一个群诉情绪周期中的短周期的推动因素可能是一个偶发事件，具体而言，某个能够代表某种信号的负面个案便足以引发。然而长周期的推动因素必须是共性、系统性的问题，而且这个或多个问题即便短期内投入巨大，也可能难以解决。

第四，情绪的演化及背后逻辑。

上述模型推演了情绪的演化，其背后的逻辑是预期与现实，即预期的高低、强弱决定了群体的坚持度与耐久度，现实与预期的匹配程度决定了群诉情绪周期的长短。其中包括群诉个体的预期、群诉群体的预期与被投诉企业、主管部门的预期等多重博弈。

第五，情绪的示范作用。

群体的情绪既然能传染，换个角度而言，那就能示范。缩短群诉周期，促成下一阶段的出现，割裂、分歧会点燃"三个和尚没水喝""此时不撤、尚待何时"的情绪，做好推手，适度放大此类情绪，这是聪明的处理策略。

最后，根据模型，洞察群诉群体的情绪演变，我们要做的无非是保持清醒，观察和总结，每个阶段应该制定什么样的最优策略，如何才能加速推进下个阶段的到来，下个阶段到来的时候应该如何应对，等等。让自己时刻保持主动以应对群诉群体的各种挑战。

注：

情绪周期理论，是指人类情绪状态的变化是以循环周期方式进行的一种理论。该理论认为，人类的情绪状态从高涨到低潮，再从低潮回到高涨的过程是存在一定周期规律性的。这些周期相互交替重复，可以长达几天、几周或几个月。情绪周期的变化可以影响人们的思考、情感、行为和身体表现，因此该理论对自我认知和情绪管理具有重要意义。

6.4 群诉负面传播施压的常见套路是怎样的？如何应对？

在群诉中，群体的聚集、壮大和发展的心理和行为都有其内在规律。群体经过早期的无组织、无纪律、无方向、无目标之后，有心人开始开展一系列行动来运作群诉，以实现各种目的。

在这些"有心人"中，有的自己就是利益受损者，个诉维权受阻后，想拉人头、找帮手、壮声势，和开发商博弈更高赔付预期，就是出于经济目的。有的自己虽没有损失，但从价值观和专业角度认为开发商有过错，需要改正，组织一批人集体维权，为的是彰显自我价值。

笔者曾经碰到过群头既是业主又是该项目设计单位的工作人员，验算后认为已经通过验收即将交付的住宅小区内墙内保温的做法不规范而参与群诉，并从专业角度找了很多开发商的问题，处理起来很是棘手。还有自身并非业主但受业主委托，如同军师一般做幕后推手的，比如曾有第三方律师参与业主的群诉维权，最后发展到与世界五百强企业，全国著名房企打官司，胜则名利双收，败也没有损失，何乐而不为？有的群头是前期买房在落位或折扣方面有过恩怨，这次借机要找回场子，比如开盘没要到优惠，或者要到优惠但幅度未达到预期，又或者没有选到理想的户型等。更有甚者纯粹想借此项目群诉获利，笔者曾经碰到过一个高端项目，有装修公司人员组织业主群诉向开发商索赔，过程中掌握业主信息并建立信任，待群诉过了以后开展其装修业务，将业主当作韭菜慢慢收割。林林总总，不一而足。作为开发企业，需要为客户提供质价相符的好房子，客户有诉求，需要一视同仁、用心倾听，在法律法规和行业规范的基础上采取略高原则妥善处理，尽量做到客户满意。

无论是抱着哪种目的的群头，在群诉过程中套路都是类似的。为便于理解让群诉风生水起的"负面舆情"疯传的裂变法则，我们从事件营销（通过制造事件，直接吸引新闻媒体、网络、社会和消费者的兴趣与关注，从而建立品牌势能，在极短时间内建立品牌形象，占领客户心智的营销方式）的角度来剖析群头是怎么一步步实现声势浩大的群诉并把自己塑造成维权英雄以实现既得利益的。

群诉早期的群体聚集，实际上是通过裂变实现的。最初是通过自查、转载甚至编造等手段发现某个或某些负面或痛点信息，针对性地提出一些诉求或解决方案，有计划地由人拉人来实现群诉初期维权客户增长聚集的目的。群诉的发展阶段，往往通过社群链接人与人的关系，围绕共同目标，培养信任感，从而实现裂变。

群头是如何操控负面舆情疯传的呢？让我们基于事件营销的理论，用 AARRR 模型从群诉组织者的角度来反向分析，这裂变是如何一步一步被策划实现的。主要步骤如下：

1. 明确目的

无论上述哪种目的，这目的是否能见光，群头都需要将个人掩饰成"维权卫士"，将个人维权目的隐藏起来，包装成为大家维权，不掺杂私利而是公益性的。群头需要汇总并提炼出项目存在的共性问题，覆盖面越大越好，真假比例姑且不论，多少总有些属实。维权目的就是旗帜，是冠冕堂皇的理由，是群诉奔赴的目标和动力。

2. 分析受众

（1）构建画像。

从各种渠道收集来项目业主信息，逐一联系。谁在这个客诉中受到影响？影响程度如何？谁有钱谁有闲？谁能够冲锋陷阵？都从事什么职业？拥有什么资源？都必须搞清楚。而后判断参与意向，拉群联系，入群必须认证业主身份，以免有企业方工作人员埋伏进群。

（2）分析场景。

分析业主提出的相关问题的实际场景是痛点还是痒点？这些问题的前期宣传如何？目前项目实施情况如何？有无差异？差异大小？有无放大可能？怎么放大为宜？能否引起共鸣？建设单位能否解决？规范如何？验收如何？能否成为索赔依据？

（3）找到与品牌的结合点。

简言之就是扣帽子。找到企业方、品牌方的使命价值观无法覆盖上述问题的口号、宣传语；或者其管理要求、业务标准等无法自圆其说、无法共鸣的点。以子之矛攻子之盾，道德层面将你一军。

3. 内容制作

（1）确立文风。

是严厉谴责讨伐呢？还是生动诙谐腹黑自嘲？抑或是有理有据有节地摆事实

讲道理？定个调子。

（2）提炼创意。

群头一定要找到吃瓜群众最感兴趣的点，这也是事件营销中最能打动人的点。通过放大反差感和联想叠加就能制造出想要的效果，这样才能吸引眼球，才能有传播动力，才能够最大限度地扩散负面信息给企业施压。

比如，给水管从户外走到户内的厨房、卫生间，作为毛坯房，要么走屋顶天棚，要么走地面抹灰层，规范没有强制要求，也不涉及成本减少，开发商做好取舍即可，业主后期装修都能解决。但是一句"买房送单杠"，辅以戏谑的照片，把业主的装修成本放大，就能成功地煽动不专业的业主，认为这确实是个大问题，是设计缺陷，却让业主来承担，必须得找开发商要说法。常用的一招是将该开发商历年来所有网络负面信息无论真伪均编撰成集，作为攻击素材。

（3）植入爆款要素。

情绪：唤起直接或间接相关业主或社会公众的喜悦、愤怒、焦虑、恐惧等情绪。

人：在相关领域有一定影响力和带动力的人。比如知名的 KOL 的点评和转发，找水军灌水，甚至能将负面舆论推上热搜。

事：用有争议的事、热点的事、有故事的事来引起关注。借助热点的势能，或者运用违背常理的事件或随机事件造势。有群头在"3.15"的时候花钱请人穿着维权 T 恤衫在核心商业区街头穿梭。另有群头组织群诉业主在最繁华的商业街区穿着统一印制 Logo 的 T 恤衫拉条幅，组织群诉业主在企业总部门前或者政府门前静坐等。成都某轮精装房群诉，数个不同开发商的项目上千人游行至住房和城乡建设局，借局长接待日之际提诉求，均是如此。

物：工地现场不好的材料、质量缺陷、不佳的清洁卫生等，让人一看揪心，一提生气。比如石材变瓷砖、绿化变车位、渗漏严重、结构质量问题等。

（4）善用标题。

标题就是观点，语不惊人死不休。加大、加粗、加上几个感叹号，不断重复。便于营造气氛，撩拨情绪，传染复制（图 6-2）。

4. 传播规划

（1）预热期。

事件营销中的预热期通常是在自有传播渠道中作铺垫，引发人们的好奇与关注，但群诉的传播往往跨越预热期直接进入引爆期。

（2）引爆期。

事件营销中的引爆期通常是揭秘预热期预埋的梗，利用合作渠道开始引爆圈层。群头则会发动群体资源，线上线下海陆空齐上，无缝隙轰炸，力求做到最短

图 6-2　某项目维权制作的"吸睛"文案

时间达到最大效果。主流媒体、小众媒体、自媒体都是群头们的争取对象。有的无良媒体特别是一些自媒体则趁机向企业发难。除此之外，群头传播的另一个重点是向各路主管部门投诉、信访等。能够短期内给房企带来主管部门、媒体及业主群体各个层面密集的压力。当然，法律的救济渠道也是不可少的。

（3）发酵期。

吸引更多人入场炒作，把热度推向一个高潮。例如引入 KOL，微博话题传播，能推上热搜吸睛是最好不过。更有甚者，抓住时机冲击企业展会；有群头远赴香港在上市公司的业绩说明会上当着众多港媒发难等。总之以负面效果最大化，给企业施压最大化为原则。

（4）二次传播期。

通过行业报道和群体的 UGC 内容，维持话题热度，持续给企业施压(图 6-3)。

以上就是用 AARRR 模型来解构群头策划群诉之裂变、共识、传播、施压相关活动的全过程。

《时代》周刊报道披露，奥巴马竞选中有一个"行为经济学梦之队"，包括麻省理工学院的丹·艾瑞里（Dan Ariely，著有《怪诞行为学》）、芝加哥大学的泰勒和桑斯坦（《助推》的作者），以及普林斯顿大学的丹尼尔·卡尼曼（诺贝尔经济学奖获得者，著有《思考快与慢》）。这些人给奥巴马的竞选团队在传递信息、筹款、谣言控制和选民动员上出了不少主意，但他们的角色却鲜为人知。奥巴马竞选战役的重要指挥者迈克尔·摩福（Michael Moffo）惊叹说："这些人真是懂得什么东西能够打动人心！"

我们在把握了群诉群体的心理和动态之后，该如何应对呢？

你也需要整合一个由项目负责人、品牌、工程、研发、客服、物业组成的"梦之队"来协同作战。当然，总经理也需要参与。

处理群诉过程中，舆论战、阵地战、狙击战缺一不可。

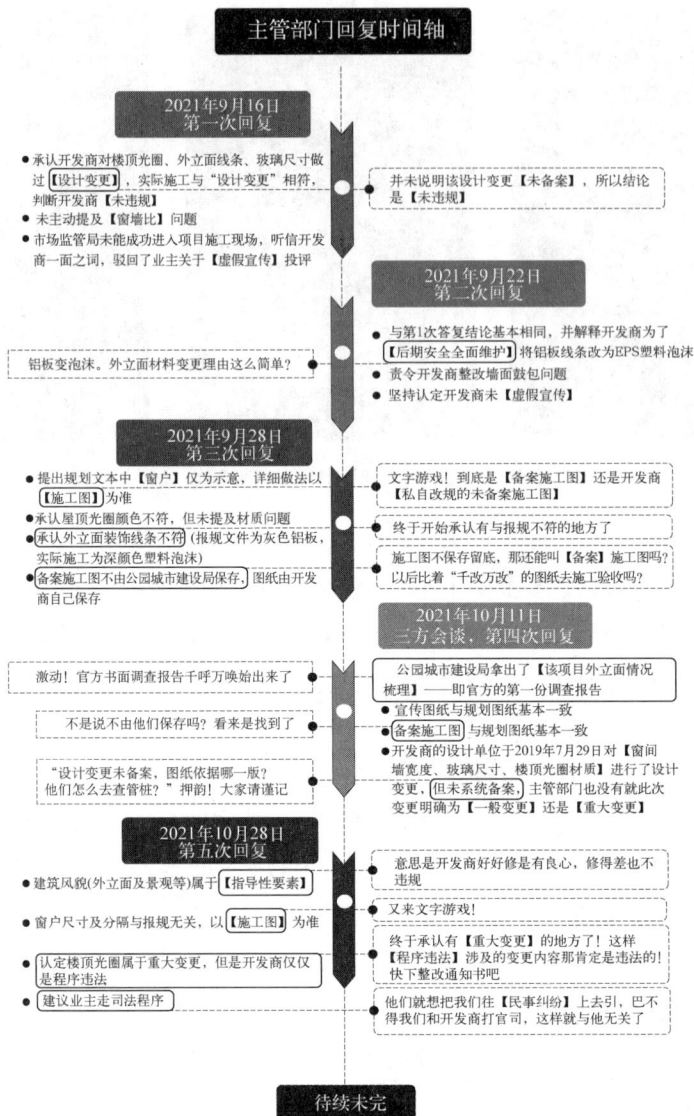

图 6-3　某项目维权物料的二次传播

所谓舆论战，是通过事件营销加强品牌正面效应，争取认同，品宣正面信息，引导负面舆论——此谓之"面"。面上和营销品宣配合，在大众舆论与群体思维引导方面发力。争取主动，持续发布并推动正面信息，占据主要声量，占领客户心智。面上的动作不仅是针对投诉群体，更重要的是面向社会，面向媒体，面向主管部门，面向所有关注此事、关心企业品牌的人。有问题不可怕，可怕的是回避问题。拖延、掩饰、不坦诚是大忌，只强压不解决也不可取，谨防激化矛盾。预防疏导，依法处置是原则，但适当投入，特事特办，既表态，也行动，方能够转危为机，这才是更大的智慧。

所谓阵地战，是整合资源和群诉群体有效互动与沟通以减少负面舆论持续发酵、减少损失最终达成共识的过程——此谓之"线"。线上的动作针对的是群诉的负面舆论之源，准确梳理，真实回顾，切实整改好质量瑕疵，响应客户关切是对全"线"的反馈。态度是第一位的，如此才能安抚跟风者，沟通好真实的维权者；才能创造后续分化瓦解，与群头和解的条件。

所谓狙击战，是和群头深度沟通以消除分歧、化解矛盾、达成一致的过程——此谓之"点"。点上的动作就是因地制宜地处理好个人诉求，最大限度地令群诉群体从有组织、有纪律、有合力状态回到无意识、无智慧状态，便于后续处理。

作为群诉的处理者，必须了解社会心理学和群体心理学的基本常识，掌握行为经济学，方能根据上述链路一方面做好预判，一方面做好应对。以策略对套路，以团队对团伙，以格局对私欲，团结大多数切实希望解决问题的客户，保持良好的沟通态度和处理方式，维护组织和个人的公信力，争取主动，创造和谐。

案例：某项目以思维导图呈现的"维权"计划（图6-4）

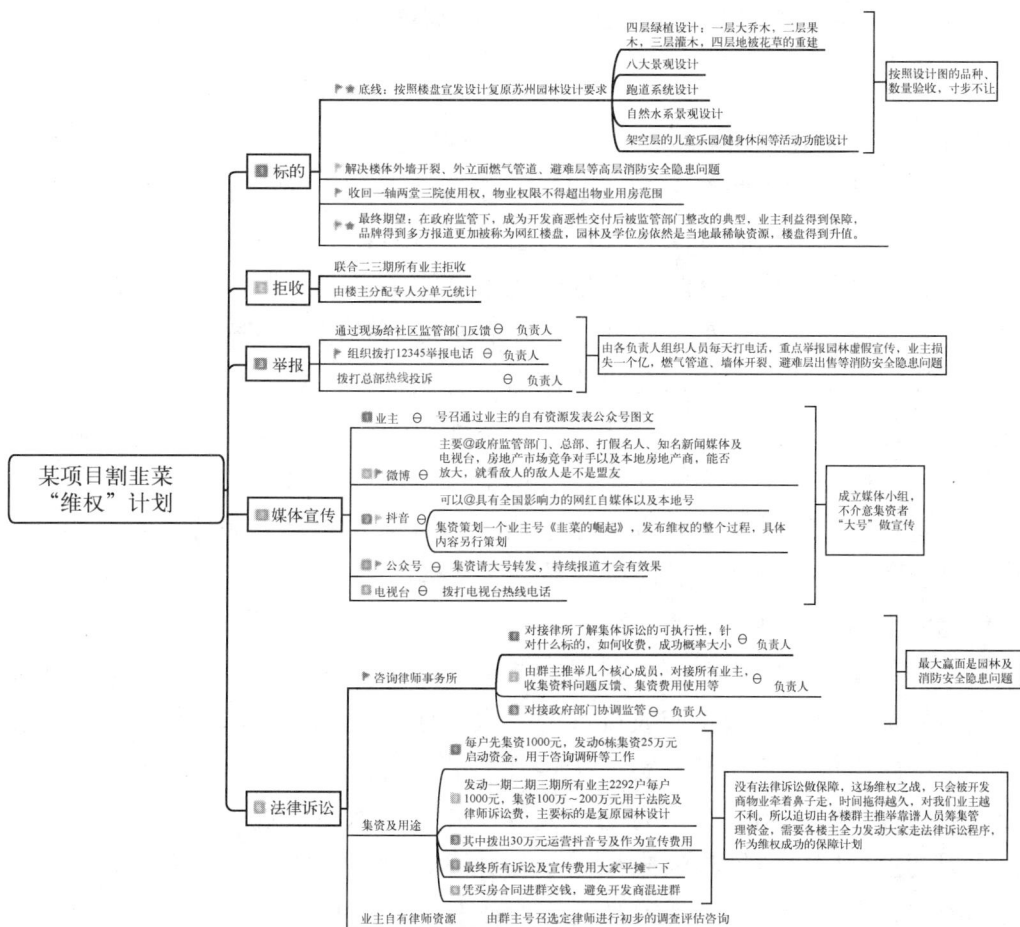

图6-4 某项目以思维导图呈现的"维权"计划

注：

事件营销：

一种营销实践理论，通过组织有计划的活动推广品牌、产品或服务，注重营销活动的策划、执行和评估，并把营销活动与品牌传播和顾客情感联系在一起。事件营销的目的是通过有趣、有意义的活动吸引目标市场的注意力，与他们建立情感联系，提高品牌认知度和忠诚度，形成品牌优势和市场影响力。事件营销涉及的活动范围广泛，包括赛事、展览、颁奖典礼、招待会、演出、社交活动等。

AARRR 模型：

AARRR 是用户获取 Acquisition、用户激活 Activation、用户留存 Retention、获得收益 Revenue、推荐传播 Referral 这五个单词的缩写，分别对应用户生命周期中的五个重要环节。

6.5 客户的诉求一定都是合理的吗?

从入行第一天起，到笔者做销售工作两年后转岗做客户工作，如何与客户打交道，全靠自己摸索。面对客户的投诉，没有人教过如何体会投诉客户的心情，也没人提醒不要总是相信自己对客户的感觉。但笔者常常不由自主地对投诉客户产生同情心。这种同情心可能来自本能，也可能来自上岗培训中提到的"以客户为中心"的同理心。但其实，部分客户在心理或精神层面有这样那样的问题，过度关注此类客户是不妥当的，会影响你的正常认知与判断。我们需要对这种错觉保持敏感，并能够作出识别。对此类客户不能仅凭感觉行事，否则解决起来可能用力过猛。最好的解决办法就是掌握一些信号，学会区别常会出现重大错误的情境，在风险很高的时候，尽力避免这些错误。对别人的异常保持敏感，毕竟发现别人的错误总比发现自己的错误更容易。

在此分享两个案例：

其一是龙湖西苑的案例——有位老爷子每次来售场都拉着人，如祥林嫂般倾诉不已，处理不当最后就会变成投诉。一次，他来投诉称销售系统打印出来的合同填列单中的房价金额和财务实缴实付开出来的发票对不上，一查是多了三分钱被四舍五入导致的。老爷子认为吃了大亏，开发商怎么能这样收割客户呢？为此事，当天两三位同事与他沟通未果，于是此事转到笔者手上来处理。沟通到深夜他都不松口，实在没辙，笔者说私人给他补上，他又不要了，说这是你公司的错，和你有什么关系？怒气冲冲拂袖而去，此事最后不了了之。

礼貌倾听并有礼有节地回复是必要的，毕竟要保证有温度的服务，需要把握好企业要求的职业化形象与客户个体之间的距离感。但是这个投诉的客户很明显有些偏执了。

第二天晨会大家针对该客户进行了讨论，结论是为保证工作效率，节约大家时间，一旦他回访，由笔者专职接待，避免让他频繁找上多个不同的置业顾问。该策略确实有效，这位客户直至交房前，还回访了两三次，每次都由笔者去接待。就他每次提的新问题，能处理的尽快处理好，没法处理的就好说好商量地劝走。最后交房时，我带他一家去验房。灰色水泥砂浆面层不注意看都看不到的一些细微龟裂被他用指甲划东一条西一条白得明显无比，虽然这在其他人看来根本不是事，而且后期装修处理起来也很简单，但我直接通知工程安排施工单位重做，不再耗费精力作浪费口舌的沟通了。

经过多次沟通了解到，这套房的业主实际上是他的女儿，她用拆迁补偿款加储蓄买了这套商品房。老两口本就生活极简朴，生性敏感多疑，辛苦一生波折不顺，对开发商存在不信任，就不断来"找茬式"地提问题要求解决。他女儿也说，老头子在家就很偏执，不懂变通，待人处事磕磕绊绊，一辈子得罪不少人，怎么劝说也听不进去，长此以往也就由着他了。他女儿还说他之前提的问题都不是问题，不用理他！现在大家看明白了吧？老爷子一辈子谨小慎微，属于极端没有安全感的类型，不断通过投诉来寻求尊重和关注。实际上他提的那些问题其实并不重要，他要的是过程中的感觉。

其二是杭州潋澜山某客户的案例——笔者曾经安排一个下属去支援杭州下沙潋澜山交房。当时市场不好，营销提出来"抢收华东"，实际上是变相降价销售。可在此期间又面临交付，授人以柄，不少业主来闹退房和索赔。其中闹得最厉害的一个大妈，推倒沙盘上的单体楼栋，往模型上乱扔垃圾，天天来骂置业顾问，异常凶悍且连续多天。置业顾问基本都是小女孩，哪里经得住这个架势！该员工见势不对，勇敢地上去直面这个大妈，保护其他同事，反反复复接待了好几天。只要叫保安要把她架出售楼处，她就要赖撒泼、大喊大叫，说自己是精神病，别碰她。后来没办法只能报警，警察来了也无法处理，因为经查证她还真是在派出所备过案的精神病人，还是有证的！面对这种人，只能耐心沟通，持续安抚。后来了解到业主其实是她儿子，长期出差在国外，还是从他儿子的角度分析了房子未来的长期价值，才算得到这位大妈的认可，没有再来闹了。

回到本节的标题，客户的诉求一定都是合理的吗？不一定。

可能有读者会说，这都是极端个案，绝大多数客户不是这样的！但恰恰是要提醒客户关系管理从业人员，虽然从事客户工作的铁律就是"一定要想他人所想，急他人所急"，"屁股要坐在客户的板凳上"，"要有同理心，站在客户的角度想问题"——作为理念，作为规范，通常这么要求是没错的。但是，一定要认识并控制同情同理的认知错觉，否则会低效且无法解决问题。此情此景，若自己没有把握，求助其他有经验的人员对照判断，是一种有效的方式。因为，不是所有客户的问题都能处理，不是所有客户的诉求都是正常的，也不是所有客户的需求都能被满足。说不定，就是有别有用心的客户来挖坑给你跳呢（关键是，客户自己可能都没有意识到）？当然，群诉老手和你博弈的情境，又另当别论了。

6.6 处理群诉为何要有好的沟通环境并营造好的氛围？

我们都有这种体会：当处于认知放松状态时，你可能心情不错，因此喜欢你亲眼所见的实物，相信你亲耳所闻的消息，相信你的直觉，感到当时的状态是舒适而熟悉的。此时，你的想法也有可能相对随意、肤浅，当然也不一定正确，甚至可能只是错觉。当你感到紧张时，你更有可能警惕、多疑，会对手头上的事情投入更多精力，感觉局促，较少犯错，但你的直觉和创造能力相较平时会下降。

认知放松原理（cognitive relaxation principle）是指在处理情绪或压力时，通过改变焦点或注意力，从而使思维、情绪和身体得到放松。在接收新信息时，如果能够让人们感到轻松愉悦，那么人们更有可能接受并记住这些信息。具体来讲，它包括通过判断形势，调整心态，消除负面思维情绪，加强正面情绪，减少紧张和压力等措施来达成效果。

在房地产领域中，客户投诉的场景通常涉及一些问题或不愉快的经历，比如售后服务不到位、住房质量问题等。这时候，认知放松原理可以被应用于处理投诉者的情绪和压力，能够帮助客户更容易地接受你提供的信息和解决方案，取得最好效果。

具体来说，以下是一些应用认知放松原理的策略：

（1）创造愉悦的氛围：在与客户交流时，采用友好、轻松的语调和姿态，给客户营造一个愉悦的氛围，让他们感到你是一个可以信任和依赖的人。

（2）引导客户积极情绪：利用积极心理学理论，引导客户产生积极的情绪和态度，让他们更愿意与你沟通和合作。比如，可以强调问题的解决方案，而不是问题本身。

（3）以故事的方式传达信息：将信息融入一个有趣、有意义的故事中，可以让客户更容易接受和记住这些信息。比如，可以讲述一个成功解决客户投诉的案例，让客户感受到你的专业能力和解决问题的能力。

（4）提供可视化支持：利用图片、视频等可视化工具，可以更生动地展示你的解决方案，让客户更容易理解和接受。可以提供一些图片、视频或演示文稿等素材支持你的解决方案。

为什么认知放松原理在群诉处理中有如此神奇的效果呢（图 6-5）？

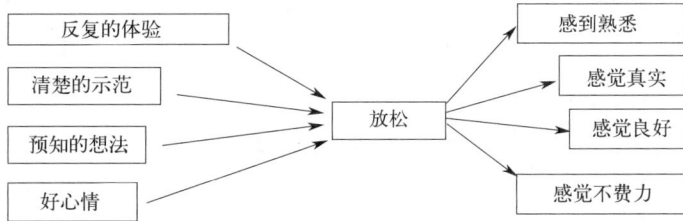

图 6-5　认知放松的原因和结果

我们做个理想实验，将上述心理状态，切换到你作为业主的验房接房的场景中。

本来你还没感觉有什么不妥，但前几天听说交房前施工过程中有购房者翻墙进工地去看了，说房屋有各种质量问题，现场配的东西也和买房时看到的样板房不一样，要邻居们接房时务必留个心眼。接着你就紧张而怀疑起来了，先是在网上查询如何验房，带着帖子介绍的各种简易验房工具，还花了几百元钱请了验房师同行。甚至一家人开会讨论后对接房时的行动做好了分工，谁闹事谁主谈，谁红脸谁黑脸都分配好了角色，就等着在交房现场大闹一场了。

一家人越发焦虑了。掰着指头盘算着日子，终于等到了接房这一天。一家人去了开发商精心准备的交房地点，大门口就是如同售楼处购房时的礼仪迎宾，进门后签到完就能拿到美女发的伴手礼。全场氛围轻松愉悦，不像之前想象的问题超多投诉者众，吵吵闹闹熙熙攘攘，当下悬着的心放下了五分。办了些手续，由工程师带领全家去验房，感觉小伙子挺干练也很专业。园区大门包装得高雅大气，富有调性，园区景观超赞，铺装小径干净整洁，沿途遇到的保安也精神抖擞，保洁也富有亲和力，一路上也在问候让行。单元门口卡通暖心，进了单元大堂有饮水机、薄荷糖和湿纸巾，给大热天带来一丝凉意。到了这里，感觉不错，怀疑心又再放下两分。电梯里还包装有"欢迎回家"的温馨祝福，入户门前，金剪刀剪彩仪式让一家人笑得合不拢嘴。这么有心的安排，实在是没想到啊！房屋想必是没问题啊！再放下两分。进屋后明窗净几，设施设备也一一展示并耐心讲解，加之工程师积极主动的专业服务，有什么质量通病类的小问题记下来立马安排了正常返修，和家人相视一笑，验房单签字确认，根本没必要大吵大闹影响心情嘛！这下彻底放心啦！出了楼栋，老人小孩就去园区里逛耍去了，你们两口子回到手续办理点顺利高效地办完钥匙交接、产权和入住手续。最后一家人集合照了一张全家福，纪念这个美好的日子。截至此时已经是百分之百满意了！临走前还抽了个大奖。终于愉快地办完了验房和交房的手续，美滋滋地回去了。接房全过程

120%的满意！返程路上还发了朋友圈，给亲戚朋友报了喜，欢迎他们等你家入住后来玩，共同分享乔迁新居的快乐。往后的日子，见人就说自己买的楼盘好，质量佳，服务赞，快去买来当邻居啊！

上述交验房过程就是一个典型的场景包装与体验设计，开发商为此不惜重金投入，力争实现期房阶段体验区样板房"所见皆所得"能够落地且略超预期，就是为了给业主营造轻松愉悦的感觉，以便客户放松警惕，放下怀疑，从而避免过度关注产品类问题。这对开发商而言是非常重要的，有了好的体验和感受，客户满意度高，心情愉快，自然大大降低了投诉的几率。而且，现场的温馨高雅的氛围，也会避免闹事的客户采用过大音量与过激行为，进而影响其他客户的接房。毕竟，环境会影响人。

对照上面的认知放松的原因和结果图，你明白了吗？

北京公司某项目2009年2月交付时因奥运停工及冬施等各种原因，导致小区景观大部分没能完成，甚至有一段小区围墙也没能做完，怎么才能平稳交房呢？要知道，完工是交付的基本前提，稍有不慎就会引发群诉。该公司组织业主代表去重庆参观交付10年的老园区的状态，体验生活，返京后组织聚餐，在宴席上坦诚沟通。毕竟单体已完工，验收也结束了，交付程序合法。对于甩项的尾活理论上现在虽可以做，但开春后会因为冻土融化等原因导致围墙倒塌，植物必然冻死，所以计划年后气温回暖以后再逐项完成。安全方面不用担心，虽然当下也不会有人入住，但我们仍会增加人防与技防措施，此期间个别业主的户内装修完全不受影响。这样可以避免后期返工，节约下来的成本我们做了景观提升方案，都会反哺到项目上。具体景观加强的设计效果图是这样的……苗木景石等景观资源已经备好，万事俱备只欠东风了！相关安排和解释，顺理成章地被业主代表接受，他们纷纷回去配合企业做其他业主的思想工作，最终达成平稳交付。开春后，该项目前述的甩项工作与景观增配都提前一一落实，并实时给业主作了通报。本案中，"眼见为实""相互信任""万全准备""坦诚沟通""持续落地"是成功的不二法门。

这个处理策略及战术的实施，其实和上述心理学认知放松原理不谋而合。疲劳但兴奋的踩盘旅游，返京后的聚餐其乐融融，挥拳不打笑脸人。不可抗力引致的局部零星未完工程都在公区，楼栋单体已完工，业主户内是有保障的。抢工虽然能做但确实没有必要且因冬施原因气候条件、温度条件不利，想做也做不好，这在北方是常识。加之待人以诚，也就达到顺水推舟的效果。把握好客户的心理，管理好客户的预期。客观的不可抗力属实，现场单体早已完工四平八稳，主管部门验收也已通过，甩项的零星工程都有过渡期预案和详细的复工安排，确实没有什么可以担心的。何况自己也都是等到开春回暖后四五月份才会进场装修，那时候这些尾活早就完成了啊，对自己入住更是没有影响。

在群诉处理过程中，选好的沟通环境，营造良好氛围，由剑拔弩张到谈笑风生，甚至和缺乏信任、矛盾重重、情绪对立的群诉领头人成为朋友都不无可能。在上述案例里，群诉处理中运用认知放松的心理规律，主动创造好的利于你的决策环境和决策时机，可以取得更高的胜率。群诉处理场景如果是冷冰冰的两军对垒式的谈判式磋商，基本都会以失败告终。

从图 6-5 可知，如果某个判断是基于认知放松或认知紧张作出的，那就一定会造成错觉。任何能使联想机制运行更轻松、更顺利的事物都会使我们心生偏见。反之亦然。

想让人们相信谬误有个可靠的方法，那就是不断重复，因为重复能引发放松状态和令人舒心的熟悉感，人们很难对熟悉感和真相加以区别。广告就是基于这个原理，权威机构和营销商都深谙这个事实。

然而心理学家发现，你不必完整地重复某件事情或某个想法，即使只说一部分，人们也可能相信你的话。只要熟悉其中一个短语，就会觉得对整个陈述都很熟悉，也会因此对陈述内容信以为真。

如果我们当下只能通过书面沟通的方式处理群诉，能否达到认知放松的效果呢？

假设你要代表公司写一篇对群诉群体的书面回复，内容涉及澄清问题、表明态度、挑明立场、解决方案、处理善后等信息。虽然你表达的必然是真实可靠的，是公司认可并一定会加大投入并迅速推进解决的，但是人们也不一定相信这是真的，甚至相当一部分抱着怀疑甚至否定的态度。至于群诉群体，基本上可以判定是不相信、不接纳的。此时，任何缓解认知紧张的做法都会对你有所帮助，你完全可以利用认知放松帮助自己提高书面沟通的效果。

首先，采用当地人们熟悉的字体，且字迹务必清晰，不能采用潦草的大字报。

其次，相关要传递的信息应该印刷在质量较好的纸上，并且文字和背景间的反差要达到极致。如果你使用彩色字体的话，亮蓝或大红的文字会比绿、黄、灰蓝等色调更容易让人相信文字内容的真实性。

再次，保持消息简洁，并使其易于记忆和传播。

如果可以的话，你可以尝试将你想传递的信息用类似诗歌等对称工整的形式表达出来，这样人们会更容易相信你的话。因为，押韵的格言比没有韵脚的格言显得更加深刻。

最后，如果你需要引用一些内容，选一些容易上口的名词准没错。

近年来，一些群诉组织者的专业性越来越高，甚至群诉领头的核心团体有媒体专业人士，还专门花钱找广告公司提炼口号，制作条幅、文化衫、PPT、道旗等物料，甚至建立维权网站、制作音视频资料通过自媒体传播，再掐住房交会、交房、主管部门的信访日等关键时间点线上线下传播，短期内负面信息甚嚣尘上。相比之下，有一些群诉里面，触目惊心的黑底白字条幅，A4纸反复复印得看不太清楚的传单或者签名请愿书，网页上图文混搭的排版，红框黑框的断章取义只会让人感觉不舒服、反感，甚至怀疑其真实性。

但是，如果传递的信息是明显荒谬的或是与群诉群体已知的事实相左，那么即使你把高质量的纸、鲜艳的颜色、押韵和简单的语言甚至说唱技巧全都用上，网站做得美轮美奂，也很难提高信息的可信度。

心理学家研究表明，我们所有人的生活都受系统1所产生的印象指引，但我们通常不知道这些印象从何而来。如果信息富有逻辑性，与你所持的信念或偏好有联系，或是源自你信任和喜爱的信息源，你便会有认知放松之感，潜意识里就会认为这个陈述是正确的。但问题在于，可能还有其他的原因导致你感到放松，包括字体的清晰度和优美的韵律，你无法轻易找到这些感觉的来源。

这便是图6-5给我们带来的信息：放松或紧张之感是由多种原因导致的，难以将它们理清。虽然这很难，但也不是不可能。人在备受鼓舞时，就能克服一些导致真理错觉的外在因素。然而，在大多数情况下，系统2都会采纳系统1的建议，并继续运作。

无谓对错，在群诉处理中，巧妙运用认知放松原理，可以让你释放的信息更让人信服。回到房地产行业的群诉处置中来，要想正向引导舆论，就需要专业地根据上述可以正向引导受众的原则去拟定内容，制作物料，让其表现出能使诉者放松的状态，以便更好地达到正向引导效果。当然，一定要满足几个前提：①建设程序合法合规无瑕疵；②前期销售宣传无不当承诺，所见即所得；③产品本身无瑕疵且超出平均期望（能满足多数人的期望便好）；④一线人员服务如沐春风（包括保安、保洁、绿化及维修工人等）。一定要保证项目基本面的安全和水准。在这个大前提下，才能创造好的能使人放松的愉快的环境，有助于群诉事件的解决。如果这几个前提本身有问题，那就一方面沟通博弈争取缓冲，另一方面抓紧时间整改，处理策略做出相应调整。

那么，是否认知紧张在群诉处理中就与我们无缘了呢？当然不是。一方面，当系统2参与到那些需要努力的事情中时，我们就会感到认知紧张；另一方面，无论是什么原因引起的认知紧张都有可能将系统2调动起来，改变人们处理问题的方式，使他们不再随意且凭直觉做事，而是转向更加专注的分析性思维。那么，在群诉爆发最激烈的时候，我们需要且只能和政府主管部门的维稳机制联动，给群诉群体踩踩刹车、降降温。这些措施必然给群诉群体带来紧张、焦虑甚至恐惧等负面情绪，之前群体中相互传染的极度膨胀、绝对自信、充满力量、战无不胜的感觉必然受到冲击，不得不开始冷静思考事件后续的走向、投诉群体的未来，以及自身在群诉中所处的位置和得失，凡此种种，均有利于后续处置。

综上所述，应用认知放松原理的策略可以帮助你在房地产领域客户群诉的场景中取得最好效果。无论采用何种策略，都应该着眼于客户的需求和情感，以创造良好的沟通和合作氛围为目标。

6.7　如何降低群诉中偏激领导者的权威性和领导力

"光环效应"（halo effect）又称晕轮效应，指在人际知觉中所形成的以点概面或以偏概全的主观印象，属于心理学范畴。它由美国心理学家爱德华·桑戴克（Edward Lee Thorndike）于 20 世纪 20 年代提出，这种效应在对不熟悉的人进行评价时会体现得更加明显。喜爱（或讨厌）某个人就会喜爱（或讨厌）这个人的全部，包括你还没有观察到的方面，追星族就是最典型的被明星光环效应所笼罩的人。

光环效应注重第一印象，后续信息在很大程度上都被消解掉了。光环效应实际上诠释的是生活中普遍存在的一种偏见，这种偏见在我们塑造对人与环境的看法时起着很大的作用。

避免光环效应遵循的普遍原则是——**消除错误的关联，作出清醒的判断！**

企业高管通常需要花大量时间主持会议，听取汇报，收集信息，了解情况，作出判断和决策。独立判断及解除错误关联的原则在工作中必须遵循。具体而言，在开始讨论某个问题前，先让与会的每一位成员各自写下简短的意见以阐明自己的观点。这种做法很好地利用了参会人里的不同知识和见解的价值。注意，领导或上级要最后发言，否则，开放性讨论这一常规做法总会注重那些发言早而又强势的人的意见，使得其他人一味地附和他们的观点。这既是头脑风暴会议必须遵循的原则，也是决策时将高管、老板的"光环效应"影响降到最低的有效措施。

如果某个案件有多个目击证人，在录口供之前，这些证人是不能获准讨论案件的。这样做不仅是为了防止不怀好意的证人相互串通，还避免了有偏见证人的相互影响。交流过各自目击过程的证人容易不自觉地受到他人的影响，在证词中犯相似的错误，降低他们所提供信息的总体价值。若想从大量证据来源中获取最有用的信息，应设法使这些来源相互独立。因为减少信息来源中的冗赘信息总是对的。

在房地产领域的群诉处理过程中，削弱群诉中偏激领导者光环效应的方法可以从以下几个方面考虑：

一是提供更多信息或证据，揭示领头者的缺陷或不当行为；

二是抽丝剥茧使其逐步原形毕露，暴露其不纯的动机；

三是提高其他参与者的认识水平，让他们能够更理性地判断事情的真相；

四是加强对领头者的监管力度，遏制其过度行为。

一定要注意避免被贴上"打击报复"的标签，以免激起群诉群体其他人的同情和激愤，否则会适得其反。

6.8 为什么好事不出门，坏事传千里？

好事为什么不出门，坏事为什么可以传千里？这里面既有心理学因素，也有生理学因素，既受社会环境影响，也受传播原理影响。

心理学认为，负面信息更能迎合公众好奇心理和对私密事件的渴求，能够宣泄自身负面情绪，也能在对比后获得心理平衡。

社会心理学则认为，人们转发负面新闻可能是由于对其表现的负面情绪表示担忧、社交需求以及社群规范推动。社会矛盾的集中显现为不良情绪发酵提供了土壤，加剧了负面消息的传播。

传播学认为，由于生存压力，媒体把负面信息当作第一追求，从而使负面信息不断膨大。

美国传播学者帕梅拉·休梅克（Pamela Shoemaker）在 1996 年调查了 20 余国新闻记者对新闻价值的认识，发现人们有一种"坏消息偏好"，在监察环境时，对于好消息的关注程度不及对坏消息，因为坏消息有提醒和警示作用。

保罗·罗津（Paul Rozin）是位对**厌恶**很有研究的心理学家，他指出，正如一颗老鼠屎能毁掉一锅汤，负面情况在众多方面都可战胜正面情况，而且损失厌恶是负面消息占优势的典型例子之一。

另据科学家研究发现，小脑扁桃核的主要角色是单人大脑的"风险中心"。脑部影像显示，小脑扁桃核对观看者无法识别出来的有威胁性的图片有强烈的反应。关于威胁的感觉很可能是通过一个非常快的神经通道传递的，这种感觉会直接传到大脑处理情感的区域，绕过产生"视觉"意识的视觉皮质。同样的通道还会使得生气的面孔（一种潜在威胁）比快乐的面孔更快、更有效地得到处理。

人类的大脑和其他动物的大脑都包含一种机制，这种机制总会优先考虑不好的消息。将察觉掠食者所需的时间减少百分之几秒，这一偏好源于遗传进化，提高了动物的生存概率，可以保障个体安全，有利于繁殖后代。系统 1 的自动运行便体现了这种进化史。然而，人们至今尚未找到能够同样快速检测到好消息的机制。

　　当然，人类和动物都会对信号反应很灵敏，因此广告商才会设计很多广告牌。不过，威胁仍然优先于机遇，而且也应该是这样。所以，置业后的人们对房地产行业，特别是自己所购房屋的开发商的负面信息特别敏感，尤其是获知了自己所购项目的负面信息，立即就会产生类似威胁的感觉，进而引发后续动作。

　　即使是对纯粹象征性的威胁，大脑的反应也很迅速。充满情绪的字眼会引起注意，而不好的字眼（如战争、犯罪）比好的字眼（如和平、爱）能更快地引起注意。其实并没有真正的威胁，但只是提一下不好的字眼，这对系统 1 来说就是一种威胁。比如看到"呕吐"这个词，就会自然联想起很多对真实事情的反应，包括生理上的情感流露，甚至有规避或接近、畏缩或向前的趋向。所以偏激的群头做的第一件事就是做信息收集并将负面信息集中高频放大，以打动其他业主进而可以使之"团结"在一起，完成最初群诉群体的裂变和聚集。如果你看到"货不对板""销售欺诈""色差""裂缝""渗漏""塌陷""损失""不诚信"等词汇出现在业主维权的大字报上，你自然而然会对所购房屋充满担忧，立马就有了寻求真相进而抱团维权的后续想法和行动。

　　负面信息也可以理解为一种风险信息，而在特定的社群中，风险信息的传播可以视为对社群的安全作贡献；信息发布本身也是信息资源和社交资源的展示。对群诉的业主群来说，正是如此。

　　负面消息经过媒体的提升和媒介的催化，会引发一系列公众效应，尤其是以互联网、移动通信、手机新闻为基础的新媒体广泛普及，其开放性、互动性、及时性、快速性和延展性使各种负面新闻如同病毒传染一般，以指数级增长的速度在极大范围内传播。随着舆论开放度的提高，传媒竞争日趋白热化，为了在同业竞争中更吸引受众眼球，一些媒体的报道常常呈现"病态"的一面，对某些新闻事件往往未经核实便盲目跟风，经常出现偏差、言论失实、细节谬误、偷拍恶搞、蓄意炒作，虚假新闻也是屡见报端。由于媒体高度的社会聚焦，负面新闻一旦进入传播过程，就会被定格为特写镜头，使受众"一叶障目不见泰山"。负面新闻经媒体报道形成二次传播，随着传播深度和广度的增加，不仅能广泛引发社会关注，短时间内还能形成很强的舆论场，引发广场效应和连锁效应，把负面消息的不良影响放大到极致。经过媒体传播的负面新闻，还能通过后续报道赋予其显著性，广大群众成为负面消息的推动者。

　　通用电气公司（General Electric Company，简称 GE）的研究表明：对于某个人的好消息，另一个人知道后平均只会告诉他身边的 6 个人；而如果某人有个坏消息，另一个人知道后，平均来说，他会告诉身边 23 个人。

　　在群诉中，由于不良情绪的集聚和传染，群诉群体大多都会陷入"习惯性质疑"的漩涡。群诉客户会过度关注、传播、分析、散布、评价负面消息，从中能找到同病相怜感、一时优越感与痛快宣泄感，从而产生非理性共鸣。不良情绪会催化或辅助负面消息进行更大层面上的传播。在"有心人"的推波助澜下更是如此。

综上，人们心底里受到威胁和厌恶的感觉是导致负面消息占优的底层逻辑。为了避免"好事不出门，坏事传千里"，以下有效的策略是应该长期坚持的：

（1）舆情监测，第一时间把握，及时沟通负面消息发布者以消除负面消息。

（2）群诉业主的社群往往是负面信源漩涡的网络中心，传播好消息时的网络中心影响力要远低于传播坏消息时的网络中心影响力。因此，策略上需要阻断网络中心对外病毒式扩散的关键节点。

（3）就网络舆情应对的时效性而言，尽可能地了解和掌握客户的实际情况和要求，迅速地安抚情绪、表明态度、澄清事实、以正视听是第一要务，并积极回应和解决问题，以提高客户满意度。

（4）加强公开透明度，及时发布信息，向社会各界展示企业形象和处理情况。

（5）与客户进行面对面沟通，倾听客户的意见和反馈，及时调整和优化服务，赢得客户的认可和信任。维持和客户的长期友好信任关系并保持有效是至关重要的。

6.9　为什么群诉事件要第一时间获取信息，研判后迅速响应？

大多数人在判断不确定事件发生的概率时，往往会违背概率理论中的"大数定律"，而不由自主地使用"小数定律"。即滥用"典型事件"，忘记"基本概率"。小数定律是指人们倾向于将从大样本中得到的结论错误地移植到小样本中。比如人们知道掷硬币的概率是两面各50%，于是在连续掷出5个正面之后就倾向于判断下一次出现反面的几率较大。小数定律认为人类行为本身并不总是理性的，在不确定性情况下，人的思维过程会系统性地偏离理性法则而走捷径，人的思维定式、表象思维、外界环境等因素，会使人出现系统性偏见，采取并不理性的行为。

为什么人们会存在"小数定律"谬误呢？

小数定律就是人们使用系统1直觉思维决策时产生的一个心理学现象。丹尼尔·卡尼曼教授认为小数定律是普遍性偏见的一种表现，即对事物的信任多于质疑。

系统 1 并不善于质疑。它抑制了不明确的信息，不由自主地将信息处理得尽可能连贯，除非该信息立刻被否定，否则，它引发的联想就会扩散开，仿佛这条信息就是千真万确的。系统 2 能够质疑，因为它可以同时包括不相容的各种可能性。然而，保持这种质疑会比不知不觉相信其真实更加困难。

相信小样本能反映调查对象的整体情况，这是一个强烈的偏见。其问题就是，我们常夸大所见事物的相容性和连贯性。很多人过于相信通过有限的几次观察得出的结论。所以在客户关系管理的日常工作过程中，基于客户体验的满意度调查和神秘客户机制需要结合起来整体看待，不能过于放大神秘客户调查的结果，这样才能避免犯小数定律的错误。毕竟用一个或几个客户的反馈评价代替所有客户的反馈评价明显是不合理的，因为许多事实其实只是巧合，包括事前的采样。对偶发事件作出因果关系的解释必然是错误的。

我们常常会觉得自己对某个人很熟悉很了解，但事实上，我们对他却知之甚少。但系统 1 在了解事实之前就根据零散的证据拼凑出一个饱满的形象，这一现象也和光环效应紧密相连。

一叶障目不见泰山。直播购物也使用了小数定律。比如会通过一个客户视角的视频来向客户推荐某个产品，这种做法与把所有评价放到一起完整展示给客户的效果大不相同。这样的好处是可以利用人们的系统 1 进行快速的购买决策，避免让客户使用系统 2 逻辑思考从而延长甚至阻断购买闭环。要避免发生这种情况其实很简单，你只需要多去几个平台搜索看看，了解相关资讯，再问问已购者的实际使用情况，综合之后再做选择。但是这样做又会大大增加人们的负担，因为系统 2 非常消耗精力，对于决策成本较低的产品，选择系统 1 快速决策不失为可取之道。

所以，如果相信小数定律，急于下结论的机制就会运作起来。通常情况下，它会建构一个言之成理的说法使你相信自己的直觉判断。

如果一则消息没有马上被视为谎言，那么不管其可靠性如何，它都会对联想系统产生同样的影响。这则消息的重点是故事，随便根据什么信息编造都无所谓，即使这则消息的信息量很少，质量很差劲都无关紧要，因为眼见即为事实。

综上，大规模群诉往往会引起公众关注和传播，甚至引发民众情绪波动。根据小数定律，一旦发生类似事件，极易形成"谣言"和"传闻"，导致公众情绪失控。因此，需要迅速响应和组织媒体发布准确信息，避免谣言传播和舆情失控，维护社会稳定。小数定律是危机事件与群诉初期企业品牌方第一时间获取舆情并及时响应原则背后的心理逻辑。因为，相关负面信息如果不抓紧时间落实真伪并予以澄清、举证否定，则会迅速占据受众头脑中的系统 1，小数定律就会发挥威力，信息片段就会被演绎成对群诉群体有利的故事。群头们会利用这个时间段树立形象，建立权威，笼络群体，获取主动。对应的，企业品牌方必然陷入被动。

注：

小数定律（又称为伯努利定律或三大定律之一）是指在试验次数较少的情况下，事件发生概率的统计结果可能会有较大的波动，即随机误差比较大。但是随着试验次数的增加，随机误差逐渐减小，最终趋于稳定，事件发生概率的统计结果会越来越接近于其真实值。例如，掷硬币时，只进行了少量的试验，正面朝上的概率可能会出现较大的波动，但是当试验次数增多时，正面朝上的概率会趋近于50%。

大数定律（又称为辛钦定理或三大定律之一）是指在试验次数充分多的情况下，随机事件出现的频率会趋近于其概率。简单来说，就是样本容量越大，估计值越接近总体参数的实际值。例如，掷骰子时，如果掷的次数足够多，每个点数出现的频率就会越接近于1/6。

这两个定律都对概率的统计结果有重要的指导意义。

6.10 为什么在群诉处理过程中，一定要不断地面向公众作正向舆论引导？

房地产客户关系管理从业人员都知道，遇到客户群诉时一定要面向公众发声，正面引导舆论。让子弹飞一会的鸵鸟策略是不可行的，因为涉事信息真真假假满天飞，不利于一线处理。但是这么做的根本原因是什么？

著名心理学家罗伯特·扎伊翁茨（Robert Zajonc）曾潜心关注重复某种刺激和这一刺激最终带来的轻微情感波动之间的关系，扎伊翁茨称之为曝光效应（mere exposure effect）。曝光效应，又称多看效应、（简单、单纯）暴露效应、（纯粹）接触效应等，是指个体接触一个刺激的次数越频繁，个体对该刺激就越喜欢的现象。

扎伊翁茨声称，这种只要不断重复接触就能增加喜欢程度的现象，是一个极其重要的生理现象，可推及所有动物身上。要想在一个危机层出不穷的世界里生存，一个有机体对新奇刺激应该谨慎回应，随时保持警惕和逃离的状态。若一种动物对新奇的事物没有心存戒备，其生存概率就会很低。然而，如果了解到这个刺激物是无害的，最初的谨慎便会渐渐消失。扎伊翁茨称，曝光效应的产生是因为一个刺激的重复曝光并没有产生什么不好的影响，这样的刺激最终会成为一个安全的信号，而安全的就是好的。显然，这样的观点并不只是适用于人类，同样适用于其他物种。

曝光效应并不依赖对熟悉程度有意识的体验，事实上，曝光效应完全脱离了意识。当人们完全没有意识到自己看到了刺激物时，其曝光效应会更强。

扎伊翁茨为他的研究项目作了一个很有说服力的总结：重复曝光的结果有益于集体适应其所处的有生命和无生命的环境。这一效应能使机体鉴别出安全的物品和栖息地，是最为原始的社会性依附的基础。

因此，重复曝光构成了社会组织和社会整合的基础，而社会组织和社会整合又是心理稳定与社会稳定的基础。

现在房地产行业的期房销售注定会使消费者自购房到交房期间充满焦虑，除非业主对自己的巨额购房款不在意。即便是投资而非自住房，这种焦虑仍会存在，只是有所不同而已。开发商需要不断地、重复地告知市场、告知客户：项目正常推进、公司的利好、品牌的利好，比如企业又上市融资、攻城略地进入新的城市和市场、又推出新盘开盘售罄、新设计获得某某大奖、又被评为 ESG 优秀的负责任企业、进入世界五百强、又被评为驰名商标、客户忠诚度行业前列……凡此种种，不断地正向刺激期房购房者，夯实其购买决策并不断主动曝光正向信息给到期房业主。不断地正反馈叠加，客户越来越觉得自己的购买决策实在是英明至极，会按捺不住地向周围的亲朋好友分享。

曝光效应意味着某一事件或信息对于公众的认知程度与时间成正比，也就是说，这种事件或信息会随着被曝光的频率增加越来越受到关注和关心。在群诉处理过程中，面向公众作正向舆论引导是非常必要的，因为这可以帮助公众更好地了解事件的真相和进展情况，消除谣言和不实信息，提高公众的信任度和满意度，从而维护社会稳定。群诉期间除了为消除或削弱小数定律的影响而正面纠偏澄清之外，还需要策划系列的正向信息持续不断地向业主发布。仅项目层面就可以从规划到设计、从社区到环境、从景观到配套、从楼栋到单体、从结构到装修，多方面挖掘很多亮点并通过故事的方式和业主互动，以增进了解、加强互信并促进传播。客户是不专业的，不要从各职能的专业角度来评判客户的兴趣点。如同撸猫，不断地撸，顺着毛捋，猫咪会放下警惕，放松身体，头颈仰起舒舒服服地蹭主人的身体。以浸润的方式不断地影响某些群诉群体头脑中简单、粗暴、不和谐的厌恶和抵触。

要注意，群诉期间，上述动作是在正常的品宣基础上的加强，无论是内容和频率，还是声量和强度，都需要倍增才能有好的效果。

6.11　群诉领头人如何利用群体效应达成个人目的？

前文指出，群头是利用气场、断言和重复来影响和控制群体的。是否仅如此呢？当然不是。

我们先从美国公共政策的制定来看"如何避免小概率风险事件演变成公共危机"，其中有两派观点。

斯洛维克认为："风险"并不是脱离我们的思想和文化而独立存在的，不会老老实实等着我们去测量。人类发明"风险"这个概念是为了帮助自己理解和应对生活中的危险和不确定的情况。尽管这些危险是真实存在的，但却没有"真正风险"或者"客观风险"这回事。风险评估依赖于测试方法的选择——这种选择极有可能是在人们心中期望得到这样或那样的结果的情况下作出的。政策最终是与人相关的，它关乎人们想要什么和什么对他们是最有利的问题。每个政策问题都包括对人性的假设，尤其是人们可能作出的抉择和他们为自己和社会作出抉择所带来的后果。

但美国最知名的法学家之一，卡斯·桑斯坦的看法和斯洛维克截然不同。

桑斯坦认为：为降低风险而采取的风险监管和政府干预手段，应该以成本和利益间的理性权衡为指导。对具体情况进行的谨慎而客观的分析，其自然单位是拯救生命的数量和钱财的数量。监管不力会造成生命的损失和金钱的浪费，两者都可以进行客观测量。斯洛维克认为风险及其测量都是主观的，但桑斯坦对此并不信服。

站在房地产客户端风控的角度，为降低风险而采取的风险管控和干预手段，作为企业的一种管理行为，当然应该以成本和利益间的理性权衡作为指导原则。即便我们要求创造性执行客户端风控，也应该如此。否则，皮之不存毛将焉附？

对具体情况，我们需要谨慎而客观地分析，其底线当然是生命安全，中线是政府监管要求与行业规范，高线是客户满意与品牌声誉。这么做当然且必须要考虑成本和盈利，因为这一切都是在企业的稳健经营持续增长的逻辑下进行的。客户端风控，于企业内部其实是在价值观和客户导向文化下沿着最小阻力推进，最终结果实际上是各职能各专业博弈出来的，不量化无法决策。

桑斯坦的观点源于实践，没有商业逻辑是不可能的，学术研究必然要落地，而不是空中楼阁。比如，某项工程工期滞后半年，可能导致延期交付。处理方案有两种，一是不再增加投入，维持现状，延期交付，客户端承担违约金；二是加大投入，采用更换躺平的总包、增加措施费等手段，能上的都上，力保准时交付。简单而言就是两种方案按照经济成本来比较，哪种损失小选哪种。但是还需要考虑主管部门对企业的看法，以及对品牌等潜在负面影响，更重要的是主流客户是否接受、当地类似情况同行是如何处理的、集团内部有无相关可参照执行的个案等。

桑斯坦和法学家蒂默尔·库兰（Timur Kuran）将偏见植入政策这一机制称作"效用层叠"（availability cascade）。

效用层叠：集体信念形成的自我增强过程。在这个过程中特定的认知作为触发点，引发了一连串的反应。它通过在公共话语中增强影响效用而提高此感知的合理性，这一过程的驱动机制包含信息动机以及名声动机：通过部分信息了解他人的外在想法，为了保持社会认可的利益而通过部分扭曲自己的公开反应来支持上述认知。效用野心家——操纵公共话语内容的行为主义分子——总是力图触发效用层叠以推进其计划。效用层叠这个心理学概念，通常被用来解释人们为何会跟随群体行为。具体而言，一个人可能会因为认为自己的行动能够带来更多的收益，而在群体中采取与自己原有意见不同的行动。

对于将人们的偏见植入政策，美国政客自有其操作手段。很多政策出台前负面信息频发，引发广泛的争议和讨论，相对客观人士的见解反而引发反对和敌意，进而导致更多的人在不知不觉中加入支持阵营。虽然在体制上有对公共机构无论价值观还是资源投入的约束和限制，但是最终主观意识还是会以上述方式融入政策。

简言之，效用层叠对维权群诉而言，群体信念具有从众性，是步调一致，人家（群头）说什么我就说什么，即便我可能不认同。即便实在不认同的，也无力反对或不反对，最终造成事实上的默许。传染加剧，卷集进来的人越来越多；随着有心人的点火、助推、起爆，群体无意识变成群体共识，其力量就越发强大。

效用层叠可能开始于群里某些人的"揭露"，也可能开始于媒体报道，进而引起群体成员恐慌、焦虑、激愤，在有心人的组织下甚至会演变成大规模行动。这种负面情感反应本身就是一种宣扬，会推动媒体跟进报道，继而使人产生更大的焦虑，波及面巨大。这个循环有时候会因为那些持续不断散布负面信息、带着维权客户展开行动的人的刻意为之而加速运行。如果处置不当，越来越多的人为了保持社会认可的利益而通过部分扭曲自己的公开反应来支持上述认知，导致效用层叠的效应越来越大，恐惧和厌恶情绪日益增长。

其实，从本质上讲，在企业内部，客户关系管理从业人员要在公司推行客户端风险防控、客户体验管理体系等，只有运用好效用层叠，做好策划分步实施，才能达到更好的效果。

但是卡尼曼教授提醒我们，人类的大脑解决小风险的能力有一个基本限度：我们要么完全忽视风险，要么过于重视风险，没有中间地带。

"概率忽视"和"效用层叠"的不同在于，二者发现的可得性和呈现到脑中的轻松度和概率。

"概率忽视"和"效用层叠"两种社会机制的组合必然会导致对小威胁的夸大，有时还会引发严重后果。战争、飞机失事、火车脱轨、地震、海啸等大风险、大威胁，都属于效用层叠被降低进而导致人们如此恐惧的情形。

在房地产客户的群诉场景中，我们需要注意群体情绪和动态，及时与客户沟通，用正面的态度和专业的知识去解释问题和解决矛盾，平衡个人和集体的利益，减少负面情绪的扩散。同时，也要避免过度宣传和引导，把握好度，以免加剧效用层叠效应，进一步加重处置困难。

注：

心理学中的"可得性"（availability）指的是某个事件、信息或经历在人们脑海中的易得程度。即，人们在面临决策时，更容易考虑那些在他们大脑中更为鲜活、具有代表性或容易回忆起来的信息。

6.12　为什么可以通过分化瓦解的策略来处理群诉？

一些群头和参与者的目的带有经济性，打着维权的幌子，实际上意图索赔。当事件的严重程度较高，或经维权者自行评估，对于索赔的预期较高，相比参与维权付出的金钱、时间、精力等仍有富余时，群诉参与者就会坚持抱团群诉，直到索赔成功。一旦群诉遇阻，如打压、分化、牵头者退出等情况出现，群诉参与者自觉索赔无望，甚至评估后判断持续为群诉付出大于所得，在得不偿失的情况下明智的选择就是退出。那么，如果群诉处理者很好地把握了与群诉者经济预期的博弈，就可能以较小的代价甚至不花费额外的付出而将群诉处理下来。

心理学家凯瑟琳·沃斯（Kathleen Vohs）著有《金钱的心理后果》，主要讨论了人们在金钱问题上的心理反应和行为。它分析了金钱对我们日常生活的影响，并探讨了人们在处理金钱时出现的一些偏见和错误决策。凯瑟琳发现，钱这一概念会滋生个人主义：不愿和他人在一起，不愿依赖他人，也不愿接受他人的请求。她在书中指出：金钱会改变人们的动机（主要是向好的方向发展）和他们对他人的行为（主要是向坏的方向发展）。九项实验的结果表明，金钱带来了一种自给自足的取向，在这种取向中，人们更喜欢摆脱依赖。与非金钱提醒相比，金钱提醒导致寻求帮助请求减少，对他人的帮助减少。相对于以中性概念为准备的参与者，有钱的参与者更喜欢独自玩耍，独自工作，并在自己和新认识的人之间设置更多的物理距离。

上述发现成为处理索赔类群诉适用分化瓦解策略的理论基础，即通过对群诉群体中不同的客户进行分化和瓦解，达到分散力量的目的。这种策略在一定程度上依赖于人们在金钱问题上的心理反应和行为。

通常，不同的群诉参与者都有不同的利益诉求，即便铁板一块也是为了壮声势，以及为了争取个人争取不到的群体利益。但如果在这个基础上个人诉求还能得到一定程度的满足，或者为了得到个人利益把整个群诉群体的利益撇开，均属正常。实践中，我们常常会发现在群诉的"发展——分歧期"就开始有个别"聪明人"私下里和你"暗通款曲"，协商个体解决之道；"衰退——善后期"更是如此；越往后期群诉个体越会觉得若不主动则更会陷于被动，若不主动个人利益将会无法保证。直到最终铁板联盟分崩离析，群诉演变成多个个诉。

正如凯瑟琳·沃斯的发现——金钱会滋生个人主义，并改变其动机和行为，群诉处理人要用好这个心理效应，把握好时机，主动采取分化瓦解的策略，各个击破关键个体。当然，处理过程中还要用到信息不对称下的囚徒困境之类的技巧，这对于在群诉处理中减少冲突、降低处理成本、提高处理效率，以及对于快速推进群诉加速向"衰退——善后期"演变，都具有重要的实践意义。

注：

囚徒困境是一个经典的博弈理论问题，用于描述两个人之间在合作和背叛之间的决策和后果。具体而言，它可以通过一个简单的例子来说明：假设有两个囚犯被抓住，分别在两个房间里接受审讯。如果两个囚犯都不承认罪行，那么他们的刑期将会比较短；但如果其中一个人承认了罪行，那么他的刑期会减轻，而另一个人的刑期则会加重。

在这种情况下，每个人都面临着一种困境：如果他们都选择合作，那么他们可能会收到共同的好处；但如果他们选择背叛，那么他们可能会取得更大的好处，而其他人则会面临更严重的后果。

囚徒困境不仅是一个理论问题，它在现实生活中也有广泛的应用，如国际贸易、环境保护等领域。了解囚徒困境的基本原理和策略，对我们在日常生活中做出正确的决策也有很大的帮助。

6.13 为什么群诉客户常常会坚持索赔的诉求？

电影《大话西游》里曾经有这么一段经典的台词："曾经有一份真挚的感情摆在我的面前我没有珍惜，等我失去的时候才追悔莫及，人间最痛苦的事莫过于此，你的剑在我的咽喉上刺下去吧，不用再犹豫了！如果上天能给我一个再来一次的机会，我会对那个女孩说三个字：我爱你，如果非要在这份爱上加一个期限，我希望是一万年！"这段话说明了，人们失去自己拥有的东西的痛苦远大于得到这件东西时所拥有的快感。其实除去感情的悲欢离合，运用到经济领域，这个规律叫作"禀赋效应"。

禀赋效应是指当个人一旦拥有某项物品，那么他对该物品价值的评价要比未拥有之前大大增加。它是由理查德·泰勒于1980年提出的。这一现象可以用行为金融学中的**"损失厌恶"**理论来解释，该理论认为一定量的损失给人们带来的效用降低要多过相同的收益给人们带来的效用增加。因此人们在决策过程中对利害的权衡是不均衡的，对"避害"的考虑远大于对"趋利"的考虑。出于对损失的畏惧，人们在出卖商品时往往索要过高的价格。

拆迁中，拆迁居民往往会觉得对方所提供的补偿太少，从而发生补偿价格上的争执，这就是禀赋效应的体现，居民失去自己的房屋，会要求比购买同样的房屋愿意支付的价格更多的赔偿才会觉得满意。

房地产交易市场也是如此，房地产的价格越低，其成交量反而越低，这与传统的经济学的需求曲线是相悖的。由于非常害怕损失，房产的拥有者在承受房价下跌时，往往会变得风险偏好增加。人们为了避免损失而愿意冒价格进一步下跌的风险继续持有房产，希望有朝一日房价能重新上涨。因为人们在房价下跌时会预期价格会进一步下跌，从而不愿意购买。这是从人们心理的角度做出的解释，损失厌恶理论又进一步分析了这种心理产生的原因。

"禀赋效应"容易使人产生惰性，即一种强烈的保持现状的欲望。客户关系管理人员在企业内部推行新的管理措施时，比如全面客户体验管理，会涉及自上而下的制度变革和业务创新需求带来的调整，必然要求不同职能、不同专业人员要打破习惯，走出舒适区。此类群体为了避免既得利益的损失，必定会不惜付出代价维持原有制度和业务逻辑。这实际上也是禀赋效应带来的影响，但社会进步和企业创新必须要克服这种惰性，消除这种隐性的障碍。

由于损失厌恶，人们害怕改变带来可能的损失。为了避免失去所拥有的东西，容易产生"安于现状情结"。人们的不愿意改变，在谈判中就表现为不肯让步。群诉群体更是如此，普通消费者举全家之力买套商品房，还背上几十年的房贷，从这"生命之重"就可以想象他们对这套房的预期会有多高。他们参与群诉的初衷就是认为自身某种权益受损，通过抱团维权的方式获取补偿甚至额外收益。在群诉处置过程中，会观察到他们在谈判博弈时，往往会瞻前顾后，患得患失，不肯轻易让步，或者幻想更高的赔付金额，极大增加了谈判难度。这与在双方心理预期与授权的边界内寻求共识的商务谈判是不同的，商务谈判更为理性，受到的损失效应的影响相对更小，而房地产群诉的索赔常常是情绪化且非理性的。

群诉群体中的客户一旦利益受损且经过确认属实，在损失厌恶的心态下，很容易就会被煽动向开发商索赔，要求予以弥补。这种补偿是否能填上其预期中的沟壑则很难说，这是群诉和解或索赔达成一致的关键。点状的、瞬时的、微量的满足或妥协往往不能持久，从开发商角度出发，与群诉利益相关方达到共赢的目标，如何博弈、如何妥协、如何释放、如何实施，必然是个专业问题，具有相当大的难度。

我们再回到对群诉的分析。群诉的领头者会在很大程度上左右跟随者的赔付诉求，其诉求的坚定程度相当强，找到合适的参照点沟通以求达成一致的契机非常重要，因为一旦处理不当，就会造成群诉领导者的损失厌恶，后续必然会带来更强烈的施压，导致处置上更加被动。

群诉的诉求往往很多，十条八条都很常见，往往现场完全整改既没有必要，也多半做不到，不整改完全依靠沟通补偿也不现实——平衡与中庸才是解决之道。另外，还需要做好共性与个性问题的处理，以做好转化。所以，争取解决共性问题，在大面上控制好多数人的损失厌恶是取胜前提。只有这样，才具备稳定大面、隔离分化的条件。而共性问题更倾向于整改或沟通，尽量不用赔偿的方式去处理，否则后患无穷。之后才方便分别处理更具个人色彩的、期望更高的需求。

但是，分化后个体诉求沟通的分寸如何？尺度如何？能否量化以便在实践中把握呢？有实验曾对"损失厌恶系数"作出估计，这个系数通常在 1.5～2.5 之间。当然，这是个平均值，有些人规避损失的能力比别人更强，而且会受到群诉当下的场景和人们的经济状态等多方面的影响，但是我们可以作为参考。你会发现群诉个体的损失厌恶系数在风险增大时也会提高，但并不是急速提高。

如果这种可能的损失具有潜在的破坏性，或者客户的理念、价值观、生活方式受到了威胁——在这些情况下，损失厌恶系数会非常大，甚至会无穷大。笔者曾经碰到一个特殊的投诉个案。该客户身处西安，职业是建筑设计。她买了重庆某项目一套 12 层楼高的顶楼三居室户型，该项目设计有特色坡屋面。客户认为应该屋面连通以便消防疏散，电梯前室也需要做特殊处理。但本项目在重庆规划、消防审查都通过的前提下合规建设并通过验收，合法交付入住，且现场也不具备再整改的条件。对此客户不予认可并坚持要求整改，以消除她所谓的消防隐患，此外也没有任何赔偿要求，只要求解决问题。为此，她连续多年，每隔一两年就从西安坐火车到重庆来上访，市规划局、消防总队都去过，就专业的消防技术问题反复申诉。她始终认为开发商的研发工程人员都远没有她专业，她的价值观不允许她住进有瑕疵的房子，更不允许她容忍这种设计缺陷。对于其他住进去多年相安无事的邻居们，她只认为他们是孤陋寡闻、浅薄无知。

损失厌恶是一种强大而保守的力量，对群诉群体的个人如此，对作为被群诉对象的开发企业而言，也是如此。由于损失厌恶系数不同，避免损失的动机和获得收益的动机强度不对称，冲突和博弈在所难免。在群诉处理中，企业想要规避损失的动机远大于获取利益的动机（更别说群诉阶段往往销售已经基本完成）。企业的参照点所关注的是现状，但它还会是将来的目标，即没有实现的目标就是一种损失，超过了目标就是一种所得，特别是未交付的期房项目。对没能实现目标的损失厌恶比想要超过目标的愿望更为强烈。

如果在项目前期客户端风险决策时没有预留处理成本用以对冲风险，则从企业视角出发，处理所花费的代价就是额外损失，且由于损失厌恶会导致决策困难，更难以追加投入来解决当下的问题。当下的项目开发收益是既定的，有合理且顽固的预期，任何一笔额外的付出都会被认为是损失，这也就是很多群诉很难从开发商那里拿到赔偿的原因。更别说一些国企、央企认为项目对客户的赔偿是"国有资产流失"，更愿意扛过群诉爆发拖入诉讼，以判决作为处理标准。

既然人性如此，那么世间比"得不到"和"已失去"更珍贵的东西是"将失去"——这竟然和禀赋效应不谋而合。从哲学的意义上说，没有任何两个时刻是相同的，因为"人不能两次踏进同一条河"。所以任何时刻都是独一无二，一去不复返的，推论就是任何时候、任何东西都将失去，都应该珍惜，最珍贵的是现在！逆否命题也是有意义的：得不到的和已失去的东西不值得珍惜，应该放下。从这个维度来说，群诉的个体认识不到，也不愿意认识到，企业方也是如此，因此构成了貌似不可调和的矛盾。所以群诉处理中博弈成为常态。

愿我们都能够珍惜当下，过往不咎，学会选择与放弃！这恐怕是损失厌恶给我们最重要的生活启示！

6.14　如何才能在索赔谈判中奠定先发优势？

在商品房销售合同约定的义务不能履行或者不能完全履行时，合同当事双方就会进行谈判磋商，除了推进履行合同之外，通常会以索赔为目的。

索赔谈判是一项高度专业的技术活动，利用谈判技术发挥锚定效应，把握好对手心理，就可能在谈判中占据先发优势。

锚定效应（anchoring effect），一般又叫沉锚效应，是一种重要的心理现象。就是指当人们需要对某个事件作定量估测时，会将某些特定数值作为起始值，起始值像锚一样制约着估测值。

锚定（anchoring）是指人们倾向于把对将来的估计和已采用过的估计联系起来，同时易受他人建议的影响。当人们对某件事的好坏作估测的时候，其实并不存在绝对意义上的好与坏，一切都是相对的，关键看你如何定位基点。基点定位就像一只锚一样，它定了，评价体系也就定了，好坏也就评定出来了。

Northcraft 和 Neale（1987）研究证实，在房地产交易过程中，起始价较高的交易最终达成的成交价比起始价较低的交易最终达成的成交价显著要高。此外，当人们被要求作定量评估时，往往会受到暗示的影响，如以问卷形式进行调查时，问卷所提供的一系列选项可令人们对号入座，从而使人们的回答受到选项的影响。这实际上就是"默认"的威力，候选项锚定了边界，默认已经帮大多数人作出了选择。

在维权群诉的索赔谈判实践中，有套路的群诉代表在索赔谈判的初期往往有如下反应：

（1）情绪激动；

（2）先验质疑、负面折射；

（3）投石问路、试探观察但不透底牌；

（4）引诱交换。

你会碰到情绪激动的维权者，在此期间他们往往在试探性地了解我方的态度和底线，甚至可能已经作好各种激烈维权索赔威胁的准备，也可能期望过高导致内部尚未达成共识或形成明确标准。在这些情境条件下应用锚定效应建立框架以锁定预期往往有奇效。

关于锚定效应在索赔谈判中的应用，其实就是指第一个提出索赔数额的一方往往对谈判进程产生较大的影响，因为他们奠定了先发优势（也就是锚点），会影响谈判中的其他提议。

实践中，利用锚定效应锁定谈判框架时，我们要注意以下几点：

（1）安抚情绪，营造客观公允的谈判氛围，创造放松认知的谈判环境；

（2）预设条件，控制不合理预期；

（3）划定框架，注重锁定解决方式、索赔标准、索赔金额三方面差异。

在对方开价之后，如何才能摆脱锚定效应的影响呢？"换位思考"是最有效的谈判方法。但换位思考也要看你关注的是对方的哪一个点，关注了错误的点的话就会影响谈判的结果。

如果你关注：

（1）对方的渴望，"锚定效应"就会很明显；

（2）对方的底线或者最佳替代方案，就可以抵消"锚定效应"的影响；

（3）自己的底线或者最佳替代方案，"锚定效应"就会很明显；

（4）自己的渴望，就可以抵消"锚定效应"的影响。

总之，锚定策略务必以"降低价格预期和提高成交预期"为原则展开。要想避免被锚定，就需要多角度收集信息，独立思考、换位思考、综合判断最重要。

6.15　当群诉演变成诉讼，该如何应对？

群诉的发展，通常是按照"群诉情绪周期演变模型"中的四个阶段演变的。在"衰退——善后期"，无论是群诉群体坚持度过高导致分化瓦解策略失效，还是分化瓦解策略有效但有个别维权者预期过高始终不能协商一致，最后都可能走向民事诉讼。

阿莫斯与卡尼曼经过深入研究，提出了偏好的四重模式。这个模型将可能性与决策权重的关系作了非常好的阐述，可以在诉讼中给我们清晰的指导，帮助我们提高诉讼应对的确定性，提高决策效率（图6-6）。

	所得	损失
较大可能性 确定性效应	95%的概率赢得10000美元 害怕失败 风险规避 接受自己不喜欢的解决方式	95%的概率损失10000美元 希望能避免损失 冒险 拒绝自己喜欢的解决方式
较小可能性 可能性效应	5%的概率赢得10000美元 希望能有更多的所得 冒险 拒绝自己喜欢的解决方式	5%的概率损失10000美元 害怕有更大的损失 风险规避 接受自己不喜欢的解决方式

图6-6　偏好的四重模式

每一栏的第1行都对前景做了解释；第2行对前景引起的情绪作了特征描述；第3行表明，在风险与期望价值相符合的必然获得（或损失）之间作选择时，大多数人是如何表现的；第4行描述了在被告和原告讨论民事案件的解决方法时，可能出现的态度。

我们可以通过四重模式的每种情况用沙盘推演的方式来体验一下作为索赔方的群诉业主和作为决策方的开发商的不同情绪心态及其可能采取的举措。对房企而言，以下两类风险决策需要高度重视：一类是发生概率低但单笔或总额收益损失大的（如赠送改建），另一类是发生概率高可是单笔损失不高但累积损失很大的（如质量通病）。

例如：通过改造类搭建来实现实得面积的赠送就是典型的左上风险决策。支付相对较少的额外费用以获取高额的收益是开发商常用的风险决策方式。比如，挑空处搭楼板以增加一层或者包封一个挑空阳台以增加一个房间，增加的建安成本与实得面积增加带来的房屋总价的溢价相比几乎可以忽略不计。

但从长远来看，超越底线的风险决策，其期望值的系统偏差的代价是巨大的。

一旦此类赠送后期在验收环节被政策约束或被举报后监管部门责令恢复报规原状，一方面会损失建安成本，另一方面必然要损失市场端的超额收益，甚至还会承担延迟交付的违约风险。更重要的是无法实现销售承诺，必将面临损失厌恶引致的对客户端的巨大挑战。这种系统性的风险一旦发生，无论哪家开发企业都很难承受，因为如此很可能导致项目营收平衡都达不到，只能在客诉方面予以倾斜以期望不出现上述极端不利的状况。毕竟一旦商业角度的经济性被击穿则决策的风险就非常不值当了。

在民事诉讼中，通过偏好的四重模式可用来描述两种情况下原告和被告决策的合理性。

（1）第 1 种情况是，在诉讼中，原告要求一大笔损失赔偿，而且赢得赔偿的概率会很高，有可能是 95％。这时原告更有可能趋向于风险规避。而对于案件的前景不乐观的被告，会更愿意采取冒险手段，更愿意为打赌做好准备，而不是接受对自己不利的解决方案。

对原告而言，处于四重模式左上角一栏。这种情景引发了两种情绪，而且两种情绪都向相同方向发展：对必然所得（一大笔钱）的渴望以及如果拒绝庭外和解万一输了官司的极度失望与后悔。你能感受到在这种情况下，有种压力使人们行为更谨慎。若原告打赢官司的可能性很大，则更趋向于风险规避——所以这就给了被告付出适当代价与原告和解的可能。

作为被告，情况属于右上角一栏，你希望能再搏一搏，因为庭外和解与你将要面对的最糟结果几乎同样令你痛苦，而且毕竟打官司赢的希望还是有的，虽然这个诉讼赢的希望不大。于是，两种情绪再一次被唤起：被告不愿面对必然的损失，而且能在法庭上赢的可能性对被告还是很有吸引力的。案件前景不乐观的被告更愿意采取冒险手段，更愿意为打赌做好准备，而不是接受对自己不利的解决方案。在规避风险的原告和冒险的被告的对峙中，被告有更多的掌控机会。被告更高的谈判地位实际上体现在协议解决中，原告则满足于能通过法庭获得更少的钱。

在实践中，这种情况下往往会出现开发商通过拖延处理的方式将问题推迟至诉讼，以降低损失。但这也许是双刃剑，一旦判决对被告不利，反而会导致其他跟风诉讼。所以这个策略用到法庭调解阶段，通过博弈降低了原告的预期以后就可以戛然而止了。记住，重要的是不形成对被告不利的判决。

（2）第 2 种情况是，原告胜算不大，却索赔一大笔钱，处于四重模式的左下角一栏。例如：无意义诉讼。对于原告来说无意义诉讼的索赔，就像买一张会中大奖的彩票一样。他们会在磋商中变得咄咄逼人。而对于被告而言，被起诉是件很烦人的事，但诉讼结果不好的风险很小，此时被告处于四重模式的右下角一栏。

过分看重损失会导致风险规避。原告情愿赌一次，而被告想要万全之策。做出无异议诉讼的原告，很可能会接受一个比这个案件应该付出的钱更多的解决方法。

此类情形，往往是原告将诉讼作为一个对被告的施压渠道或所谓维权工具。这种情况被告相对被动，但往往没有底线问题。作为被告，应对策略应该是全力以赴打赢官司，赢得诉讼形成对被告有利的判例并昭告天下，以遏制不合理的跟风维权。

参考资料

参考资料
梁宁《增长思维 30 讲》
杰夫·贝索斯致股东信
张潇雨:商业经典案例课
陈贤亭《如何打造持续增长型组织》
茨威格《人类群星闪耀时》
阿普斯利·彻里-加勒德《世界上最糟糕的旅行》
戴维·达斯特《资产配置的艺术》
理查德·泰勒,卡斯·桑斯坦《助推》
丹尼尔·卡尼曼《思考,快与慢》
雷德·海斯蒂,罗宾·道斯《不确定世界的理性选择》
王赛《增长结构》
爱分析《房企数字化:主动破局,数字化助力房企踏上发展新征程》—2021
丁丁《深度粉销》《深度粉销 2.0》
《抖音电商"FACT＋"全域经营方法论白皮书》—2022
观点指数《表现力指数—2022 年度商业地产表现报告》
腾讯《私域组织与人才发展白皮书(2022 年版)》
长江商学院《凭借"孤独"成功出圈的阿那亚,创始人的秘密都在这里》
施炜《连接》
普华永道《消费品及零售行业会员管理解决方案白皮书》
李维《弱关系的力量》
怀禹科技 郑秋实《有效关系:从蔚来圈层看客户关系管理》
施炜《厂家为什么要从深度分销到立体连接》
中泰证券《互联网传媒行业:内容社区研究框架:蹄疾步稳,勇毅笃行》

续表

参考资料
任兴平《跟阿那亚学服务客户》
天猫 & 贝恩《宠物品牌会员策略白皮书》
《2023 麦肯锡中国汽车行业 CEO 特刊》
《中国数字化转型与创新评选 2018—2021 四年对标洞察报告》—2022
《赴机在速：打造汽车经销商未来盈利增长新动能——2022 中国汽车经销商绩效标杆分析报告》
《负利率贷款：星巴克的货币奇迹》
德勤《中国房地产创新发展报告》—2020
红杉资本《2021 企业数字化年度指南》
爱分析《2021 爱分析·中国房企数字化实践报告》
华为《2021 年数字化转型，从战略到执行》
爱分析《2022 工业"智能决策"白皮书——点亮企业增长"灯塔"》
算力智库《从 Web2 到 Web3——虚拟数字人的价值演进》
安永《中国零售及消费品行业 2021 年回顾及未来展望》
福里斯特《体验为王：低成本高收益的用户策略》
Frog《顾客体验的商业价值》
福里斯特与中国用户体验联盟《客户旅程管理手册》
黄峰，赖祖杰《体验思维》
黄峰，黄胜山，苏志国《全面体验管理》
古斯塔夫·勒庞《乌合之众——大众心理研究》
凯瑟琳·沃斯《金钱的心理后果》
怡安《"迫"与"破"——管理红利时代的地产行业组织能力建设指南》
麦肯锡《敏捷组织的五大标志》
丹尼尔·平克《驱动力 3.0》
安木夕《激励方法论 3、驱动力 3.0》
储洋《教你从混沌之初走向开悟之坡》
瑞·达利欧《原则》

后 记

不断迭代，持续成长

历来房地产客户关系管理工作是否是一个专业岗位，始终存在争议。在笔者看来，这是毋庸置疑的。一方面，在房地产行业，客户工作表面上看是市场和客户对企业品牌的产品与服务的挑战，实际上是底层的心理博弈和人性交锋，无论是策略还是技巧，均具有极高的难度（只不过在前些年房地产行业高成长的突飞猛进阶段，这一点被掩盖了）；而且，要将对客户的洞察转化成企业的竞争力，那更是难上加难。另一方面，在消费领域，客户工作更是房地产行业满足消费者日益增长的对美好生活的向往的至关重要的环节，无论对企业还是对社会，都具有巨大的价值。

但是由于周期、由于政策，这几年成为中国房地产行业的拐点。从此以后，房地产行业不再是高成长行业。很多头部房企利润大幅下滑，债务展期、减员增效成为主流，客户关系管理人员也不能幸免。传统客户关系管理业务的方法论已经到头，职业发展路径也出现瓶颈，敢问路在何方？

职业生涯如同人生。人生是连续的，世界也在不断向前。各种限制性条件会随着时代的变化而改变，永远会有新机会、新空间和新缝隙。

躺平不是办法，只有不断创造新价值才能使人生更充盈。励精图治、持续迭代、不断增长。商业如是，企业如是，人亦如是。新认知的刷新过程，新系统的建设之途，就是企业不断探寻的增长之路，也是个人持续修炼进阶之路。

小成靠机会和技巧，大成靠趋势和周期。人生不是一次考试，周期无始无终，你永远会遇到新的周期。你的格局，你不断提升自我、优化决策的能力，决定了人生的分野。

周期已定，趋势已明，本书也应运而生。加持行业，秣马厉兵，再战征途！

致　谢

作为 20 余年来一直在房地产客户关系管理版块打拼的实践者，写作并不是我擅长的事。但是新冠病毒流行期间不断有小伙伴找我探讨业务，憧憬未来，尽管满是困惑和疑虑。感谢你们，正是你们的需求激励我不断探索。你们是我的坚强后盾，支持我两年的挑灯夜战、奋笔疾书。

感谢龙湖集团对我 20 年的培养。在职业生涯中，我深度参与并见证了龙湖集团从创业期到 3000 亿元规模。高投入、高强度地不断迭代业务体系终成行业标杆，过程中也不断成长并实现了个人价值。唯有如此，才能够理论联系实际，也才能厚积薄发，高屋建瓴，为行业不断作贡献。

感谢北京师范大学王宏新教授对本书紧贴时代和趋势的点拨；

感谢中海集团董事长颜建国先生对本书管理创新的认可与谋篇布局的建议；

感谢唐硕咨询的联合创始人黄胜山先生，对客户体验篇章提出的修订意见；

感谢粉丝工厂创始人丁丁老师对客户运维相关内容的认可；

感谢毕凤鸣老师在此版本的审核与排版中所做的杰出工作；

感谢上海润居创始人赵军先生的推崇，在两年艰难写作的过程中不断鼓励并对出版给予大力支持！

拳拳盛意，无法尽表，只能再次感谢！！

二○二三年三月于申城